Regionale wirtschaftliche Integration und die Europäische Union

Res Publica

ÖFFENTLICHES UND INTERNATIONALES RECHT

Herausgegeben von Udo Fink, Dieter Dörr
und Rolf Schwartmann

Band 17

PL ACADEMIC RESEARCH

Tobias Wagner

Regionale wirtschaftliche Integration und die Europäische Union

Eine Untersuchung unter besonderer Berücksichtigung der Stabilisierungs- und Assoziierungsabkommen mit den Staaten des westlichen Balkans

PL ACADEMIC RESEARCH

Bibliografische Information der Deutschen Nationalbibliothek
Die Deutsche Nationalbibliothek verzeichnet diese Publikation in der Deutschen Nationalbibliografie; detaillierte bibliografische Daten sind im Internet über http://dnb.d-nb.de abrufbar.

Zugl.: Mainz, Univ., Diss., 2012

D 77
ISSN 1614-838X
ISBN 978-3-631-64068-5

Internationaler Verlag der Wissenschaften
Frankfurt am Main 2013

PL Academic Research ist ein Imprint der Peter Lang GmbH.

Peter Lang – Frankfurt am Main · Berlin · Bruxelles · New York · Oxford · Warszawa · Wien

www.peterlang.de

Vorwort des Autors

Die vorliegende Arbeit wurde im August 2012 vom Fachbereich Rechts- und Wirtschaftswissenschaften der Johannes Gutenberg-Universität Mainz als Dissertation angenommen. Sie entstand im Rahmen des Europäischen Graduiertenkollegs der Universitäten Krakau, Heidelberg und Mainz. Literatur, Rechtsprechung und weitere Entwicklungen sind bis Januar 2012 berücksichtigt.

An dieser Stelle möchte ich mich ganz besonders herzlich bei meinem Doktorvater Herrn Prof. Dr. Dieter Dörr bedanken, der diese Arbeit in hervorragender Art und Weise betreut und mich für die Aufnahme in das Graduiertenkolleg vorgeschlagen hat. Ihm sowie Herrn Prof. Dr. Rolf Schwartmann und Herrn Prof. Dr. Udo Fink gilt mein Dank überdies für die Aufnahme in diese Schriftenreihe und Letzterem darüber hinaus für die Erstellung des Zweitgutachtens.

Ich danke außerdem den Leitern des Europäischen Graduiertenkollegs, allen voran Herrn Prof. Dr. Dr. h.c. mult. Peter-Christian Müller-Graff, für die Aufnahme in das Programm und die damit einhergehenden inspirierenden Erfahrungen sowie die großzügige Unterstützung mit einem Stipendium der DFG.

An Forschung und Lehre herangeführt wurde ich maßgeblich als Wissenschaftlicher Mitarbeiter am Lehrstuhl von Frau Prof. Dr. Elke Gurlit. Hierfür möchte ich mich auch bei ihr herzlich bedanken.

Wertvolle Hinweise aus der Praxis habe ich von Frau Juneyoung Lee, Legal Affairs Officer bei der WTO, und Herrn Jean-Daniel Rey, Counsellor bei der WTO, erhalten. Für das Durchsehen des Manuskriptes und hilfreiche Anmerkungen danke ich Dr. Armin Kühne und Dr. Sebastian Zander. Stephanie Pearce gilt mein Dank für das Korrekturlesen der englischsprachigen Zusammenfassung und Anna Piechota für die Übersetzung der Zusammenfassung ins Polnische. Sie alle haben mich mit großartigem Engagement unterstützt.

Herzlich bedanken möchte ich mich des Weiteren bei meinen Freunden innerhalb und außerhalb der unterhaltsamen Mainzer Mensagruppe, die die Promotionszeit zu einer ganz überwiegend freudigen Zeit gemacht haben.

Die Entstehung dieser Arbeit erst ermöglicht haben meine Familie, die mir immer bedingungslose Unterstützung in allen Belangen gewährt, und Karin, die sowohl in persönlichen Angelegenheiten stets an meiner Seite steht und mir Kraft schenkt, als auch wertvolle Hinweise beim Korrekturlesen des Manuskriptes geliefert hat. Ihnen gebührt mein allergrößter Dank.

Berlin, im Februar 2013 Tobias Wagner

Vorwort des Herausgebers

Die regionale wirtschaftliche Integration besitzt in der Europäischen Union einen besonders hohen Stellenwert. Dies ist schon deshalb nicht verwunderlich, weil die Europäische Union selbst als Musterbeispiel einer regionalen Integrationszone gilt, die weltweit ihresgleichen sucht. Daher ist die Europäische Union auch in ihren Außenbeziehungen eine treibende Kraft beim Abschluss von regionalen Handelsabkommen. Dabei stellt die Integration mit der europäischen Umgebung in Form von Assoziierungsabkommen, die über rein handelspolitische Übereinkünfte hinausgehen, einen Schwerpunkt dar. Durch sie werden enge Partnerschaftsverhältnisse geschaffen, deren Ziel in manchen Fällen auch ein Beitritt zur Europäischen Union ist. Bei der regionalen wirtschaftlichen Integration geht es um eine wirtschaftliche Zusammenarbeit, Koordinierung und präferenzielle Behandlung innerhalb eines eng begrenzten Kreises von Staaten oder Staatengruppen. Tobias Wagner nimmt sich mit seiner Abhandlung der regionalen wirtschaftlichen Integration in Bezug auf die Europäische Union an und beleuchtet dabei insbesondere die Stabilisierungs- und Assoziierungsabkommen mit den Staaten des westlichen Balkans.

Nach einer gelungenen Einleitung ist der erste Teil der Arbeit den Grundlagen des Phänomens der regionalen wirtschaftlichen Integration gewidmet. Der zweite Abschnitt beschäftigt sich mit der Rolle der Europäischen Union auf dem Gebiet der regionalen wirtschaftlichen Integration. Der abschließende dritte Teil ist den speziellen Stabilisierungs- und Assoziierungsabkommen mit den Staaten des westlichen Balkans gewidmet. Eine prägnante Zusammenfassung, innerhalb derer die wichtigsten Ergebnisse in zehn Thesen hervorgehoben werden, rundet die Arbeit ab. Diese Zusammenfassung wird in englischer und polnischer Sprache wiederholt.

Die beeindruckende Dissertation von Tobias Wagner schließt trotz bereits vorliegender Abhandlungen zum Themenbereich der Präferenzabkommen eine Lücke. Dies liegt zum einen daran, dass die Situation auf der Grundlage der Neuerungen des Lissaboner Vertrags untersucht wird. Darüber hinaus nimmt Wagner in weiten Teilen der Arbeit eine europäische Perspektive ein und bewertet von daher das internationale Phänomen. Schließlich ist es ein großer Gewinn, dass er sich mit den Stabilisierungs- und Assoziierungsabkommen der EU mit den Staaten des westlichen Balkans beschäftigt und anhand der beiden Abkommen mit Kroatien und Montenegro eine genaue Prüfung durchführt. Dabei überzeugt sein souveräner Umgang mit dem Welthandelsrecht und dem Europarecht.

Mainz, im Februar 2013 Dieter Dörr

Inhaltsverzeichnis

Abbildungsverzeichnis

Abkürzungsverzeichnis

ABl.	Amtsblatt
Abs.	Absatz
AEMR	Allgemeine Erklärung der Menschenrechte
AEUV	Vertrag über die Arbeitsweise der Europäischen Union
a.F.	alte Fassung
AJIL	American Journal of International Law
AKP	Afrika, Karibik und Pazifik
AMRK	Amerikanische Menschenrechtskonvention
APS	Allgemeines Präferenzsystem
Art.	Artikel
ASEAN	Association of Southeast Asian Nations / Verband Südostasiatischer Nationen
BayVBl.	Bayerische Verwaltungsblätter
BMZ	Bundesministerium für wirtschaftliche Zusammenarbeit und Entwicklung
BT-Drucks.	Bundestagsdrucksache
BVerfG	Bundesverfassungsgericht
BVerfGE	Entscheidung des Bundesverfassungsgerichts
bzw.	beziehungsweise
CARDS	Community Assistance for Reconstruction, Development and Stabilization / Hilfsprogramm der Gemeinschaft für Wiederaufbau, Entwicklung und Stabilisierung
CDE	Cahiers de Droit Européen (Zeitschrift)
CEFTA	Central European Free Trade Agreement / Mitteleuropäisches Freihandelsabkommen
CMLRev.	Common Market Law Review (Zeitschrift)
CRTA	Committee on Regional Trade Agreements
DAC	Development Assistance Committee / Ausschuss für Entwicklungshilfe
d.h.	das heißt
DSB	Dispute Settlement Body / Streitbeilegungsgremium

DSU	Dispute Settlement Understanding / Vereinbarung über Regeln und Verfahren zur Beilegung von Streitigkeiten
EEA	Einheitliche Europäische Akte
EFARev.	European Foreign Affairs Review (Zeitschrift)
EFTA	European Free Trade Association / Europäische Freihandelsassoziation
EG	Europäische Gemeinschaft
EGKS	Europäische Gemeinschaft für Kohle und Stahl
EGMR	Europäischer Gerichtshof für Menschenrechte
EGV	Vertrag zur Gründung der Europäischen Gemeinschaft
EJIL	European Journal of International Law
EMRK	Konvention zum Schutze der Menschenrechte und Grundfreiheiten
ENP	Europäische Nachbarschaftspolitik
ENPI	Europäisches Nachbarschafts- und Partnerschaftsinstrument
EPA	Economic Partnership Agreement / Wirtschaftspartnerabkommen
EU	Europäische Union
EuGH	Europäischer Gerichtshof
EuR	Europarecht (Zeitschrift)
EUV	Vertrag über die Europäische Union
EuZW	Europäische Zeitschrift für Wirtschaftsrecht
EVV	Europäischer Verfassungsvertrag
EWG	Europäische Wirtschaftsgemeinschaft
EWR	Europäischer Wirtschaftsraum
EWRA	Abkommen über den Europäischen Wirtschaftsraum
f./ff.	folgende Seite/n
FS	Festschrift
GASP	Gemeinsame Außen- und Sicherheitspolitik
GATS	General Agreement on Trade in Services / Allgemeines Übereinkommen über den Handel mit Dienstleistungen
GATT	General Agreement on Tariffs and Trade / Allgemeines Zoll- und Handelsabkommen

GG	Grundgesetz für die Bundesrepublik Deutschland
GHP	Gemeinsame Handelspolitik
Hrsg.	Herausgeber
Hs.	Halbsatz
ICTY	International Criminal Tribunal for the former Yugoslavia / Internationaler Strafgerichtshof für das ehemalige Jugoslawien
IFOR	Implementation Force
IGH	Internationaler Gerichtshof
IPA	Instrument for Pre-Accession Assistance / Instrument für Heranführungshilfe
i.S.v.	im Sinne von
ITO	International Trade Organization / Internationale Handelsorganisation
i.V.m.	in Verbindung mit
IWF	Internationaler Währungsfonds
JIEL	Journal of International Economic Law
JOR	Jahrbuch für Ostrecht
JZ	JuristenZeitung
KFOR	Kosovo Force
KSZE	Konferenz über Sicherheit und Zusammenarbeit in Europa
LIEI	Legal Issues of Economic Integration (Zeitschrift)
lit.	litera
m.E.	meines Erachtens
MEDA	Mesures d'accompagnement financières et techniques / Finanzielle und technische Begleitmaßnahmen
MERCOSUR	Mercado Común del Sur / Gemeinsamer Markt des Südens
m.w.N.	mit weiteren Nachweisen
MOEL	mittel- und osteuropäische Länder
NAFTA	North American Free Trade Agreement / Nordamerikanisches Freihandelsabkommen
NATO	North Atlantic Treaty Organization / Organisation des Nordatlantikvertrags
NJW	Neue Juristische Wochenschrift

Nr.	Nummer
NVwZ	Neue Zeitschrift für Verwaltungsrecht
OECD	Organisation for Economic Co-operation and Development / Organisation für wirtschaftliche Zusammenarbeit und Entwicklung
OSZE	Organisation für Sicherheit und Zusammenarbeit in Europa
PHARE	Poland and Hungary: Aid for Restructuring of the Economies / Polen und Ungarn: Hilfe zur Restrukturierung der Wirtschaft
PTA	Preferential Trade Agreement
PZA	Abkommen über Partnerschaft und Zusammenarbeit
RIW	Recht der Internationalen Wirtschaft (Zeitschrift)
RMCUE	Revue du Marché commun et de l'Union européenne (Zeitschrift)
Rn.	Randnummer
Rs.	Rechtssache
RTA	Regional Trade Agreement
S.	Seite
SAA	Stabilisierungs- und Assoziierungsabkommen
SACU	Southern African Customs Union / Südafrikanische Zollunion
Slg.	Sammlung
SPS	Agreement on Sanitary and Phytosanitary Measures / Übereinkommen über gesundheitspolizeiliche und pflanzenschutzrechtliche Maßnahmen
TACIS	Technical Assistance to the Commonwealth of Independent States / Technische Hilfe für die Gemeinschaft Unabhängiger Staaten
TAFTA	Transatlantic Free Trade Area / Transatlantische Freihandelszone
TBT	Agreement on Technical Barriers to Trade / Übereinkommen über technische Handelshemmnisse
TRIPS	Agreement on trade-related Aspects of Intellectual Property Rights / Übereinkommen über handelsbezogene Aspekte der Rechte des geistigen Eigentums
UAbs.	Unterabsatz

UNCTAD	United Nations Conference on Trade and Development / Konferenz der Vereinten Nationen für Handel und Entwicklung
UNMIK	United Nations Interim Administration Mission in Kosovo / Interimsverwaltungsmission der Vereinten Nationen im Kosovo
Var.	Variante
Vgl.	Vergleiche
VO	Verordnung
WTO	World Trade Organization / Welthandelsorganisation
WTO-Ü	Übereinkommen zur Errichtung der Welthandelsorganisation
WÜV	Wiener Übereinkommen über das Recht der Verträge
ZaöRV	Zeitschrift für ausländisches öffentliches Recht und Völkerrecht
z.B.	zum Beispiel
ZIB	Zeitschrift für Internationale Beziehungen
ZUM	Zeitschrift für Urheber- und Medienrecht

Einleitung

Einführung in die Thematik und die Begrifflichkeiten

Das Phänomen der regionalen wirtschaftlichen Integration ist nicht ausschließlich eines der jüngeren Geschichte. Es ist jedoch zu konstatieren, dass es seine große Bedeutung insbesondere aufgrund einer rasanten Entwicklung seit den Neunzigerjahren des vorigen Jahrhunderts erlangt hat. Waren von 1948 bis 1994 lediglich 124 völkerrechtliche Abkommen zur Begründung regionaler Präferenzzonen beim GATT notifiziert worden[1], so sind zum gegenwärtigen Zeitpunkt bereits 393 Abkommen dieser Art notifiziert und 214 davon in Kraft[2]. Innerhalb einer Zeitspanne von etwa 15 Jahren hat sich die Anzahl also verdreifacht und beinahe jeder Mitgliedstaat der WTO ist inzwischen Vertragspartei eines regional begrenzten Präferenzabkommens. Das Gewicht dieser Entwicklung wird insbesondere in Anbetracht der Tatsache deutlich, dass heute etwa die Hälfte des Welthandels innerhalb regionaler Handelspräferenzen stattfindet[3].

Die Europäische Union ist seit jeher Vorreiter und Vorbild auf dem Gebiet der regionalen Integration[4]. Zum einen gilt die europäische Integration in Gestalt der Europäischen Union selbst als Musterbeispiel einer regionalen Integrationszone, das weltweit seinesgleichen sucht. Zum anderen ist die EU aber auch in ihren Außenbeziehungen stets aktive und treibende Kraft beim Abschluss von Regionalen Handelsabkommen mit Staaten und Regionen außerhalb der Union. So existieren derzeit 32 solcher Abkommen mit der EU[5] als einem der Vertrags-

1 *Hilpold,* Die EU im GATT/WTO-System, S. 61.

2 Stand: Januar 2012. Vgl. die von der WTO online veröffentlichten Zahlen, http://www.wto.org/english/tratop_e/region_e/region_e.htm. Darüber hinaus existieren auch nicht notifizierte Abkommen.

3 *Herzstein/Whitlock,* Regulating regional trade agreements. In: Macrory/Appleton/Plummer (Hrsg.), The World Trade Organization, S. 208.

4 *Herrmann/Weiß/Ohler,* Welthandelsrecht, S. 267; *Herzstein/Whitlock,* Regulating regional trade agreements. In: Macrory/Appleton/Plummer (Hrsg.), The World Trade Organization, S. 208.

5 Der Großteil der Abkommen wurde von der Europäischen Gemeinschaft bzw. den Europäischen Gemeinschaften und den Mitgliedstaaten abgeschlossen. Aufgrund des Vertrages von Lissabon ist die EU gemäß Art. 1 Abs. 3 EUV zur Rechtsnachfolgerin der EG geworden und hat nach Art. 47 EUV Rechtspersönlichkeit erlangt, so dass künftige Abkommen von der EU selbst geschlossen werden können. Vgl. im Einzelnen *Erlba-*

partner[6]. Neben dem Europäischen Wirtschaftsraum (EWR) als Grundlage der wirtschaftlichen Integration zwischen der EU und Staaten der European Free Trade Association (EFTA) bestehen präferenzielle Vereinbarungen sowohl mit Staaten, welche dem europäischen Kontinent oder dessen direkter Nachbarschaft zuzurechnen sind, als auch mit solchen in anderen Teilen der Erde. Zwar ist ein Schwerpunkt in der Integration mit der europäischen Umgebung auszumachen. Bei den in dieser Kategorie geschlossenen Abkommen handelt es sich größtenteils um Assoziierungsabkommen, welche über rein handelspolitische Übereinkünfte hinausgehen. Sie schaffen zumeist enge Partnerschaftsverhältnisse, deren Ziel teilweise sogar ein Beitritt zur Europäischen Union ist. Die EU unterhält jedoch beispielsweise auch Präferenzabkommen mit Südafrika und Chile.

Der Begriff der regionalen wirtschaftlichen Integration meint die wirtschaftliche Zusammenarbeit, Koordinierung und präferenzielle Behandlung[7] innerhalb eines in der Regel eng begrenzten Kreises von Staaten oder Staatengruppen bei gleichzeitiger Aufrechterhaltung der Handelshemmnisse gegenüber außerhalb dieses Kreises befindlichen Regionen[8]. Er steht damit in Abgrenzung zu der multilateralen Integration, welche ihr Teilnehmerfeld betreffend kaum Beschränkungen aufweist. Während erstere ihre rechtlichen Grundlagen in einzelnen Präferenzabkommen findet, hat letztere ihren Dreh- und Angelpunkt im System der im Jahre 1994 gegründeten Welthandelsorganisation (WTO) und deren Vorläufer, dem Allgemeinen Zoll- und Handelsabkommen von 1947 (GATT). Inhaltlich geht es übereinstimmend primär um den Abbau von Zöllen und nichttarifären Handelshemmnissen[9], was in letzter Konsequenz insbesondere zu einer allgemeinen Erhöhung des Lebensstandards führen soll[10]. Trotz zu-

---

cher, Rechtspersönlichkeit und Rechtsnachfolge. In: Hummer/Obwexer (Hrsg.), Der Vertrag von Lissabon, S. 126 ff.; *Schwarze,* Der Reformvertrag von Lissabon - Wesentliche Elemente des Reformvertrages. In: Schwarze/Hatje (Hrsg.), Der Reformvertrag von Lissabon, S. 11. In ihrer neuen Ausprägung soll die EU im Folgenden unter Verzicht auf den Zusatz „ehemalige EG“ auch einheitlich behandelt werden.

6 Eine Auflistung der Regionalen Handelsabkommen der EU ist zu finden unter http://rtais.wto.org/UI/PublicSearchByMemberResult.aspx?MemberCode=918&lang=1&redirect=1.

7 Abkommen, welche keine gegen die Grundsätze der Nichtdiskriminierung verstoßenden Regelungen treffen und für welche infolgedessen auch keine Notifizierungspflicht bei der WTO besteht, werden in dieser Arbeit nur am Rande behandelt.

8 *Carbaugh,* International Economics, S. 265; *Dieckheuer,* Internationale Wirtschaftsbeziehungen, S. 193; *Zimmermann,* Regionale Integration und multilaterale Handelsordnung, S. 1.

9 *Sell,* Einführung in die internationalen Wirtschaftsbeziehungen, S. 222.

10 Vgl. nur die Präambel zum WTO-Übereinkommen. Zu den klassischen Vorteilen des freien Handels siehe etwa *Haltern,* Europarecht, S. 659.

nächst augenscheinlich widerstreitender Ziele weltweiter und regionaler Systeme – die Natur regionaler Präferenzabkommen bringt ein Abweichen vom Prinzip der Meistbegünstigung, einem der Grundlagen des Welthandelssystems, mit sich – ist die Existenz regionaler wirtschaftlicher Integration auch welthandelsrechtlich legitimiert. Sowohl Art. XXIV GATT als auch Art. V GATS sehen diese Art von Kooperation als dem internationalen Handel im Allgemeinen dienlich an. Demgemäß handelt es sich bei den Schlagworten Globalisierung und Regionalisierung nicht per se um ein gegensätzliches Begriffspaar. Vielmehr können beide als „zwei Seiten der gleichen Medaille“[11] in Zusammenhang gebracht werden. So ist das Streben nach Wettbewerbsfähigkeit im globalen Umfeld jedenfalls eine Ursache für Regionalisierungsprozesse[12].

Der Begriff der regionalen wirtschaftlichen Integration ist bewusst gewählt. Er ist angelehnt an Art. XXIV Abs. 4 GATT, welcher die Förderung der „wirtschaftlichen Integration“ durch präferenzielle Abkommen gutheißt, sowie an Art. V GATS, der für den präferenziellen Dienstleistungshandel die Überschrift „Wirtschaftliche Integration“ trägt. Angereichert durch das von weltweiter Integration abgrenzende Element des Regionalen zeichnet dieser Begriff ein geeignetes Bild von der zu behandelnden Thematik.

Der Begriffsteil *regional* steht also für die begrenzte Anzahl der an den entsprechenden Abkommen beteiligten Staaten oder Staatengruppen. Dieses Merkmal bedeutet dabei keineswegs, dass die im Rahmen regionaler wirtschaftlicher Integration kooperierenden Partner zwingend auch geographisch benachbart sein müssen[13]. Die natürliche Verbundenheit von Staaten geographischer Nähe stellt jedoch häufig die Grundlage wirtschaftlicher Integration dar[14]. So ist zu beobachten, dass wirtschaftliche Integration in Form von Zollunionen weitgehend zwischen benachbarten Regionen besteht, während inhaltlich weniger weitreichende einfache Präferenzabkommen und Freihandelszonen zwischen beliebigen Teilnehmern rund um den Globus vereinbart werden[15]. Der Ausdruck *wirtschaftlich* verweist auf die Motivation zum Abschluss der Abkommen, wel-

11 *Rode,* Die Rolle der Europäischen Union in der politischen Dimension der wirtschaftlichen Globalisierung. In: Müller-Graff (Hrsg.), Die Europäische Gemeinschaft in der Welthandelsorganisation, S. 48.

12 *Schirm,* ZIB 1997, 69 (76 ff.). So auch *Bungenberg,* Außenbeziehungen und Außenhandelspolitik. In: Schwarze/Hatje (Hrsg.), Der Reformvertrag von Lissabon, S. 202.

13 *Hilpold,* Die EU im GATT/WTO-System, S. 27 ff.

14 *Herrmann/Weiß/Ohler,* Welthandelsrecht, S. 266.

15 Der ursprüngliche Vorschlag auf der Havanna-Konferenz im November 1947 sah hingegen vor, dass Freihandelszonen *per definitionem* nur zwischen Staaten derselben Region existieren. Vgl. *Snape,* History and economics of GATT's Article XXIV. In: Anderson/Blackhurst (Hrsg.), Regional integration and the global trading system, S. 289.

che primär, wenn auch – wie zu zeigen sein wird – bei Weitem nicht ausschließlich, ökonomisch geprägt ist. Das Wort *Integration* beschreibt ein die Vertragspartner verbindendes Element. Ganz allgemein wird der Begriff der Integration zur Beschreibung zahlreicher soziologischer und politischer Phänomene herangezogen und indiziert dabei stets eine Kombination verschiedener eigenständiger Teile zu einem neuen einheitlichen Ganzen[16]. Sowohl die Grundbestandteile eines solchen Prozesses als auch die im Ergebnis erreichte Einheit können dabei unzählbare Formen und Intensitätsstufen aufweisen.

Trotz durchaus denkbarer anderweitiger Interpretations- und Verwendungsmöglichkeiten des so verstandenen Begriffes umfasst diese Arbeit lediglich solche Formen regionaler wirtschaftlicher Integration, welche *zumindest* präferenzielle Zollvorteile gewähren. Damit sind auch solche Abkommen umfasst, die darüber hinaus nichttarifäre Präferenzen im Handel mit Waren und präferenzielle Behandlung im Bereich des Dienstleistungshandels gewähren. Diese vom Untersuchungsgegenstand dieser Arbeit umfassten Abkommen sind wegen ihrer Handelspräferenzen sämtlich bei der WTO zu notifizieren[17]. Unter den entsprechenden Abkommen der Europäischen Union existiert keines, das zwar Präferenzen im Dienstleistungshandel gewährt, nicht aber im Warenhandel, so dass diesem Abkommen lediglich Relevanz hinsichtlich Art. V GATS, nicht aber Art. XXIV GATT zukommen würde. Durchaus üblich ist hingegen der umgekehrte Fall. Ein Großteil der Präferenzabkommen bezieht sich lediglich auf den Handel mit Waren, einige der Abkommen umfassen beide Bereiche. Die für die Einbeziehung in diese Arbeit aufgestellte Hürde der Zollpräferenzgewährung wirkt also nur insoweit beschränkend, als Abkommen, welche unterhalb der zollpräferenziellen Schwelle liegen und lediglich anderweitige Handelsvereinbarungen enthalten, in dieser Arbeit nur am Rande behandelt werden.

Ebenfalls nicht unter den Begriff der regionalen wirtschaftlichen Integration fallen in dieser Arbeit anderweitig gewährte Zollpräferenzen, etwa im Rahmen des *Allgemeinen Präferenzsystems (APS)*. Nach diesem werden seit 1971 Entwicklungsländern einseitige Präferenzen gewährt[18]. Umfasst sind von diesem Schema beinahe 180 Länder und Gebiete, zu denen auch bedeutende Schwellenländer wie China, Indien und Brasilien zählen. Das Ausmaß der gewährten Präferenzen ist jedoch nicht für jeden Partner und jedes Produkt identisch. WTO-rechtlich gilt insoweit eine Ausnahmegenehmigung auf der Grundlage der sog. *enabling clause*.

16 *Dunker,* Regionale Integration im System des liberalisierten Welthandels, S. 37.

17 Die Notifizierungspflicht findet sich sowohl in Art. XXIV Abs. 7 GATT als auch in Art. V Abs. 7 GATS.

18 Das aktuell gültige APS-Schema findet sich in VO (EG) Nr. 732/2008, ABl. L 211/1 vom 06.08.2008.

Der Untersuchungsgegenstand deckt sich mithin mit denjenigen Abkommen, welche bei der WTO als Regionale Handelsabkommen notifiziert sind[19]. Im Falle der Europäischen Union sind sämtliche dieser Abkommen auf Art. XXIV GATT und V GATS gestützt.

Die Bezeichnung der in dieser Arbeit im Zentrum stehenden Abkommen, die zwischen einzelnen Staaten die beschriebenen Handelspräferenzen gewähren und somit das Instrument der Integration darstellen, ist in Schrifttum und Praxis nicht einheitlich. Nicht zuletzt liegt dies auch in der Internationalität der Materie begründet. Wie bereits angeklungen, werden hier die Begriffe *Präferenzabkommen* oder *präferenzielles Abkommen* verwendet. Synonym wird außerdem der auch von der WTO gebrauchte Begriff *Regionale Handelsabkommen* – dort englisch *Regional Trade Agreements (RTA)* – genutzt. Gängig ist außerdem die Bezeichnung *Preferential Trade Agreement (PTA),* die in dieser Arbeit jedoch nicht verwendet wird.

Zentrale Fragestellungen und Gang der Darstellung

Zentraler Gegenstand dieser Arbeit ist das Phänomen der regionalen wirtschaftlichen Integration im Allgemeinen und die Rolle der Europäischen Union auf diesem Gebiet.

Es werden in diesem Rahmen einige Fragestellungen schwerpunktmäßig bearbeitet. Ganz grundsätzlich ist zunächst die Frage nach dem Wesen und den Grundlagen der regionalen wirtschaftlichen Integration sowie dem Spannungsfeld zwischen Regionalismus und Multilateralismus aufzuwerfen.

Eine nächste schwerpunktmäßig zu behandelnde Problematik ist diejenige der Kompetenzen der Europäischen Union. Es fragt sich, inwieweit der EU im Verhältnis zu ihren Mitgliedstaaten die Zuständigkeit zum Abschluss von Regionalen Handelsabkommen zukommt, welche Betätigungsmöglichkeiten sie hat, inwieweit ihr ein Spielraum bei der Auswahl der möglichen Kompetenzen zukommt und welche dieser Möglichkeiten in der Praxis tatsächlich genutzt werden. Vor dem Hintergrund der Neufassung des primärrechtlichen Vertragssystems durch den Reformvertrag von Lissabon ist eine Beantwortung auf der Grundlage der neuen Rechtslage sowie die Beleuchtung entscheidender Änderungen angezeigt.

Darüber hinaus ist insbesondere im Zusammenhang mit primär handelspolitisch geprägten Abkommen die Einbeziehung nichtwirtschaftlicher Vereinba-

19 Zugang zu diesen Abkommen erhält man auf den Internetseiten der WTO unter http://www.wto.org/english/tratop_e/region_e/region_e.htm.

rungen in die völkerrechtlichen Verträge ein bedeutsames Feld. Daraus erwächst die Problematik der europarechtlichen Grundlagen einer solchen Kombination von ökonomischen Vertragsbestimmungen und Bestimmungen zur Verfolgung nichtökonomischer Prinzipien. Auch insoweit soll die Frage nach den Veränderungen durch den Vertrag von Lissabon aufgeworfen werden. Von besonderer Bedeutung wird in diesem Zusammenhang die Untersuchung des neuen Art. 21 EUV, seines Wesens, seiner Funktion und seiner Auswirkungen sein.

Schließlich wirft diese Arbeit als aktuelles Beispiel regionaler Integrationsbestrebungen der Europäischen Union Fragen des Verhältnisses der Union zu den Staaten des westlichen Balkans auf. Hinsichtlich der in diesem Verhältnis bestehenden Stabilisierungs- und Assoziierungsabkommen (SAA) ist neben deren Ausgestaltung in wirtschaftlichen und nichtwirtschaftlichen Bereichen insbesondere ihre Vereinbarkeit mit welthandelsrechtlichen sowie europarechtlichen Bestimmungen zu ergründen. Außerdem wird anhand dieser Untersuchung zu beantworten sein, ob Art. 21 EUV praktische Auswirkungen auf die Vertragspraxis der Europäischen Union zuzuschreiben sind.

Die vorliegende Arbeit ist in drei Teile gegliedert. Sie verfolgt dabei ein Vorgehen vom Allgemeinen zum Speziellen.

Diesem Prinzip sowie den aufgeworfenen zentralen Fragestellungen folgend, werden in Teil 1 dieser Arbeit die Grundlagen des Phänomens der regionalen wirtschaftlichen Integration aus rechtlicher, ökonomischer und politischer Perspektive dargestellt. Teil 2 untersucht anschließend die spezielle Situation der Europäischen Union auf diesem Gebiet. Dabei soll der Schwerpunkt der Bearbeitung nicht auf der internen europäischen Integration selbst liegen, sondern auf den Außenbeziehungen der Union. Neben der Behandlung des einschlägigen Unionsrechts im Bereich der Kompetenzen zum Abschluss Regionaler Handelsabkommen sowie im Bereich der Bestimmungen zur Verfolgung nichtökonomischer Prinzipien in solchen Abkommen, soll auch ein Überblick über die Präferenzabkommen der EU und eine Auswertung von deren Besonderheiten geleistet werden. Die beiden ersten Teile legen damit den Grundstein für die in Teil 3 vorzunehmende Analyse der Stabilisierungs- und Assoziierungsabkommen zwischen der EU und den Staaten des westlichen Balkans. Diese Abkommen verdienen besondere Aufmerksamkeit aufgrund der sich aktuell entwickelnden Freihandelszonen und angesichts der Brisanz, welche eine – teils bereits sehr konkrete, teils noch eher fernliegende – Beitrittsperspektive der betreffenden Staaten zur EU mit sich bringt. Unter den von der Union notifizierten Präferenzabkommen gehören die Stabilisierungs- und Assoziierungsabkommen neben der neuen Generation von Abkommen zur Entwicklungshilfe, den sog. *Economic Partnership Agreements (EPAs)*, der aktuellen Schwerpunktsetzung der EU an. Im Anschluss an eine Untersuchung des Inhaltes sollen die SAA mithilfe der in den ersten beiden Teilen gewonnenen welthandelsrechtlichen und europarechtlichen Erkenntnisse anhand ausgewählter Normen überprüft werden. Im Anschluss an diese drei Hauptteile der Arbeit werden Ergebnisse und Thesen zusammengefasst.

Im Themenbereich der Präferenzabkommen wurden bereits einige kleinere und größere Werke verfasst, die sich zum Teil sogar mit ähnlichen Fragestellungen beschäftigen. Die vorliegende Arbeit grenzt sich jedoch in mehreren Aspekten hiervon ab. Zum einen wird hier – soweit ersichtlich erstmals – auf der Grundlage der Situation nach den Neuerungen durch den Vertrag von Lissabon die Rolle der Europäischen Union auf diesem Gebiet untersucht. Es haben sich in diesem Zuge durchaus relevante Entwicklungen ergeben, aus welchen das Bedürfnis nach einer aktuellen Bearbeitung des Gegenstandes folgt. Darüber hinaus bietet die in weiten Teilen dieser Arbeit eingenommene europäische Perspektive einen besonderen Blick auf ein internationales Phänomen. Weiterhin findet sich im Rahmen dieser Arbeit eine schwerpunktmäßige Behandlung der Verbindung von ökonomischen und nichtwirtschaftlichen Bestimmungen in den Abkommen. Insbesondere die eingehende Untersuchung des ebenfalls aus dem Reformvertrag von Lissabon fließenden Art. 21 EUV grenzt angesichts der mit der üblichen Trägheit erst nach und nach erscheinenden Kommentierungen zu den neuen primärrechtlichen Verträgen[20] sowie der auch im übrigen Schrifttum noch nicht umfassend behandelten Veränderungen und Auswirkungen im Bereich der Grundsätze und Ziele des auswärtigen Unionshandelns von anderen Arbeiten ab. In weiterer Unterscheidung von anderen Werken beschäftigt sich diese Arbeit in einem weiteren Schwerpunkt mit den Stabilisierungs- und Assoziierungsabkommen der EU mit den Staaten des westlichen Balkans. Damit wird die in dieser Arbeit verfolgte Querschnittsbetrachtung vom Allgemeinen zum Speziellen – vom weltweiten Phänomen der regionalen wirtschaftlichen Integration über die europäische Rolle bis hin zur Untersuchung konkreter Abkommen – abgerundet.

---

20 Ein Teil der europarechtlichen Kommentarliteratur ist noch nicht auf die neuen Verträge nach der Reform von Lissabon umgestellt und entsprechend aktualisiert. Auf die Vielfalt der Kommentare soll in dieser Arbeit dennoch nicht verzichtet werden, soweit dies nicht notwendig ist, weil sich die Rechtslage trotz neuer Nummerierung der Artikel nicht geändert hat. Die ausschließliche Verwendung der aktualisierten Literatur ist hingegen dort selbstverständlich, wo es auf die neue Rechtslage ankommt.

Teil 1:

Die Grundlagen des Phänomens der regionalen wirtschaftlichen Integration

It may be logical, but rare indeed is the international system which not only accepts apparently diverging approaches to fundamental issues, but is designed specifically to accommodate them. But such is the approach of the international trade system, as governed by the rules of the World Trade Organisation (WTO), to the great debate about multilateralism vs regionalism in trade policy.

Pascal Lamy
The World Economy 2002, S. 1399

Um die komplexen Zusammenhänge, die mit der Bildung regionaler Präferenzabkommen einhergehen, in ihrer Tiefe begreifen zu können, müssen zunächst einige fundamentale Fragen bearbeitet werden.

Der erste Teil dieser Arbeit beschäftigt sich deshalb mit den grundlegenden Fragestellungen zur historischen Entwicklung des Phänomens und deren Gründen, gibt Auskunft über die verschiedenen Intensitätsstufen der regionalen wirtschaftlichen Integration, bietet eine volkswirtschaftliche Betrachtung solcher Strukturen und untersucht die welthandelsrechtlichen Regelungen dieses Bereiches.

Kapitel 1: Die Entwicklung des Regionalismus

Wie einleitend angeklungen, sind regionale Präferenzvereinbarungen zu einem erheblichen Teil innerhalb der letzten beiden Jahrzenten entstanden. Die historische Entwicklung sowie deren Gründe gilt es in diesem Kapitel zu beleuchten.

Die Herausbildung von Vereinbarungen zwischen zwei oder mehreren politischen Einheiten zur Reduzierung von Handelshemmnissen untereinander bei gleichzeitiger Beibehaltung der Handelsbarrieren gegenüber außenstehenden Regionen geht zurück auf das frühe 19. Jahrhundert. Insbesondere der Freihandelsvertrag zwischen Großbritannien und Frankreich[21], die zahlreichen in dessen Folge abgeschlossenen Abkommen zwischen Einzelstaaten in Mitteleuropa[22], die britischen Bemühungen um die Commonwealth-Beziehungen sowie erste lateinamerikanische Integrationsbestrebungen[23] stellen wegweisende Eckpunkte der frühen Entwicklung dar[24].

Die nächste Hochphase der Integration begann erst nach dem Ende des Zweiten Weltkrieges. Zwar verständigte man sich insgesamt über eine multilaterale Struktur sowohl der politischen als auch der wirtschaftlichen Kooperation. Neben der Gründung der Vereinten Nationen war geplant, auf der Konferenz von Bretton Woods die internationale Wirtschaft auf eine gemeinsame Grundlage zu stellen. Die Gründung des Internationalen Währungsfonds (IWF) sowie

---

21 *Senti,* Die Welthandelsordnung im Spannungsfeld der regionalen Integration. In: Forstmoser/von der Crone/Weber/et al. (Hrsg.), Der Einfluss des europäischen Rechts auf die Schweiz, S. 116.

22 *Jackson/Davey/Sykes,* Legal Problems of International Economic Relations, S. 464.

23 *Hilpold,* RIW 1993, 657 (658).

24 Zu ersten diplomatischen Herausforderungen, insbesondere im Zusammenhang mit dem Deutschen Zollverein von 1834, vgl. auch *Viner,* The Customs Union Issue, S. 6 ff.

der Weltbank gelang, nicht aber die Schaffung der Internationalen Handelsorganisation (ITO). Nach deren Scheitern konnte im Oktober 1947 jedoch eine Einigung über das weniger weitreichende GATT erzielt werden, welches am 1. Januar 1948 in Kraft trat. Es war jedoch bereits den Gründungsvätern des GATT bewusst, dass das für optimal befundene System von universellen liberalen Handelsbeziehungen in der Wirklichkeit kaum realisierbar und daher die Orientierung auch an der „second-best"-Lösung, nämlich dem Abbau von Handelshemmnissen in kleineren Kreisen, unerlässlich war[25]. Insbesondere das Vereinigte Königreich hatte ein entsprechendes Interesse, wollte man doch die Präferenzen des Commonwealth aufrechterhalten. Bereits bestehende Zollunionen wie insbesondere die der Benelux-Staaten sollten bestehen bleiben können[26]. Aber auch die USA förderten die Integrationsentwicklung auf regional begrenzter Ebene nicht lediglich als Zugeständnis an die Europäer und im Hinblick auf ein stabiles Europa, sondern auch aufgrund ihrer eigenen spezifischen Beziehungen zu den Philippinen und Kuba[27]. Die Aufnahme des Art. XXIV über regionale Handelspräferenzen in das GATT war die logische Konsequenz. War hier zunächst nur die Gestattung von Zollunionen vorgesehen, so wurden alsbald auf der Havanna-Konferenz 1947 auch Freihandelszonen einbezogen; nicht zuletzt aufgrund der besonderen Beziehungen der europäischen Kolonialstaaten zu den Kolonialgebieten[28]. In die ersten Jahrzehnte nach Gründung des GATT fallen unter anderem die Entstehung der ASEAN sowie des Andenpaktes. Insbesondere ist aber die für die weitere Entwicklung nicht nur Europas, sondern auch des Regionalismus im Allgemeinen bedeutsame Gründung der Europäischen Gemeinschaften hervorzuheben.

Die Anfänge der neuesten „Generation der Integration"[29] können in den frühen 1990er Jahren angesetzt werden. Insgesamt wird diese neue Gruppe von Abkommen in ihren Grundlagen mit dem Attribut „offener" Regionalismus bezeichnet[30]. Damit wird ausgedrückt, dass dieser Regionalismus keinen Gegenpol zum multilateralen Handelssystem darstellt, sondern vielmehr in enger Verbindung mit diesem und als dessen kooperative Ergänzung bestehen will. Es soll also gerade keine Abgrenzung, sondern ein offenes Zusammenwirken stattfinden.

---

25 *Hilpold,* RIW 1993, 657 (657).

26 Vgl. auch Anhang C des GATT.

27 *Yüksel,* GATT/WTO-Welthandelssystem, S. 93.

28 *Hilpold,* RIW 1993, 657 (658).

29 *Senti,* Die Welthandelsordnung im Spannungsfeld der regionalen Integration. In: Forstmoser/von der Crone/Weber/et al. (Hrsg.), Der Einfluss des europäischen Rechts auf die Schweiz, S. 118.

30 *Hilpold,* Die EU im GATT/WTO-System, S. 71.

Die enorme Quantität der neuen Präferenzabkommen wurde bereits dargestellt. Aber auch in inhaltlicher Hinsicht lässt sich eine deutliche Entwicklung ausmachen. Heute kann konstatiert werden, dass die Zölle bereits in sehr großem Umfange abgebaut sind. Dies galt noch nach dem Zweiten Weltkrieg keineswegs. Vielmehr machten durchschnittliche Zölle in Industrieländern damals durchaus 40% des Handelswertes eines Produktes aus[31]. Insofern ist es nur folgerichtig, dass die Reduktion von Zöllen das nahezu einzige, jedenfalls aber vorherrschende Motiv zum Abschluss von Präferenzabkommen war. Moderne Abkommen haben zwar stets ebenfalls den Abbau von tarifären Handelshemmnissen zum zentralen Gegenstand. Dieser verliert jedoch zunehmend zugunsten von über reine Handelsliberalisierung hinausgehenden Vereinbarungen an Bedeutung[32]. So sind Verständigungen über Technologietransfer, Arbeitnehmerfreizügigkeit, Kapitalverkehr, Wettbewerbsrecht, grenzüberschreitenden Umweltschutz und Sozialstandards – um nur einige Bereiche zu nennen – durchaus üblich[33]; eine natürliche Reaktion auf rapide sinkende Restriktionen durch Landesgrenzen[34]. Nicht selten werden Rechtsharmonisierung, -angleichung oder gar -vereinheitlichung vereinbart. Verständigungen, welche auf der Ebene der multilateralen Handelsordnung bislang keinen Konsens finden, auf der Ebene regionaler Integration aber getroffen werden, werden auch als *WTO-Plus-Themen* bezeichnet[35].

---

31 *Senti,* Die Welthandelsordnung im Spannungsfeld der regionalen Integration. In: Forstmoser/von der Crone/Weber/et al. (Hrsg.), Der Einfluss des europäischen Rechts auf die Schweiz, S. 117.

32 Eine parallele Entwicklung ist auch in den Welthandelsrunden zu beobachten. Waren die ersten Runden noch wie selbstverständlich hauptsächlich von Zollsenkungsfragen geprägt, so werden die Inhalte neuerer Runden vielschichtiger, was sich letztlich auch in der langen Verhandlungsdauer, insbesondere der Uruguay-Runde und der seit dem Jahre 2001 anhängigen Doha-Runde, niederschlägt.

33 *Bretherton/Vogler,* The European Union as a Global Actor, S. 76; *De Melo/Panagariya,* Introduction. In: De Melo/Panagariya (Hrsg.), New dimensions in regional integration, S. 17; *Herrmann,* Bilaterale und regionale Handelsabkommen als Herausforderung des multilateralen Handelssystems (WTO). In: Ehlers/Wolffgang/Schröder (Hrsg.), Rechtsfragen internationaler Investitionen, S. 218; *Langhammer,* Die Europäische Gemeinschaft in der Entwicklung und in den Perspektiven des Welthandels zur Jahrhundertwende. In: Müller-Graff (Hrsg.), Die Europäische Gemeinschaft in der Welthandelsorganisation, S. 23; *Senti,* Die Welthandelsordnung im Spannungsfeld der regionalen Integration. In: Forstmoser/von der Crone/Weber/et al. (Hrsg.), Der Einfluss des europäischen Rechts auf die Schweiz, S. 118.

34 *Herzstein/Whitlock,* Regulating regional trade agreements. In: Macrory/Appleton/Plummer (Hrsg.), The World Trade Organization, S. 212.

35 *Hilpold,* Die EU im GATT/WTO-System, S. 68; *Koopmann/Vogel,* Wirtschaftsdienst 2009, 53 (53). Teilweise wird, m.E. zu Recht, feiner differenziert zwischen WTO-Plus-

Auch die Tendenz, Fragen der Streitbeilegung im Zusammenhang mit von den Präferenzabkommen umfassten Themengebieten detailliert zu regeln, ist neu[36]. Oftmals bestehen die vorgesehenen Sanktionen dabei auch in Geldstrafen, deren Verwendung in früheren Abkommen unüblich ist. Vielmehr war traditionell die Vereinbarung von Kompensationen in Form von Zolländerungen gängige Praxis[37].

Innovativ ist des Weiteren, dass neuere Abkommen neben dem Abbau der formellen Handelsbeschränkungen weitere Handelserleichterungen, sog. *trade facilitation,* vereinbaren[38]. Dieser Begriff bezeichnet die Vereinfachung von Handelsprozessen, insbesondere des Zuganges zu Daten, die zur Teilnahme am grenzüberschreitenden Wirtschaftsverkehr notwendig sind, z.B. Handelsvorschriften. Auch Förmlichkeiten, etwa bei der praktischen Durchführung von Zollvorschriften, werden vereinfacht[39].

Neben diesen inhaltlichen Erscheinungen und Erweiterungen gibt es weitere Eigenschaften, welche den „neuen Regionalismus"[40] kennzeichnen und von älteren Modellen abgrenzen. So orientieren sich Abkommen noch weniger an geographischen Nachbarschaften und Gegebenheiten als dies ohnehin seit jeher der Fall ist[41]. Zu den Präferenzabkommen der letzten beiden Jahre gehören z.B. Freihandelsabkommen zwischen Peru und China, zwischen Japan und der Schweiz sowie zwischen Kanada und der EFTA. „Der Regionalismus wird global"[42], so eine plakative Formulierung. Es haben sich dennoch drei Zentren regionaler wirtschaftlicher Integration herausgebildet: Neben der EU gelten auch die

---

Themen und WTO-Extra-Themen. Erstere umfassen Felder, welche auf multilateraler Ebene zwar geregelt, jedoch nicht so weitreichend sind wie in den Präferenzabkommen. Letztere bezeichnen solche Gebiete, die auf WTO-Ebene gar nicht aufgenommen sind. Siehe etwa *Horn/Mavroidis/Sapir,* Beyond the WTO?, S.1.

36 *Herzstein/Whitlock,* Regulating regional trade agreements. In: Macrory/Appleton/Plummer (Hrsg.), The World Trade Organization, S. 213.

37 *Herzstein/Whitlock,* Regulating regional trade agreements. In: Macrory/Appleton/Plummer (Hrsg.), The World Trade Organization, S. 214.

38 Auch auf WTO-Ebene laufen seit 2004 Verhandlungen im Bereich solcher Handelserleichterungen.

39 *Herzstein/Whitlock,* Regulating regional trade agreements. In: Macrory/Appleton/Plummer (Hrsg.), The World Trade Organization, S. 214.

40 *De Melo/Panagariya/Rodrik,* The new regionalism: a country perspective. In: De Melo/Panagariya (Hrsg.), New dimensions in regional integration, S. 159; *Hilpold,* Die EU im GATT/WTO-System, S. 61.

41 *Hilpold,* Die EU im GATT/WTO-System, S. 66. Vgl. zu Hintergründen von Abkommen der EU ohne direkten geographischen Zusammenhang und deren überwiegend ökonomisch geprägte Motivation *Sapir,* The World Economy 2000, 1135 (1143 ff.).

42 *Koopmann/Vogel,* Wirtschaftsdienst 2009, 53 (57).

USA und Japan als Kernpunkte eines Netzes an Präferenzabkommen[43]. Der Versuch, diese Zentren zu verbinden, war bislang nicht von Erfolg gekrönt, obgleich entsprechende Initiativen, etwa zur Gründung einer transatlantischen Freihandelszone TAFTA, durchaus existieren. Vielmehr ging die Entwicklung in die Richtung von sog. *hub and spoke agreements*[44]. Jedes der wirtschaftlich potenten Zentren bildet bildlich gesprochen das Zentrum eines Rades und ist über viele einzelne Präferenzabkommen, die Speichen, mit weniger weit entwickelten Staaten verbunden. Dabei ist es aufgrund des Ungleichgewichtes der Vertragspartner in der Regel das kleinere Land, welches die bedeutenderen Schritte der Liberalisierung gehen muss. Um solche starren Gebilde aufzulösen, bzw. möglichst bereits deren Entstehung zu verhindern, stellt die Förderung von Süd-Süd-Integrationen eines der wichtigen gegenwärtigen Bestrebungen auf dem Feld der internationalen Wirtschaftsbeziehungen dar[45]. So zielen etwa die europäischen EPAs mit Staaten des AKP-Raumes nicht nur auf eine Intensivierung der Handelsbeziehungen zwischen Industrienationen und Entwicklungsländern, sondern auch auf die Stärkung von Beziehungen zwischen Entwicklungsländern ab. Die Intentionen von entwickelten Ländern liegen dabei – in vereinfachender Kürze – einerseits in einer gewissen Verantwortung für die Vertragspartner, andererseits aber auch im Interesse an wirtschaftlich stärker werdenden Partnern begründet[46].

Kapitel 2: Gründe für den Abschluss regionaler Präferenzabkommen

Die Ansätze zur Begründung der beschriebenen Herausbildung regionaler Präferenzsysteme sowie deren lebhafter und eindrucksvoller Entfaltung in der jüngeren Vergangenheit sind zahlreich.

Aus der spezifischen Sicht der Europäischen Union gilt es zunächst als wichtige Motivation, engere und stabilere Partnerschaften mit unmittelbaren Nachbarstaaten der EU auf der Grundlage einer engeren wirtschaftlichen Ko-

---

43 *Hilpold,* Die EU im GATT/WTO-System, S. 62. Vgl. auch *De Melo/Panagariya,* Introduction. In: De Melo/Panagariya (Hrsg.), New dimensions in regional integration, S. 4.

44 *Hub* bedeutet die Nabe, *spoke* bedeutet die Speiche eines Rades.

45 Vereinzelt wird dieser, m.E. etwas vorschnell, jede Zukunftsperspektive abgesprochen. Vgl. *De Melo/Panagariya,* Introduction. In: De Melo/Panagariya (Hrsg.), New dimensions in regional integration, S. 20.

46 *Hilpold,* Die EU im GATT/WTO-System, S. 67.

operation zu erreichen[47]. Darüber hinaus können solche Abkommen – die Verträge mit den mittel- und osteuropäischen Staaten haben dies gezeigt und die noch näher zu betrachtenden Stabilisierungs- und Assoziierungsabkommen mit den westlichen Balkanstaaten weisen einen vergleichbaren Hintergrund auf – eine gezielte Annäherung in Vorbereitung eines späteren Beitrittes markieren.

Weiterhin können wirtschaftliche Präferenzabkommen auch allgemeiner betrachtet vorwiegend politisch motivierte Hintergründe haben[48]. Regionale Zusammenarbeit ist stets in einem sozialen Kontext zu sehen[49]. Ausdrücklich, aber nicht ausschließlich, gilt dies wiederum für die Rolle der EU. Ihr Abkommen mit Südafrika beispielsweise ist trotz seiner primär wirtschaftlichen Ausrichtung in nicht unerheblichem Maße in der Hoffnung geschlossen worden, politische Reformen stützen zu können. Generell gilt, dass die Ansicht, mehr Handel zwischen Staaten verringere das Auftreten zumindest erheblicher Konflikte zwischen diesen Staaten, weit verbreitet ist. Bereits *Kant* postulierte, es sei der „Handelsgeist, der mit dem Kriege nicht zusammen bestehen kann"[50]. Schlussendlich wird vor einer vorschnellen Nutzung von Handelsabkommen als diplomatischem Instrument jedoch gewarnt[51].

Andere Verträge, aus EU-Sicht allen voran die AKP-Abkommen, sehen Handelspräferenzen als Entwicklungselement vor. Entwicklungsländer sollen auf dem Weg der regionalen wirtschaftlichen Integration in den Welthandel integriert werden. Für wirtschaftlich weniger starke Staaten – zu denken ist zum

47 *Lamy,* The World Economy 2002, 1399 (1405).

48 *von Bogdandy/Makatsch,* Collision, Co-existence or Co-operation? Prospects for the Relationship between WTO Law and European Union Law. In: De Burca/Scott (Hrsg.), The EU and the WTO, S. 132; *Herrmann/Weiß/Ohler,* Welthandelsrecht, S. 269; *Herzstein/Whitlock,* Regulating regional trade agreements. In: Macrory/Appleton/Plummer (Hrsg.), The World Trade Organization, S. 216; *Hilpold,* Die EU im GATT/WTO-System, S. 79 f.

49 *Duina,* The social construction of free trade, S. 3, sieht als Ausgangspunkt seiner Bearbeitung jedes Verfolgen regionaler wirtschaftlicher Integration als ein soziales Bemühen.

50 „Es ist der Handelsgeist, der mit dem Kriege nicht zusammen bestehen kann, und der früher oder später sich jedes Volks bemächtigt. Weil nämlich unter allen der Staatsmacht untergeordneten Mächten (Mitteln) die Geldmacht wohl die zuverlässigste sein möchte, so sehen sich Staaten (freilich wohl nicht eben durch Triebfedern der Moralität) gedrungen, den edlen Frieden zu befördern […]". *Kant,* Zum ewigen Frieden. In: Königlich Preußische Akademie der Wissenschaften (Hrsg.), Kant's gesammelte Schriften, S. 368.

51 *Lamy,* The World Economy 2002, 1399 (1405). Ähnlich auch *Hirsch,* BayVBl. 1997, 449 (453).

einen an klassische Entwicklungsländer[52], zum anderen aber beispielsweise auch an ehemals sozialistische Staaten[53] – spielt die Perspektive des Profitierens vom Kontakt zu einer fortgeschrittenen Marktwirtschaft eine große Rolle. Ein solcher verspricht Zugang zu großen Märkten und die Aussicht auf eine gewisse Unterstützung bei der Fortentwicklung der eigenen Volkswirtschaft.

Im Hinblick auf die Entwicklung der neuesten Generation regionaler Wirtschaftsintegration ist ein gewichtiger Faktor zweifelsohne in der Gründung der EU durch den Vertrag von Maastricht im Jahre 1992 zu sehen. Außerhalb des Kreises der europäischen Integration befürchtete man angesichts der beachtlichen Schritte, die in Europa gegangen wurden, die Entstehung einer „Fortress Europe"[54]. In der Konsequenz wirkte auf sämtliche Staaten der Druck, beim Abschluss von Präferenzabkommen nicht ins Hintertreffen zu geraten, um den Anschluss an weitere Entwicklungen nicht zu verlieren.

Dies gilt insbesondere in Anbetracht der dieses Phänomen verstärkenden stockenden Entwicklung des multilateralen Welthandelsrechts[55]. Die *Uruguay-Runde* dauerte über sieben Jahre, dem Abschluss der seit 2001 laufenden *Doha-Runde* stellen sich immer wieder scheinbar unüberwindbare Gegensätze und Hindernisse in den Weg. Generelle Zweifel an der Realisierbarkeit eines multilateralen Systems, Skepsis gegenüber Zugeständnissen auf der Basis des Meistbegünstigungsprinzips des WTO-Systems oder aber die Einschätzung, dass regionale Integration als Schritt auf dem Weg zu einer weitreichenderen Lösung dienen kann, stärkten Bestrebungen zum Auf- und Ausbau regionaler Integrationen[56]. Auch in der aktuellen europäischen Diskussion wird ein unmittelbarer Zusammenhang zwischen bislang unmöglichen multilateralen Lösungen und

---

52 *De Melo/Panagariya,* Introduction. In: De Melo/Panagariya (Hrsg.), New dimensions in regional integration, S. 6; *Herzstein/Whitlock,* Regulating regional trade agreements. In: Macrory/Appleton/Plummer (Hrsg.), The World Trade Organization, S. 216 f.

53 *Senti,* Die Welthandelsordnung im Spannungsfeld der regionalen Integration. In: Forstmoser/von der Crone/Weber/et al. (Hrsg.), Der Einfluss des europäischen Rechts auf die Schweiz, S. 118.

54 *Anderson/Norheim,* History, geography and regional economic integration. In: Anderson/Blackhurst (Hrsg.), Regional integration and the global trading system, S. 19.

55 *Anderson/Norheim,* History, geography and regional economic integration. In: Anderson/Blackhurst (Hrsg.), Regional integration and the global trading system, S. 19; *Bungenberg,* Außenbeziehungen und Außenhandelspolitik. In: Schwarze/Hatje (Hrsg.), Der Reformvertrag von Lissabon, S. 202; *Duina,* The social construction of free trade, S. 26; *Then de Lammerskötter,* WTO und regional trade agreements (RTAs), S. 50.

56 *Herzstein/Whitlock,* Regulating regional trade agreements. In: Macrory/Appleton/Plummer (Hrsg.), The World Trade Organization, S. 217; *Hilpold,* Die EU im GATT/WTO-System, S. 78; *Stoll/Schorkopf,* WTO, S. 47.

dem Abschluss von Freihandelsabkommen als deren Vorstufe unterstrichen[57]. Es wird vereinzelt jedoch auch die Besorgnis geäußert, die Gewinner regionaler Integrationsprozesse könnten eine Ausweitung von Errungenschaften auf das multilaterale System behindern, um eigene Wettbewerbsvorteile sichern und aufrecht erhalten zu können[58]. Es stellt sich mithin immer wieder die berühmt gewordene Frage, ob regionale wirtschaftliche Integration als „building block" oder als „stumbling block"[59], also als Baustein oder als Stolperstein einer multilateralen Lösung anzusehen ist.

Auch *Baldwin* vertritt eine Dominotheorie, jedoch bei gleichzeitig klar formulierten Zweifeln an der Richtigkeit anderer Begründungen, insbesondere der Annahme von im Vergleich zur multilateralen Ebene leichter durchsetzbaren regionalen Übereinkünften[60]. Dieser reinen Dominotheorie zufolge wird durch die wirtschaftliche Stärkung der an Integration teilnehmenden Staaten ein Druck auf nichtteilnehmende Staaten aufgebaut, einer Integrationszone beizutreten oder eine anderweitig ausgerichtete Zone als Kompensation der Nachteile eines Außenvorbleibens auszuhandeln. Seine Theorie erhebt Anspruch auf universelle Geltung und spielt nicht im Speziellen auf die europäische Entwicklung als auslösendem Dominostein an.

Als ein entscheidender Anstoß zur letzten Welle von Präferenzabkommen wird auch die Änderung der Ausrichtung der USA angesehen[61]. Als mächtiger Vertreter des Multilateralismus waren die Vereinigten Staaten seit Kriegsende traditionell tendenziell skeptisch gegenüber eigenen Integrationsvorstößen eingestellt. Erst Ende der 80er Jahre fand insoweit – durchaus auch infolge mangelnder Fortschritte der GATT-Verhandlungen – ein richtungsweisendes Umdenken statt, welches die USA in der Folge zu einem gewichtigen Teilnehmer an der regionalen wirtschaftlichen Integration werden ließ und auch weitere Staaten mit sich zog.

In der Folge dieser US-amerikanischen Umorientierung formierte sich eine gewisse Konkurrenzsituation zwischen zentralen Teilnehmern am Welthandel. Insbesondere die erwähnte Triade aus EU, USA und Japan sieht sich mit einem

---

57 Vgl. die Mitteilung der Kommission, KOM(2006) 567 endgültig, vom 04.10.2006, S. 10 ff.

58 *Hilpold,* Die EU im GATT/WTO-System, S. 81.

59 *Bhagwati/Panagariya,* Preferential Trading Areas and Multilateralism. In: Bhagwati/Panagariya (Hrsg.), The Economics of Prefential Trade Agreements, S. 5.

60 *Baldwin,* The World Economy 1997, 865 (875 ff.); kritisch diesbezüglich auch *Herrmann/Weiß/Ohler,* Welthandelsrecht, S. 268 f.

61 *Bhagwati,* Regionalism and multilateralism: an overview. In: De Melo/Panagariya (Hrsg.), New dimensions in regional integration, S. 29.

gewissen Wettstreit um die Gunst der Schwellenländer[62] sowie auch um eine langfristige und nachhaltige Sicherung der Rohstoffversorgung konfrontiert[63]. Auch in diesem Kontext ist somit wiederum ein gewisser Druck zur regionalen Integration festzustellen, so dass die Richtigkeit der Annahme eines Dominoeffektes nicht von der Hand zu weisen ist.

Welche Gründe tatsächlich zu der beschriebenen Entwicklung der regionalen wirtschaftlichen Integration geführt haben, ist kaum eindeutig feststellbar. Die Antwort dürfte wie so oft – obgleich dies nicht gänzlich befriedigen kann – in einem komplexen Zusammenwirken einiger der genannten Faktoren, Gründe und Motivationen liegen.

Kapitel 3: Die Stufen der Integration

Die Formen der regionalen wirtschaftlichen Integration sind mannigfaltig. Zudem treten Mischformen auf[64]. Es lassen sich jedoch durchaus Unterteilungen in grundlegende Stufen der Integration vornehmen, am anschaulichsten unter überwiegender Betrachtung des Warenhandels.

Die am wenigsten intensive Stufe regionaler wirtschaftlicher Integration ist die *Präferenzzone*. In einer solchen werden zwischen den Vertragspartnern handelspolitische Vorzugsbedingungen vereinbart, insbesondere Zollpräferenzen gewährt und höhere Ein- und Ausfuhrquoten festgelegt[65]. Die gewährten Präferenzen können auf bestimmte Gütergruppen begrenzt sein, was – wie zu zeigen sein wird – Probleme hinsichtlich der welthandelsrechtlichen Legitimität mit sich bringen kann. Ebenso werden die Vorteile zwar gegenseitig eingeräumt, die Höhe der Präferenzen muss jedoch nicht identisch sein, so dass einfache Präferenzzonen häufig im Verhältnis zwischen einem Industrieland und einem wirtschaftlich weniger starken Staat bestehen, etwa in Form von Bevorzugungen beim Handel mit Agrarprodukten im Gegenzug zu Präferenzen im Zusammenhang mit Industriewaren[66].

---

62 Gelegentlich anschaulich, m.E. aber wenig hilfreich, als „Zweite Welt" bezeichnet.

63 *Bungenberg,* Außenbeziehungen und Außenhandelspolitik. In: Schwarze/Hatje (Hrsg.), Der Reformvertrag von Lissabon, S. 195.

64 *Herrmann/Weiß/Ohler,* Welthandelsrecht, S. 265.

65 *Blank/Clausen/Wacker,* Internationale ökonomische Integration, S. 32; *Bobe,* Die Vereinbarkeit von vertiefter (regionaler) wirtschaftlicher Integration mit dem Welthandelsrecht am Beispiel des EG-Binnenmarktes, S. 56; *Dieckheuer,* Internationale Wirtschaftsbeziehungen, S. 194; *Yüksel,* GATT/WTO-Welthandelssystem, S. 93.

66 *Dieckheuer,* Internationale Wirtschaftsbeziehungen, S. 194.

Die *Freihandelszone* ist die nächst intensivere Ausprägung regionaler wirtschaftlicher Integration. Im Unterschied zu einfachen Präferenzzonen schließt sie in der Regel den gesamten Güterverkehr ein und baut Zölle und andere Begrenzungen vollständig oder zumindest ganz überwiegend ab[67]. Es wird somit ein weitgehend freier Handel zwischen den Vertragsparteien gewährleistet. Im Verhältnis zu Drittstaaten wird jedoch keine gemeinsame, sondern eine autonome Außenhandelspolitik betrieben; insbesondere gibt es keinen gemeinsamen Außenzoll[68]. Dies führt zu der Gefahr, dass Waren aus Drittländern verstärkt über denjenigen Teilnehmerstaat der Freihandelszone mit den niedrigsten Zolltarifen in die Freihandelszone gelangen könnten, dass also hohe Zölle eines Teilnehmerstaates umgangen werden, indem Importe indirekt über einen Teilnehmerstaat mit niedrigeren Zöllen befördert werden. Diesem sog. Handelsablenkungseffekt kann nur durch die Schaffung von Ursprungsregeln sowie durch Aufrechterhaltung von Grenzkontrollen innerhalb der Freihandelszone begegnet werden. Die Ursprungsregeln bestimmen, welche Waren als aus der Freihandelszone stammend angesehen werden und damit den Präferenzen unterfallen. In der Regel wird nicht nur gänzlich aus der jeweiligen Zone stammenden Waren bzw. gänzlich in dieser hergestellten Produkten der freie Verkehr gewährt, sondern auch solchen, welche zu einem bestimmten Prozentsatz solchen Ursprunges sind[69]. Prominente Beispiele für Freihandelszonen sind die auf dem Nordamerikanischen Freihandelsabkommen NAFTA beruhende Kooperation zwischen den USA, Kanada und Mexiko[70] sowie die Europäische Freihandelsassoziation EFTA. Aber auch im kleineren Rahmen, beispielsweise zwischen der EU und Südafrika, bestehen Freihandelsabkommen. Die Stabilisierungs- und Assoziierungsabkommen mit den Staaten des westlichen Balkans räumen schrittweise teils umfangreiche Präferenzen ein und sind auf die Schaffung einer Freihandelszone innerhalb weniger Jahre ausgerichtet.

Zollunionen als nächste Stufe der Integration umfassen nicht lediglich die Beseitigung interner Handelsbeschränkungen wie Freihandelszonen, sondern schaffen darüber hinaus einheitliche Außenzölle. In dem grundlegenden ökonomischen Werk über die Zollunion fasst *Viner* drei Voraussetzungen zur Beja-

---

67 *Anderson/Blackhurst,* Introduction and summary. In: Anderson/Blackhurst (Hrsg.), Regional integration and the global trading system, S. 5; *Blank/Clausen/Wacker,* Internationale ökonomische Integration, S. 32; *Brenton/Scott/Sinclair,* International trade, S. 262.

68 *Carbaugh,* International Economics, S. 266; *Hilpold,* Die EU im GATT/WTO-System, S. 48 f.; *Sell,* Einführung in die internationalen Wirtschaftsbeziehungen, S. 222; *Zimmermann,* Regionale Integration und multilaterale Handelsordnung, S. 15 f.

69 Vgl. *Herdegen,* Internationales Wirtschaftsrecht, S. 198.

70 Vgl. zur NAFTA auch *Herdegen,* Internationales Wirtschaftsrecht, S. 207 ff.

hung des Vorliegens einer Zollunion zusammen[71]: die vollständige Beseitigung von Zöllen zwischen den Mitgliedern, die Schaffung eines gemeinsamen einheitlichen Zolles auf Importe von außerhalb der Union und die Aufteilung von Zolleinnahmen zwischen den Mitgliedern nach einem vereinbarten Schlüssel. In der Praxis ist darüber hinaus in aller Regel auch der Abbau nichttarifärer Handelshemmnisse zu beobachten, inklusive einer auch in dieser Hinsicht einheitlichen Außenhandelspolitik der Mitglieder[72]. Die Errichtung einer Zollunion geht mithin stets mit der teilweisen Übertragung von außenwirtschaftlicher Souveränität einher. Ein wesentlicher Nachteil einer Zollunion ist, dass ihre individuellen Mitglieder aufgrund divergierender nationaler Handelsinteressen sehr unterschiedliche Ansichten hinsichtlich optimaler Zollumfänge haben können, welche letzten Endes einem Kompromiss zugeführt werden müssen. Dem steht unter anderem der Vorteil gegenüber, dass eine harmonisch abgestimmte Zollunion im Vergleich mit einer Freihandelszone einen regelmäßig stärkeren Einfluss auf die Entwicklung von Weltmarktpreisen nehmen kann[73]. Als Beispiele für diese Form der Wirtschaftsintegration können die historisch bedeutsame und die europäische Integration prägende Zollunion der Benelux-Staaten aus dem Jahre 1944, die noch unvollkommene südamerikanische Zollunion des MERCOSUR, die südafrikanische Zollunion SACU zwischen Südafrika, Namibia, Swasiland, Botsuana und Lesotho, aber auch die Zollunion zwischen der EU und der Türkei angeführt werden.

Die nächst intensivere Integrationsstufe ist der *Gemeinsame Markt*. Über den freien Güterverkehr hinaus wird im Rahmen dessen die Freiheit der Produktionsfaktoren Arbeit und Kapital sichergestellt, d.h. es werden Niederlassungsfreiheit, Freizügigkeit und Kapitalverkehrsfreiheit gewährt[74]. Um eine harmonische und einigermaßen gleichmäßige Bewegung von Produktionsfaktoren zu erreichen, ist auch eine gewisse Harmonisierung wirtschaftspolitischer Felder sinnvoll und notwendig. Insbesondere im Bereich der Wettbewerbs-, Steuer-, Sozial- und Arbeitsmarktpolitik würden erheblich divergierende Rahmenbedingungen in den einzelnen teilnehmenden Staaten das Risiko einer ungleich verteilten Wanderung von Produktionsfaktoren mit sich bringen. Unternehmen könnten dann bestrebt sein, Standorte und Betätigungsregionen mit dem güns-

---

71 *Viner,* The Customs Union Issue, S. 5.

72 *Blank/Clausen/Wacker,* Internationale ökonomische Integration, S. 32 ff.; *Dieckheuer,* Internationale Wirtschaftsbeziehungen, S. 195.

73 *Brenton/Scott/Sinclair,* International trade, S. 269 f.

74 *Carbaugh,* International Economics, S. 266; *Sell,* Einführung in die internationalen Wirtschaftsbeziehungen, S. 222.

tigsten Umfeld an Bestimmungen bevorzugt zu wählen[75]. Als Beispiel für einen Gemeinsamen Markt gilt der Europäische Wirtschaftsraum EWR zwischen der EU und den EFTA-Staaten mit Ausnahme der Schweiz[76]. Er weist jedoch keinen gemeinsamen Außenzoll auf, ist mithin nicht auf der Grundlage einer Zollunion verwirklicht. Es ließe sich daher vertreten, der EWR sei lediglich als Freihandelszone mit einigen zusätzlichen Freiheiten anzusehen. M.E. zeigt dieses Beispiel jedoch vielmehr, dass die einzelnen Stufen der Integration eben nicht zwingend stringent aufeinander aufbauen, so dass – wie hier der Europäische Wirtschaftsraum – Gemeinsame Märkte ohne Zollunion existieren können[77].

Eine *Wirtschaftsunion* geht über die Merkmale des Gemeinsamen Marktes insoweit hinaus, als hier zusätzlich alle Bereiche der Wirtschaftspolitik zwischen den Teilnehmer-Staaten koordiniert, teilweise gar vereinheitlicht werden[78]. Auf dieser Grundlage ist für eine erfolgreiche und nachhaltige Wirtschaftsunion auch der Abbau regionaler Unterschiede des Wohlstandes ein zentraler Baustein der Agenda. Ziel ist letztlich die Schaffung einheitlicher wirtschaftlicher Verhältnisse innerhalb eines Binnenmarktes, so dass man die Mitgliedsländer als „lediglich noch Regionen der ökonomischen Union“[79] ansehen kann. Mit dieser Integrationsintensität geht die Übertragung von Kompetenzen auf gemeinschaftliche Institutionen einher[80].

Geht eine Wirtschaftsunion so weit, dass auch die Währungspolitik nicht mehr national, sondern gemeinschaftlich geführt wird, dass also volle Konvertierbarkeit von Währungen sowie auch fixe Paritäten gewährleistet werden, so spricht man von einer *Wirtschafts- und Währungsunion*[81]. Diese setzt nicht zwingend eine gemeinsame Währung voraus, allerdings führt die Einführung einer solchen aufgrund dann obsoleter Umrechnungen und Umtausche zu sinkenden Transaktionskosten. Darüber hinaus ist es zumindest denkbar, dass eine

75 *Blank/Clausen/Wacker,* Internationale ökonomische Integration, S. 33; *Dieckheuer,* Internationale Wirtschaftsbeziehungen, S. 195 f.; *Hilpold,* Die EU im GATT/WTO-System, S. 38.

76 Der Schweiz war es aufgrund eines negativen Referendums nicht möglich, das EWR-Abkommen zu ratifizieren. Auf EFTA-Seite gehören dem EWR nur noch Norwegen, Liechtenstein und Island an. Auch Island hat jedoch im Jahre 2009 den EU-Beitritt beantragt.

77 So auch *Hilpold,* Die EU im GATT/WTO-System, S. 69.

78 *Carbaugh,* International Economics, S. 266; *Sell,* Einführung in die internationalen Wirtschaftsbeziehungen, S. 222 f.; *Yüksel,* GATT/WTO-Welthandelssystem, S. 94.

79 *Blank/Clausen/Wacker,* Internationale ökonomische Integration, S. 33.

80 *Carbaugh,* International Economics, S. 266; *Yüksel,* GATT/WTO-Welthandelssystem, S. 94.

81 *Blank/Clausen/Wacker,* Internationale ökonomische Integration, S. 34; *Sell,* Einführung in die internationalen Wirtschaftsbeziehungen, S. 222 f.

bloße *Währungsunion* ohne Wirtschaftsunion existieren kann[82]. Eine solche Integration lediglich auf monetärer Ebene wird in der Praxis jedoch nur schwerlich durchführbar sein, kann doch die monetäre Integration nur dann zum Ziel der Steigerung des allgemeinen Wohlstandes beitragen, wenn die dem Kapitalverkehr zugrunde liegenden wirtschaftlichen Prozesse einem zu einem gewissen Grade vereinheitlichten Rahmen unterliegen[83].

Über die vollendete wirtschaftliche Integration in Form einer Wirtschafts- und Währungsunion hinaus kann schließlich nur noch die *Politische Union* als höchste Integrationsebene erreicht werden. Dabei geben die beteiligten Staaten ihre Souveränität auf. Die Kompetenzen werden dann von gemeinschaftlichen Institutionen ausgeübt. Im Ergebnis eines solchen Prozesses besteht sowohl in politischer als auch in ökonomischer Hinsicht nur noch ein Staat[84].

Unterhalb der Schwelle von Zollpräferenzen gewährenden Abkommen – und damit außerhalb des in dieser Arbeit zugrunde gelegten Begriffes regionaler wirtschaftlicher Integration – existieren außerdem Abkommen, die ähnliche Strukturen und vergleichbare Regelungsinhalte aufweisen. Oftmals sind sie auf eine enge Zusammenarbeit ausgerichtet, weisen ein Unterstützungselement auf und können in einigen Fällen als Vorstufe eines Regionalen Handelsabkommens angesehen werden. Auf Seiten der Europäischen Union fallen hier insbesondere die Abkommen über Partnerschaft und Zusammenarbeit (PZA) auf, die in den 90er Jahren mit neun Staaten der ehemaligen Sowjetunion geschlossen wurden[85].

Insgesamt gilt, dass die Stufen ökonomischer Integration mit zunehmender Intensität zwangsläufig auch eine weitergehende politische Integration mit sich bringen. Die EU ist weltweit die am weitesten fortgeschrittene Integrationszone, die auf der Basis ökonomischer Zusammenarbeit aufgrund ihrer Intensität ganz erhebliche politische Elemente aufweist. Der Gemeinsame Markt ist sicher erreicht und die wirtschaftspolitische Koordination ist mittlerweile umfassend, so dass von einer Wirtschaftsunion gesprochen werden kann[86]. Ebenso ist innerhalb

---

82 *Blank/Clausen/Wacker,* Internationale ökonomische Integration, S. 34.

83 *Dieckheuer,* Internationale Wirtschaftsbeziehungen, S. 196 f.

84 *Blank/Clausen/Wacker,* Internationale ökonomische Integration, S. 34; *Yüksel,* GATT/WTO-Welthandelssystem, S. 94.

85 Vgl. zu diesen Abkommen etwa *Lankosz,* Die Partnerschaftsabkommen mit osteuropäischen Nachbarstaaten. In: Lankosz/Müller-Graff/Fink (Hrsg.), Osteuropäische Nachbarschaft der Europäischen Union, S. 15 ff.

86 *Baldwin/Wyplosz,* The economics of European integration, S. 58 f.; *Yüksel,* GATT/WTO-Welthandelssystem, S. 94 f. Vgl. auch *Baum-Ceisig/Busch/Nospickel,* Die Europäische Union, S. 98 ff. Skeptisch dagegen *Blank/Clausen/Wacker,* Internationale öko-

der EU die Etablierung einer Währungsunion gelungen[87]. Eine Entwicklung über eine umfassende Wirtschafts- und Währungsunion – gemäß Art. 3 Abs. 4 EUV errichtet die Union eine solche mit dem Euro als Währung – bis hin zur Politischen Union ist dabei nicht ausgeschlossen[88].

Den in diesem Kapitel beschriebenen Zonen, bzw. Abkommen ist gemein, dass sie sämtlich auf dem Prinzip der Gegenseitigkeit, der *Reziprozität*, beruhen[89]. Es werden mithin keine einseitigen Präferenzen gewährt, sondern wechselseitig bestimmte Vorteile eingeräumt. Es müssen diese jedoch nicht zwangsläufig identisch sein. Vielmehr sind die Rahmenbedingungen in Kooperationskonstellationen oft dergestalt ausgeprägt, dass nur asymmetrische Präferenzen sinnvoll erscheinen.

Bemerkenswert ist, dass es sich bei ca. 90% aller bei der WTO notifizierten Integrationszonen um Freihandelsabkommen bzw. einfache Präferenzabkommen handelt, während Zollunionen nur etwa 10% der Abkommen ausmachen[90]. Die noch weitergehenden Integrationsformen werden nur vereinzelt erreicht.

Die nachfolgende Abbildung 1 zeigt zusammenfassend die Intensitätsstufen regionaler wirtschaftlicher Integration mitsamt ihrer wesentlichen Merkmale auf. Es gilt selbstverständlich die bereits eingangs des Kapitels erwähnte und im Rahmen von Schaubildern umso wichtigere Erkenntnis, dass die Ausprägungen der Integration in der Praxis nicht immer trennscharf und eindeutig zuzuordnen sind, dass Grenz- und Mischformen existieren und dass sich deshalb lediglich typische Grundformen darstellen lassen. Insbesondere können auch auf der

---

nomische Integration, S. 34; *Carbaugh,* International Economics, S. 278 ff.; *Dieckheuer,* Internationale Wirtschaftsbeziehungen, S. 198 ff.

87 Vgl. *Baum-Ceisig/Busch/Nospickel,* Die Europäische Union, S. 98 ff.; *Dieckheuer,* Internationale Wirtschaftsbeziehungen, S. 198 ff.

88 In der jüngsten Vergangenheit kam es im Zuge der europäischen Schuldenkrise zu kontroversen Debatten insbesondere über das europäische Finanzsystem, aber auch über die weitere Entwicklung der europäischen Integration als solcher. Das BVerfG hat die Verfassungsmäßigkeit des Währungsunion-Finanzstabilitätsgesetzes sowie des Euro-Stabilisierungsmechanismus-Gesetzes im Grundsatz bejaht, wenngleich die weiterhin große Bedeutung der Mitwirkung des Bundestages betont wurde. Vgl. BVerfG, 2 BvR 987/10, 2 BvR 1485/10, 2 BvR 1099/10 vom 07.09.2011, *Griechenland-Hilfe / Euro-Rettungsschirm,* Rn. 133 ff. Am 09.12.2011 hat im Rahmen des Europäischen Rates ein Großteil der Mitgliedstaaten die Grundlagen eines Fiskalpaktes beschlossen. Wenngleich sich an einem solchen nicht alle Mitgliedstaaten beteiligen, so wird doch innerhalb der Europäischen Union eine neue Integrationsintensität erreicht.

89 *Anderson/Blackhurst,* Introduction and summary. In: Anderson/Blackhurst (Hrsg.), Regional integration and the global trading system, S. 5.

90 Vgl. die online verfügbaren Angaben der Welthandelsorganisation: http://www.wto.org/english/tratop_e/region_e/region_e.htm.

Grundlage einer Freihandelszone weitergehende Harmonisierungsschritte unternommen werden, ohne dass es dazu einer Zollunion bedürfte.

Abbildung 1: Typische Integrationsstufen[91]

	Präferenzzone	Freihandelszone	Zollunion	Gemeinsamer Markt	Wirtschaftsunion	Wirtsch.- u. Währ.-union	Politische Union
Handelsliberalisierung auf Teilmärkten	(+)						
Handelsliberalisierung auf allen Märkten		(+)	(+)	(+)	(+)	(+)	(+)
Gemeinsamer Außenzoll			(+)	(+)	(+)	(+)	(+)
Freie Faktorbewegungen				(+)	(+)	(+)	(+)
Harmonisierung der Wirtschaftspolitik					(+)	(+)	(+)
Harmonisierung der Währungspolitik						(+)	(+)
Umfassende politische Harmonisierung							(+)

91 Abbildung nach *Blank/Clausen/Wacker,* Internationale ökonomische Integration, S. 35; *Dieckheuer,* Internationale Wirtschaftsbeziehungen, S. 196.

Kapitel 4: Ökonomische Betrachtung der Auswirkungen

Die volkswirtschaftlichen Auswirkungen von regionalen Präferenzabkommen sind vielschichtig und komplex. Sie sollen zum besseren Verständnis des thematischen Gesamtkomplexes jedoch zumindest in ihren Grundstrukturen dargestellt werden.

Die dies betreffende Literatur untersucht zumeist Zollunionen. Im Rahmen anderer Integrationsformen bestehen aber vergleichbare und größtenteils ähnliche Effekte[92]. Sie sind etwa bei Freihandelszonen aufgrund der hier vorhandenen Uneinheitlichkeit gewisser Faktoren zwischen den Teilnehmern jedoch von noch größerer Komplexität geprägt, weshalb nicht nur die empirische Untersuchung der Wirkungen schwieriger ist, sondern insbesondere auch eine übersichtliche und lehrreiche Darstellung derselben. Diese Erwägungen berücksichtigend und unter explizitem Hinweis auf die Tauglichkeit der zu gewinnenden Erkenntnisse zur Übertragung auf andere Integrationsformen unter Beachtung der unterschiedlichen Vorzeichen, soll auch im Folgenden vom Modell einer Zollunion ausgegangen werden.

Im Jahre 1950 stellte *Viner* in dem grundlegenden Werk über Zollunionen fest, dass sich die bis dahin existierende Literatur zu diesem Thema – sei sie von Ökonomen oder Nichtökonomen, Protektionisten oder Vertretern eines freien Handels verfasst – beinahe ausschließlich befürwortend über die Schaffung von Zollunionen äußerte und nur „here and there" eine skeptische Notiz zu finden sei[93]. Diese Situation hat sich grundlegend geändert. Heute ist die Frage nach Schaden oder Nutzen regionaler Integrationssysteme hoch umstritten.

Ausgangslage einer ökonomischen Betrachtung der Folgen sind die beiden grundlegenden Wirkungen solcher Systeme, der *handelsschaffende Effekt* und der *handelsumlenkende Effekt*. Die englischsprachige Literatur, auf der diese Begrifflichkeiten gründen, spricht hier von *trade-creating effect* und *trade-diverting effect*[94].

Ein *handelsumlenkender Effekt* entsteht, wenn als Konsequenz von Integrationsvereinbarungen Handelsschranken zwischen den teilnehmenden Staaten wegfallen und Güter innerhalb des Integrationsraumes folglich zu geringeren Preisen angeboten werden können. Importen aus Staaten außerhalb der Integrationszone kommen die günstigeren Bedingungen – insbesondere im Hinblick auf Zölle – nicht zu Gute, so dass solche Waren im Vergleich zu Importen aus Mit-

92 *Dieckheuer,* Internationale Wirtschaftsbeziehungen, S. 214.

93 *Viner,* The Customs Union Issue, S. 41.

94 Vgl. grundlegend *Viner,* The Customs Union Issue, S. 43.

gliedsländern relativ teurer werden. Es ist in der Folge damit zu rechnen, dass Güter, welche bislang aus Drittstaaten importiert wurden, aufgrund des entstandenen Preisunterschiedes durch Güter aus Mitgliedstaaten verdrängt werden[95].

Dies lässt sich beispielsweise veranschaulichen, indem man eine stark vereinfachte Welt annimmt, in welcher die Europäische Union eine Präferenzzone mit Australien neu vereinbart und in welcher die EU bestimmte Hydraulikdichtungen zuvor insbesondere aus China, einem Land ohne Freihandelsbeziehungen zur EU, importiert hat. Die zwischen Australien und der EU wegfallenden Zölle könnten nun dazu führen, dass in der EU die aus Australien importierten Hydraulikdichtungen zu einem geringeren Preis angeboten werden könnten als chinesische Dichtungen. Letztere würden zwar günstiger produziert, wären aufgrund der weiterhin bestehenden Zollbelastung im Endeffekt aber teurer. Es könnte in der Folge davon ausgegangen werden, dass europäische Nachfrager das australische Produkt bevorzugen werden. Der Handel des Produktes durch die EU würde somit von China nach Australien umgelenkt.

Handelsschaffende Effekte können als Konsequenz regionaler wirtschaftlicher Integration auf zwei unterschiedlichen Phänomenen beruhen. Zum einen kann der Abbau von Handelsbeschränkungen dazu führen, dass bestimmte Güter innerhalb des Integrationsraumes nicht nur günstiger angeboten werden können als vergleichbare Güter aus Drittstaaten, sondern, dass deren Preis auch absolut betrachtet so weit sinkt, dass das entsprechende Importprodukt aus einem Mitgliedstaat günstiger erworben werden kann als die bislang günstigere Ware aus der eigenen Produktion eines Staates. Somit steigt die Nachfrage nach dem importierten Produkt zulasten der Nachfrage nach dem einheimischen Produkt an. Es wächst in der Folge also der zwischenstaatliche Handel dieses Gutes. Man spricht insoweit von einem *preisinduzierten handelsschaffenden Effekt*[96]. Zum anderen führen die beschriebenen Handelsumlenkungen dazu, dass innerhalb der Integrationszone die Produktion gesteigert und effektiver gestaltet werden kann und folglich die Einkommen in den Mitgliedstaaten steigen. Die Kaufkraft der Konsumenten erhöht sich somit. Dies wird noch verstärkt durch die beschriebenen Preissenkungen. Die Einkommen steigen relativ zur Preisentwicklung, wodurch die Nachfrage angekurbelt wird. Diese Wirkungen werden unter dem Begriff *einkommensinduzierter handelsschaffender Effekt* zusammengefasst[97].

---

95 *Blank/Clausen/Wacker,* Internationale ökonomische Integration, S. 58; *Carbaugh,* International Economics, S. 269; *Dieckheuer,* Internationale Wirtschaftsbeziehungen, S. 206; *Viner,* The Customs Union Issue, S. 43.

96 *Carbaugh,* International Economics, S. 269; *Dieckheuer,* Internationale Wirtschaftsbeziehungen, S. 206; *Lamy,* The World Economy 2002, 1399 (1401).

97 *Dieckheuer,* Internationale Wirtschaftsbeziehungen, S. 206.

In oben angelegtem Beispiel wäre also davon auszugehen, dass auf dem europäischen Markt für Hydraulikdichtungen vor der Errichtung der Präferenzzone mit Australien die eigenen Produkte aus europäischer Herstellung am günstigsten angeboten werden konnten und damit kein Import dieses Produktes stattfand. Durch den Wegfall von Handelsbeschränkungen käme es zu der Situation, dass in Australien günstiger als in der EU produzierte Dichtungen auch in ihrem Endpreis auf dem europäischen Markt günstiger als europäische Dichtungen würden. Es wäre folglich damit zu rechnen, dass der Handel des Produktes zwischen der EU und Australien zulasten der Nachfrage nach dem eigenen europäischen Produkt wächst. Es würde mithin Handel geschaffen, welcher zuvor nicht existent war. Die damit verbundene effektivere Produktion innerhalb des Freihandelsraumes zwischen der EU und Australien sowie die sinkenden Preise, würden innerhalb der Integrationszone insgesamt zu relativ höheren Einkommen und damit zu einer sich weiter erhöhenden Nachfrage und einer positiven Entwicklung der Region führen.

Die Bewertung der beschriebenen Effekte muss differenziert ausfallen. Im Falle von Handelsumlenkungen verschiebt sich die Produktion von einem Drittstaat in einen Mitgliedstaat. Dabei ist die Produktion in dem ursprünglich exportierenden Drittstaat weniger kostenintensiv und nur der Vorteil wegfallender Zölle und anderer Handelsbeschränkungen macht Importe aus dem Mitgliedstaat attraktiver. Es handelt sich letztlich also nicht um eine gänzlich effektive Aufteilung, sondern um künstlich herbeigeführte Entwicklungen mit protektionistischen Elementen[98]. Dies schadet jedenfalls den Staaten außerhalb des Präferenzabkommens, welche diskriminierende Nachteile in Kauf nehmen müssen. Auch für den Freihandelsraum als Ganzen, gegebenenfalls für die importierenden Mitgliedstaaten und eventuell sogar für den neue Produktionsressourcen gewinnenden Mitgliedstaat können Nachteile wegen der hervorgerufenen ineffektiven Produktionsverlagerungen entstehen[99].

Im Gegensatz dazu führen handelsschaffende Effekte dazu, dass die Produktion von einem Teilnehmer der Integration zu einem anderen Teilnehmer verschoben wird. Es handelt sich dabei um eine Verschiebung von einem teurer produzierenden Anbieter zu einem günstiger produzierenden Anbieter[100]. In jedem Falle profitiert davon derjenige Partner des Integrationsraumes, welcher neue Exportressourcen erlangt. Die Nachfrager des importierenden Teilnehmers profitieren von den sinkenden Preisen. Die Preissenkung würde allerdings noch

98 *Viner,* The Customs Union Issue, S. 43.

99 *De Melo/Panagariya,* Introduction. In: De Melo/Panagariya (Hrsg.), New dimensions in regional integration, S. 7; *Viner,* The Customs Union Issue, S. 44.

100 *De Melo/Panagariya,* Introduction. In: De Melo/Panagariya (Hrsg.), New dimensions in regional integration, S. 6; *Viner,* The Customs Union Issue, S. 43.

größer ausfallen, wenn auch im Verhältnis zu den Drittstaaten die Handelshemmnisse abgebaut würden. Zu beachten ist darüber hinaus, dass einkommensinduzierte handelsschaffende Effekte nicht nur den Teilnehmern der Integration zu Gute kommen, sondern ebenso außenstehenden Staaten, wenngleich nicht außer Betracht gelassen werden darf, dass dieser Effekt wie beschrieben zumindest zum Teil auf Handelsumlenkungen zurückzuführen ist.

Vereinfachend zusammengefasst werden somit handelsschaffende Effekte überwiegend als eher positiv, handelsumlenkende Effekte als eher negativ bewertet. Im Grundsatz wird durch handelsschaffende Wirkungen neuer Handel zwischen den Integrationspartnern generiert ohne den Handelsumfang mit Drittstaaten zu verringern. Durch Handelsumlenkungen dagegen wird ein höheres Handelsvolumen innerhalb des Integrationsraumes nur auf Kosten von zurückgehenden Handelsbeziehungen mit der restlichen Welt erreicht[101].

Welche der Wirkungen in einer Integrationszone überwiegen, ist von Fall zu Fall unterschiedlich und naturgemäß schwierig zu berechnen. Erst recht ist es schwierig, die Effekte bereits im Vorfeld vorauszusehen und somit im Zuge der Verhandlungen von Präferenzabkommen zu berücksichtigen. Im Grundsatz gilt, dass Handelsschaffung gegenüber handelsumlenkenden Effekten mit umso größerer Wahrscheinlichkeit überwiegt, je größer die Teilnehmer eines Integrationsprojektes sind, je mehr Teilnehmer ein solches Abkommen hat, je intensiver bereits vor dem Abschluss des Präferenzabkommens der Wettbewerb zwischen den Parteien war und je niedriger der gemeinsame Außenzoll einer Zollunion ist[102]. Es zeigt sich also, dass regionale Integrationszonen für die Wohlfahrt der Welt insgesamt umso wertvoller sind, je näher deren Entwicklung hin zu einer umfassenden multilateralen Vereinbarung geht.

Im Hinblick auf die Europäische Union hat sich bestätigt, dass zwar umfassende handelsumlenkende Effekte aufgetreten sind und das Handelsvolumen innerhalb der Union stark angestiegen ist, dass es jedoch nicht zu einer Abschot-

101 *Carbaugh,* International Economics, S. 269; *De Melo/Panagariya,* Introduction. In: De Melo/Panagariya (Hrsg.), New dimensions in regional integration, S. 6 f.; *Krishna,* The Economics of Preferential Trade Agreements. In: Choi/Hartigan (Hrsg.), Handbook of International Trade, S. 297; *Ohr/Gruber,* Zur Theorie regionaler Integration. In: Ohr/Theurl (Hrsg.), Kompendium Europäische Wirtschaftspolitik, S. 15. Kritisch gegenüber einer solch klar abgrenzenden Differenzierung etwa *Bhagwati/Panagariya/Srinivasan,* Lectures on International Trade, S. 429 ff.

102 *Carbaugh,* International Economics, S. 270.

tung der europäischen Wirtschaft kam, sondern im Gegenteil die europäischen Außenhandelsbeziehungen stetig weiterentwickelt wurden und werden[103].

Über die dargestellten Effekte hinaus weisen Integrationsräume eine erhebliche Relevanz hinsichtlich der Konsequenzen für Wettbewerbsfragen und in der Folge für den Wohlstand der Regionen im Allgemeinen auf. Zwischen den Mitgliedstaaten führt freier Handel zu einer Steigerung des Wettbewerbs. Es ist daher einerseits mit sinkenden Preisen, andererseits aber auch mit erhöhten Innovationsbestrebungen zu rechnen. Für die Präferenzzone insgesamt bedeutet dies in der Regel eine positive Entwicklung von Einkommen, Beschäftigung und Wohlstand. Im Verhältnis zu Drittstaaten, die nicht Partner eines Abkommens sind, verringert sich die Wettbewerbsintensität für die Mitgliedstaaten jedoch. Aus der entgegengesetzten Perspektive der außenstehenden Staaten erhöht sich diese. Der Innovationsdruck wirkt insoweit mit einiger Wahrscheinlichkeit überwiegend auf die Drittstaaten und kaum auf die Mitglieder. Parallel zu schrumpfenden Handelsbeziehungen verläuft außerdem ein sinkender Technologietransfer aus Drittstaaten[104]. Auch insoweit werden sowohl Vorteile als auch Nachteile, sowohl Chancen als auch Risiken sichtbar.

Bei den dargestellten Auswirkungen, welche die Schaffung von Präferenzzonen auf die Entwicklung und den Wohlstand haben können, handelt es sich selbstverständlich lediglich um grundlegende und vereinfachte Illustrationen[105]. Der Regionalismus hat – besonders in den letzten Jahrzehnten – an Komplexität zugenommen. Insbesondere berücksichtigt Viners Modell nicht, dass Integrationsbestrebungen nicht isoliert betrachtet werden können, sondern dass Wechselbeziehungen zwischen Staaten, Staatengruppen und Freihandelsräumen bestehen, strategische Interessen verfolgt werden und die Auswirkungen eine gewisse Dynamik entwickeln, sich im Laufe der Zeit also verändern können. Darüber hinaus ist es in seiner Anschaulichkeit insbesondere auf Handelsbeschränkungen in Form von Zöllen beschränkt[106].

---

103 *Dieckheuer,* Internationale Wirtschaftsbeziehungen, S. 216; *Winters,* The European Community: a case of successful integration? In: De Melo/Panagariya (Hrsg.), New dimensions in regional integration, S. 212 ff.

104 *Carbaugh,* International Economics, S. 271; *Dieckheuer,* Internationale Wirtschaftsbeziehungen, S. 214 f.

105 Weitergehende Darstellungen finden sich etwa bei *Bhagwati/Panagariya,* Preferential Trading Areas and Multilateralism. In: Bhagwati/Panagariya (Hrsg.), The Economics of Prefential Trade Agreements, S. 5 ff., *Meade,* The Theory of Customs Unions, S. 34 ff. und *Zimmermann,* Regionale Integration und multilaterale Handelsordnung, S. 7 ff.

106 *Carbaugh,* International Economics, S. 171; *De Melo/Panagariya,* Introduction. In: De Melo/Panagariya (Hrsg.), New dimensions in regional integration, S. 7; *Herrmann,* Bilaterale und regionale Handelsabkommen als Herausforderung des multilateralen Han-

Im Ergebnis kann keine einfache und eindeutige Antwort auf die Frage, ob regionale wirtschaftliche Integrationsbestrebungen in ökonomischer Hinsicht positiv oder negativ zu bewerten sind, gegeben werden. Es wird diesbezüglich nach wie vor eine wissenschaftliche Diskussion geführt. Eine letztverbindliche und erschöpfende Bewertung kann und möchte ich mir nicht anmaßen. Intention dieses Kapitels war es vielmehr, ein Bewusstsein für grundlegende ökonomische Aspekte des Themas zu schaffen oder – soweit bereits vorhanden – zu schärfen. Klar ist jedoch, dass ökonomisch betrachtet sowohl Chancen als auch Risiken regionaler Wirtschaftsintegration bestehen. Fassbar wurde außerdem, dass regionale Integrationszonen im Vergleich zum multilateralen Modell eines weltweiten Abbaus von Handelsbeschränkungen lediglich eine *second-best-Lösung* darstellen können, da eventuell entstehende Vorteile hier denknotwendig nur durch Diskriminierung von Drittländern erreicht werden können[107].

Kapitel 5: Die Regelungen im Recht der WTO

Die Welthandelsorganisation bietet primär ein Forum für weltweite Handelsvereinbarungen. Nichtsdestoweniger ist die regionale wirtschaftliche Integration ein zentrales Thema für die WTO. Im Jahre 1996 wurde bei der WTO ein Committee on Regional Trade Agreements (CRTA) eingesetzt, welches die nach Art. XXIV Abs. 7 GATT bzw. Art. V Abs. 7 GATS notifizierten Abkommen und ihre Auswirkungen begutachten soll. Bislang konnte im CRTA jedoch kein endgültiger Bericht über ein Präferenzabkommen verabschiedet werden, da es stets am erforderlichen Konsens fehlte[108]. Auch das Streitbeilegungsverfahren nach dem DSU ist in diesem Bereich anwendbar, wenngleich der Prüfungsum-

---

delssystems (WTO). In: Ehlers/Wolffgang/Schröder (Hrsg.), Rechtsfragen internationaler Investitionen, S. 220; *Herzstein/Whitlock,* Regulating regional trade agreements. In: Macrory/Appleton/Plummer (Hrsg.), The World Trade Organization, S. 215.

107 So auch *Dieckheuer,* Internationale Wirtschaftsbeziehungen, S. 215; *Hilpold,* RIW 1993, 657 (657); *Zimmermann,* Regionale Integration und multilaterale Handelsordnung, S. 7.

108 Hinsichtlich dieser Untersuchungsberichte sprechen *Herzstein/Whitlock,* Regulating regional trade agreements. In: Macrory/Appleton/Plummer (Hrsg.), The World Trade Organization, S. 233, von einem „Complete failure of the System". Im Vorfeld dieser Berichte wirkt das CRTA jedoch auf die Durchsetzung der Notifizierung hin und führt mündliche und schriftliche Untersuchungen der Präferenzabkommen durch.

fang insoweit nicht abschließend geklärt ist[109]. Zur Stärkung der Transparenz wurde im Jahre 2006 ein vorläufiger Transparenzmechanismus für Regionale Handelsabkommen beschlossen[110], der im Rahmen der Doha-Runde durch eine dauerhafte Regelung ersetzt werden soll. Dieses Programm beinhaltet insbesondere eine Pflicht zur frühzeitigen Meldung bereits der Verhandlung von Präferenzabkommen sowie Regeln über Notifikation und Überprüfung von Regionalen Handelsabkommen im System der WTO.

Der Abbau von Handelshemmnissen zwischen einer begrenzten Anzahl an Teilnehmern des Welthandels bedeutet naturgemäß insbesondere einen Widerspruch zum welthandelsrechtlichen Grundsatz der Meistbegünstigung, nach welchem Handelsvorteile gegenüber allen WTO-Mitgliedern gleichermaßen zu gewähren sind[111]. Aus welthandelsrechtlicher Perspektive sind Regionale Handelsabkommen unter bestimmten Voraussetzungen aber dennoch zulässig. Das Phänomen der regionalen wirtschaftlichen Integration wird insbesondere in Art. XXIV GATT für den Handel mit Waren und in Art. V GATS für den Handel mit Dienstleistungen behandelt[112]. Ferner gibt es spezielle Möglichkeiten zur Legitimierung von diskriminierenden Präferenzen zugunsten von Entwicklungsländern, die im Rahmen dieser Arbeit jedoch nicht näher behandelt werden. Teil IV des GATT und Art. IV des GATS betonen explizit die Förderung von Entwicklungsländern bei ihrer Teilnahme am Welthandel und begründen Pflich-

---

109 Vgl. Nr. 12 der Vereinbarung zur Auslegung des Artikels XXIV des Allgemeinen Zoll- und Handelsabkommens. Zu dem unklaren Prüfungsumfang vgl. *Boysen,* Regionale Handelsabkommen. In: Hilf/Oeter (Hrsg.), WTO-Recht, S. 684 f.; *Herrmann/Weiß/Ohler,* Welthandelsrecht, S. 276 ff. Fraglich ist vorwiegend, ob auch die gesamte Vereinbarkeit eines Abkommens mit Art. XXIV GATT geprüft werden kann, oder lediglich die Rechtmäßigkeit einzelner Maßnahmen. Vgl. auch *Cremona,* Neutrality or Discrimination? The WTO, the EU and External Trade. In: De Burca/Scott (Hrsg.), The EU and the WTO, S. 180 f.

110 WTO, Transparency Mechanism for Regional Trade Agreements, WT/L/671.

111 Herdegen, Internationales Wirtschaftsrecht, S. 148 ff.; Herzstein/Whitlock, Regulating regional trade agreements. In: Macrory/Appleton/Plummer (Hrsg.), The World Trade Organization, S. 219 f.; Steinberger, GATT und regionale Wirtschaftszusammenschlüsse, S. 45 ff.

112 Möglich ist hiernach auch die Rechtfertigung anderer Verstöße gegen das Welthandelsrecht. Als Voraussetzung bleibt jedoch zu beachten, dass die strittige Maßnahme zur Errichtung einer Integrationszone erforderlich sein muss. Vgl. Appellate Body, Turkey – Restrictions on Imports of Textile and Clothing Products, WT/DS34/AB/R, Rn. 58. Zur insoweit restriktiveren Ansicht des Panels siehe von Bogdandy/Makatsch, Collision, Co-existence or Co-operation? Prospects for the Relationship between WTO Law and European Union Law. In: De Burca/Scott (Hrsg.), The EU and the WTO, S. 141 f.

ten zur Verwirklichung dieser Förderung[113]. Die *enabling clause* aus dem Jahre 1979[114], die nach Nr. 1 lit. b) iv) der Einleitung zum GATT Bestandteil des GATT 1994 ist, dient nicht nur als Grundlage des *Allgemeinen Präferenzsystems*, sondern erlaubt auch Präferenzabkommen unter Entwicklungsländern. Denkbar ist schließlich die Erteilung einer Ausnahmeerlaubnis in Form eines *waivers*.

Sämtliche Regionale Handelsabkommen der Europäischen Union beruhen auf Art. XXIV GATT und Art. V GATS. Die Untersuchung soll sich daher auf diese beiden Artikel sowie angesichts bereits zahlreicher Abhandlungen hierzu auf die wesentlichen Aspekte konzentrieren.

A. Art. XXIV GATT

Die Legitimation eines Verstoßes gegen das Meistbegünstigungsgebot des Art. I Abs. 1 GATT durch Gründung eines Regionalen Handelsabkommens auf dem Gebiet des Warenhandels richtet sich in erster Linie nach Art. XXIV GATT. Auszugehen ist insoweit von dem in Absatz 4 Satz 1 deklarierten Grundsatz, dass völkerrechtliche Vereinbarungen zur regionalen wirtschaftlichen Integration wünschenswert sind. Dennoch enthalten die folgenden Absätze des Art. XXIV Anforderungen, die an die präferenziellen Abkommen zur Gründung von Integrationszonen zu stellen sind. Sind einzelne Maßnahmen zu prüfen, so gilt es als weitere Voraussetzung, dass die Maßnahme erforderlich zur Errichtung einer solchen Präferenzzone ist[115]. Nur ausnahmsweise können die Vertragsparteien gemäß Art. XXIV Abs. 10 GATT von den gestellten Anforderungen abweichen. Die Voraussetzungen können in interne und externe Anforderungen untergliedert werden.

I. Interne Anforderungen

Was die nach innen gerichtete Seite angeht, so sind Art. XXIV Abs. 5 und 8 GATT von entscheidender Relevanz. Der einleitende Satz des Absatzes 5 legt

113 Zur Frage, ob Teil IV des GATT eine ausreichende Ermächtigungsgrundlage für Verstöße gegen das Meistbegünstigungsprinzip darstellt, vgl. Hausmann, Das Cotonou-Handelsregime und das Recht der WTO, S. 166 ff.; Koch, Handelspräferenzen der Europäischen Gemeinschaft für Entwicklungsländer, S. 124.

114 Decision, Differential and more favourable treatment reciprocity and fuller participation of developing countries, L/4903.

115 Vgl. Appellate Body, Turkey – Restrictions on Imports of Textile and Clothing Products, WT/DS34/AB/R, Rn. 58.

fest, dass Freihandelszonen, Zollunionen sowie diese schaffende vorläufige Vereinbarungen vom Anwendungsbereich des Art. XXIV GATT umfasst sind, während Absatz 8 definiert, was unter den Begriffen Freihandelszone und Zollunion zu verstehen ist.

Vor dem Hintergrund der oben aufgezeigten Vielfalt der Stufen der regionalen wirtschaftlichen Integration[116] fällt zunächst auf, dass lediglich Freihandelszonen, Zollunionen sowie Interimsabkommen, in denen die Entwicklung zu einer dieser beiden Integrationsstufen angelegt ist, von Art. XXIV GATT umfasst sind. Andere Integrationsformen werden dagegen nicht genannt. Dennoch ist letztlich nur die niedrigste Stufe ökonomischer Integration, das einfache Präferenzabkommen, von Art. XXIV nicht einbezogen. Sobald ein solches jedoch geschlossen wird, um zur Bildung einer Freihandelszone oder einer Zollunion zu gelangen, gilt auch dieses als Regionales Handelsabkommen i.S.v. Art. XXIV GATT. Sämtliche Integrationsformen, die in ihrer Intensität über die genannten Freihandelszonen und Zollunionen hinausgehen, beruhen auf einem dieser beiden Grundmodelle und fallen folglich ebenfalls in den Anwendungsbereich der Regelung[117].

Des Weiteren ergibt sich aus den Definitionen des Art. XXIV Abs. 8 GATT der oben ausgeführte Unterschied zwischen einer Freihandelszone und einer Zollunion[118] und schließlich in lit. a) i) sowie b) die für beide Gruppen geltende Voraussetzung, dass Zölle und beschränkende Handelsvorschriften[119] für annähernd den gesamten Handel beseitigt werden[120]. Die Begrifflichkeit des „annähernd gesamten Handels" – bzw. „substantially all the trade" wie es in der englischen Fassung heißt und infolgedessen in der englischsprachigen Erörterung diskutiert wird – ist zum Gegenstand kontroverser Debatten avanciert. Es stehen sich zur Bestimmung dieser Anforderung zwei sich grundsätzlich unterscheidende Herangehensweisen gegenüber. Denkbar ist zum einen eine quantitative

116 Vgl. Teil 1, Kapitel 3.

117 *Marceau/Reiman,* LIEI 2001, 297 (303); *Tevini,* in: Wolfrum/Stoll/Hestermeyer, Art. XXIV GATT, Rn. 6. Erwähnenswert ist jedoch der nicht gänzlich geklärte Zusammenhang von tiefgreifenden Integrationsmaßnahmen im Rahmen intensiver Integrationsstufen, die über eine Zollunion hinausgehen, und dem erwähnten Erforderlichkeitstest des Appellate Body in *Turkey-Textiles.* Im Ergebnis müssen aber schon angesichts der Mitgliedschaft der EU in der WTO auch solche zulässig sein. Vgl. dazu *Boysen,* Regionale Handelsabkommen. In: Hilf/Oeter (Hrsg.), WTO-Recht, S. 677; *Herrmann,* Bilaterale und regionale Handelsabkommen als Herausforderung des multilateralen Handelssystems (WTO). In: Ehlers/Wolffgang/Schröder (Hrsg.), Rechtsfragen internationaler Investitionen, S. 231 f.

118 Vgl. auch hierzu Teil 1, Kapitel 3.

119 Hierunter fallen vor allem mengenmäßige Beschränkungen.

120 Die Norm sieht einige Ausnahmen vor.

Erwägung und zum anderen eine qualitative Methode. Erstere fragt, ob ein gewisser prozentualer Anteil des Handels von der internen Liberalisierung umfasst ist. Letztere betrachtet den Handel nach Sektoren und verlangt, dass zumindest kein bedeutender Handelssektor von den Vereinbarungen ausgeschlossen ist[121]. Als Annäherung und Konkretisierung des Begriffes des „annähernd gesamten Handels" gilt die Entscheidung des *Appellate Body*, der Berufungsinstanz des Streitbeilegungsmechanismus der WTO[122], in dem Fall *Turkey-Textiles* betreffend Importbeschränkungen der Türkei für Textilien. Von einer tatsächlichen Lösung der Problematik ist sie jedoch weit entfernt. Das Gremium stellt fest, dass mit dieser Begrifflichkeit „not the same as all the trade", aber „considerably more than merely some of the trade" gemeint sei und dass eine gewisse Flexibilität in der Norm liege, die eine einzelfallbezogene Herangehensweise ermögliche[123]. Außerdem wird in der Entscheidung die bereits zuvor in einem Arbeitsgruppenbericht vertretene Auffassung bestätigt, wonach der Begriff im gesamten Absatz 8 lit. a) sowohl eine quantitative als auch eine qualitative Dimension aufweist, was in der Folge weitgehend anerkannt ist[124]. Indes bleibt auch die Ausgestaltung dieser beiden Komponenten unklar. Die prozentualen Forderungen in der Literatur reichen von 51% bis 99%, wobei das Ansetzen einer Schwelle im Bereich von ca. 90% mit gutem Grund überwiegen dürfte[125]. Aus der qualitativen Perspektive liegt die bedeutendste Problematik in der weit verbreiteten Ausklammerung weiter Teile des Agrarhandels aus der intraregionalen Liberalisierung. Während die Nichterfassung des Agrarsektors sehr häufig zum entscheidenden Kritikpunkt an Regionalen Handelsabkommen wird, lässt sich ebenso argumentieren, dieser besonders sensible Bereich sei nicht ohne Grund innerhalb der WTO speziellen Reglementierungen unterworfen worden, so dass eine nicht umfassend vorgesehene Liberalisierung dieses Sektors in Präferenzabkommen auch den direkten Rückschluss auf die Versagung der Legitimation

---

121 *Berrisch,* Das Allgemeine Zoll- und Handelsabkommen (GATT 1994). In: Prieß/Berrisch (Hrsg.), WTO-Handbuch, S. 135; *Boysen,* Regionale Handelsabkommen. In: Hilf/Oeter (Hrsg.), WTO-Recht, S. 675; *Herzstein/Whitlock,* Regulating regional trade agreements. In: Macrory/Appleton/Plummer (Hrsg.), The World Trade Organization, S. 227 f.; *Marceau/Reiman,* LIEI 2001, 297 (316); *Tevini*, in: Wolfrum/Stoll/Hestermeyer, Art. XXIV GATT, Rn. 26.

122 Zur methodischen Arbeit des Appellate Body bei der Bearbeitung völkerrechtlicher Abkommen vgl. *Schollendorf,* Die Auslegung völkerrechtlicher Verträge in der Spruchpraxis des Appellate Body der Welthandelsorganisation (WTO), S. 152 ff.

123 Appellate Body, *Turkey – Restrictions on Imports of Textile and Clothing Products*, WT/DS34/AB/R, Rn. 48.

124 Appellate Body, *Turkey – Restrictions on Imports of Textile and Clothing Products*, WT/DS34/AB/R, Rn. 49.

125 *Hilpold,* Die EU im GATT/WTO-System, S. 45 m.w.N.

nach Art. XXIV GATT verbiete[126]. Bis heute ist die Frage der Begrifflichkeit des „annähernd gesamten Handels“ hinsichtlich mehrerer Aspekte nicht geklärt. Eine Klarstellung im Wortlaut des Art. XXIV GATT wäre daher wünschenswert. Alternativ besteht eine zweite Möglichkeit zur Aufhellung der Problematik: Bereits im Jahre 1994 haben sich die Vertragsparteien der WTO auf eine Vereinbarung zur Auslegung des Artikels XXIV GATT geeinigt, die gemäß Nr. 1 lit. c) iv) des GATT 1994 Bestandteil dessen ist. Diese enthält jedoch keinerlei Hinweis auf das Verständnis der Wendung „annähernd der gesamte Handel“. Die Aufnahme einer Auslegungshilfe wäre somit auch in diesem Dokument möglich. Unabhängig von der Frage der Regelungstechnik würde sich im Rahmen eines Konkretisierungs- und Klarstellungsvorhabens die Orientierung an Art. V GATS anbieten. Bei diesem handelt es sich um das dienstleistungsbezogene Pendant zu Art. XXIV GATT, welches um mehrere Jahrzehnte jünger ist. In einer Fußnote zu diesem Artikel findet sich im GATS die Erläuterung, dass sich die Legitimationsvoraussetzungen nach der Zahl der einbezogenen Sektoren, dem betroffenen Handelsvolumen sowie den Erbringungsformen richten und dass keine Erbringungsform von vornherein ausgeschlossen sein sollte. Auch hier findet sich also die Kombination einer quantitativen und einer qualitativen Dimension wieder. Teilweise wird aus der Formulierung der Fußnote, keine Erbringungsform dürfe ausgeschlossen sein, gefolgert, dass im Rahmen des Warenhandels gemäß Art. XXIV GATT jedenfalls kein Handelssektor ausgeschlossen sein dürfe[127]. Diese Konklusion ist so jedoch nicht ganz stringent. Der Erbringungsmodus im Rahmen des GATS ist nicht das Äquivalent zur Sektorenunterteilung im Rahmen des GATT. Wie der einleitende Satz der Fußnote zu Art. V GATS zeigt, sind im Zusammenhang mit Dienstleistungen im Welthandel vielmehr drei Aspekte zu berücksichtigen. Von diesen besteht das Pendant zur Sektorenunterteilung im Warenhandel nicht in der Erbringungsform[128], sondern ebenfalls in der Unterteilung auch des Dienstleistungshandels in Sektoren. Dennoch ist zu konstatieren, dass der Ausschluss eines Erbringungsmodus mit dem Ausschluss eines Handelssektors zumindest insoweit vergleichbar ist, als durch beide erhebliche Teile des Handels von vornherein nicht umfasst werden. Eine gewisse Indizwirkung für die Frage nach der konkreten Ausgestaltung der qualitativen Dimension des Art. XXIV Abs. 8 lit. a) i) und b) kann der Formulierung daher durchaus zugesprochen werden.

An dieser Stelle sei der problematische Begriff des annähernd gesamten Handels damit hinreichend ausgearbeitet. In Teil 3 wird im Rahmen der Prüfung

---

126 *Herrmann/Weiß/Ohler,* Welthandelsrecht, S. 271 f.

127 *Marceau/Reiman,* LIEI 2001, 297 (316).

128 Gemeint sind hiermit vielmehr die vier Erbringungsmodi gemäß Art. I Abs. 2 GATS.

der Vereinbarkeit der SAA mit Art. XXIV GATT darauf zurückzukommen sein. Angezeigt wird dort die Erarbeitung einer Lösung zur konkreten Anwendung der umstrittenen Begrifflichkeit sein.

Zu beachten ist schließlich, dass Art. XXIV Abs. 5 lit. c) GATT verlangt, dass ein Interimsabkommen, welches die Einrichtung einer Zollunion oder einer Freihandelszone vorsieht, einen konkreten Plan und ein Programm zur Verwirklichung ebendieser zu enthalten hat, und zwar zur Verwirklichung innerhalb einer angemessenen Zeitspanne. Gemäß Nr. 3 der Vereinbarung über die Auslegung des Artikels XXIV beläuft sich diese Spanne grundsätzlich auf maximal zehn Jahre. Innerhalb dieser Frist ist eine asymmetrische Liberalisierung nicht nur erlaubt, sondern auch üblich[129].

II. Externe Anforderungen

Die externen Voraussetzungen betreffen das Außenhandelsregime der durch ein Regionales Handelsabkommen einzurichtenden Integrationszone. Art. XXIV Abs. 8 lit. a) ii) GATT beschreibt als wenig aussagekräftige Anforderung an die Ausgestaltung des Außenhandels einer Zollunion, dass ihre Teilnehmer im Wesentlichen dieselben Zölle und Handelsvorschriften anwenden.

Die bedeutendste Anforderung an das Außenhandelsregime findet sich jedoch in Art. XXIV Abs. 5 lit. a) und b) GATT. Danach dürfen die neuen Zölle und Handelsvorschriften für den Handel mit außerhalb der Integrationszone stehenden Partnern nicht höher oder einschränkender sein als die Zölle und Handelsvorschriften, die vor der Errichtung dieses Präferenzraumes bestanden. Dem entspricht auch die Bemerkung in Art. XXIV Abs. 4 Satz 2 GATT[130], nach der der Zweck einer Integrationszone die Handelserleichterung unter den Teilnehmern sein soll, nicht aber die Handelsbeschränkung im Verhältnis zu außenstehenden Handelspartnern. In gewissem Maße spiegeln sich in dieser Norm die oben behandelten ökonomischen Grundbegriffe der handelsschaffenden und handelsumlenkenden Effekte wider[131]. Die Verbindung der Zielbestimmung des Absatzes 4 mit den Voraussetzungen des Absatzes 5 wird insbesondere in dem *chapeau* des Art. XXIV Abs. 5 GATT deutlich, welcher mit dem Begriff „demgemäß" die im Folgenden genannten Anforderungen in das Licht des vorange-

---

129 *Herrmann/Weiß/Ohler,* Welthandelsrecht, S. 273.

130 Zur Frage, ob in Absatz 4 eigenständige, über die folgenden Absätze hinausgehende Anforderungen enthalten sind, vgl. *Steinberger,* GATT und regionale Wirtschaftszusammenschlüsse, S. 139 f.; *Tevini,* in: Wolfrum/Stoll/Hestermeyer, Art. XXIV GATT, Rn. 9.

131 Vgl. Teil 1, Kapitel 4.

gangenen Absatzes stellt[132]. Während die Regel des Art. XXIV Abs. 5 lit. b) für Freihandelszonen für jede einzelne Handelsregelung gilt, verlangt Art. XXIV Abs. 5 lit. a) die beschriebene Wirkung für Zollunionen lediglich in ihrer Gesamtheit[133]. Im Rahmen der ökonomischen Betrachtung präferenzieller Abkommen wurde deutlich, dass die Auswirkungen, die solche Abkommen auf den Handel haben, nicht nur schwer vorherzusehen, sondern auch schwer zu messen sind. An dieser Stelle setzt die in der Uruguay-Runde erreichte Vereinbarung zur Auslegung des Artikels XXIV an, welche in Nr. 2 den auf Zollunionen ausgerichteten Ansatz festhält, der zur Bewertung der Zölle und Handelsvorschriften heranzuziehen ist. Daraus ergibt sich, dass in Bezug auf Zölle und Belastungen eine Gesamtbewertung der gewogenen – also die Bedeutung der Handelsströme einzelner Güter berücksichtigenden – durchschnittlichen Zollsätze und der tatsächlich erhobenen Zölle auf der Grundlage einer repräsentativen Einfuhrstatistik vorzunehmen ist. Für andere Handelsregelungen sieht der letzte Satz der Nr. 2 vor, dass eine Überprüfung individueller Maßnahmen nicht ausgeschlossen ist[134]. Da es durch die Schaffung eines harmonisierten Außenzolles in einer Zollunion kaum vermeidbar ist, dass einzelne Mitglieder der Zollunion ihre Zölle erhöhen, ist in Art. XXIV Abs. 6 i.V.m. Art. XXVIII GATT sowie den Nummern 4-6 der Auslegungsvereinbarung zu Art. XXIV eine Ausgleichsmöglichkeit vorgesehen.

B. Art. V GATS

Zahlreiche Regionale Handelsabkommen betreffen nicht nur den Handel mit Waren, sondern gewähren daneben Präferenzen auf dem Gebiet des zunehmend an Bedeutung gewinnenden Handels mit Dienstleistungen. Auch diese Präferenzen stehen im Widerspruch zu welthandelsrechtlichen Grundsätzen, insbesondere zum Meistbegünstigungsprinzip nach Art. II GATS. Die Anforderungen, welche an die Rechtfertigung eines solchen Verstoßes gegen Grundsätze des GATS zu stellen sind, sind in Art. V GATS festgehalten. Eine spezielle Regelung bezüglich integrierter Arbeitsmärkte ist darüber hinaus in Art. V*bis* zu finden. Im Bereich des Handels mit Dienstleistungen geht es nicht um Zölle und mengen-

---

132 Appellate Body, Turkey – Restrictions on Imports of Textile and Clothing Products, WT/DS34/AB/R, Rn. 57.

133 Boysen, Regionale Handelsabkommen. In: Hilf/Oeter (Hrsg.), WTO-Recht, S. 677; Niedrist, Präferenzabkommen im Europarecht und im Welthandelsrecht, S. 233 f.; Tevini, in: Wolfrum/Stoll/Hestermeyer, Art. XXIV GATT, Rn. 17.

134 Zu dem unklaren Begriff der anderen Handelsregelungen vgl. Marceau/Reiman, LIEI 2001, 297 (321 f.).

mäßige Beschränkungen. Folgerichtig spricht Art. V GATS im Gegensatz zu Art. XXIV GATT auch nicht von Zollunionen und Freihandelszonen. Auch Art. V GATS können interne und externe Anforderungen an die vorgesehenen Integrationszonen entnommen werden.

Die interne Seite ist in Absatz 1 geregelt. Danach müssen Übereinkünfte zur Liberalisierung des Dienstleistungshandels einen beträchtlichen sektoralen Geltungsbereich aufweisen und praktisch jede Diskriminierung[135] zwischen den Teilnehmern des Präferenzabkommens im Bereich der Inländerbehandlung ausschließen. Auch im Rahmen von Art. V GATS ist die Beseitigung der Diskriminierung nicht zwingend sofort bei Inkrafttreten des Abkommens erforderlich. Möglich ist vielmehr auch hier ein schrittweiser Abbau, sofern ein angemessener Zeitplan von vornherein vorliegt[136]. Das in Bezug auf Art. XXIV GATT dargelegte Problem der unklaren Begrifflichkeiten was die Anforderungen an die interne Liberalisierung angeht ist hier in ähnlicher Deutlichkeit ersichtlich. Zumindest aber gibt die bereits untersuchte Fußnote zur Konkretisierung des Begriffes des beträchtlichen sektoralen Geltungsbereiches einige Hilfestellung. Bei der Feststellung des Ausschlusses von Diskriminierungen als zweiter Voraussetzung des Art. V Abs. 1 GATS hilft außerdem Art. V Abs. 2, wonach das Verhältnis Berücksichtigung finden kann, in welchem das Präferenzabkommen zu dem umfassenden Prozess der Handelsliberalisierung unter den betroffenen Ländern steht. Auch dieser Hinweis bleibt jedoch vage und vermeidet nicht, dass letztlich eine individuelle Bewertung im Einzelfall vorzunehmen ist[137]. Im Verhältnis zu Entwicklungsländern können die internen Anforderungen gemäß Art. V Abs. 3 GATS unter Berücksichtigung des individuellen Entwicklungsstandes flexibel gehandhabt werden.

Art. V Abs. 4 GATS enthält die externe Dimension der Anforderungen. Das Ziel einer intraregionalen Liberalisierung ohne gleichzeitigen Ausbau von Handelsbeschränkungen im Verhältnis zu Handelspartnern außerhalb der Integrationszone offenbart sich hier als allgemeingültiger Grundsatz. So sieht die Regelung vor, dass ein Präferenzabkommen derart auszugestalten ist, dass sich das allgemeine Niveau der externen Handelshemmnisse im Dienstleistungsbereich gegenüber dem vor Abschluss der Übereinkunft geltenden Niveau nicht erhöht. Auch insoweit bestehen Schwierigkeiten bei der praktischen Anwendung. Diese sind nicht nur bedingt durch die Unbestimmtheit des Hemmnisbegriffes, sondern

---

135 Vergleichbar mit Art. XXIV GATT sieht auch Art. V GATS in engen Grenzen nicht umfasste Maßnahmen vor.

136 *Pitschas,* Allgemeines Übereinkommen über den Handel mit Dienstleistungen (GATS). In: Prieß/Berrisch (Hrsg.), WTO-Handbuch, S. 519.

137 *Cottier/Molinuevo*, in: Wolfrum/Stoll/Feinäugle, Art. V GATS, Rn. 33 ff; *Niedrist,* Präferenzabkommen im Europarecht und im Welthandelsrecht, S. 244.

insbesondere durch den Mangel an präzisen Daten und Statistiken im Bereich des Dienstleistungshandels und die Komplexität der Quantifizierung von Handelsbeschränkungen in diesem Bereich[138].

C. Fazit

Die vorstehende Darstellung macht deutlich, dass ein System zur welthandelsrechtlichen Regulierung der regionalen wirtschaftlichen Integration durchaus existiert; und zwar nicht erst seit Neuestem und nicht nur fragmentarisch. Dennoch ist es in seiner derzeitigen Gestalt kaum geeignet, konkrete Probleme der Zulässigkeit eines Regionalen Handelsabkommens einer Lösung zuzuführen. Vielmehr sind auf der Grundlage der recht unpräzise formulierten Normen zahlreiche Unklarheiten identifiziert worden. Trotz der seit der Entwicklung der Normen ins Land gezogenen Jahrzehnte sind bahnbrechende Fortschritte bei der Klarstellung nicht zu verzeichnen. Freilich können sowohl die Auslegungsvereinbarung über Art. XXIV GATT als auch der Transparenzmechanismus zur Effektivität des Systems beitragen. Insbesondere die Funktion des Transparenzmechanismus droht jedoch in Teilen leerzulaufen. Solange nämlich keine Klarheit bezüglich des transparent zu gestaltenden Gegenstandes herrscht, ist jede Transparenz nur wenig wert.

138 *Cottier/Molinuevo*, in: Wolfrum/Stoll/Feinäugle, Art. V GATS, Rn. 48 ff.; *Herrmann,* Bilaterale und regionale Handelsabkommen als Herausforderung des multilateralen Handelssystems (WTO). In: Ehlers/Wolffgang/Schröder (Hrsg.), Rechtsfragen internationaler Investitionen, S. 230; *Marceau/Reiman,* LIEI 2001, 297 (324).

Teil 2:

Die Europäische Union auf dem Gebiet der regionalen wirtschaftlichen Integration

Die EU wird vorrangig dafür sorgen, dass alle neuen Freihandelsabkommen, auch unsere eigenen, als Sprungbrett für eine multilaterale Liberalisierung dienen, und nicht etwa ein Stolperstein sind.

Mitteilung der Kommission
KOM(2006) 567 endgültig, vom 04.10.2006

Auf dem Gebiet der regionalen wirtschaftlichen Integration wie sie in Teil 1 der Arbeit vorgestellt wurde, spielt die Europäische Union eine bedeutende Rolle. Auf der einen Seite ist die europäische Integration selbst das Musterbeispiel solcher Bestrebungen schlechthin und brachte das erste beim GATT notifizierte Regionale Handelsabkommen überhaupt hervor[139]. Auf der anderen Seite kann die EU angesichts ihrer zahlreichen, vielfältigen und teils innovativen bilateralen Abkommen auch in ihren Außenbeziehungen als einer der weltweit bedeutendsten und aktivsten Teilnehmer des Regionalismus bezeichnet werden.

Dieser besonderen Stellung der Europäischen Union Tribut zollend, soll im zweiten Teil der Arbeit die regionale wirtschaftliche Integration aus der europäischen Perspektive betrachtet werden. Nach einer kurzen Würdigung der internen europäischen Integration der EU selbst in Kapitel 1 wird in Kapitel 2 die Integration der EU mit dritten Partnern behandelt. In diesem Rahmen wird ein besonderes Augenmerk auf die Grundlagen gerichtet, welche das europäische Primärrecht für die Betätigung der EU auf dem außenpolitischen Feld der Integration bereitstellt. Dabei soll neben Kompetenzfragen insbesondere untersucht werden, wie im Bereich der regionalen wirtschaftlichen Zusammenarbeit nichtökonomische Prinzipien verfolgt und nichtökonomische Vereinbarungen in Abkommen eingebunden werden können. Es wird dabei namentlich der durch den Vertrag von Lissabon in den EUV gelangte Art. 21 untersucht. Nach den primärrechtlichen Regelungen soll ein Überblick über die Präferenzabkommen der EU gegeben werden, um ein Bild von der praktischen Ausgestaltung der primärrechtlich vorgegebenen Rahmenbedingungen vermitteln zu können.

Kapitel 1: Die Integration der Europäischen Union selbst

Die auf der Basis ökonomischer Integration beruhende, mittlerweile aber weit über diese hinausgehende Europäische Union stellt das weltweit erfolgreichste Integrationsmodell dar[140]. Im Planungsprozess neuer Integrationsräume kommt man an einer Orientierung an der EU kaum vorbei. Bemerkenswert ist dieser Erfolg insbesondere, wenn man sich vor Augen führt, dass die Integrationspartner eine erhebliche Anzahl unterschiedlicher politischer, kultureller und auch sprachlicher Hintergründe aufweisen.

---

139 *Koopmann/Vogel,* Wirtschaftsdienst 2009, 53 (58).

140 Vgl. statt vieler *Cottier,* Die EU als Akteurin auf der Welthandelsebene. In: Müller-Graff (Hrsg.), Die Rolle der erweiterten Europäischen Union in der Welt, S. 126.

A. Überblick über die Integrationsentwicklung

Beginnend mit der Gründung der Europäischen Gemeinschaft für Kohle und Stahl (EGKS) im Jahre 1951 über die Römischen Verträge des Jahres 1957 sowie den Benelux-Vertrag des Jahres 1958[141], über die 1986 vereinbarte Einheitliche Europäische Akte (EEA), die Gründung der EU durch den Vertrag von Maastricht im Jahre 1992, die Verträge von Amsterdam und Nizza 1997 und 2001 bis hin zum 2007 unterzeichneten Vertrag von Lissabon zieht sich die europäische Entwicklung in einzigartiger Weise durch die Jahrzehnte. Selbstverständlich darf diese kurz gefasste Auflistung[142] nicht darüber hinwegtäuschen, dass man auf diversen Stufen mit Problemen zu kämpfen hatte. Nicht zuletzt ist dies auch an den genannten Jahreszahlen der wesentlichen Integrationsschritte zu erkennen. Gewichtige Fortschritte in den 60er, 70er und frühen 80er Jahren fehlen. Erinnert sei in diesem Zusammenhang außerdem an die erst in den letzten Jahren gescheiterte Verfassung für Europa. Die Entwicklung ging dennoch, wenngleich auf Umwegen und mit Phasen der Stagnation, stets voran, so dass das Gesamtbild vom besonderen Erfolg der europäischen Integration bleibt.

Hatten ursprünglich sechs Mitgliedstaaten die Römischen Verträge unterzeichnet, so hat die EU in der Folge von insgesamt sechs Erweiterungsrunden[143] heute 27 Mitgliedstaaten. Es wird auch in der Zukunft bei dieser Zahl nicht bleiben. Kandidatenländer sind derzeit Kroatien, Montenegro, Türkei, Island und die ehemalige jugoslawische Republik Mazedonien. Bei den aktuellen potenziellen Beitrittskandidaten handelt es sich um Albanien, Bosnien und Herzegowina, Serbien und Kosovo[144]. Mit diesen Kandidaten und potenziellen Kandidaten unterhält die EU Präferenzabkommen, die derzeit noch den Außenbeziehungen der Union zuzurechnen sind und im weiteren Verlaufe der Arbeit zum Teil noch ei-

---

141 Es ist in diesem Zusammenhang jedoch daran zu erinnern, dass Belgien, die Niederlande und Luxemburg bereits in den 1940er Jahren eine Zollunion eingegangen waren, so dass der ursprüngliche Anstoß zur europäischen Integration darin seine Wurzel findet.

142 Eine umfassende Darstellung ist unter anderem zu finden bei *Craig/De Burca,* EU law, S. 7 ff., *Haratsch/Koenig/Pechstein,* Europarecht, S. 3 ff. und *Herdegen,* Europarecht, S. 42 ff.

143 Gemeinhin werden die Norderweiterung 1973, zwei Süderweiterungen in den 80er Jahren, die EFTA-Erweiterung 1995 sowie zwei Osterweiterungen 2004 und 2007 unterschieden.

144 Hier sind die Resolution 1244 des Sicherheitsrates, S/RES/1244 (1999), sowie die uneinheitlich beantwortete Frage nach der Anerkennung der Unabhängigkeit des Kosovo zu beachten. Die Resolution bildet unter anderem die Grundlage für die Verwaltungsmission der Vereinten Nationen UNMIK und lässt den Status des Kosovo offen. Zur Anerkennung von Staaten vgl. auch *Geiger,* Grundgesetz und Völkerrecht, S. 37 f.; *Schweitzer,* Staatsrecht III, S. 245 ff.

ne gewichtige Rolle spielen werden. Vom Zeitpunkt der Aufnahme dieser Staaten in die Union an, wird die Annäherung der Vertragsparteien auf der Grundlage dieser Abkommen gegenstandslos werden und in die Einbeziehung der Staaten in die interne Integration der Europäischen Union münden. Eine besondere Problematik besteht im Zusammenhang mit Erweiterungsrunden darin, dass die derzeit noch den Kandidatenstatus innehabenden Staaten ihrerseits bilaterale Präferenzabkommen mit Partnern außerhalb der Europäischen Union unterhalten. Da die EU jedoch auf einer Zollunion basiert, sind derartige Abkommen einzelner Mitgliedstaaten unmöglich. Im Falle eines Beitrittes zur Union können die neuen Mitgliedstaaten somit keine der gewährten Präferenzen aufrecht erhalten.

Bereits heute ist die Europäische Union weltweit derjenige Integrationsraum, welcher sowohl in wirtschaftlicher Hinsicht im Sinne der oben dargestellten Stufen ökonomischer Integration[145] als auch in politischer und gesellschaftlicher Hinsicht am umfassendsten zusammengewachsen ist. *Lamy* drückt diese beiden Seiten der Integration mit der Feststellung aus: „if the EU's mother was a political union, her father was a free trade agreement“[146].

B. Welthandelsrechtliche Konformität der europäischen Integration

Angesichts dieses Ausmaßes regionaler wirtschaftlicher Integration drängt sich die Frage nach dem Verhältnis der EU zum Welthandelssystem der WTO auf. Es ist zu erkunden, ob die Integration der EU mit dem Welthandelsrecht in Einklang steht. Insbesondere die Konformität mit den bereits dargestellten[147] Art. XXIV GATT und Art. V GATS ist zu problematisieren[148].

Die Frage der Vereinbarkeit der Europäischen Union bzw. ihrer Vorgängerorganisationen mit dem GATS, insbesondere mit dessen Art. V, war praktisch nie von Bedeutung. Das GATS trat zeitgleich mit der Gründung der WTO am

145 Vgl. Teil 1, Kapitel 3.

146 *Lamy,* The World Economy 2002, 1399 (1403).

147 Vgl. Teil 1, Kapitel 5.

148 Eine erschöpfende Prüfung der welthandelsrechtlichen Legitimität der europäischen Integration soll hier zugunsten einer Schwerpunktsetzung auf die europäischen Außenhandelsbeziehungen unterbleiben. Vielmehr soll die Aufmerksamkeit auf die wesentlichen Problemfelder gelenkt und damit ein deutliches und schlüssiges Gesamtbild gezeichnet werden.

1. Januar 1995 in Kraft. Die Europäischen Gemeinschaften[149] wurden gemäß Art. XI Abs. 1 WTO-Ü ursprüngliche WTO-Mitglieder, so dass die Vereinbarkeitsfrage von vornherein nicht zu stellen war.

In Bezug auf das wesentlich ältere GATT ergibt sich hingegen durchaus eine Relevanz der europäischen Integration. Die beiden zentralen Voraussetzungen für die Zulässigkeit von Präferenzzonen nach dem GATT, auf welche sich die Darstellung im Folgenden beschränken soll, sind Art. XXIV Abs. 5 GATT, der fordert, dass nach der Schaffung des Präferenzraumes die Handelsbeschränkungen zwischen Teilnehmern des Abkommens und nichtteilnehmenden Staaten nicht umfassender sind als vor dem Abschluss der Vereinbarung, sowie Art. XXIV Abs. 8 GATT, wonach eine Integrationszone nur dann geschaffen werden darf, wenn von ihr annähernd der gesamte Handel umfasst ist.

I. Die Europäische Gemeinschaft für Kohle und Stahl

Zum Zeitpunkt der Gründung der EGKS war das GATT bereits in Kraft. Offensichtlich ist, dass die Voraussetzung der Abdeckung des annähernd gesamten Handels bei einer solch engen inhaltlichen Begrenzung auf die Sektoren Kohle und Stahl nicht erfüllt war. Es wurde im Jahre 1952 jedoch eine Ausnahmegenehmigung, ein sog. *waiver*, erteilt[150].

II. Die Europäischen Gemeinschaften einschließlich EWG/EG

Nachdem der EGKS 1957 durch die Römischen Verträge die Europäische Atomgemeinschaft EURATOM und die Europäische Wirtschaftsgemeinschaft (EWG) zur Seite gestellt wurden, war insbesondere letztere an den Regeln des GATT zu messen. Ein entsprechender Ausschuss erreichte jedoch kein Ergebnis, insbesondere aufgrund umstrittener Berechnungsmethoden. Es entwickelte sich in der Folge eine stillschweigende Akzeptanz auch der EWG, die vor allem als politische Entscheidung angesichts der Gewichtigkeit und Bedeutung der

---

149 Genauer betrachtet wurden nicht die *Gemeinschaften*, sondern lediglich die Europäische *Gemeinschaft* Mitglied der WTO, denn nur sie hat den Vertrag unterzeichnet und ratifiziert. Vgl. *Herrmann/Weiß/Ohler,* Welthandelsrecht, S. 87; *Stoll/Schorkopf,* WTO, S. 22; *Tietje,* Die institutionelle Ordnung der WTO. In: Prieß/Berrisch (Hrsg.), WTO-Handbuch, S. 61.

150 *Hilpold,* Die EU im GATT/WTO-System, S. 88. Zur Erteilung von Ausnahmegenehmigungen siehe etwa *Herrmann/Weiß/Ohler,* Welthandelsrecht, S. 345 ff.; *Schwartmann,* Private im Wirtschaftsvölkerrecht, S. 176.

EWG und – zumindest von Seiten der USA – als Beitrag zur Stärkung Europas vor dem Hintergrund des Ost-West-Konfliktes gewertet werden kann[151].

Nachdem die EWG bereits in EG umbenannt war, kam es zur endgültigen Anerkennung ihrer welthandelsrechtlichen Legitimation. De facto war der EuGH bereits von einer Mitgliedschaft der EWG im GATT ausgegangen[152]. Mit Inkrafttreten des WTO-Übereinkommens am 1. Januar 1995 wurden die Europäischen Gemeinschaften gemäß Art. XI Abs. 1 WTO-Ü aber auch förmlich ursprüngliche Mitglieder der WTO. Es konnte damit – zumindest formell – kein Zweifel mehr an der Vereinbarkeit der europäischen Integration mit den Regeln des GATT über Präferenzzonen bestehen.

III. Die Erweiterungen

Angesichts dieser zunächst stillschweigenden und dann formal untermauerten Akzeptanz der welthandelsrechtlichen Legitimität der Existenz und Ausgestaltung der EU sowie ihrer Vorgängerinnen selbst, waren es insbesondere die Erweiterungsrunden, welche eine Chance zur Überprüfung boten.

Auch in diesem Rahmen gelang es im GATT/WTO-System jedoch nicht, eine endgültige Beurteilung der Rechtmäßigkeit der Erweiterungen zu erreichen[153]. Zwar wurden im Zusammenhang mit der Überprüfung der Erweiterungen, ebenso wie durch die Schaffung der Vereinbarung zur Auslegung des Artikels XXIV GATT im Jahre 1994, einige Voraussetzungen konkretisiert, insbesondere das dennoch beibehaltene Konsensprinzip verhinderte aber das Zustandekommen echter Entscheidungen[154].

---

151 *Hilpold,* Die EU im GATT/WTO-System, S. 88 f.; *Rode,* Die Rolle der Europäischen Union in der politischen Dimension der wirtschaftlichen Globalisierung. In: Müller-Graff (Hrsg.), Die Europäische Gemeinschaft in der Welthandelsorganisation, S. 49; *Siebold,* Die Welthandelsorganisation und die Europäische Gemeinschaft, S. 237; *Stoll/Schorkopf,* WTO, S. 22.

152 EuGH, verbundene Rs. 21-24/72, Slg. 1972, 1219, *International Fruit Company,* Rn. 10 ff.

153 Überhaupt ist bislang erst in einem einzigen Fall eine Entscheidung über die Vereinbarkeit einer Präferenzzone mit Art. XXIV GATT erreicht worden, und zwar betreffend eine Zollunion zwischen der Tschechischen Republik und der Slowakischen Republik. Vgl. *Berrisch,* Das Allgemeine Zoll- und Handelsabkommen (GATT 1994). In: Prieß/Berrisch (Hrsg.), WTO-Handbuch, S. 134.

154 *Hilpold,* Die EU im GATT/WTO-System, S. 103 ff.

IV. Tatsächliche Vereinbarkeit

Das Unvermögen, innerhalb des WTO-Systems zu einem abschließenden Urteil über die Vereinbarkeit der europäischen Integration mit dem Welthandelsrecht zu gelangen, ist zwar rechtlich unbedeutend, da ein positives Votum keine Zulässigkeitsvoraussetzung ist, sondern lediglich umgekehrt ein negatives Votum gemäß Art. XXIV Abs. 7 GATT zu Planungsänderungen zwingen kann. Rechtspolitisch ist die Entwicklung aber offensichtlich bedenklich. Die seit Anbeginn der Überprüfung von Integrationszonen praktizierte übertriebene Nachlässigkeit und Toleranz wird als Offenbarung einer Schwäche des GATT und als einer der Gründe für die häufige Nichtbefolgung von Regeln des Welthandelsrechts durch die Vertragsparteien angesehen[155].

Tatsächlich muss davon ausgegangen werden, dass das Kriterium der Abdeckung des annähernd gesamten Handels bei der europäischen Integration erfüllt ist. Problematisch ist aber das Verbot zunehmender Handelsbeschränkungen im Verhältnis zu Drittstaaten. Insbesondere die europäische Agrarpolitik weist noch immer stark protektionistische Züge auf. Auf der anderen Seite könnte man vertreten, es sei zum Zeitpunkt der Gründung eines europäischen Präferenzraumes nicht vorhersehbar gewesen, dass sich eine solche Abschottung des Agrarmarktes entwickeln würde. Daraus könnte man schließen, dass nicht die europäische Integration als solche gegen Art. XXIV GATT verstößt, sondern lediglich die konkrete Politik im Bereich der Landwirtschaft[156]. Selbst Letzteres wird überwiegend aber zu Recht bezweifelt[157]. Die Beschränkung der Rechtswidrigkeit auf bestimmte Teilbereiche der Integration ist gekünstelt. Streng genommen ist der europäische Integrationsraum nicht mit dem Welthandelsrecht vereinbar.

---

155 *Hilpold,* Die EU im GATT/WTO-System, S. 90, 106; *Rode,* Die Rolle der Europäischen Union in der politischen Dimension der wirtschaftlichen Globalisierung. In: Müller-Graff (Hrsg.), Die Europäische Gemeinschaft in der Welthandelsorganisation, S. 49.

156 Vgl. *Hilpold,* Die EU im GATT/WTO-System, S. 99, 109 f.

157 Vgl. *Cottier,* Die EU als Akteurin auf der Welthandelsebene. In: Müller-Graff (Hrsg.), Die Rolle der erweiterten Europäischen Union in der Welt, S. 127; *van Rijn,* in: von der Groeben/Schwarze, Art. 34 EGV, Rn. 95.

Kapitel 2: Regionale wirtschaftliche Integration in den Außenbeziehungen der Europäischen Union

Wie eingangs erwähnt, verfolgt die Europäische Union in ihren Außenbeziehungen nicht nur die Fortentwicklung eines multilateralen Welthandelssystems, sondern auch den Abschluss bilateraler bzw. regionaler Abkommen. Zwar wurde bereits im Jahre 2002 dargelegt: „the priority has to remain the multilateral agenda“[158]. Dennoch ist auch in den letzten Jahren eine hohe Aktivität der Europäischen Union auf dem Gebiet des Regionalismus zu beobachten gewesen, welche sich auch in den nächsten Jahren – und sei es nur im Rahmen des Abschlusses der zahlreichen bereits begonnenen Integrationsinitiativen – fortsetzen dürfte. Die auch künftig bedeutende Rolle Regionaler Handelsabkommen der Europäischen Union ist stets vor dem Hintergrund zu betrachten, dass die Unionsstrategie derartigen Abkommen besondere Bedeutung für die Ebnung des Weges zu weiteren multilateralen Handelsvereinbarungen beimisst[159].

Es sollen in diesem Kapitel europarechtliche Regelungen behandelt werden, auf denen die Integrationstätigkeiten der Union beruhen. Im Anschluss daran wird ein Überblick über die bestehenden und geplanten Präferenzabkommen der EU gegeben.

A. Europarechtliche Grundlagen

Der Lissaboner Reformvertrag hat das Recht der europäischen Außenbeziehungen und im Speziellen der Außenhandelsbeziehungen gründlich aufgemischt. Im gescheiterten Verfassungsvertrag wurde das auswärtige Handeln der Union erstmals als eigenständige Materie anerkannt[160]. Im Anschluss daran sind nach dem Vertrag von Lissabon fast alle relevanten Regelungen über die Außenbeziehungen der EU in dem mit „Das auswärtige Handeln der Union“ überschriebenen fünften Teil des Vertrages über die Arbeitsweise der Europäischen Union (AEUV) zusammengefasst[161]. Hinzu kommen Art. 21 und 22 EUV, welche

158 *Lamy,* The World Economy 2002, 1399 (1412).

159 Vgl. etwa die Mitteilung der Kommission, KOM(2006) 567 endgültig, vom 04.10.2006, S. 10.

160 *Vedder,* Außenbeziehungen und Außenvertretung. In: Hummer/Obwexer (Hrsg.), Der Vertrag von Lissabon, S. 270.

161 Die Ausgliederung etwa der GASP wie sie das Primärrecht nunmehr vorsieht, war im Entwurf des Verfassungsvertrages noch nicht vorgesehen.

„Allgemeine Bestimmungen über das auswärtige Handeln der Union“ enthalten[162] und sowohl für die klassischer Weise und nach wie vor[163] intergouvernemental geprägte[164] und infolgedessen im Rahmen dieser Arbeit keine besondere Rolle spielende Gemeinsame Außen- und Sicherheitspolitik (GASP) in Art. 23 ff. EUV gelten, als auch für das hier im Mittelpunkt stehende internationale Handeln nach dem AEUV. Relevanz für das außenpolitische Tätigwerden der EU hat schließlich Art. 8 EUV, welcher die besonderen Beziehungen zu Staaten der Nachbarschaft der Union betrifft.

Im Folgenden werden grundlegende europarechtliche Bestimmungen erarbeitet. Zentrale Regelungen des für den Abschluss von Präferenzabkommen relevanten Rechts stellen naturgemäß die Kompetenznormen dar, welche es der Union aufgrund des Prinzips der begrenzten Einzelermächtigung gemäß Art. 5 Abs. 2 EUV überhaupt erst ermöglichen, auf dem Gebiet des Regionalismus tätig zu werden. Ihnen soll daher besondere Aufmerksamkeit zukommen. Ein zweiter Fokus soll auf die neue Regelung zur Verfolgung nichtökonomischer Prinzipien gerichtet werden. Auf diese beiden Hauptaspekte soll sich die Untersuchung zunächst beschränken. Dennoch werden in der folgenden Darstellung weitere Gesichtspunkte mit behandelt. So wird etwa auf das nunmehr grundsätzlich in Art. 218 AEUV geregelte Verfahren bei der Aushandlung und dem Abschluss von Abkommen durch die Union im Kontext eingegangen werden. Weitergehende europarechtliche Fragestellungen werden darüber hinaus im spezielleren Teil 3 bearbeitet, so etwa das Problem der unmittelbaren Wirkung von Abkommen.

I. Kompetenzen zum Abschluss von Präferenzabkommen

Die Frage nach den Kompetenzen ist im Europarecht von entscheidender Bedeutung. *Nettesheim* bezeichnet die Kompetenz gar als „Sitz des Wesens der EU und ihres politischen Charakters“[165]. Als Ausgangsbasis für die Sondierung möglicher Normen, welche der Europäischen Union eine Verbandszuständigkeit

162 Damit wurde der klassischen kontinentaleuropäischen Kodifizierungsmethode von der allgemeinen zur spezielleren Norm gefolgt. Vgl. *Müller-Graff,* The Common Commercial Policy enhanced by the Reform Treaty of Lisbon? In: Dashwood/Maresceau (Hrsg.), Law and Practice of EU External Relations, S. 193.

163 Hierin sieht etwa der Ausschuss für auswärtige Angelegenheiten, Menschenrechte, gemeinsame Sicherheit und Verteidigungspolitik des Europäischen Parlamentes in seiner Stellungnahme zum Entwurf eines Verfassungsvertrages einen erheblichen Mangel. Vgl. Europäisches Parlament, A5-0299/2003 endgültig, vom 10.09.2003, S. 29 f.

164 *Pernice/Hindelang,* EuZW 2010, 407 (409).

165 *Nettesheim,* Kompetenzen. In: von Bogdandy/Bast (Hrsg.), Europäisches Verfassungsrecht, S. 390.

zum Abschluss präferenzieller Abkommen zuweisen, soll der durch den Lissaboner Reformvertrag neu geschaffene Art. 216 AEUV dienen. Dieser regelt in Absatz 1 die Vertragsschlusskompetenzen der Union nicht nur für handelspolitische Abkommen, sondern allgemeiner hinsichtlich sämtlicher Übereinkünfte der EU mit Drittstaaten oder internationalen Organisationen.

1. Explizit vorgesehene Kompetenzen

Art. 216 Abs. 1 Var. 1 AEUV sieht – im Grunde selbstverständlich – vor, dass der Union die Kompetenz zum Abschluss von Abkommen in ihren Außenbeziehungen zunächst dann zukommt, wenn dies in den Verträgen ausdrücklich vorgesehen ist. Nach dem Vertrag von Lissabon existieren insgesamt 17 solcher expliziter Zuständigkeiten[166]. Im Bereich der regionalen wirtschaftlichen Integration kommen insoweit einige Normen in Betracht, welche sich die EU als Grundlage zum Abschluss von Abkommen mit präferenziellen Inhalten dienstbar machen kann.

a) Die gemeinsame Handelspolitik

Ein zentraler Bereich, auf dessen Grundlage die EU Präferenzabkommen schließen kann, ist die gemeinsame Handelspolitik (GHP). *Cottier* sieht in ihr „außerhalb der GASP den eigentlichen Kern der gemeinsamen Außenpolitik der EU“[167]. Die GHP ist nunmehr in Art. 206 und 207 AEUV geregelt.

aa) Die Regelungen

Art. 206 AEUV enthält eine Grundsatzerklärung, in welcher sich die Union zu einer liberalen Handelspolitik bekennt. Diese Aussage ist vorwiegend zur Ausräumung von Vorbehalten von Drittstaaten hinsichtlich potenziell protektionistischer Folgen des Binnenmarktes bestimmt[168]. In Art. 207 AEUV werden Inhalt und Verfahren der gemeinsamen Handelspolitik geregelt.

---

166 *Vedder,* Außenbeziehungen und Außenvertretung. In: Hummer/Obwexer (Hrsg.), Der Vertrag von Lissabon, S. 274.

167 *Cottier,* Die EU als Akteurin auf der Welthandelsebene. In: Müller-Graff (Hrsg.), Die Rolle der erweiterten Europäischen Union in der Welt, S. 116. Ähnlich auch *Oppermann/Classen/Nettesheim,* Europarecht, S. 719.

168 *Khan,* in: Geiger/Khan/Kotzur, Art. 206 AEUV, Rn. 2 ff.

(1) Gegenstand der gemeinsamen Handelspolitik

Der Begriff der gemeinsamen Handelspolitik wird nach wie vor nicht primärrechtlich definiert[169]. Im Kern geht es um die Beeinflussung von Handelsvolumen und Handelsströmen im Außenhandel[170]. Art. 207 Abs. 1 AEUV selbst nennt die Änderung von Zollsätzen, den Abschluss von Zoll- und Handelsabkommen, die Vereinheitlichung von Liberalisierungsmaßnahmen, die Ausfuhrpolitik sowie die handelspolitischen Schutzmaßnahmen als mögliche Tätigkeitsbereiche der Handelspolitik. Wie die Verwendung der Formulierung *insbesondere* indiziert, ist diese Aufzählung jedoch nicht abschließend, so dass sie lediglich als Annäherung an den Begriff dienen kann.

Die Begriffsunklarheit hat lange zu anhaltenden Streitigkeiten um die korrekte Auslegung geführt, deren Motivation letztlich in einem Ringen um Kompetenzen zu suchen ist. Je weiter nämlich das Feld der gemeinsamen Handelspolitik ist, desto weiter sind auch die Kompetenzen der Union und desto enger die der Mitgliedstaaten. Während daher der Rat vertreten hatte, dass nur solche Abkommen umfasst sind, deren ausschließliches Ziel die Beeinflussung von Handelsvolumen oder Handelsströmen ist[171] (sog. finale Theorie), vertrat die Kommission, dass jede Maßnahme, welche den besonderen Charakter als Instrument zur Regelung des internationalen Handels aufweist, umfasst ist und es insoweit auf die konkrete Zielsetzung nicht ankommt[172] (sog. instrumentale Theorie). Der EuGH stellte fest, dass „die Frage der Außenhandelsbeziehungen in einer offenen Perspektive" zu regeln sei[173]. Er hielt es für notwendig, die gemeinsame Handelspolitik nicht auf die herkömmlichen Instrumente zu beschränken, sondern auch weiterentwickelte Mechanismen zuzulassen. Letztlich entschied sich der Gerichtshof gegen die finale Theorie des Rates, indem er urteilte, dass auch die offensichtlich entwicklungspolitisch motivierten Verordnungen zur Anwendung allgemeiner Zollpräferenzen in den Bereich der gemeinsamen Handelspoli-

---

169 Vgl. zur Situation vor Lissabon bereits *Kösters,* Handelspolitik. In: Klemmer (Hrsg.), Handbuch Europäische Wirtschaftspolitik, S. 826; *Siebold,* Die Welthandelsorganisation und die Europäische Gemeinschaft, S. 224.

170 *Khan*, in: Geiger/Khan/Kotzur, Art. 207 AEUV, Rn. 9.

171 Vgl. etwa die dem Gerichtshof unterbreiteten Ausführungen des Rates in EuGH, Gutachten 1/78, Slg. 1979, 2871, *Internationales Naturkautschuk-Übereinkommen*, S. 2887 ff.

172 Vgl. die dem Gerichtshof unterbreiteten Ausführungen der Kommission in EuGH, Gutachten 1/78, Slg. 1979, 2871, *Internationales Naturkautschuk-Übereinkommen*, S. 2883 ff.

173 EuGH, Gutachten 1/78, Slg. 1979, 2871, *Internationales Naturkautschuk-Übereinkommen*, Rn. 45.

tik fallen[174]. Die Literatur folgt in weiten Teilen der Ansicht, dass sowohl Gegenstand als auch Zielsetzung von Übereinkommen relevant für die Einordnung sein können[175]. Damit können nicht nur die in Art. 207 Abs. 1 AEUV explizit genannten Maßnahmen, sondern auch sonstige Instrumente, die in den internationalen Handelsverkehr eingreifen, unter den Handelspolitikbegriff fallen. Die schwerpunktmäßige Motivation muss dabei nicht zwingend auf die Beeinflussung von Handelsvolumen und Handelsströmen gerichtet sein.

Der sachliche Umfang der gemeinsamen Handelspolitik umfasst gemäß Art. 207 Abs. 1 AEUV den Handel mit Waren, den Handel mit Dienstleistungen, Handelsaspekte des geistigen Eigentums sowie ausländische Direktinvestitionen[176]. Darüber hinaus ist außerdem der in diesem Rahmen relevante Zahlungsverkehr mit einbezogen[177].

(2) Befugnisse der Union

Grundsätzlich kann die Union die gemeinsame Handelspolitik in zwei zu unterscheidenden Bereichen ausführen, der autonomen Handelspolitik und der vertraglichen Handelspolitik[178]. Erstere betrifft diejenigen Regelungen, welche die Union intern, also ohne Mitwirkung anderer Völkerrechtssubjekte, entwickelt, welche aber durchaus von Bedeutung für den Außenhandel sein können[179]. Die hier vorrangig interessierende vertragliche Handelspolitik wird hingegen durch bilaterale bzw. regionale oder durch multilaterale völkerrechtliche Verträge mit Drittstaaten oder internationalen Organisationen verwirklicht. Auf multilateraler Ebene sind die Abkommen der Welthandelsorganisation prominent gestellt. Bei den bilateralen Verträgen handelt es sich insbesondere um die für diese Arbeit zentralen Präferenzabkommen auf dem Gebiet der regionalen wirtschaftlichen Integration.

Als Beispiele solcher Abkommen, die explizit auf die Normen der Handelspolitik gestützt wurden ohne dabei andere Grundlagen spezifisch zu bemühen,

174 EuGH, Rs. 45/86, Slg. 1987, 1493, *Allgemeines Präferenzsystem*, Rn. 21.

175 *Arnold/Meindl,* Außenhandelsrecht, K. I. Grundlagen. In: Dauses (Hrsg.), Handbuch des EU-Wirtschaftsrechts, Rn. 4; *Khan*, in: Geiger/Khan/Kotzur, Art. 207 AEUV, Rn. 9.

176 Zu den Neuerungen durch den Vertrag von Lissabon sogleich.

177 *Khan*, in: Geiger/Khan/Kotzur, Art. 207 AEUV, Rn. 4.

178 *Boysen/Oeter,* Außenwirtschaftsrecht. In: Schulze/Zuleeg/Kadelbach (Hrsg.), Europarecht, S. 1744; *Hakenberg,* Europarecht, S. 162.

179 *Khan*, in: Geiger/Khan/Kotzur, Art. 207 AEUV, Rn. 19; *Neumann/Welge,* Die Gemeinsame Handelspolitik und ihre Instrumente. In: Röttinger/Weyringer (Hrsg.), Handbuch der europäischen Integration, S. 637; *Siebold,* Die Welthandelsorganisation und die Europäische Gemeinschaft, S. 231.

können etwa das Abkommen mit der Schweiz und Liechtenstein[180] sowie die Abkommen mit den seit seinem Inkrafttreten im Jahre 1994 zum Europäischen Wirtschaftsraum (EWR) gehörenden Island[181] und Norwegen[182] genannt werden.

(3) Ausschließlichkeit der Zuständigkeit

Bei den Verbandskompetenzen im Rahmen der gemeinsamen Handelspolitik handelt es sich gemäß Art. 3 Abs. 1 lit. e) AEUV um ausschließliche Zuständigkeiten der Union[183], was der Rechtslage vor Schaffung des AEUV entspricht[184]. Die bereits aufgrund langjähriger EuGH-Rechtsprechung geltende Regel wurde damit lediglich kodifiziert[185]. In seinem Gutachten 1/75 hatte der Gerichtshof mit einem ausführlichen Hinweis auf die Gesamtinteressen der Gemeinschaft erstmals klargestellt, dass nur eine ausschließliche Kompetenz in Frage kommt[186]. Die einzelnen Mitgliedstaaten haben folglich grundsätzlich nicht die

---

180 Vgl. VO (EWG) Nr. 2840/72, ABl. L 300/188 vom 31.12.1972. Zum Verhältnis zwischen der Schweiz und der EU, insbesondere auf der Grundlage der zahlreichen weiteren Abkommen, vgl. *Kaddous,* The relations between the EU and Switzerland. In: Dashwood/Maresceau (Hrsg.), Law and Practice of EU External Relations, S. 227 ff.

181 Vgl. VO (EWG) Nr. 2842/72, ABl. L 301/1 vom 31.12.1972.

182 Vgl. VO (EWG) Nr. 1691/73, ABl. L 171/1 vom 27.06.1973.

183 Grundsätzlich unterscheidet Art. 2 AEUV ausschließliche, geteilte und unterstützende Zuständigkeiten der EU. Vgl. dazu auch *Drescher,* Ziele und Zuständigkeiten. In: Marchetti/Demesmay (Hrsg.), Der Vertrag von Lissabon, S. 62 f.; *Eilmansberger,* Vertikale Kompetenzverteilung zwischen der Union und den Mitgliedstaaten. In: Hummer/Obwexer (Hrsg.), Der Vertrag von Lissabon, S. 195 ff.; *Folz,* Die Kompetenzverteilung zwischen der Europäischen Union und ihren Mitgliedstaaten. In: Fastenrath/Nowak (Hrsg.), Der Lissabonner Reformvertrag, S. 66 ff.; *Hobe,* Europarecht, S. 52 ff.; *Nowak,* Europarecht nach Lissabon, S. 119 ff.

184 *Griller/Gamharter,* External Trade: Is There a Path Through the Maze of Competences? In: Griller/Weidel (Hrsg.), External Economic Relations and Foreign Policy in the European Union, S. 70; *Hobe,* Europarecht, S. 312; *Krenzler,* Die Außenhandelsbefugnisse der EU. In: Schwarze (Hrsg.), Der Verfassungsentwurf des Europäischen Konvents, S. 391; *Menzel,* Die rechtliche Gestaltung der Außenbeziehungen der Europäischen Gemeinschaft am Beispiel der Mittelmeerpolitik und der Sonderbeziehungen zu Israel, S. 6; *Vedder,* Die Außenbeziehungen der EU und die Mitgliedstaaten. In: Müller-Graff/Schwarze (Hrsg.), XXII. Fide-Kongress, S. 60. Zur Annahme einer differenzierten Betrachtung vgl. *Taraschka,* Die Kompetenzen der Europäischen Gemeinschaft im Bereich der Handelspolitik, S. 156 ff. m.w.N.

185 *Eeckhout,* External Relations of the European Union, S. 54; *Metz,* Die Außenbeziehungen der Europäischen Union nach dem Vertrag über eine Verfassung für Europa, S. 288; *Monar,* Außenwirtschaft 2005, 99 (112).

186 EuGH, Gutachten 1/75, Slg. 1975, 1355, *Lokale Kosten*, S. 1363 f.

Möglichkeit, zur Verfolgung etwaiger individueller Interessen eigenständige Abkommen in diesem Bereich zu schließen[187].

bb) Neuerungen durch den Vertrag von Lissabon

Der Vertrag von Lissabon bringt teils weitreichende Änderungen mit sich[188]. Er kann als Grenze dessen angesehen werden, was in absehbarer Zeit an Innovation durchsetzbar ist[189]. Die Außenhandelspolitik gehört dabei zu denjenigen Bereichen, welche durch den Reformvertrag die stärksten Entwicklungen erfahren haben[190]. Im Europäischen Verfassungskonvent[191] hatte nicht zuletzt der EU-Handelskommissar für Verbesserungen geworben[192]. Die vormals existierenden Art. 131 bis 134 EGV finden ihre Entsprechung nach Lissabon lediglich in den beiden Art. 206 und 207 AEUV. Art. 206 AEUV übernimmt die Grundsatzerklärung des Art. 131 Abs. 1 EGV; Art. 207 AEUV die Regelungen des Art. 133 EGV in modifizierter Form. Der zweite Absatz des Art. 131 EGV fiel wegen Vollendung der europäischen Zollunion weg. Ebenso fanden Art. 132 und 134 EGV aufgrund der abgeschlossenen Vereinheitlichung der Ausfuhrbeihilfen bzw. wegen fehlender praktischer Bedeutung keine Entsprechung im neuen Arbeitsweisenvertrag[193].

---

187 *Kösters,* Handelspolitik. In: Klemmer (Hrsg.), Handbuch Europäische Wirtschaftspolitik, S. 824; *Streinz/Ohler/Herrmann,* Der Vertrag von Lissabon zur Reform der EU, § 18 IV.

188 Vgl. etwa *Nowak,* Binnenmarktziel und Wirtschaftsverfassung der Europäischen Union vor und nach dem Reformvertrag von Lissabon. In: Schwarze/Hatje (Hrsg.), Der Reformvertrag von Lissabon, S. 130, der das Reformpotenzial als unter anderem mit den Verträgen von Maastricht, Amsterdam und Nizza vergleichbar einstuft. Vgl. auch *Niedrist,* Präferenzabkommen im Europarecht und im Welthandelsrecht, S. 84 f.; *Weidenfeld,* Der Vertrag von Lissabon als historischer Schritt der Integration Europas. In: Weidenfeld (Hrsg.), Lissabon in der Analyse, S. 19.

189 *Marchetti/Demesmay,* Der Vertrag von Lissabon: Welche Grundlagen für Europa? In: Marchetti/Demesmay (Hrsg.), Der Vertrag von Lissabon, S. 25; *Schwarze,* Der Reformvertrag von Lissabon - Wesentliche Elemente des Reformvertrages. In: Schwarze/Hatje (Hrsg.), Der Reformvertrag von Lissabon, S. 10.

190 *Bungenberg,* Außenbeziehungen und Außenhandelspolitik. In: Schwarze/Hatje (Hrsg.), Der Reformvertrag von Lissabon, S. 214.

191 Der Internetauftritt des Europäischen Konventes besteht nach wie vor unter http://european-convention.eu.int/doc_wg.asp?lang=DE.

192 Vgl. Europäischer Konvent, Vermerk CONV 356/02 vom 21.10.2002, Nr. 13/14.

193 *Khan,* in: Geiger/Khan/Kotzur, Art. 206 AEUV, Rn. 1.

(1) Erweiterung der Unionskompetenzen

Als gravierend kann die Ausweitung der Kompetenzen der Union hinsichtlich der von der gemeinsamen Handelspolitik umfassten Gegenstände bezeichnet werden, was insbesondere angesichts der dargestellten und nunmehr in Art. 3 Abs. 1 lit e) AEUV kodifizierten ausschließlichen Unionszuständigkeit beachtlich ist. Zur Untermauerung dieser Einschätzung soll die Entwicklung dieses Feldes kurz skizziert werden.

Im Jahre 1971 begründete der EuGH in seiner *AETR-Rechtsprechung*[194] den Grundsatz impliziter Vertragsschließungskompetenzen auf der Grundlage einer Parallelität von Binnen- und Außenkompetenzen. Er legte damit fest, dass der Union über die explizit geschriebenen Zuständigkeiten hinaus auch dann Kompetenzen zum Abschluss völkerrechtlicher Abkommen zukommen, wenn eine entsprechende Unionszuständigkeit im Inneren besteht.

Diese recht großzügige Handhabung schränkte der Gerichtshof durch das präzisierende Gutachten 1/94 ein[195]. Gegenstand dieses Gutachtens war die Kompetenz der EG zum Abschluss der WTO-Übereinkünfte. Der EuGH legte fest, dass der EG auf der Grundlage der gemeinsamen Handelspolitik zwar die ausschließliche Zuständigkeit zum Abschluss des Allgemeinen Zoll- und Handelsabkommens GATT und der weiteren WTO-Abkommen betreffend den Warenhandel zukam[196], dass aber hinsichtlich des Handels mit Dienstleistungen und bezüglich Handelsaspekten des geistigen Eigentums nur Teilbereiche in die gemeinsame Handelspolitik fielen[197] und auch die AETR-Doktrin nicht einschlägig war. Damit hatte die EG lediglich eine mit den Mitgliedstaaten geteilte Kompetenz im Hinblick auf das Allgemeine Übereinkommen über den Handel mit Dienstleistungen GATS sowie das Übereinkommen über handelsbezogene Aspekte der Rechte des geistigen Eigentums TRIPS inne[198]. Nicht nur hinsichtlich dieser beiden letztgenannten Abkommen hatte das Gutachten zur Folge,

---

194 EuGH, Rs. 22/70, Slg. 1971, 263, *AETR,* Rn. 15 ff.

195 *Dutheil de la Rochère,* RMCUE 1995, 461 (467 f.).

196 Selbst dies war, insbesondere hinsichtlich des Landwirtschafts-Übereinkommens, des Übereinkommens über gesundheitspolizeiliche und pflanzenschutzrechtliche Maßnahmen (SPS) und des Abkommens über technische Handelshemmnisse (TBT), nicht unumstritten. Vgl. dazu *Eeckhout,* External Relations of the European Union, S. 26 ff.

197 Den Dienstleistungshandel betreffend untersuchte der Gerichtshof die vier Fallgruppen der Definition des Handels mit Dienstleistungen in Art. I Abs. 2 GATS und entschied, dass nur der erste Fall unter die GHP subsumiert werden konnte. Hinsichtlich des geistigen Eigentums erachtete er lediglich einen kleinen Teil als zur GHP gehörend. Eine schöne Zusammenfassung liefert diesbezüglich *Eeckhout,* External Relations of the European Union, S. 28 ff.

198 EuGH, Gutachten 1/94, Slg. 1994, I-5267, *WTO,* Rn. 98, 105.

dass in den internationalen Wirtschaftsbeziehungen immer häufiger sog. *gemischte Abkommen* notwendig wurden, die sowohl von der EG als auch von den einzelnen Mitgliedstaaten abgeschlossen werden[199]. Die daraus folgende Einschränkung der europäischen Effizienz aufgrund komplexerer Verhandlungsverfahren und erhöhtem Bürokratieaufwand war insbesondere angesichts des Eindruckes misslich, dass der Gerichtshof die zunehmende Bedeutung des Handels mit Dienstleistungen nicht ausreichend anerkannt hatte[200]. Das Feld der Handelspolitik befand sich tatsächlich im Prozess einer Ausweitung, was sich darin widerspiegelt, dass die zu gründende WTO sowohl den Warenhandel als auch den Handel mit Dienstleistungen und geistigem Eigentum umfassen sollte. Der EuGH vermittelt jedoch den Anschein, er habe diese Entwicklung zum Teil nicht erkannt.

Die Verträge von Amsterdam und Nizza brachten die Chance mit sich, das europäische Primärrecht auch auf dem Gebiet des Außenhandelsrechts mit den sich verändernden international-ökonomischen Realitäten in Einklang zu bringen. Es wurden in diesem Rahmen tatsächlich auch Fortschritte erreicht, insbesondere durch die Erweiterung von Gemeinschaftsbefugnissen in den Bereichen des Dienstleistungshandels und des Rechts des geistigen Eigentums. Der Amsterdamer Vertrag eröffnete diese Möglichkeit erstmals, allerdings mit der Vorbedingung eines nie erreichten einstimmigen Ratsbeschlusses. Recht umfassende Änderungen auf dem Gebiet der gemeinsamen Handelspolitik brachte in der Folge der Vertrag von Nizza mit sich. In Art. 133 Abs. 5 EGV wurde der Anwendungsbereich um den Handel mit Dienstleistungen und um handelsbezogene Aspekte des geistigen Eigentums erweitert, im Rat war jedoch in weiten Bereichen ein vom Grundsatz qualifizierter Mehrheitsentscheidungen abweichendes Einstimmigkeitserfordernis vorgesehen. Für den Handel mit kulturellen und audiovisuellen Dienstleistungen sowie für Dienstleistungen in den Bereichen Bildung, Soziales und Gesundheit wurde in Art. 133 Abs. 6 EGV explizit eine gemischte Zuständigkeit geregelt. Die Darstellung dieser Neuerungen macht deutlich, dass sie nicht zuletzt auch in einer komplizierten Vielschichtigkeit und einer gewissen Heterogenität der Regelungen mündeten[201]. Insgesamt sind die bezüglich der Handelspolitik zustande gebrachten Reformen von Amsterdam und Nizza als unzureichend zu bezeichnen[202]; teilweise werden sie gar als Rück-

---

199 Auch in der deutschsprachigen Literatur werden teilweise die Begriffe *mixed agreements* und *accords mixtes* verwendet.

200 So auch *Monar,* Außenwirtschaft 2005, 99 (102).

201 *Monar,* Außenwirtschaft 2005, 99 (102 ff.).

202 So auch *Bungenberg,* Außenbeziehungen und Außenhandelspolitik. In: Schwarze/Hatje (Hrsg.), Der Reformvertrag von Lissabon, S. 204; *Eeckhout,* External Relations of the European Union, S. 52; *Tietje,* Außenwirtschaftsrechtliche Dimensionen der europäi-

schritt angesehen[203], was m.E. jedoch überspitzt ist. Offensichtlich ist zwar, dass die Komplexität der Materie in unerfreulicher Weise zugenommen hat. Dennoch sollte nicht verkannt werden, dass zumindest ein Anfang auf dem Weg von den Standpunkten des Gerichtshofes in seinem Gutachten 1/94 in Richtung einer realitätsnahen Kompetenzerweiterung erreicht werden konnte, was angesichts der bekannten Schwierigkeit der Verwirklichung politischer Vorhaben nicht geringgeschätzt werden sollte.

Vor dem Hintergrund dieser Querelen ist die Lösung, welche der Lissaboner Vertrag bringt, eine echte Erleichterung, wenn auch kein vollkommenes und makelloses Ergebnis. Erstmals werden der Dienstleistungshandel sowie die handelsbezogenen Aspekte des geistigen Eigentums ganz klar in den Anwendungsbereich der gemeinsamen Handelspolitik einbezogen, indem beide gleich in der Umfangsbestimmung in Absatz 1 des auf Art. 133 EGV beruhenden Art. 207 AEUV genannt sind. Die seit dem Gutachten 1/94 bestehende Sonderstellung dieser beiden Materien wird damit im Grundsatz aufgelöst, der Umfang der gemeinsamen Handelspolitik erweitert und homogenisiert. Eine noch ausgeprägtere Entwicklung des handelspolitischen Anwendungsbereiches stellt jedoch die Aufnahme auch der ausländischen Direktinvestitionen dar[204]. Darunter versteht man grenzüberschreitende Investitionen in ausländische Unternehmen, die einen erheblichen Einfluss oder sogar die Kontrolle über das entsprechende Unternehmen nach sich ziehen[205]. Deren Einbeziehung war bislang gescheitert, so dass es sich bei ihrer erstmaligen Aufnahme in Art. 207 Abs. 1 AEUV um die größte Kompetenzerweiterung handeln dürfte.

Obgleich die gemeinsame Handelspolitik nunmehr umfangreiche ausschließliche Unionskompetenzen begründet, wird dies nicht zu einem Ende der gemischten Abkommen, welche sowohl von der EU als auch von den Mitgliedstaaten abgeschlossen werden, führen[206]. Der Grund für diese Feststellung liegt

---

schen Wirtschaftsverfassung. In: Fastenrath/Nowak (Hrsg.), Der Lissabonner Reformvertrag, S. 239.

203 *Monar,* Außenwirtschaft 2005, 99 (104).

204 Zu den ausländischen Direktinvestitionen insgesamt vgl. *Tietje,* Außenwirtschaftsrechtliche Dimensionen der europäischen Wirtschaftsverfassung. In: Fastenrath/Nowak (Hrsg.), Der Lissabonner Reformvertrag, S. 246 ff.

205 Vgl. *Krenzler/Pitschas,* RIW 2005, 801 (805), der auch weitere Möglichkeiten des Begriffsverständnisses beleuchtet.

206 *Bungenberg,* Außenbeziehungen und Außenhandelspolitik. In: Schwarze/Hatje (Hrsg.), Der Reformvertrag von Lissabon, S. 204 f.; *Krenzler/Pitschas,* Die Gemeinsame Handelspolitik im Verfassungsvertrag. In: Herrmann/Krenzler/Streinz (Hrsg.), Die Außenwirtschaftspolitik der Europäischen Union nach dem Verfassungsvertrag, S. 22; *Vedder,* Außenbeziehungen und Außenvertretung. In: Hummer/Obwexer (Hrsg.), Der Vertrag von Lissabon, S. 297.

auf der Hand: Ein ganz überwiegender Teil völkerrechtlicher Abkommen im Bereich des Handels geht weit über rein handelspolitische Vereinbarungen hinaus. Sie betreffen Materien jenseits der GHP, die weiterhin in den Kompetenzbereich der Mitgliedstaaten fallen. Festzustellen ist jedoch auch, dass in der Praxis der Anteil mitgliedstaatlicher Zuständigkeiten in einigen gemischten Abkommen als gering einzustufen bzw. im Einzelfall sogar nicht auszumachen ist. Nicht jedes gemischte Abkommen hätte mithin zwingend als solches abgeschlossen werden müssen. Hinter diesem Phänomen steht nicht zuletzt die erfolgreiche politische Durchsetzung der Interessen der Mitgliedstaaten, insbesondere über ihre Stellung im Rat[207].

Eine spannungsreiche Folge der Kompetenzerweiterung ergibt sich daraus, dass der Umfang der Zuständigkeit der Union so weit ausgedehnt wurde, dass beinahe[208] sämtliche WTO-Angelegenheiten nach neuer Rechtslage in den Anwendungsbereich der GHP fallen[209]. Sollte es also zum Abschluss der nach wie vor stockenden Doha-Runde der Welthandelsorganisation oder zu ähnlichen Vereinbarungen auf WTO-Ebene kommen, so wäre ausschließlich die Europäische Union zuständig, diese Ergebnisse zu ratifizieren. Angesichts dessen stellt sich die Frage, ob es auch in Zukunft eine parallele Mitgliedschaft in der WTO, wie sie derzeit von EU und Mitgliedstaaten praktiziert wird, geben kann. Auch das Bundesverfassungsgericht problematisierte in seinem *Lissabon-Urteil* im Zusammenhang mit den Erweiterungen der ausschließlichen Unionskompetenzen auf dem Gebiet der GHP nicht nur die künftig nicht mehr vorgesehene Beteiligung der Mitgliedstaaten beim Abschluss internationaler Handelsabkommen, sondern auch die zukünftige Rolle der Mitgliedstaaten in ihrer Beziehung zur WTO[210]. Angedacht wird in dieser Frage zum Teil sogar eine Verpflichtung

---

207 *Sattler,* Gemischte Abkommen und gemischte Mitgliedschaften der EG und ihrer Mitgliedstaaten, S. 190, 309 ff. *Vedder,* Die Außenbeziehungen der EU und die Mitgliedstaaten. In: Müller-Graff/Schwarze (Hrsg.), XXII. Fide-Kongress, S. 77 f., spricht sogar von einer zu wenig reflektierten politischen Praxis als wesentlichem Grund für den Abschluss gemischter Abkommen.

208 Die bemerkenswerteste Ausnahme liegt im Bereich der Verkehrsdienstleistungen, deren Einbeziehung zwar diskutiert, letztlich aber verworfen wurde.

209 *Bungenberg,* Außenbeziehungen und Außenhandelspolitik. In: Schwarze/Hatje (Hrsg.), Der Reformvertrag von Lissabon, S. 205; *Eeckhout,* External Relations of the European Union, S. 55; *Müller-Graff,* The Common Commercial Policy enhanced by the Reform Treaty of Lisbon? In: Dashwood/Maresceau (Hrsg.), Law and Practice of EU External Relations, S. 190; *Streinz/Ohler/Herrmann,* Der Vertrag von Lissabon zur Reform der EU, § 18 IV. Kritisch *Herrmann/Weiß/Ohler,* Welthandelsrecht, S. 71.

210 BVerfGE 123, 267 (418 f.), *Lissabon.*

der Mitgliedstaaten zum Austritt aus der Welthandelsorganisation[211]. Eine solche Pflicht könnte europarechtlich begründet werden mit einer analogen Anwendung des Art. 351 AEUV i.V.m. Art. 4 Abs. 3 EUV.

Die Frage nach der Beibehaltung der Mitgliedschaft der EU-Mitgliedstaaten in der WTO hat eine unmittelbare Bedeutung für das Stimmgewicht Europas in der WTO. Während heute gemäß Art. IX Abs. 1 Satz 4 WTO-Ü die Anzahl der Stimmen der EU mit der Anzahl ihrer Mitgliedstaaten, die gleichzeitig WTO-Mitglieder sind, übereinstimmt, läge es im Falle einer alleinigen EU-Mitgliedschaft nahe, dieser nur eine einzige Stimme zu gewähren. Vor dem Hintergrund des bei der Beschlussfassung grundsätzlich angewandten Konsensprinzips nach Art. IX Abs. 1 Satz 1 WTO-Ü kommt der Stimmenanzahl jedoch eine eher geringe Bedeutung zu[212]. Bedeutungslos wäre eine neue Stimmverteilung dennoch nicht, da es sich bei dem Konsensverfahren lediglich um einen Grundsatz handelt, welcher mehrfach aufgebrochen wird[213].

Ein tatsächlicher Austritt der Mitgliedstaaten dürfte realistischer Weise aber bis auf Weiteres nicht in Betracht kommen[214], so dass auch die Stimmverteilung unverändert bestehen bleiben wird. Auch das BVerfG schloss aus, dass der Vertrag von Lissabon die Mitgliedstaaten zur Aufgabe ihres Mitgliedsstatus zwingen kann[215]. Eine weitere Mitwirkung der Mitgliedstaaten ist auch aus unionsrechtlicher Sicht zumindest wegen einer denkbaren Ermächtigung durch die Union gemäß Art. 2 Abs. 1 Hs. 2 AEUV möglich[216].

---

211 *Bungenberg,* Außenbeziehungen und Außenhandelspolitik. In: Schwarze/Hatje (Hrsg.), Der Reformvertrag von Lissabon, S. 206; *Tietje,* Das Ende der parallelen Mitgliedschaft von EU und Mitgliedstaaten in der WTO? In: Herrmann/Krenzler/Streinz (Hrsg.), Die Außenwirtschaftspolitik der Europäischen Union nach dem Verfassungsvertrag, S. 172.

212 *Hilpold,* Die EU im GATT/WTO-System, S. 139. Im Übrigen haben auch andere bedeutende Teilnehmer am Welthandel nur eine Stimme, so dass hinsichtlich einer gerechten Verteilung keine allzu großen Beschwerden aufkommen sollten. Vgl. *Bungenberg,* Außenbeziehungen und Außenhandelspolitik. In: Schwarze/Hatje (Hrsg.), Der Reformvertrag von Lissabon, S. 206.

213 Vgl. etwa Art. IX Abs. 1 Satz 2 WTO-Ü für Fälle, in denen kein Konsens erreicht wird oder Art. X Abs. 3 und 4, die für einige Änderungen der WTO-Abkommen selbst eine Zweidrittelmehrheit vorschreiben.

214 So auch *Streinz/Ohler/Herrmann,* Der Vertrag von Lissabon zur Reform der EU, § 18 IV.; *Tietje,* Das Ende der parallelen Mitgliedschaft von EU und Mitgliedstaaten in der WTO? In: Herrmann/Krenzler/Streinz (Hrsg.), Die Außenwirtschaftspolitik der Europäischen Union nach dem Verfassungsvertrag, S. 161.

215 BVerfGE 123, 267 (419), *Lissabon.*

216 Sofern nicht ohnehin bei den Mitgliedstaaten verbleibende Kompetenzen angenommen werden. Vgl. *Tietje,* Das Ende der parallelen Mitgliedschaft von EU und Mitgliedstaa-

Ebenso wichtig wie die Frage nach paralleler Mitgliedschaft und Stimmverteilung – vielleicht sogar noch entscheidender – sind die tatsächlichen Auswirkungen der Kompetenzverschiebung. Es gilt als naheliegend, dass selbst bei formell unveränderten Faktoren die EU den Mitgliedstaaten weniger Spielräume bei ihren Betätigungen auf dem Feld der WTO belassen wird[217]. Das Bundesverfassungsgericht ließ diese Problematik offen, da durch den Reformvertrag von Lissabon in jedem Falle noch keine unzulässige Einschränkung der grundgesetzlich vorgesehenen Staatlichkeit und der Volkssouveränität erreicht ist[218]. Wenngleich zuzustimmen ist, dass die Schwelle verfassungsrechtlich unzulässiger Zustände mit den beschriebenen Veränderungen nicht erreicht ist, so ist dennoch festzuhalten, dass die Kompetenzverschiebungen erheblich sind. Entscheidend für den Erfolg der gemeinsamen Handelspolitik wird auch künftig eine gute Zusammenarbeit zwischen der Union und den Mitgliedstaaten sein.

(2) Verfahrensregelungen

Zu bedauern ist, dass die Erweiterung hinsichtlich der Unionskompetenzen auf der Verfahrensseite nicht mit einer durchgängigen Anwendung des Prinzips qualifizierter Mehrheitsentscheidungen im Rat gekoppelt werden konnte. Eine solche Entscheidungsregel ist im Grundsatz zwar in Art. 207 Abs. 4 UAbs. 1 AEUV vorgesehen. Die Unterabsätze 2 und 3 enthalten jedoch Fallgruppen, in denen über Aushandlung und Abschluss von Übereinkommen einstimmig zu entscheiden ist. Bei diesen Fallgruppen handelt es sich im Wesentlichen um die bereits aus den Ausführungen zur Entwicklung des Umfanges der gemeinsamen Handelspolitik bekannten „Problembereiche" Dienstleistungsverkehr, Handelsaspekte des geistigen Eigentums und ausländische Direktinvestitionen (UAbs. 2), kulturelle und audiovisuelle Dienstleistungen (UAbs. 3 lit. a)) sowie Dienstleistungen im Sozial-, Bildungs- und Gesundheitssektor (UAbs. 3 lit. b)). In erstgenannter Fallgruppe kommt es dann zum Einstimmigkeitserfordernis, wenn das betreffende Abkommen Bestimmungen umfasst, bei welchen auch für die Annahme interner Vorschriften Einstimmigkeit erforder-

---

ten in der WTO? In: Herrmann/Krenzler/Streinz (Hrsg.), Die Außenwirtschaftspolitik der Europäischen Union nach dem Verfassungsvertrag, S. 172.

217 *Tietje,* Das Ende der parallelen Mitgliedschaft von EU und Mitgliedstaaten in der WTO? In: Herrmann/Krenzler/Streinz (Hrsg.), Die Außenwirtschaftspolitik der Europäischen Union nach dem Verfassungsvertrag, S. 172.

218 BVerfGE 123, 267 (419), *Lissabon.* Eine stringente Fortsetzung dieser Rechtsprechung findet sich in der jüngsten Entscheidung des Bundesverfassungsgerichtes, BVerfG, 2 BvR 987/10, 2 BvR 1485/10, 2 BvR 1099/10 vom 07.09.2011, *Griechenland-Hilfe / Euro-Rettungsschirm.*

lich ist. Die zweite Fallgruppe nennt als weitere Voraussetzung die mögliche Beeinträchtigung der kulturellen und sprachlichen Vielfalt in der Union und Art. 207 Abs. 1 UAbs. 3 lit. b) erfordert, dass das Abkommen die einzelstaatliche Organisation der betroffenen Dienstleistungen ernsthaft stören und die Verantwortlichkeit der Mitgliedstaaten für ihre Erbringung beeinträchtigen könnte. Es zeigt sich also, dass in den genannten Bereichen nicht jedes Abkommen dem Einstimmigkeitserfordernis unterliegt, sondern nur dann, wenn gewisse weitere Voraussetzungen erfüllt sind, welche – in durchaus nachvollziehbarer Weise[219] – die Interessen der Mitgliedstaaten wahren sollen. Die vormals existierende Regelung in Art. 133 Abs. 6 EGV, welche gemischte Abkommen in den Bereichen der zweit- und drittgenannten Fallgruppen forderte, wurde nicht in den neuen Arbeitsweisenvertrag übernommen.

(3) Stärkung des Europäischen Parlamentes

Die beschriebenen Kompetenzverluste der Mitgliedstaaten im Bereich der GHP führen zu den auch durch das BVerfG in seinem *Lissabon-Urteil* angesprochenen, aber nicht beanstandeten Beschränkungen der Kontrollmöglichkeiten der nationalen Parlamente. Auf der anderen Seite wurde durch die Änderungen des Lissaboner Reformvertrages die weit verbreitete Kritik des europäischen Demokratiedefizites aufgegriffen, indem die Rolle des Europäischen Parlamentes[220] im Bereich der GHP bedeutend gestärkt wurde[221]. Waren die Mitwirkungsrechte des Parlamentes bislang sehr begrenzt, so ergeben sich nunmehr in verschiedener Hinsicht Erweiterungen.

Zum Ersten gilt gemäß Art. 207 Abs. 2 AEUV das ordentliche Gesetzgebungsverfahren für den Erlass von Sekundärrecht, welches den *Rahmen* der Umsetzung der GHP bestimmt. Das ordentliche Gesetzgebungsverfahren ist in Art. 289 Abs. 1 i.V.m. Art. 294 AEUV geregelt, wonach Rat und Parlament den entsprechenden Gesetzgebungsakt gemeinsam annehmen. Die Bestimmung des Art. 207 Abs. 2 AEUV stellt zwar eine erhebliche Stärkung des Parlamentes dar, bezieht sich aber auf die autonome Handelspolitik der Union und ist im Rahmen

219 Zur Bedeutung der kulturellen Vielfalt im Zusammenhang mit europäischen Aktivitäten auf dem Gebiet des Medienrechts vgl. *Dörr,* Auf dem Weg zur europäischen Informationsgesellschaft? In: Dörr/Dreher (Hrsg.), Europa als Rechtsgemeinschaft, S. 86 ff.

220 Zur Frage, ob die parlamentarische Kontrolle nach Abschluss der Vertragsverhandlungen tatsächlich zu einer ausreichenden Demokratisierung führt vgl. *Krajewski,* Das institutionelle Gleichgewicht in den auswärtigen Beziehungen. In: Herrmann/Krenzler/Streinz (Hrsg.), Die Außenwirtschaftspolitik der Europäischen Union nach dem Verfassungsvertrag, S. 66 f. m.w.N.

221 *Bungenberg,* Außenbeziehungen und Außenhandelspolitik. In: Schwarze/Hatje (Hrsg.), Der Reformvertrag von Lissabon, S. 211; *Fischer,* Der Vertrag von Lissabon, S. 360.

dieser Arbeit – die ja gerade die vertragliche Handelspolitik im Fokus hat – lediglich als eine der Abrundung des Gesamtbildes dienliche Anmerkung erwähnenswert.

Eine Stärkung des Europäischen Parlamentes bringt zum Zweiten aber auch Art. 207 Abs. 3 UAbs. 3 Satz 2 AEUV mit sich, der Bezug auf die vertragliche Handelspolitik der Union nimmt. Im Rahmen der *Aushandlung* völkerrechtlicher Handelsabkommen, welche der Kommission anvertraut ist, ist diese nunmehr nicht nur verpflichtet, dem entsprechenden Sonderausschuss des Rates einen regelmäßigen Bericht über den Stand der Verhandlungen zu erstatten, sondern auch dem Europäischen Parlament. Diese Informationspraxis war auch vor Schaffung des Arbeitsweisenvertrages üblich – war sie doch im Anhang einer Rahmenvereinbarung zwischen Kommission und Parlament[222] vereinbart worden – ist jetzt aber erstmals auch als primärrechtlich kodifizierte Pflicht der Kommission existent[223]. Eine Gleichstellung des Parlamentes mit dem Rat bzw. dessen Sonderausschuss ist gleichwohl nicht erreicht. Gemäß Art. 207 Abs. 3 UAbs. 2 AEUV liegt die Ermächtigung der Kommission zur Aufnahme von Verhandlungen ausschließlich beim Rat und nach Art. 207 Abs. 3 UAbs. 3 Satz 1 AEUV werden die Verhandlungen im Benehmen mit dem Sonderausschuss sowie nach Maßgabe der vom Rat erteilten Richtlinien geführt. Das Parlament spielt insoweit keine Rolle.

Die bedeutendste Frage im Rahmen der Stärkung des Parlamentes ist schließlich zum Dritten diejenige nach der Mitwirkung beim *Abschluss* von völkerrechtlichen Verträgen auf dem Gebiet der GHP. Im Entwurf des europäischen Verfassungskonventes war eine Zustimmung des Parlamentes zum Abschluss solcher Abkommen vorgesehen[224]. Die letztlich zustande gekommenen Formulierungen des Arbeitsweisenvertrages enthalten jedoch keine eindeutige Lösung der Frage. Sinnvoll erscheint mir daher eine zweistufige Annäherung: Zunächst ist zu untersuchen, ob der Vertrag über die Arbeitsweise der Europäischen Union eine Mitwirkung des Europäischen Parlamentes im Bereich der GHP generell ausschließt, bevor auf einer zweiten Stufe im Falle der Verneinung dessen der genaue Umfang der parlamentarischen Beteiligungsrechte zu ermitteln bleibt.

Auf der ersten Stufe ist ein Zusammenspiel zwischen Art. 207 AEUV und Art. 218 AEUV entscheidend. Letzterer ersetzt den alten Art. 300 EGV und re-

---

222 ABl. C 121/128 vom 24.04.2001.

223 *Hilpold,* Die EU im GATT/WTO-System, S. 255; *Krenzler/Pitschas,* RIW 2005, 801 (810); *Monar,* Außenwirtschaft 2005, 99 (111); *Tietje,* Außenwirtschaftsrechtliche Dimensionen der europäischen Wirtschaftsverfassung. In: Fastenrath/Nowak (Hrsg.), Der Lissabonner Reformvertrag, S. 246.

224 *Streinz/Ohler/Herrmann,* Der Vertrag von Lissabon zur Reform der EU, § 18 VI. 2.

gelt allgemeingültig nicht nur das Verfahren, sondern auch die Organzuständigkeiten beim Abschluss von völkerrechtlichen Verträgen. Ausgangspunkt ist der Vorrang des Art. 207 vor Art. 218 AEUV, welcher sich aus Art. 207 Abs. 3 UAbs. 1 („vorbehaltlich") und Art. 218 Abs. 1 AEUV („unbeschadet") ergibt. Es wird in beiden Normen jedoch vorausgesetzt, dass Art. 207 AEUV „besondere Bestimmungen" enthält. Daher ist zu untersuchen, ob Art. 207 AEUV speziellere Regelungen zur Mitwirkung des Parlamentes bereithält als Art. 218 AEUV. In Frage kommt insoweit Art. 207 Abs. 4 AEUV, welcher die Beschlussfassung des Rates regelt. Art. 207 Abs. 4 ist ohne Zweifel als *lex specialis* zu den Abstimmungsmodalitäten im Rat nach Art. 218 Abs. 8 AEUV zu qualifizieren[225]. Man könnte darüber hinaus jedoch auch annehmen, dass Art. 207 Abs. 4 AEUV zugleich eine Bestimmung darstellt, die auch Art. 218 Abs. 6 AEUV verdrängt, welcher die Beteiligung des Europäischen Parlamentes beim Abschluss von völkerrechtlichen Verträgen regelt. Dies wäre dann angezeigt, wenn man davon ausginge, dass Abs. 4 des Art. 207 AEUV entgegen Abs. 6 des Art. 218 AEUV bestimmen soll, dass *nur* der Rat und gerade nicht das Parlament am Abschluss beteiligt werden soll. Meines Erachtens ist die Frage auf dieser ersten Stufe recht unproblematisch. Die fehlende Regelung der Parlamentsbeteiligung in Art. 207 AEUV kann deshalb nicht auf einen Ausschluss des Parlamentes im Rahmen der Handelsabkommen schließen lassen, weil in Art. 207 Abs. 3 UAbs. 1 AEUV ja gerade die allgemeinen Regeln des Art. 218 AEUV einbezogen werden, sofern ihr Regelungsbereich nicht spezieller von Art. 207 AEUV umfasst ist. Eine solche spezielle Regelung fehlt für die Frage der Parlamentsbeteiligung. Art. 207 Abs. 4 AEUV regelt die Modalitäten im Rat, nicht aber den Abschluss von Verträgen in seiner Gesamtheit. Dafür, dass Art. 207 Abs. 4 nur hinsichtlich Art. 218 Abs. 8 *lex specialis* ist, nicht aber hinsichtlich Abs. 6, spricht nicht zuletzt auch der Wortlaut der Normen, welcher durch die ähnliche Verwendung der Formulierung „der Rat beschließt" einen Zusammenhang zwischen erst- und zweitgenannter Norm indiziert, durch die abweichende Formulierung „der Rat erlässt den Beschluss" in Abs. 6 dagegen einen verschiedenartige Regelungsinhalt verdeutlicht[226]. Hätte man die Parlamentsbeteiligung ausschließen wollen, so hätte ein eindeutiger Hinweis darauf nahegelegen. Die parlamentarische Be-

225 So auch *Streinz/Ohler/Herrmann,* Der Vertrag von Lissabon zur Reform der EU, § 18 VI. 2.

226 *Streinz/Ohler/Herrmann,* Der Vertrag von Lissabon zur Reform der EU, § 18 VI. 2.

teiligung am Abschluss völkerrechtlicher Verträge richtet sich somit auch im Bereich der GHP nach der allgemeinen Norm des Art. 218 Abs. 6 AEUV[227].

Der Umfang dieser Norm ist nun auf der zweiten Stufe der Fragestellung zu untersuchen. Art. 218 Abs. 6 UAbs. 2 AEUV nennt unter lit. a) Konstellationen, in welchen die Zustimmung des Europäischen Parlamentes notwendig ist und bestimmt in lit. b), dass hinsichtlich aller nicht unter lit. a) fallenden völkerrechtlichen Verträge das Parlament lediglich anzuhören ist. Im Bereich der Abkommen der Union, welche auf die Kompetenzgrundlage der GHP zu stützen sind, ist der neue Art. 218 Abs. 6 UAbs. 2 lit. a) v) von entscheidender Bedeutung. Danach ist ein Vertrag nach Zustimmung des Parlamentes abzuschließen, wenn die Übereinkunft in einen Bereich fällt, für den entweder das ordentliche Gesetzgebungsverfahren oder – sofern innerhalb dessen die Zustimmung des Europäischen Parlamentes erforderlich ist – das besondere Gesetzgebungsverfahren gilt. Das Parlament muss einem Übereinkommen nach dieser etwas sperrigen Formulierung also immer dann zustimmen, wenn in seinem Regelungsbereich eine interne Rechtsetzung eine Zustimmung erfordern würde[228]. In jedem Fall ist intern eine Zustimmung dann erforderlich, wenn das ordentliche Gesetzgebungsverfahren des Art. 289 Abs. 1 i.V.m. Art. 294 AEUV Anwendung findet. Wie bereits in der ersten Konstellation der verstärkten Parlamentsmitwirkung gesehen, ist dieses ordentliche Gesetzgebungsverfahren gemäß Art. 207 Abs. 2 AEUV auch auf das zu erlassende Sekundärrecht anwendbar, welches den Rahmen für die Umsetzung der GHP bestimmt. Daraus wird zum Teil abgeleitet, dass jedes Abkommen auf der Grundlage der GHP zustimmungsbedürftig sei[229]. Dafür kann vorgebracht werden, dass der Begriff „Bereich" in Art. 218 Abs. 6 UAbs. 2 lit. a) v) dahingehend verstanden werden kann, dass die GHP als Ganze von ihm umfasst ist. Demgegenüber könnte man jedoch auch annehmen, dass in dieser Frage eine weitere Differenzierung anzustellen ist und nicht automatisch alle Abkommen der GHP zustimmungsbedürftig sind, sondern nur bestimmte Übereinkünfte. Für eine solche Differenzierung spricht zunächst der Wortlaut des Art. 207 Abs. 2 AEUV. Dieser spricht nur vom Rahmen für die

---

227 So auch *Krajewski,* Das institutionelle Gleichgewicht in den auswärtigen Beziehungen. In: Herrmann/Krenzler/Streinz (Hrsg.), Die Außenwirtschaftspolitik der Europäischen Union nach dem Verfassungsvertrag, S. 71.

228 *Krajewski,* Das institutionelle Gleichgewicht in den auswärtigen Beziehungen. In: Herrmann/Krenzler/Streinz (Hrsg.), Die Außenwirtschaftspolitik der Europäischen Union nach dem Verfassungsvertrag, S. 68.

229 *Cremona,* CMLRev. 2003, 1347 (1364); *Streinz/Ohler/Herrmann,* Der Vertrag von Lissabon zur Reform der EU, § 18 VI. 2. In diese Richtung tendierend auch *Bungenberg,* Außenbeziehungen und Außenhandelspolitik. In: Schwarze/Hatje (Hrsg.), Der Reformvertrag von Lissabon, S. 212 und *Schwarze,* EuR 2003, 535 in Fußnote 139.

Umsetzung der GHP und nicht von der GHP als solcher, so dass das ordentliche Gesetzgebungsverfahren lediglich in einem Teilbereich der GHP anwendbar ist und damit auch das parlamentarische Zustimmungsrecht auf diese Fälle begrenzt bleibt[230]. Nach dieser Auffassung ist das Parlament am Abschluss zu beteiligen, wenn der zu schließende völkerrechtliche Vertrag den Rahmen der Umsetzung, also Gegenstände der Gesetzgebung betrifft, nicht aber, wenn er eine konkrete Umsetzung von handelspolitischen Maßnahmen zum Gegenstand hat, die interne Umsetzung also nicht-legislativ erfolgt[231]. Die Umsetzung des entsprechenden Abkommens wirkt sich also auf den Abschluss dieses Abkommens aus[232]. Der differenzierenden Ansicht ist zuzustimmen. Der Begriff „Bereich" in Art. 218 Abs. 6 UAbs. 2 lit. a) v) bezieht sich zum einen nicht auf die GHP als solche, sondern gerade auf die unterschiedlichen Sachmaterien, die in diesem Rahmen geregelt werden können[233]. Hätte man die gesamte GHP dem Zustimmungsbedürfnis unterwerfen wollen, so hätte es nahegelegen, dies explizit in die Auflistung des Art. 218 Abs. 6 UAbs. 2 lit. a) aufzunehmen[234]. Da dies nicht geschehen ist, ist davon auszugehen, dass eine Erweiterung über die in Art. 207 Abs. 2 geregelte Konstellation hinaus nicht intendiert wurde[235]. Dies entspricht zum anderen auch der *ratio legis* des Art. 218 Abs. 6 UAbs. 2 lit. a) v) AEUV. Dieser soll verhindern, dass die parlamentarischen Beteiligungsrechte bei der internen Rechtsetzung, welche nicht zuletzt durch den Reformvertrag von Lissabon erheblich gestärkt wurden, durch völkerrechtliche Verträge ihrer Wirkung beraubt werden[236]. Die Norm will daher die parlamentarische Zustimmung lediglich insoweit voraussetzen, als ansonsten interne Rechtsetzungskompetenzen des Parlamentes beeinträchtigt würden, was aber nur der Fall ist, wenn

---

230 *Monar,* Außenwirtschaft 2005, 99 (110).

231 *Krajewski,* Das institutionelle Gleichgewicht in den auswärtigen Beziehungen. In: Herrmann/Krenzler/Streinz (Hrsg.), Die Außenwirtschaftspolitik der Europäischen Union nach dem Verfassungsvertrag, S. 72.

232 *Hilpold,* Die EU im GATT/WTO-System, S. 255 f.; *Müller-Graff,* The Common Commercial Policy enhanced by the Reform Treaty of Lisbon? In: Dashwood/Maresceau (Hrsg.), Law and Practice of EU External Relations, S. 198 f.

233 *Krenzler/Pitschas,* RIW 2005, 801 (810).

234 Als einer der wenigen Regelungsgegenstände von Handelsabkommen, für welchen intern nicht das ordentliche Gesetzgebungsverfahren gilt, werden rein nichtpräferenzielle Vereinbarungen genannt. Vgl. *Krenzler/Pitschas,* RIW 2005, 801 (810); *Monar,* Außenwirtschaft 2005, 99 (110 f.).

235 *Krenzler/Pitschas,* RIW 2005, 801 (810).

236 *Bungenberg,* Außenbeziehungen und Außenhandelspolitik. In: Schwarze/Hatje (Hrsg.), Der Reformvertrag von Lissabon, S. 212; *Krajewski,* Das institutionelle Gleichgewicht in den auswärtigen Beziehungen. In: Herrmann/Krenzler/Streinz (Hrsg.), Die Außenwirtschaftspolitik der Europäischen Union nach dem Verfassungsvertrag, S. 68, 72 f.

intern Gesetzgebungsmaterien betroffen sind, nicht aber, wenn die interne Umsetzung durch einen Durchführungsakt erfolgt. *Krajewski* zieht zur Illustration der Unterscheidung zwischen zustimmungsbedürftigen Verträgen, die den Rahmen betreffen, und nicht zustimmungsbedürftigen Verträgen, welche die konkrete Umsetzung betreffen, Art. 59 GG heran[237]. Er vergleicht völkerrechtliche Verträge, die intern nicht-legislativ geregelt werden können, mit Verwaltungsabkommen i.S.v. Art. 59 Abs. 2 Satz 2 GG und begründet so die hier entfallende parlamentarische Zustimmungspflicht. Als Hilfe zum Verständnis dieser komplexen Frage erscheint dieser Vergleich hilfreich, wenn auch eine Übertragung der entsprechenden Dogmatik zu weit führen würde. Obgleich im Ergebnis der differenzierten Ansicht zuzustimmen ist, ist festzuhalten, dass die praktischen Auswirkungen gering sind. Im Bereich der GHP werden beinahe alle völkerrechtlichen Verträge Gegenstände der ordentlichen Gesetzgebung betreffen und somit der parlamentarischen Zustimmungspflicht unterfallen[238].

Den Ausführungen zur Stärkung des Europäischen Parlamentes ist schließlich lediglich noch die Bemerkung anzufügen, dass die parlamentarischen Kompetenzerweiterungen zwar besonders, aber nicht ausschließlich die GHP betreffen. Der auf alle Arten von völkerrechtlichen Verträgen der Union anwendbare Art. 218 AEUV sieht neben der dargestellten Zustimmung des Parlamentes gemäß Abs. 6 UAbs. 2 lit. a) v) nach wie vor ein Zustimmungsbedürfnis bei Assoziierungsabkommen, Übereinkünften, die einen besonderen institutionellen Rahmen schaffen, sowie Übereinkünften mit erheblichen finanziellen Folgen vor; vgl. Abs. 6 UAbs. 2 lit. a) i), iii), iv). Neu hinzugekommen ist das Zustimmungsrecht bei dem Beitritt der EU zur EMRK gemäß Abs. 6 UAbs. 2 lit. a) ii). Ist keine der Varianten des lit. a) einschlägig, so ist das Parlament nach lit. b) dennoch zumindest anzuhören. Aufgrund der erheblichen Erweiterung der Zustimmungspflichten wird dies jedoch die Ausnahme bleiben[239]. Kein Mitwirkungsrecht des Europäischen Parlamentes besteht lediglich bei völkerrechtlichen Verträgen im Rahmen der GASP, die explizit von Art. 218 Abs. 6 UAbs. 2 ausgenommen wurde. Schließlich ist eine allgemeine und umfassende Pflicht zur Unterrichtung des Parlamentes in Art. 218 Abs. 10 AEUV zu finden.

---

237 *Krajewski,* Das institutionelle Gleichgewicht in den auswärtigen Beziehungen. In: Herrmann/Krenzler/Streinz (Hrsg.), Die Außenwirtschaftspolitik der Europäischen Union nach dem Verfassungsvertrag, S. 72 f.

238 *Krajewski,* Das institutionelle Gleichgewicht in den auswärtigen Beziehungen. In: Herrmann/Krenzler/Streinz (Hrsg.), Die Außenwirtschaftspolitik der Europäischen Union nach dem Verfassungsvertrag, S. 73; *Krenzler/Pitschas,* RIW 2005, 801 (810).

239 *Khan*, in: Geiger/Khan/Kotzur, Art. 218 AEUV, Rn. 13; *Krenzler/Pitschas,* RIW 2005, 801 (810).

Insgesamt betrachtet ist in der Folge der Erweiterungen der Mitwirkungsrechte mit einem Parlament zu rechnen, welches selbstbewusster eigene außenpolitische Positionen vertritt. Dabei dürfte künftig auch einigen im Rahmen dieser Arbeit besonders interessierenden nichtökonomischen Erwägungen eine besondere Bedeutung zukommen, etwa in Form einer noch ausgeprägteren Einbeziehung gesellschaftspolitischer Anliegen wie Menschenrechte und Umweltschutz[240].

(4) Fazit

Das Fazit zu den Änderungen der GHP durch den Reformvertrag von Lissabon kann kurz ausfallen. In Bezug auf die Rolle des Europäischen Parlamentes kann durchaus von einem bedeutenden Schritt zur Behebung des vielbeschriebenen Demokratiedefizites gesprochen werden. Hinsichtlich des Entscheidungsverfahrens sind die Regelungen nicht vollkommen, weisen aber vorsichtige Entwicklungen auf. Was schließlich den Umfang der gemeinsamen Handelspolitik nach Lissabon angeht, so kann das Fazit mit der Antwort auf eine Aussage des ehemaligen Außenministers der Vereinigten Staaten *Kissinger* verbunden werden. Dieser fragte einmal, wen er denn anrufen müsse, wenn es um Europa geht. In den Außenhandelsbeziehungen ersetzt die EU nach dem Lissabon-Vertrag weitgehend die Mitgliedstaaten, so dass diese Frage zumindest insoweit als erledigt angesehen werden kann. Auch vor dem Hintergrund der im Jahre 2001 in der *Erklärung von Laeken*[241] aufgestellten Anregungen zur Entwicklung der EU sind die beschriebenen Neuerungen – insbesondere angesichts der verdeutlichten Kompetenzabgrenzungen, der Demokratisierung durch die Stärkung des Europäischen Parlamentes sowie der Effizienzsicherung durch Erweiterung der Beschlüsse mit qualifizierter Mehrheit – als insgesamt gelungen zu bezeichnen.

b) Assoziierungsabkommen

Bei einem ganz erheblichen Anteil der bei der WTO notifizierten Präferenzabkommen der Europäischen Union handelt es sich um Assoziierungsabkommen. Diese waren bislang in Art. 310 EGV geregelt und finden nunmehr in Art. 217 AEUV ihre Grundlage. Gegenüber der alten Regelung wurde durch den

---

240 *Bungenberg,* Außenbeziehungen und Außenhandelspolitik. In: Schwarze/Hatje (Hrsg.), Der Reformvertrag von Lissabon, S. 212; *Krajewski,* Das institutionelle Gleichgewicht in den auswärtigen Beziehungen. In: Herrmann/Krenzler/Streinz (Hrsg.), Die Außenwirtschaftspolitik der Europäischen Union nach dem Verfassungsvertrag, S. 76; *Monar,* Außenwirtschaft 2005, 99 (111).

241 Erklärung von Laeken zur Zukunft der Europäischen Union vom 15. Dezember 2001. Online verfügbar unter http://european-convention.eu.int/pdf/LKNDE.pdf.

Vertrag von Lissabon keinerlei inhaltliche Änderung vorgenommen. Lediglich in sprachlicher Hinsicht wurde der Artikel geringfügig überarbeitet und den veränderten Umständen angepasst. Sprach Art. 310 EGV etwa noch von der *Gemeinschaft*, so ermächtigt Art. 217 AEUV folgerichtig die *Union* zum Abschluss von Assoziierungsabkommen. Sehr wohl verändert wurde jedoch die Stellung der Norm im Gesamtgefüge der Verträge. Während sich Art. 310 EGV im Teil der allgemeinen und Schlussbestimmungen befand, ist Art. 217 AEUV konsequenterweise in den umfassenden fünften Teil über das auswärtige Handeln der Union und darin in Titel V über internationale Übereinkünfte aufgenommen worden. Diese inhaltliche Fortführung bei systematischer Veränderung berücksichtigend, kann im Rahmen der anzustellenden Analyse somit problemlos auch auf Literatur und Rechtsprechung zur Regelung des EGV zurückgegriffen werden.

aa) Regelungsbereich

Einleitend ist darauf hinzuweisen, dass die Assoziierungspraxis gemäß Art. 217 AEUV strikt zu trennen ist von der *konstitutionellen Assoziierung,* die der Arbeitsweisenvertrag in seinem vierten Teil in den Art. 198 ff. regelt[242]. Letztere meint die Assoziierung der überseeischen Länder und Hoheitsgebiete[243]. Diese sind in Anhang II des AEUV aufgelistet und umfassen die außereuropäischen Länder und Gebiete, welche Dänemark, Frankreich, den Niederlanden sowie dem Vereinten Königreich zuzuordnen sind. Letztlich beruht aber auch die Assoziierung der überseeischen Länder und Hoheitsgebiete auf einem Abkommen, das der regionalen wirtschaftlichen Integration angehört und als solches bei der WTO notifiziert ist.

bb) Vertragsschlusskompetenz aus Art. 217 AEUV

Art. 217 AEUV stellt eine Kompetenznorm für den Abschluss von völkerrechtlichen Abkommen der EU dar, welche Beziehungen begründen, die über reine Handelsbeziehungen, wie sie soeben im Rahmen der Abkommen der gemeinsamen Handelspolitik beschrieben wurden, hinausgehen[244]. Teilweise werden in der Literatur und auch vom Rat Bedenken gegenüber einem Verständnis des

242 *Hakenberg,* Europarecht, S. 165; *Herrnfeld,* in: Schwarze, Art. 310 EGV, Rn. 2; *Khan,* in: Geiger/Khan/Kotzur, Art. 217 AEUV, Rn. 2.

243 Vgl. dazu etwa *Schön,* Der rechtliche Rahmen für Assoziierungen der Europäischen Gemeinschaft, S. 125 ff.; *Zippel,* Die Politik der Assoziationsabkommen. In: Müller-Graff (Hrsg.), Die Rolle der erweiterten Europäischen Union in der Welt, S. 205 ff.

244 *Herrnfeld,* in: Schwarze, Art. 310 EGV, Rn. 1; *Hirsch,* BayVBl. 1997, 449 (449); *Khan,* in: Geiger/Khan/Kotzur, Art. 217 AEUV, Rn. 5; *Mögele,* in: Streinz, Art. 217 AEUV, Rn. 1.

Art. 217 AEUV als eigenständiger und umfassender Kompetenzgrundlage geäußert[245]. Es wird insoweit angenommen, die Kompetenz zum Abschluss von Abkommen müsse aus anderen Vorschriften folgen. Dies liegt in dem nach wie vor nicht primärrechtlich definierten Umfang der Assoziation begründet, der angesichts des Prinzips der begrenzten Einzelermächtigung Anlass zu Zweifeln gibt. Die etwas polemische Formulierung, die Bandbreite von Assoziierungen liege zwischen Handelsabkommen plus 1% und einer Mitgliedschaft minus 1%[246], ist daher nicht gänzlich von der Hand zu weisen. Auffällig ist außerdem, dass es als übliche Praxis anzusehen ist, Assoziierungsabkommen als gemischte Abkommen zu schließen, was bei einer umfänglichen eigenständigen EU-Kompetenz nicht nötig erscheint. Jedoch kann diese Praxis nicht als Eingeständnis mangelnder Kompetenzen aus Art. 217 AEUV angesehen werden[247], wenngleich festzustellen ist, dass ein übermäßiger Abschluss gemischter Abkommen ohne deren Notwendigkeit zu einer Verwässerung von Kompetenzgrenzen führen kann[248]. Ganz überwiegend ist eine weite Auslegung dergestalt, dass Art. 217 AEUV die EU eigenständig zum Abschluss von Abkommen ermächtigt, und zwar über alle im AEUV geregelten Bereiche, anerkannt[249]. Auch durch den EuGH wurde diese Sichtweise bestätigt[250]. Wegen des mittlerweile klar verteilten Stimmgewichtes zugunsten einer richtigerweise angenommenen umfassenden Kompetenz und der bereits vielfachen Wiederholung der Argumente in der Literatur[251] sind detaillierte weitergehende Ausführungen an dieser Stelle nicht angezeigt. In ihrer konkreten Anwendung wird auf diese Fragestellung im Verlauf der Arbeit jedoch zurückzukommen sein.

---

245 Siehe etwa *Schmalenbach*, in: Calliess/Ruffert, Art. 217 AEUV, Rn. 14.

246 *Hirsch,* BayVBl. 1997, 449 (449).

247 Auf die Problematik gemischter Abkommen wird in Teil 3 dieser Arbeit zurückzukommen sein.

248 *Herrnfeld*, in: Schwarze, Art. 310 EGV, Rn. 6.

249 *Fischer,* Das Assoziationsrecht der Europäischen Gemeinschaften, S. 103 f.; *Herrnfeld*, in: Schwarze, Art. 310 EGV, Rn. 5 m.w.N.; *Jakob,* Die Assoziation zwischen der Europäischen Gemeinschaft und ihren Mitgliedstaaten sowie Tunesien, Marokko und Algerien, S. 62; *Khan*, in: Geiger/Khan/Kotzur, Art. 217 AEUV, Rn. 5; *Koch,* Handelspräferenzen der Europäischen Gemeinschaft für Entwicklungsländer, S. 80 ff.; *Mögele*, in: Streinz, Art. 217 AEUV, Rn. 18; *Richter,* Die Assoziierung osteuropäischer Staaten durch die Europäischen Gemeinschaften, S. 106 ff.; *Schön,* Der rechtliche Rahmen für Assoziierungen der Europäischen Gemeinschaft, S. 27; *Vöneky/Beylage-Haarmann*, in: Grabitz/Hilf/Nettesheim, Art. 217 AEUV, Rn. 17.

250 EuGH, Rs. 12/86, Slg. 1987, 3719, *Demirel*, Rn. 9.

251 Vgl. etwa die umfassende Darstellung bei *Richter,* Die Assoziierung osteuropäischer Staaten durch die Europäischen Gemeinschaften, S. 90 ff.

Auch bei der Kompetenz zum Abschluss von Assoziierungsabkommen handelt es sich um eine ausschließliche Kompetenz, was bereits insoweit selbsterklärend ist, als es nur der EU selbst möglich ist, ihre besondere Nähebeziehung zu dritten Staaten zu begründen[252]. Anzumerken ist überdies, dass Art. 217 AEUV als *lex specialis* gegenüber Art. 207 AEUV anzusehen ist, weil Assoziierungsabkommen vergleichbare handelspolitische Vereinbarungen enthalten, inhaltlich jedoch über diese hinausgehen[253].

cc) Typologie

Assoziierungsabkommen, welche die Europäische Union auf der Grundlage des Art. 217 AEUV schließt, können in drei verschiedene Typen von Abkommen unterteilt werden. Je nach politischem Fernziel, welches mit dem Abschluss eines solchen Vertrages verfolgt wird, lassen sich Beitrittsassoziierungen, Freihandelsassoziierungen und Entwicklungsassoziierungen unterscheiden[254].

Nach seiner ursprünglichen Konzeption und Intention galt die Norm über Assoziierungen als Grundlage für die Annäherung dritter Staaten an die europäische Integration mit dem Fernziel eines Beitrittes[255]. Solche *Beitrittsassoziierungen* spielen auch heute eine entscheidende Rolle im Handeln der Union auf der Grundlage von Art. 217 AEUV und auf dem Gebiet der regionalen wirtschaftlichen Integration der EU insgesamt. Als Assoziierungsabkommen, welche bereits in eine Mitgliedschaft gemündet sind, sind das Abkommen mit Griechenland[256] sowie die zehn sog. Europa-Abkommen mit mittel- und osteuropäischen Ländern (MOEL)[257] zu nennen. Schwieriger gestaltet sich die bereits im

252 So auch *Vedder,* Die Außenbeziehungen der EU und die Mitgliedstaaten. In: Müller-Graff/Schwarze (Hrsg.), XXII. Fide-Kongress, S. 60.

253 *Jakob,* Die Assoziation zwischen der Europäischen Gemeinschaft und ihren Mitgliedstaaten sowie Tunesien, Marokko und Algerien, S. 63.

254 *Bleckmann,* Europarecht, S. 499 f.; *Booß*, in: Lenz/Borchardt, Art. 217 AEUV, Rn. 8; *Khan*, in: Geiger/Khan/Kotzur, Art. 217 AEUV, Rn. 4; *Schmalenbach*, in: Calliess/Ruffert, Art. 217 AEUV, Rn. 34; *Schwartz*, in: von der Groeben/Schwarze, Art. 310 EGV, Rn. 1 ff.; *Vöneky/Beylage-Haarmann*, in: Grabitz/Hilf/Nettesheim, Art. 217 AEUV, Rn. 1.

255 *Schwartz*, in: von der Groeben/Schwarze, Art. 310 EGV, Rn. 1.

256 ABl. 26/294 vom 18.02.1963. Vgl. zu diesem Abkommen auch *Schön,* Der rechtliche Rahmen für Assoziierungen der Europäischen Gemeinschaft, S. 84 ff.

257 Vgl. etwa das Abkommen mit Polen ABl. L 348/2 vom 31.12.1993. Vgl. zu den Abkommen mit den MOEL auch *Maresceau/Montaguti,* CMLRev. 1995, 1327. Zum Prozess der Annäherung und den sich in diesem Zusammenhang ergebenden Problemen vgl. *Müller-Graff,* General Report. In: Müller-Graff (Hrsg.), East Central Europe and the European Union, S. 9 ff. Zum Einfluss der Europa-Abkommen auf die Angleichung des Rechts vgl. *Pisulinski,* Angleichung an das Recht der EG in Polen im Wettbewerb

Jahre 1963 auf der Basis eines Assoziierungsabkommens[258] eingeleitete Annäherung der Türkei. Der aktuellste Prozess eines Anschlusses von europäischen Staaten an die Europäische Union findet derzeit in der Region des westlichen Balkans statt. Die EU hat dazu 1999/2000 einen Stabilisierungs- und Assoziierungsprozess zugunsten dieser Region eingeleitet, die sich nicht zuletzt aufgrund der kriegerischen Staatsbildungsprozesse und nach wie vor konfliktträchtiger und schwieriger Entwicklungen als noch instabiler Teil Europas darstellt. Zentraler Bestandteil dieses Prozesses sind die Stabilisierungs- und Assoziierungsabkommen (SAA), welche zwischen der EU und den einzelnen südosteuropäischen Staaten abgeschlossen wurden, bzw. noch abzuschließen sind und auf welche im weiteren Verlaufe dieser Arbeit noch ausführlicher zurückzukommen sein wird.

Von dieser Art der Assoziierung zu unterscheiden sind Assoziierungsabkommen, im Rahmen derer eine Beitrittsperspektive der Assoziierungspartner nicht besteht. *Freihandelsassoziierungen* dienen schlichtweg dem Auf- oder Ausbau besonderer Handelsbeziehungen. Dieser wird durch Gewährung von Zollpräferenzen, durch Abbau von nichttarifären Handelshemmnissen sowie durch darüber hinausgehende Formen ökonomischer Zusammenarbeit bewirkt. Als herausragendes Beispiel dieser Kategorie ist das Abkommen über den Europäischen Wirtschaftsraum (EWR)[259] zu bezeichnen. Eine Sonderstellung kommt diesem Abkommen nicht nur deshalb zu, weil es als eines von wenigen Abkommen auf der Vertragspartnerseite gleich mehrere Staaten umfasst, sondern auch wegen seiner Vereinbarungen, welche weit über diejenigen klassischer Freihandelsabkommen hinausgehen und damit zwischen EU und den EFTA-Staaten Liechtenstein, Norwegen und Island eine so weitreichende Integration schaffen, wie sie Ihresgleichen sucht. Dass sich eine allzu strenge Handhabung der kategorisierenden Unterscheidung verbietet, zeigen die Beispiele der Assoziierungsabkommen mit Malta und Zypern aus den 70er Jahren. Deren Kernstück bestand in Zollpräferenzen mit Ausblick auf die Errichtung einer Zollunion, so dass sie als Freihandelsassoziierungen eingeordnet wurden und werden[260]. Beide Staaten wurden jedoch im Jahre 2004 Mitglieder der Europäischen Union.

---

mit amerikanischen Modellen. In: Lankosz/Müller-Graff/Fink (Hrsg.), Osteuropäische Nachbarschaft der Europäischen Union, S. 82 f.

258 ABl. 217/3687 vom 29.12.1964. Vgl. dazu auch *Schön,* Der rechtliche Rahmen für Assoziierungen der Europäischen Gemeinschaft, S. 91 ff.

259 ABl. L 1/3 vom 03.01.1994.

260 *Schön,* Der rechtliche Rahmen für Assoziierungen der Europäischen Gemeinschaft, S. 102 ff; *Vöneky/Beylage-Haarmann,* in: Grabitz/Hilf/Nettesheim, Art. 217 AEUV, Rn. 76; *Zippel,* Die Politik der Assoziationsabkommen. In: Müller-Graff (Hrsg.), Die Rolle der erweiterten Europäischen Union in der Welt, S. 209.

Diese Prämisse gilt ebenso hinsichtlich der dritten Kategorie, der *Entwicklungsassoziierung*. Gewisse entwicklungspolitische Motive sind nämlich in der ganz überwiegenden Mehrzahl der Assoziierungsabkommen auszumachen. Dennoch ist die Ausformung dieser eigenen Kategorie der Assoziierung angesichts solcher Abkommen, welche originär auf Entwicklungshilfe ausgerichtet sind, gerechtfertigt. Zu diesem Typus der Assoziierung gehören zunächst die sog. Europa-Mittelmeer-Abkommen, welche zwischen 1998 und 2006 mit den Maghreb-Staaten Marokko, Tunesien und Algerien sowie den Maschrik-Staaten Ägypten, Libanon und Jordanien im Rahmen des *Barcelona-Prozesses* als Nachfolgeabkommen zu älteren Verträgen geschlossen wurden[261]. Zu den Europa-Mittelmeer-Abkommen zählt außerdem das Abkommen mit Israel, welches aber nicht unmittelbar als Entwicklungsassoziierung eingeordnet werden kann[262]. Weitere Abkommen dieser Art existieren mit Südafrika und Chile, wobei auch die Einordnung des letztgenannten unklar ist[263]. Die wohl prominenteste und bedeutendste Entwicklungsassoziierung der Europäischen Union stellen die Abkommen mit den AKP-Staaten dar. In der Folge der Abkommen von Jaunde und Arusha aus den 60er und 70er Jahren sowie der Lomé-Abkommen der folgenden beiden Jahrzehnte, deren entwicklungspolitische Maßnahmen stark auf einer einseitigen Liberalisierung des Handels beruhten, trat im Jahre 2002 das Abkommen von Cotonou mit 79 AKP-Staaten in Kraft[264]. Auf dessen Grundlage sollen Economic Partnership Agreements (EPAs) abgeschlossen werden, die reziproke Handelserleichterungen beinhalten sollen[265]. Einige solcher Abkommen wurden bereits geschlossen.

Wichtig ist schließlich die Feststellung und Betonung, dass präferenzielle Behandlungen nicht nur in Freihandelsassoziierungen, sondern auch in den anderen Formen von Assoziierungsabkommen gewährt werden, so dass sämtliche Assoziierungstypen als Regionale Handelsabkommen bezeichnet und somit unter den dieser Arbeit zugrunde gelegten Begriff der regionalen wirtschaftlichen Integration subsumiert werden können.

---

261 Zu dieser Gruppe von Abkommen siehe *Panagariya,* The World Economy 2002, 1415 (1418 f.); *Vöneky/Beylage-Haarmann,* in: Grabitz/Hilf/Nettesheim, Art. 217 AEUV, Rn. 101 ff.

262 *Vöneky/Beylage-Haarmann*, in: Grabitz/Hilf/Nettesheim, Art. 217 AEUV, Rn. 103.

263 *Schmalenbach*, in: Calliess/Ruffert, Art. 217 AEUV, Rn. 40.

264 Vgl. zur historischen Entwicklung *Hausmann,* Das Cotonou-Handelsregime und das Recht der WTO, S. 33 ff. sowie *Geslin,* Relations internationales, Rn. 287 und *Panagariya,* The World Economy 2002, 1415 (1419 ff.).

265 *Bieber/Epiney/Haag,* Die Europäische Union, S. 635 f.; *Hakenberg,* Europarecht, S. 165; *Haratsch/Koenig/Pechstein,* Europarecht, S. 654. Zu den neuen Abkommen und deren Konformität mit dem Welthandelsrecht vgl. auch *Zimmermann,* EuZW 2009, 1.

dd) Die Tatbestandsmerkmale

Da es, wie einleitend bereits angeklungen, an einer Legaldefinition mangelt, ist die Bestimmung von Assoziierungsabkommen anhand objektiver Kriterien vorzunehmen.

(1) Gegenseitige Rechte und Pflichten

Vom Wortlaut des Art. 217 AEUV ausgehend kann als erstes Tatbestandsmerkmal eruiert werden, dass ein Assoziierungsabkommen gegenseitige Rechte und Pflichten begründen muss. Dieses Kriterium ist wenig aussagekräftig, liegt es doch in der Natur der Sache, dass völkerrechtliche Verträge üblicherweise Rechte und Pflichten etablieren. Gehaltvoll ist diese Voraussetzung jedoch zumindest insoweit, als sie festschreibt, dass jede Assoziierung der Europäischen Union – und sei die (insbesondere wirtschaftliche) Ausgangsposition der Vertragspartner noch so unterschiedlich – stets eine Partnerschaft in zwei Richtungen begründet. Eine Gegenseitigkeit in Form von Reziprozität wird aber einhellig weder in der Literatur[266] noch in der Rechtsprechung des EuGH[267] verlangt. Insbesondere angesichts der soeben beschriebenen zahlreichen Assoziierungsabkommen mit entwicklungspolitischem Charakter wäre Gegenteiliges auch schwer vorstellbar. Dennoch ist davon auszugehen, dass eine völlige Asymmetrie der Belastungen und Begünstigungen, insbesondere zulasten der Assoziierungspartner, den Rahmen des Art. 217 AEUV sprengen würde[268].

(2) Gemeinsames Vorgehen und besondere Verfahren

Darüber hinaus verlangt Art. 217 AEUV, dass Assoziierungsabkommen die Basis für ein gemeinsames Vorgehen der Vertragspartner aufgrund besonderer Verfahren legen. In Anbetracht der textlichen Kürze und der geringen Aussagekraft der Norm insgesamt kommt diesem Kriterium eine besondere Bedeutung zu[269]. Es setzt voraus, dass das Abkommen auf der institutionellen Ebene um-

---

266 *Booß*, in: Lenz/Borchardt, Art. 217 AEUV, Rn. 2; *Herrnfeld*, in: Schwarze, Art. 310 EGV, Rn. 8; *Khan*, in: Geiger/Khan/Kotzur, Art. 217 AEUV, Rn. 6; *Menzel,* Die rechtliche Gestaltung der Außenbeziehungen der Europäischen Gemeinschaft am Beispiel der Mittelmeerpolitik und der Sonderbeziehungen zu Israel, S. 22 f.; *Schmalenbach*, in: Calliess/Ruffert, Art. 217 AEUV, Rn. 3.

267 EuGH, Rs. 87/75, Slg. 1976, 129, *Bresciani*, Rn. 22 f.

268 So auch *Schmalenbach*, in: Calliess/Ruffert, Art. 217 AEUV, Rn. 3; *Vöneky/Beylage-Haarmann*, in: Grabitz/Hilf/Nettesheim, Art. 217 AEUV, Rn. 7.

269 *Menzel,* Die rechtliche Gestaltung der Außenbeziehungen der Europäischen Gemeinschaft am Beispiel der Mittelmeerpolitik und der Sonderbeziehungen zu Israel, S. 23; *Schmalenbach*, in: Calliess/Ruffert, Art. 217 AEUV, Rn. 4.

fangreiche Einrichtungen begründet, welche den materiellen Gehalt der Vereinbarungen begleiten[270]. Assoziierungen zeichnen sich dadurch aus, dass sie paritätisch besetzte Organe aufweisen, die die Assoziierungsbeziehungen ausfüllen. In der Regel werden ein Assoziierungsrat als höchstes politisches Organ, ein Assoziierungsausschuss als praktisch bedeutsamstes Organ zur Durchführung des Abkommens sowie parlamentarische oder andere Ausschüsse zur weitergehenden Beratung eingesetzt[271]. Es gilt jedoch zu beachten, dass auch die Einrichtung eines institutionellen Rahmens kein ausschließlich den Assoziierungsabkommen zu Gute kommendes Privileg darstellt. So weisen etwa die bereits erwähnten Abkommen über Partnerschaft und Zusammenarbeit mit den Staaten der ehemaligen Sowjetunion (PZA), welche auf der Grundlage der gemeinsamen Handelspolitik geschlossen wurden, Regelungen sowohl über einen Kooperationsrat als auch einen Kooperationsausschuss und einen parlamentarischen Kooperationsausschuss auf[272]. Das schlichte Vorhandensein solcher Organe allein genügt somit nicht zur zweifelsfreien Abgrenzung zwischen Assoziierungen und Integrationen mit anderweitigen Rechtsgrundlagen. Dies wird auch in Art. 218 AEUV deutlich. Absatz 6 UAbs. 2 lit. a) iii) verlangt die Zustimmung des Europäischen Parlamentes zu völkerrechtlichen Verträgen, die einen besonderen institutionellen Rahmen schaffen. Wäre ein solcher Rahmen ein ausschließlich Assoziierungen auszeichnendes Element, so wäre die in lit. a) i) vorgesehene Parlamentszustimmung bei Assoziierungsabkommen überflüssig[273]. Entscheidend ist vielmehr, dass den eingerichteten Organen die Fähigkeit zuerkannt wird, verbindliche Entscheidungen zu erlassen, im Gegensatz zu den Beschlüssen mit lediglich empfehlendem Charakter etwa der Organe der PZA[274].

Die Einrichtung eines gemeinsamen Vorgehens und Verfahrens durch Einsetzung verschiedener Organe indiziert ferner, dass es als weiteres Assoziierungskriterium anzusehen ist, dass die Verbindung zwischen den Vertragspart-

---

270 *Jakob,* Die Assoziation zwischen der Europäischen Gemeinschaft und ihren Mitgliedstaaten sowie Tunesien, Marokko und Algerien, S. 60 f.; *Menzel,* Die rechtliche Gestaltung der Außenbeziehungen der Europäischen Gemeinschaft am Beispiel der Mittelmeerpolitik und der Sonderbeziehungen zu Israel, S. 23 ff.

271 Vgl. etwa Art. 110 ff. des Kroatien-SAA, ABl. L 26/3 vom 28.01.2005.

272 Vgl. etwa Art. 90 ff. des Russland-PZA, ABl. L 327/1 vom 28.11.1997.

273 *Menzel,* Die rechtliche Gestaltung der Außenbeziehungen der Europäischen Gemeinschaft am Beispiel der Mittelmeerpolitik und der Sonderbeziehungen zu Israel, S. 25.

274 *Herrnfeld,* in: Schwarze, Art. 310 EGV, Rn. 12; *Menzel,* Die rechtliche Gestaltung der Außenbeziehungen der Europäischen Gemeinschaft am Beispiel der Mittelmeerpolitik und der Sonderbeziehungen zu Israel, S. 25; *Schmalenbach,* in: Calliess/Ruffert, Art. 217 AEUV, Rn. 4; *Vöneky/Beylage-Haarmann,* in: Grabitz/Hilf/Nettesheim, Art. 217 AEUV, Rn. 9.

nern auf Dauer und Kontinuität angelegt ist[275]. Nach einhelliger Auffassung steht dies einer großzügig bemessenen zeitlichen Befristung der Zusammenarbeit nicht entgegen. Die ganz überwiegende Vertragspraxis zeigt jedoch, dass solche Abkommen entweder gänzlich auf unbestimmte Zeit abgeschlossen werden oder aber, dass eine – entweder automatische oder im Anschluss an Vertragsrevisionen stattfindende – Verlängerung angestrebt wird[276].

(3) Die Vertragspartner

Gemäß Art. 217 AEUV können sowohl Drittländer als auch internationale Organisationen Assoziierungspartner der Europäischen Union sein. In beiden Varianten ist es darüber hinaus möglich, ein Abkommen mit einem oder mehreren Vertragspartnern zu schließen. Von der Kompetenz, eine Assoziierung mit einer internationalen Organisation zu begründen, hat die EU bislang keinen Gebrauch gemacht[277]. Mehrere Vertragspartner sind lediglich im EWR-Abkommen, in den AKP-Abkommen sowie im Abkommen mit der Schweiz und Liechtenstein zu finden. Die Klarstellung, dass Assoziierungspartner internationale Organisationen oder *Drittländer* sein können, hat Spekulationen den Boden entzogen, die Verwendung des Begriffes *Staaten* in der alten Fassung des Art. 310 EGV indiziere eine Anknüpfung an den völkerrechtlichen Staatsbegriff[278] und damit einen restriktiveren Anwendungsbereich als andere Vertragsschließungskompetenzen[279]. Dass die Assoziierung im hier beschriebenen Sinne nur eine externe Assoziierung sein kann, dass sich assoziierte Staaten also nur außerhalb der EU befinden können und es nicht etwa eine Mitgliedschaft mit gewissen Beschränkungen geben kann, war bereits nach der alten Formulierung beinahe unumstritten[280] und ist jetzt umso klarer gestellt[281].

---

275 *Herrnfeld*, in: Schwarze, Art. 310 EGV, Rn. 15; *Menzel,* Die rechtliche Gestaltung der Außenbeziehungen der Europäischen Gemeinschaft am Beispiel der Mittelmeerpolitik und der Sonderbeziehungen zu Israel, S. 26; *Schmalenbach*, in: Calliess/Ruffert, Art. 217 AEUV, Rn. 5; *Schön,* Der rechtliche Rahmen für Assoziierungen der Europäischen Gemeinschaft, S. 51 f.

276 *Vöneky/Beylage-Haarmann*, in: Grabitz/Hilf/Nettesheim, Art. 217 AEUV, Rn. 11.

277 *Eeckhout,* External Relations of the European Union, S. 103.

278 Vgl. etwa noch *Schmalenbach*, in: Calliess/Ruffert, 3. Aufl. 2007, Art. 310 EGV, Rn. 6.

279 Nach dem Vertrag von Lissabon wird einheitlich der Begriff *Drittländer* verwendet, während der EGV teilweise von *Staaten* sprach, etwa in Art. 133 und 310 und teilweise von *Drittländern*, etwa in Art. 181 und 181a.

280 Überlegungen hinsichtlich einer internen Assoziierung vergleichbar mit der Praxis internationaler Organisationen stellen *Fischer,* Das Assoziationsrecht der Europäischen Gemeinschaften, S. 267 f., sowie *Schön,* Der rechtliche Rahmen für Assoziierungen der Europäischen Gemeinschaft, S. 228 ff., an.

(4) Teilhabe am Unionssystem

In Anbetracht der Beschränkung der Norm auf externe Assoziierungen stellt sich die Frage, wie die Aussage des EuGH im Fall *Demirel* zu deuten ist, wonach der assoziierte Drittstaat zumindest teilweise am Gemeinschaftssystem teilhat[282]. Nach den Reformen von Lissabon ist in diesem Zusammenhang konsequenterweise von der Teilhabe nicht am Gemeinschafts-, sondern am Unionssystem zu sprechen. Zum Teil wird gänzlich bestritten, dass es sich hierbei um ein weitergehendes Kriterium von Assoziierungen handelt[283]. Sinnvoll erscheint jedoch zunächst die Erörterung der Frage, ob mit der genannten Teilhabe lediglich eine materielle Teilhabe im Sinne einer auf materielle Sachbereiche begrenzten gemeinsamen Politik oder ob gar eine institutionelle Teilnahme an der Unionsarbeit in den Organen gemeint ist, was die Formulierung des EuGH durchaus zulassen würde. Jedoch spricht bereits der vorgenannte Ausschluss von internen Assoziierungen gegen die zweite Auslegungsart. Auch in der Vertragspraxis der Union findet sich kein einziges Abkommen, welches eine wie auch immer geartete Mitwirkung in den Unionsorganen vorsieht. Selbst das EWR-Abkommen, welches die Übernahme eines bedeutenden Teiles des *acquis communautaire* begründet und die am weitesten reichende Integration der EU darstellt, ist weit von einer solchen Einflussnahme entfernt, von der selbstverständlich die Mitwirkung in gemeinsamen Assoziierungsorganen strikt abzugrenzen ist. Gemeint kann somit nur die Teilnahme an materiellen Sachbereichen der Unionspolitik sein, also die Erweiterung bestimmter Politikbereiche auf den assoziierten Staat[284]. Insoweit drängt sich aber die Erkenntnis auf, dass es sich jedenfalls nicht um ein zwingendes Assoziierungsmerkmal handelt. Der EuGH verwendete die beschriebene Formulierung mehr oder minder beiläufig als Nebensatz in anderer Angelegenheit und nicht als zentrale Aussage zu verbindlichen Definitionsmerkmalen. Dafür spricht außerdem wiederum die Vertragspraxis. Selbst typische Entwicklungsassoziierungen wie die AKP-Abkommen wurden auf die Grundlage der Kompetenz zum Abschluss von Assoziierungsabkommen gestellt, ohne dass diese Basis in irgendeiner Form kritisiert worden wäre. Sie weisen über wirtschaftliche Kooperation hinaus jedoch eine lediglich stark beschränkte partielle Teilhabe am Gemeinschaftssystem auf. Dem Merkmal der Teilhabe am Unionssystem kann demnach keine grundlegende Bedeutung für die Einordnung eines völkerrechtlichen Vertrages als Assoziierungsabkommen

281 *Richter,* Die Assoziierung osteuropäischer Staaten durch die Europäischen Gemeinschaften, S. 188 ff.; *Schmalenbach*, in: Calliess/Ruffert, Art. 217 AEUV, Rn. 7.

282 EuGH, Rs. 12/86, Slg. 1987, 3719, *Demirel*, Rn. 9.

283 *Schwartz*, in: von der Groeben/Schwarze, Art. 310 EGV, Rn. 10.

284 *Eeckhout,* External Relations of the European Union, S. 105.

i.S.v. Art. 217 AEUV beigemessen werden[285]. Je stärker aber die politische Komponente und Kooperation über wirtschaftliche Fragen hinaus ausgeprägt ist und gemeinsame Politiken begründet werden, desto eher kann von einer Assoziierung gesprochen werden.

(5) Fazit

Insgesamt betrachtet lässt sich festhalten, dass die Tatbestandsmerkmale, die einer Assoziierung zugrunde zu legen sind, recht gut konkretisiert sind. Eine gewisse Unschärfe bei der Frage nach dem Begriff einer Assoziierung in Art. 217 AEUV ist nicht zu leugnen, kann in gewissem Umfang aber sogar als sinnvoll und beabsichtigt bezeichnet werden, ermöglicht sie doch auch einen politischen Spielraum. Diesem Spielraum setzen die bislang anerkannten Kriterien m.E. ausreichende Grenzen.

c) Die Entwicklungszusammenarbeit

Die Entwicklungszusammenarbeit[286] der Europäischen Union ist in Art. 208-211 AEUV geregelt. Sie stellt einen weiteren denkbaren Bereich dar, auf den die Union präferenzielle Abkommen im Rahmen ihrer regionalen wirtschaftlichen Integration gründen kann. Handelspräferenzen stellen eine wichtige Komponente der europäischen Entwicklungshilfepolitik dar[287]. Im Jahre 2007 haben die Mitgliedstaaten der Europäischen Union insgesamt 46 Milliarden Euro für nationale Entwicklungshilfeprogramme und solche der Union bereitgestellt[288]. Dies macht die EU zum weltweit größten Geber mit einem Anteil von etwa 55% aller offiziellen Entwicklungshilfeleistungen[289].

---

285 So auch *Eeckhout,* External Relations of the European Union, S. 105; *Schmalenbach*, in: Calliess/Ruffert, Art. 217 AEUV, Rn. 8.

286 Der Begriff der Entwicklungszusammenarbeit erscheint von den Verfassern der Verträge bewusst dem Begriff der Entwicklungshilfe vorgezogen, um einen partnerschaftlichen Ansatz zu verdeutlichen. Dennoch soll im Rahmen dieser Arbeit der Begriff der Entwicklungshilfe synonym verwendet werden.

287 *Koch,* Handelspräferenzen der Europäischen Gemeinschaft für Entwicklungsländer, S. 19.

288 *Khan*, in: Geiger/Khan/Kotzur, Art. 208 AEUV, Rn. 3.

289 *Bretherton/Vogler,* The European Union as a Global Actor, S. 111; *Eeckhout,* External Relations of the European Union, S. 106; *Knodt/Urdze,* Die Europäische Union als Exporteur von Demokratie und Rechtsstaatlichkeit. In: Müller-Graff (Hrsg.), Die Rolle der erweiterten Europäischen Union in der Welt, S. 388; *Simma/Aschenbrenner/Schulte,* Human Rights Considerations in the Development Co-operation Activities of the EC. In: Alston (Hrsg.), The EU and human rights, S. 571.

aa) Grundzüge der europäischen Entwicklungszusammenarbeit

Im oben in Bezug auf die GHP bereits dargestellten Rahmen des Naturkautschuk-Abkommens und insbesondere im Zusammenhang mit dem Allgemeinen Präferenzsystem, welches auf einer UNCTAD-Initiative beruht, waren der Rat und einzelne Mitgliedstaaten der Ansicht, die Übereinkommen unterfielen nicht der GHP, da sie im Kontext der Entwicklungshilfe stünden und merkantile Erwägungen insoweit keine Rolle spielten[290]. Der EuGH – den enger werdenden Zusammenhang zwischen Handel und Entwicklung betonend[291] – lehnte die Ansicht, es komme für die Qualifikation einer Übereinkunft als zur GHP gehörend auf die konkrete Zielsetzung an, wie gesehen jedoch ab. Die in Art. 207 Abs. 1 AEUV explizit genannten Präferenzregelungen sind von der GHP umfasst sind, auch wenn ihnen entwicklungspolitische Motive zugrunde liegen[292]. Durch die daraus folgende und bereits beschriebene ausschließliche Zuständigkeit der Gemeinschaft war somit schon frühzeitig ein weiter Handlungsspielraum der Gemeinschaft geschaffen. Die europäische Entwicklungshilfe kam also über den Umweg der GHP bzw. der Entwicklungsassoziierungen in das Primärrecht. Als eigenständiger europäischer Tätigkeitsbereich wurde sie erst durch den Vertrag von Maastricht in die Verträge aufgenommen[293]. Zuvor waren Entwicklungsaufgaben nur in Bezug auf die überseeischen Länder und Gebiete explizit geregelt[294]. Wie die gemeinsame Handelspolitik wurde durch den Lissaboner Reformvertrag auch die Entwicklungszusammenarbeit aus dem Teil über die Politiken der Gemeinschaft im EGV in den Teil über das auswärtige Handeln der Union im AEUV überführt[295]. Während dieses Prozesses hat sich ein bis dato letzter Entwicklungsschritt verwirklicht: Legte Art. 177 Abs. 1 EGV noch fest, dass die Entwicklungszusammenarbeit der Gemeinschaft eine „Ergänzung der entsprechenden Politiken der Mitgliedstaaten“

290 Vgl. Teil 2, Kapitel 2, A. I. 1. a) aa) (1).

291 EuGH, Rs. 45/86, Slg. 1987, 1493, *Allgemeines Präferenzsystem*, Rn. 17.

292 *Brandtner/Pirzio-Biroli,* Die Entwicklungspolitik der EU und die Beziehungen zu den Staaten der Dritten Welt. In: Röttinger/Weyringer (Hrsg.), Handbuch der europäischen Integration, S. 591.

293 *Brandtner/Pirzio-Biroli,* Die Entwicklungspolitik der EU und die Beziehungen zu den Staaten der Dritten Welt. In: Röttinger/Weyringer (Hrsg.), Handbuch der europäischen Integration, S. 581.

294 *Khan*, in: Geiger/Khan/Kotzur, Art. 208 AEUV, Rn. 1.

295 Zur historischen Entwicklung der europäischen Entwicklungspolitik siehe *Brandtner/Pirzio-Biroli,* Die Entwicklungspolitik der EU und die Beziehungen zu den Staaten der Dritten Welt. In: Röttinger/Weyringer (Hrsg.), Handbuch der europäischen Integration, S. 581 ff. sowie *Zimmermann,* RIW 2004, 324 (324 f.).

darstellt, so sichert der Arbeitsweisenvertrag dieses Gebiet nunmehr als eigenständigen Politikbereich der Europäischen Union.

Die Grundzüge und Ziele der europäischen Entwicklungspolitik sind in Art. 208 AEUV enthalten. Im Wesentlichen entsprechen diese dem Inhalt der bisherigen Art. 177 und 178 EGV. Art. 208 Abs. 1 Satz 1 AEUV unterwirft die Entwicklungszusammenarbeit den Grundsätzen und Zielen des auswärtigen Handelns der Union, welche in Art. 21 EUV niedergelegt sind. Auf diese Grundsätze und Ziele wird im Verlauf dieser Arbeit noch eingehend zurückzukommen sein. An dieser Stelle sei aber bereits erwähnt, dass der Arbeitsweisenvertrag insofern eine Veränderung gegenüber dem EGV darstellt, als Art. 177 EGV die einzelnen Ziele noch gesondert auflistete, während Art. 208 AEUV schlicht auf die allgemein geregelten Grundsätze verweist und lediglich in Abs. 1 UAbs. 2 Satz 1 die Bekämpfung und Beseitigung der Armut als die Hauptziele ausgibt. Art. 208 Abs. 1 UAbs. 2 Satz 2 enthält ein besonderes Kohärenzgebot für den Bereich der Entwicklungshilfe, wonach auch bei allen Maßnahmen außerhalb der Entwicklungspolitik die genannten Ziele zu berücksichtigen sind, sofern eine Relevanz dieser Maßnahmen für Entwicklungsländer anzunehmen ist. Dieses besondere Kohärenzgebot gilt parallel zu dem allgemeinen Gebot eines kohärenten Auftretens nach außen in Art. 21 Abs. 3 EUV[296]. Absatz 2 des Art. 208 enthält die bereits aus Art. 177 Abs. 3 EGV bekannte Regelung, wonach Zusagen, die Union oder Mitgliedstaaten im Rahmen der Vereinten Nationen, etwa im Bereich der UNCTAD, oder im Rahmen anderer internationaler Organisationen, beispielsweise der OECD, machen, verbindlich werden und die gebilligten Zielsetzungen zu berücksichtigen sind. Von besonderer Bedeutung ist dies bei Zusagen, die zunächst unverbindlich gemacht werden, durch diese Norm aber unionsrechtlich verbindlich werden, was wegen der *inter partes-Wirkung* des AEUV dennoch von Dritten nicht geltend gemacht werden kann[297].

Die Rechtsgrundlagen für Maßnahmen der Entwicklungszusammenarbeit finden sich in Art. 209 AEUV. Dessen Absatz 1 regelt die Durchführung von Maßnahmen nach innen und gewährt dabei erstmals explizit auch die Möglichkeit des Erlasses normativer Akte im Wege des ordentlichen Gesetzgebungsverfahrens. Bemerkenswert ist, dass ein dem Art. 179 Abs. 3 EGV ähnlicher Zusatz bezüglich der Umsetzung der AKP-Abkommen, wonach dieser ein Sonderstatus eingeräumt wurde, nicht mehr aufgenommen wurde[298]. In Zukunft wird damit

296 *Khan*, in: Geiger/Khan/Kotzur, Art. 208 AEUV, Rn. 6.

297 *Streinz/Kruis*, in: Streinz, Art. 208 AEUV, Rn. 37; *Zimmermann,* RIW 2004, 324 (326).

298 Dies wird überwiegend positiv bewertet. Vgl. etwa *Martenczuk,* Die Kooperation der Europäischen Union mit Entwicklungsländern und Drittstaaten und der Vertrag von

die bisherige Praxis einer gesonderten Finanzierung nicht aufrecht erhalten werden können. Auch im Bereich der AKP-Zusammenarbeit werden Umsetzungsbeschlüsse auf der Grundlage des Art. 209 Abs. 1 AEUV ergehen und die Finanzierung in den allgemeinen Haushaltsplan der Union eingestellt werden müssen[299]. Art. 209 Abs. 2 AEUV stellt die Grundlage für den Abschluss von im Rahmen dieser Arbeit besonders interessierenden internationalen Abkommen dar.

Die Art. 210 und 211 AEUV verpflichten Union und Mitgliedstaaten zu einer effektiven Koordinierung der Handlungen und Zusammenarbeit untereinander sowie im Verhältnis zu internationalen Organisationen.

bb) Vertragsschlusskompetenz aus Art. 209 Abs. 2 AEUV

Die bedeutendste Handlungsform der Europäischen Union auf dem Gebiet der Entwicklungszusammenarbeit stellt der völkerrechtliche Vertrag dar[300]. Die regionale wirtschaftliche Integration der EU besteht zu einem nicht unerheblichen Anteil aus der Gewährung von Handelspräferenzen mit entwicklungspolitischen Zielen. Plakativ ausgedrückt ist der Grundsatz „Entwicklung durch Handel" ein fester und bedeutender Bestandteil der europäischen Entwicklungspolitik. Die Kompetenzgrundlage für entsprechende internationale Übereinkünfte findet sich in Art. 209 Abs. 2 AEUV. Im Gegensatz zu den bisher betrachteten Grundlagen der GHP und der Assoziierung gewährt dieser der Union jedoch keine ausschließliche Zuständigkeit. Vielmehr ist die Kompetenz zwischen Union und Mitgliedstaaten geteilt. Dies ergibt sich zunächst aus der Nennung der Entwicklungszusammenarbeit in Art. 4 Abs. 4 AEUV. Diesem Bereich kommt jedoch eine gewisse Sonderstellung zu. Während Art. 2 Abs. 2 AEUV die übliche Aufteilung der geteilten Zuständigkeit dergestalt regelt, dass die Mitgliedstaaten handeln, sofern und soweit die Union ihre Zuständigkeit nicht ausübt, wird für das Gebiet der Entwicklungszusammenarbeit eine echte parallele Kompetenz festgeschrieben. So regelt Art. 4 Abs. 4 AEUV, dass ein Unionshandeln die Mitgliedstaaten nicht an einer eigenen Ausübung ihrer Kompetenzen hindert, und auch Art. 209 Abs. 2 UAbs. 2 AEUV bestätigt diese Besonderheit. Eine Zusammenarbeit und Koordinierung der jeweiligen Maßnahmen erscheint vor diesem Hintergrund außerordentlich bedeutsam[301].

Lissabon. In: Bartelt/Dann (Hrsg.), Entwicklungszusammenarbeit im Recht der Europäischen Union, S. 47.

299 *Khan*, in: Geiger/Khan/Kotzur, Art. 209 AEUV, Rn. 5; *Zimmermann,* RIW 2004, 324 (326).

300 *Streinz/Kruis*, in: Streinz, Art. 208 AEUV, Rn. 9.

301 So auch *Khan*, in: Geiger/Khan/Kotzur, Art. 208 AEUV, Rn. 2.

Mit dem Umfang der Unionskompetenz der Entwicklungszusammenarbeit befasste sich der EuGH in dem Fall *Portugal/Rat*, in welchem Portugal geltend machte, einige Bestimmungen des Kooperationsabkommens mit Indien[302], welches auf der Grundlage der Entwicklungszusammenarbeit sowie außerdem der gemeinsamen Handelspolitik von der EG ohne die Mitgliedstaaten geschlossen wurde, seien nicht von diesen Unionskompetenzen umfasst[303]. Darin urteilte der Gerichtshof, dass es Grundvoraussetzung für die Qualifikation eines Abkommens als unter die Entwicklungszusammenarbeit fallend ist, dass die in diesem Rahmen vorgegebenen Ziele verfolgt werden. Wegen der weitgefassten Aufstellung dieser Ziele müssen die Maßnahmen der Union auch verschiedene besondere Bereiche betreffen können[304]. Für die Einordnung eines Abkommens ist sein wesentlicher Gegenstand entscheidend[305]. Inhaltlich können die auf der Entwicklungszusammenarbeit beruhenden Abkommen also durchaus auch Bestimmungen enthalten, die über genuin entwicklungspolitische Fragestellungen hinausgehen. Der Schwerpunkt des Vertrages muss jedoch auf dem Gebiet der Entwicklungszusammenarbeit verbleiben und es müssen entwicklungspolitische Ziele verfolgt werden[306].

In der Gesamtschau betrachtet hat der EuGH den Umfang der Kompetenz der gemeinsamen Handelspolitik, insbesondere in Sachen *Naturkautschuk,* extensiv, und auch die Reichweite der Zuständigkeit der Entwicklungszusammenarbeit in der Entscheidung *Portugal/Rat* eher weit ausgelegt. Dies verwundert zunächst insbesondere deshalb, weil in erstgenanntem Fall vorrangig eine Abgrenzung zu Entwicklungsangelegenheiten zu leisten war. Bei genauerem Hinsehen ist die Rechtsprechung aber durchaus stringent. Der Gerichtshof nimmt seine Einordnung nach dem Schwerpunkt des Abkommens vor und nicht anhand einzelner Vereinbarungen. Die recht großzügige Handhabung vor allem der gemeinsamen Handelspolitik spricht dafür, dass eine Abgrenzung nicht immer strikt vornehmbar ist und bei der Wahl der Rechtsgrundlage ein gewisser Einschätzungsspielraum besteht.

---

302 Bei diesem handelt es sich um ein nichtpräferenzielles Abkommen. Vgl. ABl. L 223/24 vom 27.08.1994.

303 EuGH, Rs. C-268/94, Slg. 1996, I-6177, *Portugal/Rat*. Ein weiteres Verfahren zwischen Portugal und dem Rat wurde 1999 entschieden. Hierbei ging es um Textilvereinbarungen der Gemeinschaft mit Indien und Pakistan. Vgl. dazu *Schwartmann,* Private im Wirtschaftsvölkerrecht, S. 375 ff.

304 EuGH, Rs. C-268/94, Slg. 1996, I-6177, *Portugal/Rat*, Rn. 37.

305 EuGH, Rs. C-268/94, Slg. 1996, I-6177, *Portugal/Rat*, Rn. 39.

306 *Khan*, in: Geiger/Khan/Kotzur, Art. 209 AEUV, Rn. 7; *Schmalenbach*, in: Calliess/Ruffert, Art. 209 AEUV, Rn. 9 f.

cc) Vertragspraxis

Eine nicht zu unterschätzende Anzahl von Präferenzabkommen der Europäischen Union wurde auf der Grundlage der Entwicklungszusammenarbeit geschlossen. Darüber hinaus fallen aber auch einige nichtpräferenzielle Übereinkünfte in diese Kategorie.

Die wohl prominentesten Abkommen der Union auf dem Gebiet der Entwicklungszusammenarbeit sind die vielfach als „Kernstück"[307] der europäischen Entwicklungspolitik bezeichneten Abkommen mit den AKP-Staaten. Sie beruhen in Form der Abkommen von Lomé und Cotonou wie gesehen jedoch nicht auf Art. 208 ff. AEUV, sondern auf der Kompetenznorm zum Abschluss von Assoziierungsabkommen[308]. Dennoch ist ein deutlicher Bedeutungszuwachs der Entwicklungszusammenarbeit als Rechtsgrundlage für Regionale Handelsabkommen der EU zu verzeichnen. Die Abkommen im Rahmen des bislang nur schleppend vorangehenden Prozesses der Entwicklung von Economic Partnership Agreements (EPA), welche auf der Grundlage des Cotonou-Abkommens seit 2008 mit jeweils einer Gruppe von AKP-Staaten geschlossen werden, werden nämlich nicht mehr auf die Assoziierungskompetenz gestützt, sondern überwiegend auf die Entwicklungskompetenz. Diese Entwicklung geht einher mit der beschriebenen Änderung bei der Durchführung und Finanzierung der AKP-Zusammenarbeit, welche bisher einen Sonderstatus innehatten, nunmehr aber ebenfalls in die allgemeingültigen Prozesse nach Art. 209 AEUV integriert werden müssen. Primärrechtlich spiegelt sich dieser Wandel darin wider, dass sich in Art. 209 AEUV keine dem Art. 179 Abs. 1 EGV ähnliche Formulierung findet, die auf anderweitige Rechtsgrundlagen verweist[309]. Auffällig ist jedoch, dass als weitere Rechtsgrundlage der präferenziellen Abkommen der Entwicklungszusammenarbeit stets die gemeinsame Handelspolitik mitzitiert wird. Dies gilt sowohl für das bislang einzige endgültig in Kraft getretene sog. CARIFORUM EPA mit 14 Staaten der Karibischen Gemeinschaft[310] als auch für die vorläufigen EPAs mit Kamerun als bisher einzigem Partner aus der Gruppe Zentralafrikas[311] und der Elfenbeinküste als bis dato einzigem Partner Westafrikas[312].

---

307 *Brandtner/Pirzio-Biroli,* Die Entwicklungspolitik der EU und die Beziehungen zu den Staaten der Dritten Welt. In: Röttinger/Weyringer (Hrsg.), Handbuch der europäischen Integration, S. 594.

308 Vgl. Teil 2, Kapitel 2, A. I. 1. b) cc).

309 *Khan*, in: Geiger/Khan/Kotzur, Art. 209 AEUV, Rn. 8.

310 Vgl. Beschluss des Rates 2008/805/EG, ABl. L 289/1 vom 30.10.2008.

311 Vgl. Beschluss des Rates 2009/152/EG, ABl. L 57/1 vom 28.02.2009.

312 Vgl. Beschluss des Rates 2009/156/EG, ABl. L 59/1 vom 03.03.2009.

Weitere Regionale Handelsabkommen, die auf die Entwicklungszusammenarbeit – wiederum in Verbindung mit der gemeinsamen Handelspolitik – gestützt wurden, sind das Abkommen mit Mexiko[313] und das Abkommen mit der PLO zugunsten der Palästinensischen Behörde für das Westjordanland und den Gaza-Streifen[314]. Letzteres sorgte gemeinsam mit dem Assoziierungsabkommen mit Israel im Jahre 2010 für Aufsehen, als der EuGH im Rahmen einer Vorabentscheidung nach Vorlage des Finanzgerichtes Hamburg über die Anwendung der entsprechenden Präferenzen bei Waren aus dem Westjordanland zu entscheiden hatte[315].

Im Rahmen der präferenziellen regionalen wirtschaftlichen Integration spielt Art. 209 AEUV somit stets nur in Verbindung mit Art. 207 AEUV eine Rolle. Auch weitere entwicklungspolitische völkerrechtliche Verträge, die sich mangels Gewährung von Zollpräferenzen außerhalb des Gegenstandes des dieser Arbeit zugrunde gelegten Begriffes regionaler wirtschaftlicher Integration befinden, beruhen auf einem solchen Zusammenspiel der Kompetenzen[316].

d) Wirtschaftliche, finanzielle und technische Zusammenarbeit

Unmittelbar im Anschluss an das Kapitel zur Entwicklungszusammenarbeit finden sich in den Art. 212 und 213 AEUV Vorschriften zur Zusammenarbeit im wirtschaftlichen, finanziellen und technischen Bereich mit Drittländern, die ausweislich der expliziten Formulierung in Art. 212 Abs. 1 Satz 1 AEUV keine Entwicklungsländer sein sollen. In Art. 212 Abs. 3 Satz 2 AEUV ist eine weitere Ermächtigung der Union zum Abschluss von völkerrechtlichen Übereinkommen auf diesem Gebiet enthalten. Diese Vertragsschlusskompetenz war vor der Reform durch den Vertrag von Lissabon in Art. 181a EGV zu finden. Sie war jedoch erst durch den Vertrag von Nizza eingeführt worden, so dass entsprechende Abkommen zuvor auf die Kompetenzergänzungsklausel, die sich heute in Art. 352 AEUV findet, gestützt werden mussten[317]. Obwohl dies von

313 ABl. L 276/45 vom 28.10.2000.

314 ABl. L 187/3 vom 16.07.1997.

315 EuGH, Rs. C-386/08, Slg. 2010, I-1289, *Brita*. Der EuGH stellte fest, dass Erzeugnisse mit Ursprung im Westjordanland nicht unter das Präferenzabkommen mit Israel fallen.

316 Vgl. etwa für das bereits erwähnte Kooperationsabkommen mit Indien Beschluss des Rates 1994/578/EG, ABl. L 223/23 vom 27.08.1994 und für das Abkommen mit Brasilien Beschluss des Rates 1995/445/EG, ABl. L 262/53 vom 01.11.1995.

317 *Eeckhout,* External Relations of the European Union, S. 117 f.; *Hoffmeister*, in: Grabitz/Hilf/Nettesheim, Art. 212 AEUV, Rn. 1; *Martenczuk,* Cooperation with Developing and Other Third Countries. In: Griller/Weidel (Hrsg.), External Economic Relations and Foreign Policy in the European Union, S. 401 f.; *Menzel,* Die rechtliche Gestaltung der

Art. 4 Abs. 4 AEUV nicht umfasst ist, besteht wie bei der Entwicklungszusammenarbeit auch hier eine echte parallele Kompetenz von Union und Mitgliedstaaten, was auch in Art. 212 Abs. 3 UAbs. 2 AEUV deutlich wird[318].

Es stellt sich angesichts der Unionskompetenz aus Art. 212 Abs. 3 Satz 2 AEUV die Frage, ob auch auf dieser Grundlage Präferenzabkommen im Rahmen der regionalen wirtschaftlichen Integration der EU abgeschlossen werden können. Eine Auswertung der Vertragspraxis der Union ergibt zunächst, dass keines der bei der WTO notifizierten präferenziellen Abkommen auf diese Rechtsgrundlage gestützt wurde. Dies kann auch nicht damit erklärt werden, dass eine entsprechende Norm erst im Jahre 2003 in Kraft getreten ist. Denn auch auf die bis dahin stattdessen angewandte ergänzende Kompetenznorm wurde allein in dem Abkommen mit San Marino Bezug genommen, und zwar lediglich vervollständigend bei hauptsächlicher Anwendung der gemeinsamen Handelspolitik. Auch die Untersuchung der im Rahmen des Art. 212 AEUV bzw. dessen Vorgängernorm durchgeführten und laufenden Projekte der Europäischen Union zeigt, dass hiermit eine andere Ebene der Kooperation angesprochen ist. Von besonderer Bedeutung sind insoweit Finanzhilfen der EU. Klassische Beispiele für projektbezogene Finanzhilfen sind etwa das PHARE-Programm zugunsten der ehemaligen Kandidatenländer Mittel- und Osteuropas, welches anschließend auf die Kandidatenländer des westlichen Balkans ausgeweitet wurde[319], das insbesondere für die Staaten der ehemaligen Sowjetunion begründete TACIS-Programm[320] sowie das CARDS-Programm, welches ebenfalls Finanzhilfen für die Länder des westlichen Balkans vorsah[321] und mittlerweile durch das Instrument für Heranführungshilfe (IPA)[322] ersetzt wurde. In diesem Zusammenhang ist die Bemerkung interessant, dass das Bundesministerium für wirtschaftliche Zusammenarbeit und Entwicklung (BMZ) in der Liste der Entwicklungsländer, die auf einer Qualifikation des Development Assistance

Außenbeziehungen der Europäischen Gemeinschaft am Beispiel der Mittelmeerpolitik und der Sonderbeziehungen zu Israel, S. 51; *Zimmermann,* RIW 2004, 324 (326 f.).

318 *Hoffmeister*, in: Grabitz/Hilf/Nettesheim, Art. 212 AEUV, Rn. 12; *Zimmermann,* RIW 2004, 324 (327).

319 Vgl. VO (EWG) Nr. 3906/89, ABl. L 375/11 vom 23.12.1989. Noch auf die Ergänzungskompetenz gestützt. Siehe dazu auch Verny, Außenhandelsrecht, K. IV. Europa-Abkommen. In: Dauses (Hrsg.), Handbuch des EU-Wirtschaftsrechts, Rn. 18 f.

320 Vgl. VO (Euratom, EWG) Nr. 2053/93, ABl. L 187/1 vom 29.07.1993. Noch auf die Ergänzungskompetenz gestützt.

321 Vgl. VO (EG) Nr. 2666/2000, ABl. L 306/1 vom 07.12.2000. Ebenfalls noch auf die Ergänzungskompetenz gestützt.

322 Vgl. VO (EG) Nr. 1085/2006, ABl. L 210/82 vom 31.07.2006. Bereits auf Art. 181a EGV gestützt.

Committee (DAC) der OECD beruht, für die Berichtsjahre 2009 und 2010 sämtliche Staaten des westlichen Balkans als Entwicklungsländer benennt[323]. Dass die Kooperation mit den westlichen Balkanstaaten dennoch auf Art. 212 AEUV gestützt wird, der explizit solche Partner der EU umfasst, die keine Entwicklungsländer sind, zeigt einmal mehr, dass mit der Wahl der Rechtsgrundlage stets erhebliche politische Erwägungen einher gehen[324].

Es gilt festzuhalten, dass Präferenzabkommen, die lediglich einen untergeordneten Abschnitt über wirtschaftliche, finanzielle und technische Zusammenarbeit enthalten, ungeachtet dessen als Handelsabkommen nach Art. 207 AEUV oder Assoziierungsabkommen nach Art. 217 AEUV einzuordnen sind[325]. So sind etwa Assoziierungsabkommen stets auf die Assoziierungskompetenz zu stützen, während die gegebenenfalls auf einem Assoziierungsabkommen beruhende und dieses durchführende Zusammenarbeit im wirtschaftlichen, finanziellen und technischen Bereich in Art. 212 AEUV seine Rechtsgrundlage findet[326]. Auch hier gilt letztlich, dass es auf den wesentlichen Gegenstand des betreffenden Abkommens ankommt[327]. Grundlegende Regionale Handelsabkommen legen ihren Schwerpunkt in aller Regel nicht auf die bloße wirtschaftliche, finanzielle und technische Zusammenarbeit. Von der gegenüberliegenden Seite aus betrachtet lässt sich also formulieren, dass Abkommen, deren zentraler Gegenstand eine solche Zusammenarbeit darstellt, keine Präferenzabkommen im Sinne einer regionalen wirtschaftlichen Integration sind, sondern allenfalls mit diesen zusammenhängen.

e) Nachbarschaftsabkommen

Der durch den Reformvertrag von Lissabon geschaffene Art. 8 EUV regelt die Europäische Nachbarschaftspolitik (ENP) erstmals im Primärrecht[328]. Überwiegend herrscht jedoch ein weites Nachbarschaftsverständnis, welches nicht nur die ENP, sondern auch andere Staaten in der geographischen Nähe der EU ein-

---

323 Vgl. http://www.bmz.de/de/ministerium/haushalt/imDetail/0-2_DAC-Laenderliste_Berichtsjahre_2009-2010.pdf.

324 Angesprochen ist damit zugleich die Problematik der Definition des Begriffes Entwicklungsland und seinen Kriterien und Maßstäben.

325 *Schmalenbach*, in: Calliess/Ruffert, Art. 212 AEUV, Rn. 14.

326 *Menzel,* Die rechtliche Gestaltung der Außenbeziehungen der Europäischen Gemeinschaft am Beispiel der Mittelmeerpolitik und der Sonderbeziehungen zu Israel, S. 51 f.; *Zimmermann*, in: von der Groeben/Schwarze, Art. 181a EGV, Rn. 6.

327 *Schmalenbach*, in: Calliess/Ruffert, Art. 212 AEUV, Rn. 14.

328 *Fischer,* Der Vertrag von Lissabon, S. 143; *Schwarze,* Der Reformvertrag von Lissabon - Wesentliche Elemente des Reformvertrages. In: Schwarze/Hatje (Hrsg.), Der Reformvertrag von Lissabon, S. 16.

bezieht[329]. Systematisch betrachtet ist seine Ansiedelung in den Gemeinsamen Bestimmungen am Anfang des EUV nicht gänzlich eingängig[330]. Vielmehr hätte es nahe gelegen, auch diese Regelung in den Teil des Arbeitsweisenvertrages über das auswärtige Handeln aufzunehmen. Damit wäre die Bündelung der Vorschriften über das Handeln der Union auf internationaler Ebene konsequent verfolgt gewesen. Die Stellung gleich im ersten Titel des EUV lässt sich jedoch mit der besonderen Betonung der guten Beziehungen an den Außengrenzen der Union und einem hohen Symbolgehalt erklären[331].

aa) Die Europäische Nachbarschaftspolitik (ENP)

Die ENP wurde angesichts der bevorstehenden umfassenden Osterweiterung bereits im Jahre 2004 geschaffen. Ziel war und ist es noch heute, durch vertiefte politische und wirtschaftliche Zusammenarbeit Sicherheit, Stabilität und Wohlstand für die benachbarten Staaten und die EU-Mitglieder zu fördern[332]. An den neuen Außengrenzen der Union sollte ein sog. „ring of friends" begründet werden, zu dem auf der Grundlage gemeinsamer Werte intensive Beziehungen bestehen[333]. Im Rahmen der ENP werden im Anschluss an die Ausarbeitung von Länderberichten sog. Aktionspläne individuell für jeden einzelnen Teilnehmerstaat erstellt. Die Nachbarstaaten verpflichten sich in diesen Plänen zu bestimmten Reformen und erhalten im Gegenzug eine vertiefte Einbeziehung in die Programme der EU. Finanzhilfen werden in diesem Zusammenhang insbesondere durch das Europäische Nachbarschafts- und Partnerschaftsinstrument (ENPI) gewährt, welches das bereits erwähnte TACIS-Programm zugunsten der östlichen Nachbarn sowie das MEDA-Instrument, das den Mittelmeerstaaten zugute kam, ersetzte. Klar abzugrenzen ist die Nachbarschaftspolitik von Programmen zur Heranführung von europäischen Staaten an die Union mit dem Fernziel ei-

---

329 *Nowak,* Europarecht nach Lissabon, S. 266 m.w.N.

330 So auch *Bungenberg,* Außenbeziehungen und Außenhandelspolitik. In: Schwarze/Hatje (Hrsg.), Der Reformvertrag von Lissabon, S. 199.

331 *Geiger*, in: Geiger/Khan/Kotzur, Art. 8 EUV, Rn. 1; *Merli,* EU-Erweiterung und Nachbarschaftspolitik. In: Fastenrath/Nowak (Hrsg.), Der Lissabonner Reformvertrag, S. 266 f.

332 *Ferrero-Waldner,* Politische Studien Themenheft 1/2009, 9 (9); *Geiger*, in: Geiger/Khan/Kotzur, Art. 8 EUV, Rn. 2.; *Hillion,* The EU's Neighbourhood Policy towards Eastern Europe. In: Dashwood/Maresceau (Hrsg.), Law and Practice of EU External Relations, S. 309 f.; *Nowak,* EuR 2010, 746 (749).

333 *Hillion,* The EU's Neighbourhood Policy towards Eastern Europe. In: Dashwood/Maresceau (Hrsg.), Law and Practice of EU External Relations, S. 310; *Hummer,* Politische Studien Themenheft 1/2009, 42 (46 f.); *Piehl,* Europäische Nachbarschaftspolitik. In: Leiße (Hrsg.), Die Europäische Union nach dem Vertrag von Lissabon, S. 335.

nes Beitrittes. Den im Rahmen der ENP mit der EU kooperierenden Staaten wird keine konkrete Beitrittsperspektive gewährt[334], wenngleich auch kein genereller und absoluter Ausschluss eines Beitrittes angenommen werden sollte[335]. Es handelt sich im Grundsatz um eine attraktive Alternative zu einem jedenfalls mittelfristig nicht in Betracht kommenden Beitritt[336]. Die ENP ist ein partnerschaftliches Programm, an welchem es den Nachbarstaaten freisteht, sich zu beteiligen[337]. Von Relevanz ist sie zum einen für die Staaten der östlichen EU-Nachbarschaft sowie zum anderen für die Staaten der Mittelmeerregion. Ausgeschlossen sind dagegen die Beitrittskandidaten und potenziellen Beitrittskandidaten, also die Türkei, Island und die westlichen Balkanstaaten, sowie außerdem die EFTA-Staaten und Russland, das ein eigenständiges spezielles Programm mit der EU unterhält[338]. Derzeit sind 13 Staaten an der ENP beteiligt, nämlich Algerien, Armenien, Aserbaidschan, Ägypten, Georgien, Israel, Jordanien, Libanon, Marokko, Moldawien, die besetzten palästinensischen Gebiete, Tunesien und die Ukraine. Hinsichtlich Weißrussland, Libyen und Syrien ist die ENP noch nicht in Kraft[339].

bb) Vertragsschlusskompetenz aus Art. 8 Abs. 2 EUV

Im Bereich der regionalen wirtschaftlichen Integration der EU durch präferenzielle Abkommen ist der Absatz 2 des neuen Art. 8 EUV besonders interessant.

---

334 *Ferrero-Waldner,* Politische Studien Themenheft 1/2009, 9 (10); *Geiger*, in: Geiger/Khan/Kotzur, Art. 8 EUV, Rn. 3.

335 Vgl. etwa *Nowak,* Europarecht nach Lissabon, S. 265; *Wludyka,* Die Europäische Nachbarschaftspolitik - Bemerkungen aus polnischer Sicht. In: Lankosz/Müller-Graff/Fink (Hrsg.), Osteuropäische Nachbarschaft der Europäischen Union, S. 13.

336 *Hummer,* Politische Studien Themenheft 1/2009, 42 (47). Vgl. aber zur Problematik der Eignung von Erweiterung und Nachbarschaftspolitik am Beispiel der Türkei *Lippert,* Erweiterungsfragen und Nachbarschaftspolitik der Europäischen Union, insbesondere die Türkeifrage und ihre Implikationen. In: Müller-Graff (Hrsg.), Die Rolle der erweiterten Europäischen Union in der Welt, S. 197 f.

337 *Drescher,* Die Nachbarstaaten der Union. In: Marchetti/Demesmay (Hrsg.), Der Vertrag von Lissabon, S. 135.

338 *Drescher,* Die Nachbarstaaten der Union. In: Marchetti/Demesmay (Hrsg.), Der Vertrag von Lissabon, S. 135; *Geiger*, in: Geiger/Khan/Kotzur, Art. 8 EUV, Rn. 3; *Herdina,* Die Europäische Nachbarschaftspolitik im Rechtsrahmen von EG/EU. In: Lankosz/Müller-Graff/Fink (Hrsg.), Osteuropäische Nachbarschaft der Europäischen Union, S. 11. Vgl. dazu auch *Bretherton/Vogler,* The European Union as a Global Actor, S. 150 ff.

339 Dies liegt vorwiegend in fehlenden Reformen in den Bereichen Demokratie und Menschenrechte begründet. Ob sich durch die Protestbewegung in der arabischen Welt, die 2011 auch Libyen und Syrien erreicht hat, entscheidende Verbesserungen ergeben, bleibt zu hoffen und abzuwarten.

Er stellt eine neue Rechtsgrundlage für den Abschluss internationaler Übereinkommen auf dem Gebiet der Nachbarschaftspolitik dar. Dabei erinnert die Formulierung, die entsprechenden Abkommen könnten gegenseitige Rechte und Pflichten umfassen und die Möglichkeit eines gemeinsamen Vorgehens eröffnen, stark an die Kompetenzgrundlage für Assoziierungsabkommen. Ein Unterschied liegt jedoch in dem im Vergleich zu Art. 217 AEUV fehlenden Verweis auf ein gemeinsames Verfahren und in dem über die Assoziierungsnorm hinausgehenden Hinweis auf regelmäßige Konsultationen. Aus diesem Unterschied wird zum Teil gefolgert, dass die in Nachbarschaftsabkommen eingerichteten Organe weniger einflussreich auszugestalten sind und eine gewisse Kontrolle der Nachbarstaaten durch die Europäische Union angestrebt wird[340]. Dennoch liegt es nahe, Art. 8 EUV als *lex specialis* zu Art. 217 AEUV dergestalt anzusehen, dass Nachbarschaftsabkommen eine besondere Form der Assoziierung darstellen[341]. Auch in Bezug auf Art. 8 EUV kommt der aus dem Assoziierungsrecht bekannte Streit um die Vermittlung einer originären materiellen Vertragsschlusskompetenz durch die Norm zum Tragen. In Bezug auf Art. 8 EUV ist der Meinungsstand jedoch noch eindeutiger. Selbst von Kritikern einer eigenständigen Assoziierungskompetenz wird eine solche hier nicht bestritten[342].

Es stellt sich nunmehr jedoch die Frage, ob entsprechenden Abkommen auf der Grundlage von Art. 8 EUV eine Bedeutung für die präferenzielle Integration der Union zukommt. Ausgangspunkt der Beantwortung dessen ist zunächst die Feststellung, dass bislang kein bei der WTO notifiziertes Präferenzabkommen auf die Rechtsgrundlage für Nachbarschaftsabkommen gestützt wurde. Es gilt selbstverständlich zu beachten, dass die Regelung des Art. 8 EUV erst seit dem 1. Dezember 2009 in Kraft ist und bis dato eine vergleichbare Norm nicht existierte. Die ENP selbst wurde bereits früher initiiert, und bereits lange vor Inkrafttreten des Lissaboner Reformvertrages bestanden mit den Partnern der ENP bilaterale Abkommen. Mit den Staaten der Mittelmeerregion existieren die bereits beschriebenen Assoziierungsabkommen und mit den östlichen Nachbarn die nichtpräferenziellen Abkommen über Partnerschaft und Zusammenarbeit

340 *Schmalenbach*, in: Calliess/Ruffert, Art. 8 EUV, Rn. 11; *Hummer*, in: Vedder/Heintschel von Heinegg, Art. 8 EUV, Rn. 27; *Merli,* EU-Erweiterung und Nachbarschaftspolitik. In: Fastenrath/Nowak (Hrsg.), Der Lissabonner Reformvertrag, S. 270.

341 So auch *Bungenberg,* Außenbeziehungen und Außenhandelspolitik. In: Schwarze/Hatje (Hrsg.), Der Reformvertrag von Lissabon, S. 199; *Hummer*, in: Vedder/Heintschel von Heinegg, Art. 8 EUV, Rn. 28. Anders hingegen *Schmalenbach*, in: Calliess/Ruffert, Art. 8 EUV, Rn. 13.

342 Vgl. etwa *Schmalenbach*, in: Calliess/Ruffert, Art. 8 EUV, Rn. 9, unter Verweis auf ein qualitatives Mehr hinsichtlich des politischen Gehaltes der Beziehungen und die konkreten Zielvorgaben des Art. 8 EUV.

(PZA), welche auf der gemeinsamen Handelspolitik beruhen. Auf diese Abkommen stützte sich die ENP bislang und baut auch weiterhin auf ihnen auf[343]. Es zeigt sich also, dass die Einfügung des Art. 8 EUV keine Lücke schließen muss, sondern lediglich eine nunmehr explizite und spezielle Grundlage für bereits eingeleitete Programme bildet. Die Ausgangslage ist insoweit ungleich derjenigen der wirtschaftlichen, finanziellen und technischen Zusammenarbeit mit Nichtentwicklungsländern, die, wie gesehen, vor ihrer Normierung im Primärrecht auf die Kompetenzergänzungsklausel zurückgreifen musste[344]. Angesichts dessen scheint es zunächst, als brauche die Vertragsschlusskompetenz des Art. 8 Abs. 2 EUV auch in näherer Zukunft nicht bemüht zu werden. Vielmehr könnte die Nachbarschaftspolitik fortgeführt werden, indem ihre Grundlage in den bereits vorhandenen bilateralen Abkommen fortbestehen bleibt und die Durchführung insbesondere durch die Aufstellung und Verwirklichung von Aktionsplänen gestaltet wird[345]. Bei etwas weitsichtigerer Analyse wird jedoch deutlich, dass Art. 8 Abs. 2 EUV zukünftig möglicherweise durchaus ein gewichtiger Rang unter den Unionskompetenzen für den Abschluss von Präferenzabkommen zukommen wird. So hat die Europäische Kommission bereits im Jahre 2004 die Perspektive geboten, im Anschluss an die Erfüllung der Prioritäten der Aktionspläne die derzeit geltenden bilateralen Verträge durch neue europäische Nachbarschaftsabkommen zu ersetzen[346]. Dies gilt zum einen für die Mittelmeerstaaten, für die bereits heute eine präferenzielle Behandlung herrscht, und für die dadurch eine noch tiefere Integrationsintensität erreicht würde. Den wohl noch größeren Schritt würden aber wohl die neuen Abkommen, die den PZA folgen, machen. Von Abkommen ohne Zollpräferenzen soll ein Sprung hin zu „tief greifenden und umfassenden Freihandelsabkommen"[347] gemacht, für die ENP also eine neue Dimension der Freihandelszone etabliert werden[348]. Mit der Ukraine sind die Verhandlungen für ein solches Nachfolgeabkommen bereits

343 *Drescher,* Die Nachbarstaaten der Union. In: Marchetti/Demesmay (Hrsg.), Der Vertrag von Lissabon, S. 134; *Geiger*, in: Geiger/Khan/Kotzur, Art. 8 EUV, Rn. 6.

344 Vgl. Teil 2, Kapitel 2, A. I. 1. d).

345 So auch *Hillion,* The EU's Neighbourhood Policy towards Eastern Europe. In: Dashwood/Maresceau (Hrsg.), Law and Practice of EU External Relations, S. 319.

346 Mitteilung der Kommission, KOM(2004) 373 endgültig, vom 12.05.2004, S. 5.

347 Zur Begrifflichkeit vgl. *Hillion,* The EU's Neighbourhood Policy towards Eastern Europe. In: Dashwood/Maresceau (Hrsg.), Law and Practice of EU External Relations, S. 324 f.

348 Vgl. Mitteilung der Kommission, KOM(2006) 726 endgültig, vom 04.12.2006, S. 5.

abgeschlossen[349]. Über diese Schaffung von Nachfolgeabkommen hinaus wäre die zukünftige Anwendung des Art. 8 Abs. 2 EUV auch denkbar für Abkommen mit den bislang weder durch PZA noch durch Assoziierungsabkommen mit der EU verbundenen, jedoch zu den potenziellen Teilnehmern an der ENP gehörenden Libyen und Weißrussland. Freilich bliebe es insoweit fraglich, wie intensiv eine entsprechende Integration ausfallen würde. Ein „Überspringen" eines Integrationsschrittes dergestalt, dass ohne vorbereitende weniger weitreichende Abkommen gleich solche Verträge geschlossen werden, die mit den geplanten Nachfolgeabkommen der übrigen Staaten vergleichbar sind, würde zwar die Einheitlichkeit von Nachbarschaftsabkommen fördern, dürfte aber – insbesondere angesichts des bereits ausgehandelten, jedoch noch nicht ratifizierten PZA mit Weißrussland – wenig realistisch sein. Ein weiterer Punkt, der mit Spannung abzuwarten bleibt, ist die Frage, ob die Union die strikte Trennung zwischen präferenziellen Abkommen mit den Mittelmeerstaaten und nichtpräferenziellen Übereinkommen mit den östlichen Nachbarn auch in den Fällen der potenziellen „Nachzügler" aufrecht erhalten will.

Nachbarschaftsabkommen gemäß Art. 8 Abs. 2 EUV können somit in Zukunft eine Rolle auf dem Gebiet der regionalen wirtschaftlichen Integration der EU spielen. Tiefgreifende Partnerschaften mit Zollpräferenzen gewährenden und weitreichende Zusammenarbeit begründenden Abkommen werden an den Außengrenzen der Union für eine enge Anbindung der Nachbarstaaten unterhalb eines Beitrittes sorgen.

2. *Kompetenzen gemäß Art. 216 Abs. 1 Var. 2 bis 4 AEUV*

Über diese expliziten Kompetenzen hinaus kann die Europäische Union internationale Übereinkünfte – und damit auch die im Rahmen dieser Arbeit relevanten Abkommen mit präferenziellem Inhalt – schließen, wenn die in Art. 216 Abs. 1 Var. 2 bis 4 AEUV genannten Voraussetzungen erfüllt sind. Dabei handelt es sich im Wesentlichen um die im Zuge des Vertrages von Lissabon erstmals eingefügte Kodifizierung der bisherigen Rechtsprechung des EuGH zu den *impliziten Zuständigkeiten* der Union[350], die ihren zentralen Ursprung in dem *AETR-Urteil*[351] aus dem Jahre 1971 hat[352].

349 Die Verhandlungen wurden Ende 2011 abgeschlossen. Das weitere Vorgehen hinsichtlich Unterzeichnung und Ratifikation wird nicht zuletzt vor dem Hintergrund aktueller Vorwürfe demokratischer Mängel allerdings kontrovers diskutiert.

350 Zu den impliziten Kompetenzen vgl. auch *Fink/Keber/Roguski,* ZUM 2011, 292 (293 ff.).

351 EuGH, Rs. 22/70, Slg. 1971, 263, *AETR.*

352 *Herdegen,* Europarecht, S. 419; *Herrmann,* Die Außenhandelsdimension des Binnenmarktes im Verfassungsentwurf. In: Hatje/Terhechte (Hrsg.), Das Binnenmarktziel in

Art. 216 Abs. 1 Var. 2 AEUV sieht vor, dass eine Vertragsschlusskompetenz der Union dann besteht, wenn der Vertragsschluss zur Verwirklichung eines Vertragszieles notwendig ist. Diese Regelung knüpft an die Rechtsprechung des EuGH in Gutachten 1/76[353] an, wonach eine vorhandene Innenkompetenz auch zu einer Außenkompetenz führt, wenn dies notwendig für die Ausfüllung der Kompetenz und die damit verfolgten Ziele ist[354]. Während die *AETR-Entscheidung* sowie das *Kramer-Urteil*[355] noch überwiegend dahingehend verstanden wurden, dass das Gebrauchmachen von internen Kompetenzen Voraussetzung für die Entstehung impliziter Außenkompetenzen ist, war in der Folge dieses Gutachtens klargestellt, dass ein Parallellaufen von internen und externen Zuständigkeiten unabhängig davon bestand, ob von der internen Kompetenz bereits Gebrauch gemacht worden war. Die Ausübung der internen Rechtsetzung wurde lediglich als zur Bestimmung einer Ausschließlichkeit der bestehenden Kompetenz relevant angesehen[356]. Auch die neuere Rechtsprechung des Gerichtshofes bestätigte nach sich tendenziell restriktiver entwickelnder Folgerechtsprechung diese Sichtweise[357].

Variante 3 enthält demgegenüber die unproblematischere Kompetenzzuweisung für den Fall, dass bereits sekundärrechtliche Rechtsakte erlassen wurden, welche vorsehen, dass völkerrechtliche Verträge der Union geschlossen werden[358].

Schließlich gewährt Art. 216 Abs. 1 Var. 4 AEUV eine Vertragsschlusskompetenz der Union, wenn ein Übereinkommen gemeinsame Vorschriften beeinträchtigen oder ihren Anwendungsbereich verändern könnte. Die Formulie-

---

der europäischen Verfassung, S. 190; *Khan*, in: Geiger/Khan/Kotzur, Art. 216 AEUV, Rn. 3; *Menzel*, Die rechtliche Gestaltung der Außenbeziehungen der Europäischen Gemeinschaft am Beispiel der Mittelmeerpolitik und der Sonderbeziehungen zu Israel, S. 45; *Thym*, Auswärtige Gewalt. In: von Bogdandy/Bast (Hrsg.), Europäisches Verfassungsrecht, S. 453 f.; *Vedder*, Außenbeziehungen und Außenvertretung. In: Hummer/Obwexer (Hrsg.), Der Vertrag von Lissabon, S. 275.

353 EuGH, Gutachten 1/76, Slg. 1977, 741, *Stilllegungsfonds*, Rn. 3 f.

354 *Khan*, in: Geiger/Khan/Kotzur, Art. 216 AEUV, Rn. 9; *Vedder*, Außenbeziehungen und Außenvertretung. In: Hummer/Obwexer (Hrsg.), Der Vertrag von Lissabon, S. 275.

355 EuGH, verbundene Rs. 3/76, 4/76 und 6/76, Slg. 1976, 1279, *Kramer*.

356 *Bischoff*, Die Europäische Gemeinschaft und die Konventionen des einheitlichen Privatrechts, S. 151; *Eeckhout*, External Relations of the European Union, S. 67; *Groux*, CDE 1978, 3 (23).

357 Vgl. EuGH, Rs. C-459/03, Slg. 2006, I-4635, *MOX Plant*, Rn. 94.

358 *Hummer*, in: Vedder/Heintschel von Heinegg, Art. 216 AEUV, Rn. 12; *Khan*, in: Geiger/Khan/Kotzur, Art. 216 AEUV, Rn. 10.

rung ist insoweit etwas undeutlich[359], als die gemeinsame Formulierung „der Abschluss einer Übereinkunft" in den Varianten 2 und 3 eine Übereinkunft der Union meint, während sie sich in Variante 4 auf den Vertragsschluss durch einen Mitgliedstaat bezieht[360]. Hiernach besteht eine Zuständigkeit der EU in den Fällen, in denen andernfalls eine Beeinträchtigung des Unionsrechts drohen würde. Der Union kommt dann eine ihrem Umfang nach dem bestehenden Sekundärrecht entsprechende Zuständigkeit zu, was dem „harten Kern der AETR-Doktrin"[361] nachfolgt und dem Schutz der Unionskompetenzen dient[362].

Die impliziten Kompetenzen des Art. 216 Abs. 1 AEUV sind nicht nur im Lichte der bisherigen Rechtsprechung des Gerichtshofes auszulegen. Zusätzliche Komplexität bringt der offensichtlich bestehende Zusammenhang mit Art. 3 Abs. 2 AEUV mit sich. Diese Norm regelt, in welchen Fällen der EU eine im Verhältnis zu den Mitgliedstaaten ausschließliche Zuständigkeit für den Abschluss internationaler Übereinkünfte zukommt[363]. Die hier verwendeten Formulierungen erinnern stark an Art. 216 Abs. 1 AEUV, entsprechen diesem jedoch nicht genau. So setzt Art. 3 Abs. 2 Var. 1 AEUV voraus, dass ein *Gesetzgebungsakt* der Union einen ausschließlichen Abkommensabschluss vorsieht, während Art. 216 Abs. 1 Var. 3 AEUV von einem *Rechtsakt* spricht. In der Folge wird vertreten, eine geteilte Kompetenz liege vor, wenn sich diese aus einem Rechtsakt ergebe, der kein Gesetzgebungsakt ist[364]. Außerdem verlangt Variante 2 des Art. 3 Abs. 2 AEUV eine *Notwendigkeit für die Ausübung der internen Zuständigkeit*, wohingegen Art. 216 Abs. 1 Var. 2 AEUV die *Erforderlichkeit zur Verwirklichung eines Vertragszieles* fordert. Schließlich spricht Art. 3 Abs. 2 Var. 3 von der *Beeinträchtigung gemeinsamer Regeln* und *Veränderung ihrer Tragweite* und Art. 216 Abs. 1 Var. 4 verwendet die Begrifflichkeiten der *Beeinträchtigung gemeinsamer Vorschriften* bzw. der *Änderung ihrer*

359 Die englische und die französische Fassung weisen diese kleine Ungereimtheit ebenso auf, so dass es sich hierbei nicht um eine unglückliche Übersetzung handelt.

360 *Khan*, in: Geiger/Khan/Kotzur, Art. 216 AEUV, Rn. 11; *Menzel,* Die rechtliche Gestaltung der Außenbeziehungen der Europäischen Gemeinschaft am Beispiel der Mittelmeerpolitik und der Sonderbeziehungen zu Israel, S. 46; *Vedder,* Außenbeziehungen und Außenvertretung. In: Hummer/Obwexer (Hrsg.), Der Vertrag von Lissabon, S. 276.

361 *Vedder,* Außenbeziehungen und Außenvertretung. In: Hummer/Obwexer (Hrsg.), Der Vertrag von Lissabon, S. 276.

362 *Niedrist,* Präferenzabkommen im Europarecht und im Welthandelsrecht, S. 76; *Vedder,* Die Außenbeziehungen der EU und die Mitgliedstaaten. In: Müller-Graff/Schwarze (Hrsg.), XXII. Fide-Kongress, S. 61.

363 Zum Vorgehen des EuGH bei der Prüfung der Ausschließlichkeit einer Kompetenz und den insoweit heranzuziehenden Kriterien, siehe *Fink/Keber/Roguski,* ZUM 2011, 292 (294 ff.).

364 *Streinz/Ohler/Herrmann,* Der Vertrag von Lissabon zur Reform der EU, § 16 III.

Anwendungsbereiche. Dass die Kodifizierung der EuGH-Rechtsprechung zu impliziten Vertragsschlusskompetenzen nicht nur in Art. 216 AEUV ihren Niederschlag findet, sondern Art. 3 AEUV zu diesem Gesamtkonzept hinzuzufügen ist, erscheint – insbesondere in Anbetracht der in den erwähnten Fällen vor dem EuGH in der Regel im Vordergrund stehenden Ausschließlichkeit entsprechender Kompetenzen – eindeutig[365]. Nimmt man nun an, trotz der vorhandenen Formulierungsnuancen entsprächen sich inhaltlich die jeweils drei Varianten des Art. 216 Abs. 1 AEUV zur Begründung einer impliziten Kompetenz und des Art. 3 Abs. 2 AEUV zur Ausschließlichkeit der Kompetenz, so gelangt man zwangsläufig zu dem Ergebnis, dass wegen des abschließenden Charakters der Auflistung impliziter Unionskompetenzen in Art. 216 AEUV und der für jede dieser impliziten Kompetenzen in Art. 3 AEUV vorgesehenen Ausschließlichkeit in Zukunft keinerlei Möglichkeiten der Annahme geteilter impliziter Vertragsschlusszuständigkeiten mehr bestehen. Insbesondere die Formulierung „soweit“ in Art. 3 Abs. 2 AEUV sowie die soeben dargestellten Unterschiede in den Formulierungen sprechen andererseits jedoch für eine nicht alle Konstellationen von impliziten Kompetenzen umfassende Ausschließlichkeit der Zuständigkeit[366].

Die Rechtsprechung auf diesem Gebiet war im Laufe der Jahrzehnte von komplexer und ständiger Bewegung und Weiterentwicklung gekennzeichnet. Gerade in Anbetracht dieser Komplexität sowie aufgrund des Zusammenspieles des neuen Art. 216 Abs. 1 Var. 2 bis 4 AEUV mit Art. 3 Abs. 2 AEUV vor dem Hintergrund dieser Rechtsprechung kann dieses Feld bislang nicht als von sämtlichen Unklarheiten befreit bezeichnet werden[367]. Eine eingehende Analyse soll

---

365 So auch *Khan*, in: Geiger/Khan/Kotzur, Art. 216 AEUV, Rn. 3; *Menzel*, Die rechtliche Gestaltung der Außenbeziehungen der Europäischen Gemeinschaft am Beispiel der Mittelmeerpolitik und der Sonderbeziehungen zu Israel, S. 45; *Streinz/Ohler/Herrmann*, Der Vertrag von Lissabon zur Reform der EU, § 16 III.; *Vedder*, Außenbeziehungen und Außenvertretung. In: Hummer/Obwexer (Hrsg.), Der Vertrag von Lissabon, S. 275.

366 Gegen weiterhin existierende geteilte implizite Zuständigkeiten vgl. etwa *Ruffert*, EuR 2004, 165 (189). Für deren Existenz etwa *Streinz/Ohler/Herrmann*, Der Vertrag von Lissabon zur Reform der EU, § 16 III. *Vedder* sieht in der Kodifizierung keinen Spielraum für die Annahme geteilter impliziter Kompetenzen, fordert jedoch eine Berichtigung bzw. eine berichtigende Interpretation. Vgl. insoweit *Vedder*, Die Außenbeziehungen der EU und die Mitgliedstaaten. In: Müller-Graff/Schwarze (Hrsg.), XXII. Fide-Kongress, S. 67; *Vedder*, in: Vedder/Heintschel von Heinegg, Art. 3 AEUV, Rn. 6 ff. sowie *Vedder*, Außenbeziehungen und Außenvertretung. In: Hummer/Obwexer (Hrsg.), Der Vertrag von Lissabon, S. 276.

367 Ähnlich auch *Cremona*, Defining competence in EU external relations. In: Dashwood/Maresceau (Hrsg.), Law and Practice of EU External Relations, S. 50; *Thym*, Auswärtige Gewalt. In: von Bogdandy/Bast (Hrsg.), Europäisches Verfassungsrecht,

angesichts der marginalen Bedeutung auf dem Feld der Regionalen Handelsabkommen sowie anderweitiger Schwerpunktsetzung im Rahmen dieser Arbeit nicht erfolgen. Insoweit muss auf die mit Spannung zu erwartenden ersten Praxisbeispiele und weitere wissenschaftliche Beiträge verwiesen werden. Bei der Auswertung der langjährigen Rechtsprechungsentwicklung mit den zentralen Aussagen des Gerichtshofes in den Sachen *AETR*[368] und *Kramer*[369], den Gutachten 1/76 *(Stilllegungsfonds)*[370], 2/91 *(ILO-Übereinkommen)*[371], 2/92 *(OECD-Beschluss)*[372] und 1/94 *(WTO)*[373] sowie der jüngeren Rechtsprechung *Open Skies*[374], Gutachten 1/03 (*Lugano-Übereinkommen)*[375] und *MOX Plant*[376] und insbesondere bei der Analyse der neuen Normen des AEUV vor dem Hintergrund dieser Rechtsprechung besteht durchaus noch Bedarf an weiterer Forschungsarbeit.

Für die Zwecke dieser Arbeit allerdings können auf den Grundlagen der vorstehenden Ausführungen eindeutige Schlüsse gezogen werden. Im Ergebnis ist festzuhalten, dass die Kodifizierung der EuGH-Rechtsprechung im Bereich der impliziten Außenkompetenzen durchaus ein begrüßenswertes Vorgehen darstellt. Bereits die *Erklärung von Laeken* hatte angeregt, die Kompetenzen deutlicher zu formulieren. Im Rahmen des Europäischen Konventes zum Entwurf einer europäischen Verfassung war bereits früh die Forderung aufgekommen, die impliziten Zuständigkeiten zu kodifizieren[377]. Die Aufnahme von bislang durch die Rechtsprechung entwickelten Grundsätzen in die Verträge ist als ein wichtiger Schritt zu bezeichnen. Im Bereich der regionalen wirtschaftlichen Integration durch den Abschluss von Regionalen Handelsabkommen hat die Europäische Union bislang keines ihrer Übereinkommen auf dem Fundament impliziter Kompetenzen schließen müssen. Vielmehr wurden sämtliche Präferenzabkommen auf explizit in den Verträgen verankerte Zuständigkeitsbestimmungen gestützt. Bereits diese eindeutige Statistik belegt, dass den impliziten Kompe-

---

S. 453; *Vedder,* Außenbeziehungen und Außenvertretung. In: Hummer/Obwexer (Hrsg.), Der Vertrag von Lissabon, S. 275.

368 EuGH, Rs. 22/70, Slg. 1971, 263, *AETR.*

369 EuGH, verbundene Rs. 3/76, 4/76 und 6/76, Slg. 1976, 1279, *Kramer.*

370 EuGH, Gutachten 1/76, Slg. 1977, 741, *Stilllegungsfonds.*

371 EuGH, Gutachten 2/91, Slg. 1993, I-1061, *ILO-Übereinkommen.*

372 EuGH, Gutachten 2/92, Slg. 1995, I-521, *OECD-Beschluss.*

373 EuGH, Gutachten 1/94, Slg. 1994, I-5267, *WTO.*

374 Vgl. EuGH, Rs. C-476/98, Slg. 2002, I-9855, *Kommission/Deutschland* sowie die Verfahren gegen andere Mitgliedstaaten.

375 EuGH, Gutachten 1/03, Slg. 2006, I-1145, *Lugano-Übereinkommen.*

376 EuGH, Rs. C-459/03, Slg. 2006, I-4635, *MOX Plant.*

377 Europäischer Konvent, Vermerk CONV 342/02 vom 11.10.02, Nr. 21.

tenzen auf diesem Gebiet nur eine unerhebliche und als nachrangig zu bezeichnende Bedeutung zukommt. Ein hierauf begründetes Tätigwerden der Union ist auch für die regionale wirtschaftliche Integration nicht ausgeschlossen. Angesichts der weitreichenden expliziten Kompetenzen in den einzelnen Sachgebieten, deren Ausmaß und Anzahl wie gesehen durch den Vertrag von Lissabon eher zu- als abgenommen hat[378], erscheint ein solches jedoch auch in absehbarer Zukunft nicht notwendig.

3. *Die Kompetenzergänzungsklausel*

Subsidiär zu den übrigen Kompetenzen besteht schließlich die Möglichkeit, von der Kompetenzergänzungsklausel des Art. 352 AEUV Gebrauch zu machen. Obgleich es Diskussionen gab, eine entsprechende Norm nicht mehr in die neuen Verträge zu übernehmen, gilt die Klausel weiterhin[379]. Jedoch enthält auch die Erklärungen zur Schlussakte der Regierungskonferenz, die den Vertrag von Lissabon angenommen hat, die Wendung, der Artikel könne keine Grundlage dafür bieten, „den Bereich der Unionsbefugnisse über den allgemeinen Rahmen hinaus auszudehnen“[380]. Art. 352 AEUV kann erst eingreifen, wenn weder explizite noch implizite Kompetenzen zur Verfügung stehen[381]. Im Rahmen der regionalen wirtschaftlichen Integration der EU spielt diese Norm keine große Rolle. So zeigt die Auswertung der zur Begründung von Präferenzabkommen bemühten Rechtsgrundlagen, dass lediglich das Abkommen mit San Marino auf die Kompetenzergänzungsnorm, jedoch in Kombination mit der gemeinsamen Handelspolitik, gestützt wurde. Von dieser Ausnahme abgesehen zeigt sich, dass für die Anwendung des Art. 352 AEUV im Bereich der Regionalen Handelsabkommen kaum Platz bleiben wird. Bereits die ausdrücklich genannten Zuständigkeiten i.S.v. Art. 216 Abs. 1 Var. 1 AEUV sind so umfangreich, dass schon den impliziten Kompetenzen eine absolut untergeordnete Rolle zukommt[382]. Somit wird die Anwendung ergänzender Kompetenzen in diesem Bereich die Ausnahme bleiben. Viele der unterhalb der Schwelle von Zollpräferenzen bleibenden Abkommen über Partnerschaft und Zusammenarbeit (PZA) mit Staaten der ehemaligen Sowjetunion finden ihre Grundlage neben der gemeinsamen Handelspolitik unter anderem jedoch auch in Art. 308 EGV, dem nunmehr weitgehend Art. 352 AEUV entspricht.

---

378 Vgl. Teil 2, Kapitel 2, A. I. 1.

379 *Trüe,* ZaöRV 2004, 391 (410 ff.); *Wuermeling,* EuR 2004, 216 (228).

380 ABl. C 115/335 vom 09.05.2008, Nr. 42.

381 *Khan,* in: Geiger/Khan/Kotzur, Art. 352 AEUV, Rn. 13; *Vedder,* Die Außenbeziehungen der EU und die Mitgliedstaaten. In: Müller-Graff/Schwarze (Hrsg.), XXII. Fide-Kongress, S. 66.

382 Vgl. Teil 2, Kapitel 2, A. I. 2.

4. Zusammenfassung der möglichen Kompetenzgrundlagen

In der Rekapitulation und Zusammenfassung der vorstehend untersuchten Rechtsgrundlagen, die der Europäischen Union die Möglichkeit zum Abschluss von Präferenzabkommen gewähren, ist festzustellen, dass die beiden derzeit bedeutsamsten Zuständigkeitsnormen in Art. 207 Abs. 3 AEUV für die gemeinsame Handelspolitik sowie in Art. 217 AEUV für Assoziierungsabkommen zu finden sind. Über diese ausschließlichen Kompetenzen hinaus, kommen Präferenzabkommen im Rahmen einer parallelen Zuständigkeit als Entwicklungszusammenarbeit gemäß Art. 209 Abs. 2 AEUV und als wirtschaftliche, finanzielle und technische Zusammenarbeit mit Drittländern, die keine Entwicklungsländer sind, nach Art. 212 Abs. 3 AEUV sowie schließlich Nachbarschaftsabkommen gemäß Art. 8 Abs. 2 EUV in Betracht. Den beiden letztgenannten kommt derzeit keine bedeutende Rolle auf dem Gebiet der regionalen wirtschaftlichen Integration zu; der Entwicklungszusammenarbeit nur eine mäßig bedeutende und nur in Verbindung mit der GHP. Für die Entwicklungs- und die Nachbarschaftszusammenarbeit wurde jedoch aufgezeigt, dass ein erheblicher Bedeutungszuwachs zu erwarten ist.

Der Vertrag von Lissabon hat das System der Außenkompetenzen im Allgemeinen und der Verbandskompetenzen zum Abschluss von Regionalen Handelsabkommen im Speziellen neu sortiert. Größtenteils haben sich diese Zuständigkeiten über Jahrzehnte hinweg entwickelt, teilweise wurden sie erst im Rahmen der großen Vertragsrevisionen der jüngeren Geschichte eingefügt, Art. 8 EUV sogar erst durch den Vertrag von Lissabon. Mehr oder weniger einschneidende Veränderungen hat dieser Reformvertrag für sämtliche Kompetenzen mit sich gebracht, sei es in Form bedeutender inhaltlicher Änderungen wie im Falle der gemeinsamen Handelspolitik oder lediglich in Form eines veränderten Umfeldes, wie dies auf die Assoziierungsnorm zutreffen dürfte. Bis auf die Grundlage für Nachbarschaftsabkommen sind nunmehr alle relevanten Normen im fünften Teil des Arbeitsweisenvertrages versammelt, was die Einheitlichkeit der Außenkompetenzen stärkt.

Auch das vormals lediglich durch die Rechtsprechung des Gerichtshofes entwickelte System impliziter Außenkompetenzen der Union ist durch den Lissabon-Vertrag in die Verträge aufgenommen worden. Art. 216 Abs. 1 Var. 2-4 AEUV regeln dieses nunmehr im Lichte der Rechtsprechung und im Zusammenspiel mit Art. 3 Abs. 2 AEUV. Ebenso besteht nach wie vor eine Kompetenzergänzungsklausel in Art. 352 AEUV, der jedoch – ebenso wie den impliziten Kompetenzen – auf dem Gebiet der regionalen wirtschaftlichen Integration durch den Abschluss von präferenziellen Übereinkünften keine große Bedeutung zukommt.

Hinsichtlich des Umfanges der Kompetenzen bleibt festzuhalten, dass sich die Präferenzabkommen der EU überwiegend auf die präferenzielle Behandlung des Warenverkehrs beschränken, welche sich traditionell in Zollvereinbarungen, mehr und mehr jedoch auch in nichttarifären Absprachen äußert. Einige der europäischen Abkommen umfassen über den Warenhandel hinaus aber auch den Handel mit Dienstleistungen. Aus der Perspektive der WTO kann sich mithin eine Relevanz nicht nur hinsichtlich Art. XXIV GATT ergeben, sondern ebenso hinsichtlich Art. V GATS. Typischerweise treten die Präferenzen des Warenhandels einige Jahre früher in Kraft als diejenigen des Dienstleistungshandels.

Ein Schluss von den tatsächlich bemühten Rechtsgrundlagen eines Abkommens und dem Abkommensumfang auf den Umfang der Kompetenzen verbietet sich bereits insofern, als der überwiegende Teil der europäischen Präferenzabkommen als gemischtes Abkommen geschlossen wurde und wird. Es ist gemeinhin anerkannt, dass diese Praxis zu einem erheblichen Anteil aufgrund politischer Erwägungen geübt wird und weniger aufgrund kompetenzrechtlicher Notwendigkeiten. Gerade dies lässt die Grenzen zwischen der Zuständigkeit der Union und der mitgliedstaatlichen Kompetenz aber verschwimmen. Es kommt im Ergebnis schlichtweg nicht mehr darauf an. Darüber hinaus kann aus der Tatsache, dass gewisse inhaltliche Gesichtspunkte in Abkommen nicht berücksichtigt werden, nicht zwingend geschlossen werden, dass solche Vereinbarungen über die vorhandenen Kompetenzen hinausgingen. Aus dem Gesagten ergibt sich mithin, dass die Unionskompetenzen in der Tendenz weitreichender sind als sie genutzt werden. Da es je nach bemühter unionsrechtlicher Kompetenzgrundlage und für die verschiedenen potenziellen Regelungsbereiche in Abkommen zu unterschiedlichen und durchaus komplexen Kompetenzverteilungen kommen kann, ist die Praxis der gemischten Abkommen, die in ihrer Gesamtheit sowohl von der EU selbst als auch von den Mitgliedstaaten geschlossen werden, nachvollziehbar und pragmatisch.

5. Die Abgrenzung der einzelnen Kompetenzen und deren Relevanz

Ein zentraler Punkt in der nun schon mehrfach erwähnten *Erklärung von Laeken* zur Zukunft der Europäischen Union aus dem Jahre 2001 war die Forderung, die Regelung der Kompetenzen zu vereinfachen und zu verdeutlichen. Dieses Bedürfnis einer klaren Abgrenzung unterschiedlicher Kompetenzen veranschaulicht die Bedeutung, die der Auswahl unter mehreren in Betracht kommenden Normen zukommt. Dass die Abgrenzung nicht nur politisch bedeutsam, sondern von ganz konkreter Relevanz ist, zeigt Art. 218 AEUV, der das Verfahren für Aushandlung und Abschluss von völkerrechtlichen Verträgen der Europäischen Union regelt. Insbesondere in Abs. 6 und Abs. 8 zeigen sich bedeutende Unterschiede im Verfahren. Danach wirkt sich die Qualifizierung eines Abkommens erheblich auf die Beteiligung des Parlamentes – gemäß Art. 218 Abs. 6 UAbs. 2 lit. a) i) muss das Parlament Assoziierungsabkommen beispielsweise zustimmen – sowie auch auf die Abstimmungsmodalitäten im Rat – etwa beschließt dieser bei Assoziierungsabkommen gemäß Art. 218 Abs. 8 UAbs. 2 einstimmig – aus. Nicht zuletzt hat die Wahl der Rechtsgrundlage natürlich Auswirkungen auf den Umfang der in einem bestimmten Abkommen möglichen Vereinbarungen sowie auf die Frage, ob der Union eine ausschließliche Kompetenz zukommt oder die Mitgliedstaaten ein Recht zur Mitwirkung haben.

Für die Abgrenzung ist zunächst zu beachten, dass die Bezeichnung eines Abkommens nicht für dessen Einordnung entscheidend ist[383]. Vielmehr ist die Betitelung eines Abkommens zulasten der Konsistenz des Systems erheblich von politischen Motiven geprägt. Insbesondere wird in der Bezeichnung völkerrechtlicher Übereinkommen der Begriff der *Assoziierung* gemieden, impliziert er doch eine gewisse Unterlegenheit und Abhängigkeit des assoziierten Staates[384]. So wird etwa das eine Assoziierung mit Südafrika begründende Übereinkommen als „Abkommen über Handel, Entwicklung und Zusammenarbeit“ bezeichnet. Umgekehrt existieren jedoch auch Beispiele, in denen die Betitelung „Assoziierung“ verwendet wird, obwohl die gewählten Rechtsgrundlagen andere waren. Das auf der gemeinsamen Handelspolitik und der Entwicklungszusammenarbeit beruhende Abkommen mit der PLO etwa ist ein solches Beispiel. Schon daraus wird ersichtlich, dass die Qualifikation anhand der Bezeichnung unmöglich und auch nicht sinnvoll ist.

Wie es im Verlaufe dieser Arbeit bereits im Zusammenhang mit einigen konkreten Kompetenznormen angeklungen ist, liegt die Auswahl der Grundlagen aber nicht im subjektiven Belieben der Organe. Entscheidend sind einzig objektive und gerichtlich nachprüfbare Umstände[385]. Zu diesen Umständen sind grundsätzlich insbesondere das Ziel und der Inhalt des Abkommens zu zählen[386].

---

383 *Martin,* Association Agreements with Mediterranean and with Eastern Countries. In: Antalovsky/König/Perchinig/et al. (Hrsg.), Assoziierungsabkommen der EU mit Drittstaaten, S. 32.

384 *Lukaschek/Weidel,* Exclusive External Competence of the European Community. In: Griller/Weidel (Hrsg.), External Economic Relations and Foreign Policy in the European Union, S. 144; *Schmalenbach*, in: Calliess/Ruffert, Art. 217 AEUV, Rn. 2; *Schön,* Der rechtliche Rahmen für Assoziierungen der Europäischen Gemeinschaft, S. 6 f.

385 EuGH, Rs. 45/86, Slg. 1987, 1493, *Allgemeines Präferenzsystem*, Rn. 11. Die spezifischere Bestimmung geht als Rechtsgrundlage vor, EuGH, Rs. C-155/07, Slg. 2008, I-8103, *Parlament/Rat*, Rn. 34.

386 EuGH, Gutachten 2/00, Slg. 2001, I-9713, *Protokoll von Cartagena*, Rn. 22; EuGH, Rs. C-211/01, Slg. 2003, I-8913, *Kommission/Rat*, Rn. 38; EuGH, Rs. C-176/03, Slg. 2005,

In den Fällen, in denen ein Abkommen mehrere Ziele verfolgt oder aus verschiedenen inhaltlichen Komponenten besteht, ist zu ermitteln, welche Zielsetzung und welcher Regelungsbereich des Abkommens als wesentlich und überwiegend angesehen werden kann. Das Abkommen ist dann nur auf die hauptsächlich relevante Rechtsgrundlage zu stellen[387]. Werden mehrere gleichwertige Ziele verfolgt, die untrennbar miteinander verbunden sind, was der EuGH explizit als Ausnahmefall bezeichnet, so kann ein Abkommen gleichzeitig auf die verschiedenen einschlägigen Rechtsgrundlagen gestützt werden[388]. Bei der Wahl einer falschen Kompetenzgrundlage ist der entsprechende Ratsbeschluss nichtig. Dies hat in der Regel jedoch keine Auswirkungen auf die völkerrechtliche Wirksamkeit des Abkommens[389].

II. Die Verbindung von ökonomischen Bestimmungen und Bestimmungen zur Verfolgung nichtökonomischer Prinzipien in Regionalen Handelsabkommen

Nachdem nunmehr die generellen Grundlagen für den Abschluss Regionaler Handelsabkommen geklärt sind, geht es im Folgenden um die Verbindung von wirtschaftlichen und nichtwirtschaftlichen Regelungsbereichen in diesen Abkommen.

1. Einführung

Die Präferenzabkommen, welche die Europäische Union auf dem Gebiet der regionalen wirtschaftlichen Integration schließt, haben nicht nur wirtschaftliche Vereinbarungen zum Gegenstand. Im Zentrum der bei der WTO notifizierten völkerrechtlichen Verträge stehen zwar stets Regelungen von Zöllen und anderen wirtschaftspolitischen Instrumenten. Eine ganz gewichtige – und zunehmend

---

I-7879, *Kommission/Rat*, Rn. 45; EuGH, Rs. C-94/03, Slg. 2006, I-1, *Kommission/Rat*, Rn. 34; EuGH, Rs. C-155/07, Slg. 2008, I-8103, *Parlament/Rat*, Rn. 34.

387 EuGH, Gutachten 2/00, Slg. 2001, I-9713, *Protokoll von Cartagena*, Rn. 23; EuGH, Rs. C-211/01, Slg. 2003, I-8913, *Kommission/Rat*, Rn. 39; EuGH, Rs. C-155/07, Slg. 2008, I-8103, *Parlament/Rat*, Rn. 35.

388 EuGH, Gutachten 2/00, Slg. 2001, I-9713, *Protokoll von Cartagena*, Rn. 22; EuGH, Rs. C-211/01, Slg. 2003, I-8913, *Kommission/Rat*, Rn. 40; EuGH, Rs. C-155/07, Slg. 2008, I-8103, *Parlament/Rat*, Rn. 36.

389 EuGH, Gutachten 2/00, Slg. 2001, I-9713, *Protokoll von Cartagena*, Rn. 5; *Geiger*, Grundgesetz und Völkerrecht, S. 95; *Schmalenbach*, in: Calliess/Ruffert, Art. 218 AEUV, Rn. 8. Vgl. auch Art. 27 und 46 des Wiener Vertragsrechtsübereinkommens (WÜV), welches zwar nicht unmittelbar, aber völkergewohnheitsrechtlich entsprechend anwendbar ist.

an Bedeutung gewinnende[390] – Rolle spielen daneben jedoch auch nichtökonomische Bestimmungen.

Im Rahmen dieser Arbeit werden unter dem Begriff der *nichtökonomischen Vereinbarungen* zwischen den Vertragspartnern nicht sämtliche Bestimmungen in den Abkommen behandelt, die primär anderer als wirtschaftlicher Natur sind. Zu diesen würden beispielsweise auch Regelungen in den Bereichen Bildung, Soziales oder Kultur gehören. Vielmehr werden gezielt diejenigen Bestimmungen untersucht, die nichtökonomische Prinzipien der Europäischen Union berühren. Die Literatur konzentriert sich insoweit üblicherweise auf die Bereiche Demokratie und Menschenrechte[391]. Auch in dieser Arbeit soll die zentrale Rolle dieser Themen Berücksichtigung finden. Die hier verwendeten Begrifflichkeiten sollen über den Begriff der *Demokratie- und Menschenrechtsklauseln* jedoch gezielt hinausgehen, indem weitere nichtökonomische Prinzipien der Europäischen Union – zu denken ist beispielsweise an Umweltschutz oder Rechtsstaatlichkeit – in die Untersuchung einbezogen werden.

Die Verbindung von wirtschaftlichen mit nichtwirtschaftlichen Vereinbarungen der soeben definierten Art wird häufig dergestalt angestrebt, dass Abschluss und Einhaltung von schwerpunktmäßig wirtschaftlichen Kooperationsabkommen von der Bereitschaft der Einbeziehung und Beachtung gewisser nichtökonomischer Verpflichtungen abhängig gemacht werden. Man spricht in einer solchen Konstellation von *Konditionalität*[392].

Wenngleich die hier im Mittelpunkt stehenden Abkommen präferenzieller Natur sind, stellen Vereinbarungen im Bereich des Abbaus von Handelsbeschränkungen also einen zwar wichtigen, jedoch bei Weitem nicht erschöpfenden Anteil bei der vertraglichen Anbindung von Drittstaaten an die EU dar. Dies gilt umso mehr, je enger sich die Union an den Partnerstaat binden möchte. Für die Bestimmung der Integrationsintensität sind daher nicht lediglich das Ausmaß der vereinbarten Zollpräferenzen, der Umfang des Abbaus nichttarifärer Handelshemmnisse sowie die Reichweite weiterer wirtschaftlicher Kooperation zu berücksichtigen. Von erheblicher Bedeutung sind überdies Ausmaß und Intensität der nichtökonomischen Bestimmungen in der jeweiligen Übereinkunft. Ins-

---

390 *Petersmann,* EJIL 2002, 621 (623).

391 Dem internationalen Handel und den internationalen Menschenrechten ist grundlegend gemein, dass sie historisch betrachtet auf der gleichen Grundlage einer neu zu findenden internationalen Ordnung nach dem Zweiten Weltkrieg beruhen. Vgl. *Cottier,* JIEL 2002, 111 (115 f.).

392 Siehe etwa *Aschenbrenner,* Menschenrechte in den Außenbeziehungen der Europäischen Union, S. 63; *Schläppi,* Menschenrechte in der bilateralen Entwicklungszusammenarbeit, S. 192 ff.

gesamt liegt der völkerrechtlichen Vertragspolitik der Union ein Komplex von wirtschaftlichen und nichtökonomischen Absichten zugrunde[393].

In der *Erklärung von Laeken* war gefordert worden, die Rolle, welche die Europäische Union spielen müsse, sei die einer „Macht, die der Globalisierung einen ethischen Rahmen geben […] will". Erklärungen dieser Art hängt freilich stets ein gewisses Pathos an. Die getroffenen Feststellungen sind jedoch ganz richtig. Die EU kann und will sich ihrer Verantwortung nicht verschließen. Es muss ihr daran gelegen sein, die komplexen Auswirkungen und Interdependenzen, die die viel beschriebene Globalisierung mit sich bringt, so mitzugestalten und zu beeinflussen, dass die positiven Folgen die negativen Wirkungen weitestmöglich überragen. Es ist insofern nicht verwunderlich, dass etwa Stimmen, wonach die Menschenrechtsebene in den externen Beziehungen der EU bedeutsamer sei als im internen Verhältnis, keine Einzelfälle geblieben sind[394]. Auffällig ist, dass die Europäische Union in ihren präferenziellen Außenwirtschaftsbeziehungen den nichtökonomischen Bedingungen einen wesentlich größeren Platz einräumt als es die meisten anderen Staaten in vergleichbaren Abkommen zu tun pflegen. So wird etwa bei der Betrachtung von Abkommen über Handel oder Entwicklung der USA, führender asiatischer Wirtschaftsnationen und bedeutender Schwellenländer deutlich, dass die „Einmischung"[395] in innere Angelegenheiten der Vertragspartner im Bereich von Demokratie, Menschenrechten und Ähnlichem geringer ausfällt[396]. Nichtsdestotrotz kann auch hier eine gewisse Neuausrichtung vieler Staaten festgestellt werden, die sich an der Praxis der EU orientiert[397].

Besonders deutlich wird die Relevanz nichtökonomischer Vereinbarungen im Bereich der Entwicklungszusammenarbeit. Der starke Zusammenhang zwi-

393 *Zippel,* Die Politik der Assoziationsabkommen. In: Müller-Graff (Hrsg.), Die Rolle der erweiterten Europäischen Union in der Welt, S. 219.

394 Vgl. *Eeckhout,* External Relations of the European Union, S. 466 m.w.N.

395 Die Frage, ob das Anstreben einer Ausweitung intern unbestrittener Grundsätze und Normen auf die Außenbeziehungen legitim ist oder – provokativ ausgedrückt – eine Art „Imperialismus" darstellt, wird andernorts eingehend behandelt. Siehe etwa *Hoffmeister,* Menschenrechts- und Demokratieklauseln in den vertraglichen Außenbeziehungen der Europäischen Gemeinschaft, S. 182 ff.; *Schläppi,* Menschenrechte in der bilateralen Entwicklungszusammenarbeit, S. 259 ff.

396 Vgl. *Chahoud,* Süd-Süd-Kooperation - Chancen und Herausforderungen für die internationale Zusammenarbeit, S. 3 sowie *Hilpold,* Human Rights Clauses in EU-Association Agreements. In: Griller/Weidel (Hrsg.), External Economic Relations and Foreign Policy in the European Union, S. 378, der als Erklärungsansätze den Einfluss der europäischen Institutionen, insbesondere des Parlamentes, sowie der öffentlichen Meinung anführt.

397 *Bartels,* Human Rights Conditionality in the EU's International Agreements, S. 237.

schen Entwicklung und Menschenrechtsverwirklichung ist evident. In zwei Richtungen ist diese Beziehung Gegenstand kontroverser Debatten: Einerseits stellt sich die Frage, inwieweit Entwicklung die Förderung von Demokratie und Menschenrechten bewirkt. Andererseits wird diskutiert, welche Wirkungen davon ausgehen, dass die Beachtung gewisser Werte zur Bedingung für entwicklungspolitische Hilfen gemacht wird. Nicht nur für die Europäische Union, sondern auch für die Bundesregierung[398] und andere an Entwicklungshilfe beteiligte Institutionen unterliegt die Vorgehensweise insoweit einem gewissen Wandel. Während es bis Anfang der 90er Jahre schwerpunktmäßig darum ging, auf einzelne Menschenrechtsverletzungen zu reagieren, geht die Entwicklung bis heute und darüber hinaus dahin, die Verwirklichung von Menschenrechten durch Entwicklungszusammenarbeit aktiv zu fördern[399].

Im Folgenden soll jedoch nicht nur für den Bereich der Entwicklungshilfe die Kombination zwischen wirtschaftlichen und nichtwirtschaftlichen Regelungen untersucht werden. Die Untersuchung soll vielmehr die gesamte Bandbreite der aufgezeigten unterschiedlichen Kategorien von Präferenzabkommen umfassen und dabei die Möglichkeiten der Einbeziehung nichtökonomischer Regelungen in solche Verträge und die primärrechtlichen Vorgaben behandeln.

„The link between trade preferences and human rights is here to stay. This does not mean that this link will be free from difficulty"[400]. Einigen dieser Schwierigkeiten soll im Folgenden nachgegangen werden.

2. Die Situation vor dem Vertrag von Lissabon

Bevor auf die aktuelle und durch den Reformvertrag von Lissabon maßgeblich beeinflusste Rechtslage eingegangen wird, soll zunächst ein Überblick über die Situation davor und über deren Entwicklung gegeben werden. Erst vor diesem Hintergrund können aktuelle Entwicklungen adäquat eingeordnet werden.

398 Im Mai 2011 stellte das Bundesministerium für wirtschaftliche Zusammenarbeit und Entwicklung sein erstes Menschenrechtskonzept vor. Vgl. dazu http://www.bmz.de/de/ministerium/50JahreBMZ/menschenrechtskonzept/index.html.

399 *Wieczorek-Zeul,* Probleme und Perspektiven einer menschenrechtsorientierten Entwicklungszusammenarbeit. In: Selchow/Hutter (Hrsg.), Menschenrechte und Entwicklungszusammenarbeit, S. 27 f.

400 *Brandtner/Rosas,* Trade Preferences and Human Rights. In: Alston (Hrsg.), The EU and human rights, S. 721. Eine Lanze für die Eingliederung von Menschenrechten in die Arbeit Internationaler Organisationen allgemein bricht auch *Petersmann,* EJIL 2002, 621.

a) Überblick über die historische Entwicklung nichtökonomischer Klauseln

Die Einbindung von Klauseln zur Verfolgung nichtwirtschaftlicher Ziele in völkerrechtliche Verträge der Europäischen Union, insbesondere in Handelspräferenzen gewährende Abkommen, war nicht von Beginn der Vertragspraxis an verfolgt worden. Vielmehr unterliegt dieses Phänomen einer steten Entwicklung, welche auch heute andauert und im Folgenden umrissen werden soll[401].

Der Ausgangspunkt liegt in der traditionsreichen europäischen Entwicklungszusammenarbeit der EU mit den AKP-Staaten. Nachdem man lange Zeit davon ausging, dass wirtschaftliche Förderung ganz automatisch zu gesundem Wachstum und Entwicklung auch der ärmsten Regionen der Welt führen würde[402], lässt sich in der Folge und als Reaktion auf gegenteilige Erfahrungen insbesondere das Aufkommen von *Demokratie- und Menschenrechtsklauseln* in völkerrechtlichen Verträgen anhand der AKP-Kooperation gut sichtbar machen. Diese Klauseln stellen nur eine von zahlreichen Ausprägungen nichtwirtschaftlicher Vertragsbestimmungen dar. Es handelt sich dabei jedoch um die bedeutendste Art, anhand derer die Entwicklung anschaulich dargestellt werden kann. In den beiden *Jaunde-Abkommen*[403], die in den Jahren 1964 und 1971 in Kraft getreten waren, konnte von einer umfangreichen Einbeziehung solcher Klauseln noch nicht die Rede sein. Einzig in der Präambel war Bezug auf die Prinzipien der Vereinten Nationen genommen worden, was freilich auch die Achtung und Förderung der Menschenrechte einschließt[404]. Das *erste Lomé-Abkommen*, das 1975 abgeschlossen wurde, brachte zwar einen erheblichen quantitativen Sprung hinsichtlich der teilnehmenden Vertragspartner mit sich, jedoch keine nennenswerte Weiterentwicklung bei der Einbeziehung von Menschenrechts- und Demokratiefragen[405]. Insbesondere angesichts der schrecklichen Erfahrungen in Uganda, wo in den 70er Jahren etwa 300.000 Menschen der Gewaltherrschaft zum Opfer fielen, zeigte sich eine gewisse Ohnmacht Europas[406]. Als AKP-Staat

---

401 Eine umfassende Darstellung findet sich bei *Hoffmeister,* Menschenrechts- und Demokratieklauseln in den vertraglichen Außenbeziehungen der Europäischen Gemeinschaft, S. 7 ff.

402 *Simma/Aschenbrenner/Schulte,* Human Rights Considerations in the Development Cooperation Activities of the EC. In: Alston (Hrsg.), The EU and human rights, S. 574.

403 Zu sämtlichen Abkommen mit den AKP-Staaten vgl. etwa *Bretherton/Vogler,* The European Union as a Global Actor, S. 115 ff.

404 *Hoffmeister,* Menschenrechts- und Demokratieklauseln in den vertraglichen Außenbeziehungen der Europäischen Gemeinschaft, S. 8 f.

405 *Hoffmeister,* Menschenrechts- und Demokratieklauseln in den vertraglichen Außenbeziehungen der Europäischen Gemeinschaft, S. 9 f.

406 *Eeckhout,* External Relations of the European Union, S. 475; *Hilpold,* Human Rights Clauses in EU-Association Agreements. In: Griller/Weidel (Hrsg.), External Economic

war Uganda mit der Union vertraglich verbunden. Mangels entsprechender Klauseln in dem geltenden Abkommen fehlte es allerdings an einer konkreten Handhabe der EU, welche sich etwa in einer Aussetzung des Abkommens als Konsequenz der Menschenrechtsverletzungen hätte äußern können. Der in der Folge lauter werdende Ruf nach der Einbeziehung einer Demokratie- und Menschenrechtsklausel konnte selbst im 1979 unterzeichneten *zweiten Lomé-Abkommen* nicht durchgesetzt werden[407]. Echte Fortschritte brachte erst das *dritte Lomé-Abkommen*, das im Dezember 1984 abgeschlossen wurde. Zum zentralen Antriebsmotor in Menschenrechtsfragen entwickelte sich dabei das im Jahre 1979 zum ersten Mal gewählte Europäische Parlament; eine Rolle, die es bis heute einnimmt[408]. Die bislang in den Präambeln der AKP-Abkommen nur indirekt in Bezug genommenen Menschenrechte wurden nunmehr ganz explizit in der Präambel genannt. Auch der Vertragstext selbst enthielt weitere Nennungen grundlegender Menschenrechte, welche aber dahingehend zu verstehen sind, dass die Achtung dieser Rechte als Konsequenz einer erfolgreichen Entwicklung angesehen wurde[409]. Es waren diesen Errungenschaften jedoch zähe Verhandlungen vorausgegangen, in denen die AKP-Staaten weitergehende Regelungen abwehren konnten, so dass es letztlich bei einer zwar moderaten, nichtsdestotrotz aber als entscheidend zu bezeichnenden Entwicklung blieb. In dem 1989 unterzeichneten *vierten Lomé-Abkommen* ist eine weitere Fortentwicklung zu erkennen. So wurden in der Präambel neben der UN-Charta erstmals auch die Allgemeine Erklärung der Menschenrechte (AEMR) sowie EMRK, AMRK und die Afrikanische Charta der Menschenrechte und der Rechte der Völker ausdrücklich genannt. In den Vertragstext selbst wurde weiterhin eine Verpflichtung zur Achtung grundlegender Menschenrechte aufgenommen, der jedoch

---

Relations and Foreign Policy in the European Union, S. 361 f.; *Riedel/Will,* Human Rights Clauses in External Agreements of the EC. In: Alston (Hrsg.), The EU and human rights, S. 726.

407 *Eeckhout,* External Relations of the European Union, S. 475; *Hoffmeister,* Menschenrechts- und Demokratieklauseln in den vertraglichen Außenbeziehungen der Europäischen Gemeinschaft, S. 16.

408 *Bartels,* Human Rights Conditionality in the EU's International Agreements, S. 13; *Eeckhout,* External Relations of the European Union, S. 475; *Hilpold,* Human Rights Clauses in EU-Association Agreements. In: Griller/Weidel (Hrsg.), External Economic Relations and Foreign Policy in the European Union, S. 378; *Rack/Lausegger,* The Role of the European Parliament: Past and Future. In: Alston (Hrsg.), The EU and human rights, S. 818 ff.

409 *Hoffmeister,* Menschenrechts- und Demokratieklauseln in den vertraglichen Außenbeziehungen der Europäischen Gemeinschaft, S. 23 ff.

eher die Form eines programmatischen Prinzips als einer echten Garantie zukam[410].

Der neben den Neuerungen im dritten und vierten Abkommen von Lomé bedeutendste Schritt in Richtung einer Aufnahme effektiver nichtökonomischer Klauseln in präferenzielle Abkommen wurde außerhalb der Beziehungen mit den AKP-Staaten und noch vor dem Abschluss des Cotonou-Abkommens gemacht und stellt ein bis heute prägendes und entscheidendes Element dar. So war die bislang beschriebene Evolution von Menschenrechten in völkerrechtlichen Verträgen ausschließlich von sog. *positiven Maßnahmen* geprägt. Durch einen solchen positiven Ansatz sollen Ermunterungen und Anreize zum Ausbau von Demokratie und Menschenrechten geschaffen werden. Seit Beginn der 1990er Jahre änderte sich diese Vorgehensweise. Erstmals wurde auch ein *negativer Ansatz* verfolgt, d.h. Sanktionen für den Fall der Nichtbeachtung angedroht. In den völkerrechtlichen Abkommen der EU äußert sich dies dahingehend, dass einer der ersten Artikel des jeweiligen Abkommens die Wahrung der Demokratie und die Achtung der Menschenrechte als wesentliches Element des Abkommens definiert[411]. Man spricht insoweit auch von der *Wesentlichkeitsklausel*. An anderer Stelle – in der Regel in den Schlussbestimmungen, gelegentlich aber ebenfalls in den Anfangsartikeln – befindet sich darüber hinaus eine sog. *Nichterfüllungsklausel*. Diese sieht vor, dass die Vertragsparteien für den Fall von Vertragsverletzungen durch den Vertragspartner geeignete Maßnahmen treffen können[412]. Zu den Verpflichtungen, deren Erfüllung eine Partei versäumen kann, gehört damit auch die Achtung von Demokratie und Menschenrechten. Für den Fall von Verletzungen in diesem Bereich und erfolgloser anderweitiger Maßnahmen kann somit das entsprechende Abkommen erstmals juristisch einwandfrei ausgesetzt werden.

Im Detail ist darüber hinaus zu unterscheiden, wie genau die juristische Handhabe der Aussetzung des Abkommens zu begründen ist. Die Wesentlich-

410 *von Campenhausen,* Sozialklauseln im internationalen Handel, S. 161; *Eeckhout,* External Relations of the European Union, S. 476; *Hilpold,* Human Rights Clauses in EU-Association Agreements. In: Griller/Weidel (Hrsg.), External Economic Relations and Foreign Policy in the European Union, S. 362 f.; *Hoffmeister,* Menschenrechts- und Demokratieklauseln in den vertraglichen Außenbeziehungen der Europäischen Gemeinschaft, S. 38 ff.; *Riedel/Will,* Human Rights Clauses in External Agreements of the EC. In: Alston (Hrsg.), The EU and human rights, S. 726 f.; *Schläppi,* Menschenrechte in der bilateralen Entwicklungszusammenarbeit, S. 182; *Simma/Aschenbrenner/Schulte,* Human Rights Considerations in the Development Co-operation Activities of the EC. In: Alston (Hrsg.), The EU and human rights, S. 587.

411 Vgl. beispielsweise Art. 2 des Abkommens mit der PLO, ABl. L 187/3 vom 16.07.1997.

412 Z.B. Art. 70 des PLO-Abkommens.

keitsklausel für sich betrachtet hat bereits den Effekt, dass Verstöße in dem darin umgrenzten Bereich als „erhebliche Verletzung“ i.S.v. Art. 60 Abs. 3 lit. b) WÜV gelten, was danach eine Suspendierung oder gar Beendigung bereits rechtfertigt. Zwar ist die Union kein Vertragspartner des Wiener Vertragsrechtsübereinkommens, denn dieser Status ist Staaten vorbehalten. Ein Großteil dieses Abkommens ist zwischenzeitlich jedoch zu Völkergewohnheitsrecht avanciert, so dass auch ohne entsprechende Ratifikation die Geltung eintritt[413]. Eine Nichterfüllungsklausel in Form der sog. *Baltikumsklausel*[414] geht darüber hinaus, indem sie in dem völkerrechtlichen Vertrag selbst die Möglichkeit einräumt, bei erheblicher Verletzung wesentlicher Elemente des Abkommens – wozu infolge der Wesentlichkeitsklausel auch die dort genannten Vereinbarungen zählen – dieses Abkommen auszusetzen[415]. Die Baltikumsklausel wurde alsbald durch die sog. *Bulgarienklausel* abgelöst, welche einerseits großzügiger die Aussetzung eines Abkommens ermöglicht, indem Maßnahmen nicht auf Fälle erheblicher Verletzung wesentlicher Vertragselemente begrenzt bleiben. Andererseits bietet die Klausel jedoch mehr Spielraum hinsichtlich der Reaktionsmöglichkeiten und eine stärkere Betonung möglichst schonender Maßnahmen und Konsultationen[416].

Ohne die beschriebenen Wesentlichkeits- und Nichterfüllungsklauseln wäre die Aussetzung eines Abkommens freilich nicht gänzlich unmöglich. So bieten etwa Art. 61 WÜV für den Fall unmöglicher Vertragserfüllung – was etwa in der Situation fehlender effektiver Regierungsgewalt denkbar ist – sowie die in Art. 62 WÜV kodifizierte *clausula rebus sic stantibus* weitere Handhaben. Darüber hinaus ist auch an die Einordnung einer Vertragsaussetzung als Repressalie als Reaktion auf Menschenrechtsverletzungen des Vertragspartners zu denken, was jedoch nur bei der Verletzung von *erga omnes* geltenden grundlegen-

---

413 *Geiger,* Grundgesetz und Völkerrecht, S. 95 f.; *Riedel/Will,* Human Rights Clauses in External Agreements of the EC. In: Alston (Hrsg.), The EU and human rights, S. 723 f. Das Wiener Übereinkommen über das Recht der von internationalen Organisationen geschlossenen Verträge ist noch nicht in Kraft.

414 Benannt nach ihrer erstmaligen Verwendung in den Abkommen mit den baltischen Staaten im Jahre 1992.

415 *Aschenbrenner,* Menschenrechte in den Außenbeziehungen der Europäischen Union, S. 70; *Bartels,* Human Rights Conditionality in the EU's International Agreements, S. 23; *Eeckhout,* External Relations of the European Union, S. 477; *Riedel/Will,* Human Rights Clauses in External Agreements of the EC. In: Alston (Hrsg.), The EU and human rights, S. 729.

416 Eine Auflistung typischer Formulierungen der diversen Demokratie- und Menschenrechtsklauseln findet sich bei *Riedel/Will,* Human Rights Clauses in External Agreements of the EC. In: Alston (Hrsg.), The EU and human rights, S. 753 f.

den Rechten in Frage kommen dürfte[417]. Die Aufnahme des negativen Ansatzes und die daraus folgende Aussetzungsmöglichkeit stellen letztlich dennoch einen wesentlichen Entwicklungsschritt dar, der sich bis heute durchgesetzt hat.

Auch das *Cotonou-Abkommen*[418], enthält in Art. 9 eine Wesentlichkeitsklausel und in Art. 96 eine Nichterfüllungsklausel, was zeigt, dass die EU den zunächst außerhalb der AKP-Partnerschaft eingeschlagenen Weg des negativen Ansatzes nunmehr auch im Verhältnis zu dieser traditionell besonderen Gruppe von Vertragspartnern geht. Neu ist im Rahmen des Abkommens von Cotonou die Einführung einer sog. *Good Governance-Klausel.* Neben den beschriebenen und aus langjähriger Entwicklung gewachsenen Grundsätzen von Demokratie und Menschenrechten nehmen sowohl die Präambel als auch Art. 9 die Pflicht zu verantwortungsvoller Staatsführung auf; allerdings nicht als „wesentliches" Element, sondern infolge eines Kompromisses lediglich als „fundamentales" Element des Abkommens[419]. Dies führt in der Konsequenz dazu, dass auch die Nichterfüllungsklausel des Art. 96, die sich lediglich auf die wesentlichen Elemente bezieht, insoweit nicht zur Anwendung kommt. Für schwere Fälle von Korruption hält jedoch Art. 97 ein ähnliches Verfahren bereit. Wie Art. 96 sieht dieser als *ultima ratio* vor, die Anwendung des Abkommens auszusetzen.

In einem Großteil der europäischen Präferenzabkommen wird der negative Ansatz verwendet. Er steht dabei ergänzend neben dem positiven Ansatz, durch welchen eine allgemeine Ermunterung zur Wahrung der Menschenrechte und zur Schaffung eines positiven Umfeldes diesbezüglich bewirkt werden soll[420]. Über die hier im Fokus stehenden Zollpräferenzen gewährenden Unionsabkommen hinaus, enthält seit Anfang der 90er Jahre auch die ganz überwiegende Anzahl von nicht in diese Kategorie fallenden völkerrechtlichen Kooperationsabkommen Demokratie- und Menschenrechtsklauseln sowie andere nichtökonomische Bestimmungen. Deswegen ist dieses Phänomen nicht auf Regionale Handelsabkommen begrenzt. Der genaue Inhalt und Wortlaut variiert dabei leicht von Abkommen zu Abkommen. In den europäischen Institutionen ist jedoch zweifellos die Bestrebung erkennbar, eine einheitliche und moderne Weiterent-

---

417 *Riedel/Will,* Human Rights Clauses in External Agreements of the EC. In: Alston (Hrsg.), The EU and human rights, S. 724 ff.

418 ABl. L 317/3 vom 15.12.2000.

419 Vgl. dazu *Hausmann,* Das Cotonou-Handelsregime und das Recht der WTO, S. 73 ff.; *Zippel,* Die Politik der Assoziationsabkommen. In: Müller-Graff (Hrsg.), Die Rolle der erweiterten Europäischen Union in der Welt, S. 220 f.

420 Vgl. auch *Simma/Aschenbrenner/Schulte,* Human Rights Considerations in the Development Co-operation Activities of the EC. In: Alston (Hrsg.), The EU and human rights, S. 578 ff.; *Vedder,* Die Außenbeziehungen der EU und die Mitgliedstaaten. In: Müller-Graff/Schwarze (Hrsg.), XXII. Fide-Kongress, S. 72.

wicklung zu erreichen[421]. Eine solche möglichst einheitliche Handhabung entsprechender Klauseln ist aus diplomatischer Sicht sehr entscheidend, um nicht einzelnen Vertragspartnern indirekt und öffentlich größere Missstände zu unterstellen als anderen. Während bei der Aufnahme von Demokratie- und Menschenrechtsklauseln bereits ein vertretbares Maß an Homogenität festzustellen ist, wird bei der tatsächlichen Anwendung der Klauseln, insbesondere angesichts der seltenen und bislang nur gegenüber AKP-Staaten ergriffenen Maßnahmen[422], eine selektive und nicht immer mit gleichem Maß messende Handhabung überwiegend[423] kritisiert[424]. Trotz einer solch unbestreitbaren Problematik werden den Klauseln weitgehend positive und auch effektive Wirkungen zugeschrieben[425].

Sinnbildlich für die Entwicklung der Einbeziehung solcher Klauseln ist die Feststellung, dass das Kooperationsabkommen mit Syrien[426] von 1978 als eines der ältesten noch in Kraft befindlichen europäischen Präferenzabkommen sowie das Abkommen mit Andorra[427] aus dem Jahre 1990 kein einziges Mal das Wort „Menschenrecht" enthalten. Das Abkommen mit der PLO zugunsten der Palästinensischen Behörde für das Westjordanland und den Gaza-Streifen[428] aus dem Jahre 1997 enthält diesen Begriff bereits fünf Mal, das 1999 abgeschlossene Südafrika-Abkommen[429] acht Mal und das Cotonou-Abkommen, das im Jahre 2002 in Kraft trat, ganze 22 Mal.

---

421 Vgl. etwa die Entschließung des Parlamentes zu der Menschenrechts- und Demokratieklausel in Abkommen der Europäischen Union vom 14.02.2006. Verfügbar unter http://www.europarl.europa.eu/sides/getDoc.do?pubRef=-//EP//TEXT+TA+P6-TA-2006-0056+0+DOC+XML+V0//DE.

422 Eine Auflistung der Ratsentscheidungen diesbezüglich findet sich etwa bei *Bartels,* Human Rights Conditionality in the EU's International Agreements, S. 249 ff.

423 Anders etwa *Bartels,* The Application of Human Rights Conditionality in the EU's Bilateral Trade Agreements and other Trade Arrangements with Third Countries, S. 18, unter Hinweis auf den überbewerteten Effekt von Sanktionen sowie die Gefahr einer undurchführbaren Praxis.

424 *Eeckhout,* External Relations of the European Union, S. 479 ff.; *Niedrist,* Präferenzabkommen im Europarecht und im Welthandelsrecht, S. 174 ff.

425 Vgl. etwa *Brandtner/Rosas,* Trade Preferences and Human Rights. In: Alston (Hrsg.), The EU and human rights, S. 702 ff.; *Riedel/Will,* Human Rights Clauses in External Agreements of the EC. In: Alston (Hrsg.), The EU and human rights, S. 739 ff., 143.

426 ABl. L 269/2 vom 27.09.1978.

427 ABl. L 374/14 vom 31.12.1990.

428 ABl. L 187/3 vom 16.07.1997.

429 ABl. L 311/3 vom 04.12.1999.

b) Die bislang herrschende Unklarheit im Bereich der Kompetenzen

Seit dem dargestellten Aufkommen und der steten Ausweitung nichtwirtschaftlicher Klauseln in völkerrechtlichen Verträgen sorgt das Problem der Zulässigkeit dieser Praxis für Diskussionen. Es stellt sich die Frage, ob diese von einer europarechtlichen Grundlage gedeckt ist.

Der EuGH sorgte insoweit bereits Mitte der 1990er Jahre mit zwei Entscheidungen für Aufsehen. In seinem Gutachten 2/94[430] hat er auf Antrag des Rates die Frage behandelt, ob der Beitritt der EG zur EMRK mit dem EGV vereinbar sei. In diesem Zuge stellte der Gerichtshof fest, dass keine Bestimmung des EGV die Befugnis verleiht, „Vorschriften auf dem Gebiet der Menschenrechte zu erlassen oder völkerrechtliche Verträge in diesem Bereich zu schließen"[431]. Diese Aussage stellte zunächst einen Paukenschlag dar. Mit ein wenig Distanz betrachtet wird jedoch deutlich, dass der Gehalt dieser Feststellung für die hier in Frage stehenden menschenrechtlichen und anderweitig nichtwirtschaftlichen Bestimmungen in handelspolitischen völkerrechtlichen Verträgen sehr begrenzt ist. Es müssen nämlich grundsätzlich zwei Arten des auswärtigen Handelns auf dem Gebiet der Menschenrechte unterschieden werden: Abkommen, die genuin Regeln und Verpflichtungen für alle Vertragspartner zur Wahrung von Menschenrechten begründen einerseits; Abkommen, welche schwerpunktmäßig anderweitige Themengebiete behandeln, aber dennoch auch Konditionalität oder schlichte Kooperation im Menschenrechtsbereich umfassen andererseits[432]. Während die im Rahmen des EuGH-Gutachtens im Mittelpunkt stehende EMRK der ersten Kategorie angehört, sind die in dieser Arbeit relevanten Fragen der zweiten Kategorie zuzuordnen, da präferenzielle Abkommen stets umfassende Kooperation vereinbaren und sich schon *per definitionem* auch Handelsfragen widmen. Darüber hinaus spricht eine weitere Erkenntnis gegen ein generelles Verbot menschenrechtlicher Verpflichtungen in den europäischen Außenbeziehungen. So wird in einigen Passagen des EMRK-Gutachtens[433] deutlich, dass der EuGH nicht primär eine solche Praxis vermeiden wollte, sondern dass er vorrangig von der Sorge um das institutionelle System und insbesondere die Stellung des Gerichtshofes als höchstem Rechtsprechungsorgan getrieben war. Diese Stellung sah der EuGH angesichts einer potenziellen Unterordnung

430 EuGH, Gutachten 2/94, Slg. 1996, I-1759, *EMRK*.

431 EuGH, Gutachten 2/94, Slg. 1996, I-1759, *EMRK*, Rn. 27.

432 *Eeckhout,* External Relations of the European Union, S. 470.

433 Siehe etwa EuGH, Gutachten 2/94, Slg. 1996, I-1759, *EMRK*, Rn. 35.

unter den Straßburger EGMR gefährdet[434]. Diesem Verständnis entspricht denn auch die bereits erwähnte EuGH-Entscheidung in Sachen *Portugal/Rat,* in welcher der Gerichtshof die Bedeutung von Demokratie- und Menschenrechtsklauseln betonte[435] und die Kompetenz zur Aufnahme solcher Regeln bejahte[436].

Jedoch konnte nach der Rechtslage vor dem Vertrag von Lissabon bis zuletzt die Frage nach der konkreten Kompetenznorm nicht endgültig geklärt werden. Diskutiert wurde die Tauglichkeit insbesondere der Art. 181 und 177 EGV für den Bereich der Entwicklungsabkommen sowie des Art. 181a EGV für die Zusammenarbeit mit Drittstaaten, die keine Entwicklungsländer sind. In Betracht kamen darüber hinaus jedoch auch Art. 133 EGV für die Einbeziehung entsprechender Vereinbarungen in Handelsabkommen sowie Art. 310 EGV für Klauseln in Assoziierungsabkommen. Außerdem war die Rolle der Ergänzungsklausel in Art. 308 EGV auf diesem Gebiet unklar. Das Gleiche gilt schließlich auch für Überlegungen, Kompetenzen aus Art. 6 EUV a.F., welcher Demokratie und Menschenrechte als Grundpfeiler der Union aufzählte, oder aus den Zielen der GASP in Art. 11 EUV a.F. herzuleiten. Während angesichts der in Art. 177 Abs. 2 EGV explizit genannten Ziele der Festigung von Demokratie und Wahrung von Menschenrechten die Einbeziehung entsprechender Klauseln ganz überwiegend für legitim befunden wurde und ähnlich auch bezüglich Art. 181a EGV argumentiert wurde, waren hinsichtlich der übrigen Möglichkeiten größere Kontroversen auszutragen. Besonders im Bereich der Abkommen der gemeinsamen Handelspolitik herrschte Unklarheit. Eine ausdrückliche Berücksichtigung im Wortlaut des Art. 133 EGV war nicht gegeben und so reichten die hierzu vertretenen Ansichten von einer gänzlichen Ablehnung dieser Kompetenzgrundlage über diverse differenzierte Betrachtungen bis hin zur klaren Bejahung ihrer Tauglichkeit[437]. Insgesamt betrachtet zeigt sich an dieser

---

434 *Griller,* Die Außenwirkung der Europäischen Union für Freiheitsgewährleistung und Grundrechtsschutz. In: Müller-Graff (Hrsg.), Die Rolle der erweiterten Europäischen Union in der Welt, S. 315 f.

435 *Kokott/Hoffmeister,* AJIL 1998, 292 (293).

436 EuGH, Rs. C-268/94, Slg. 1996, I-6177, *Portugal/Rat, Rn.* 29.

437 Siehe zu den Kompetenzdiskussionen insgesamt etwa *Aschenbrenner,* Menschenrechte in den Außenbeziehungen der Europäischen Union, S. 64 ff.; *Bartels,* Human Rights Conditionality in the EU's International Agreements, S. 169 ff.; *Eeckhout,* External Relations of the European Union, S. 470 ff.; *Griller,* Die Außenwirkung der Europäischen Union für Freiheitsgewährleistung und Grundrechtsschutz. In: Müller-Graff (Hrsg.), Die Rolle der erweiterten Europäischen Union in der Welt, S. 323 ff.; *Hoffmeister,* Menschenrechts- und Demokratieklauseln in den vertraglichen Außenbeziehungen der Europäischen Gemeinschaft, S. 405 ff.; *Niedrist,* Präferenzabkommen im Europarecht und im Welthandelsrecht, S. 159 ff.; *Riedel/Will,* Human Rights Clauses in External Agreements of the EC. In: Alston (Hrsg.), The EU and human rights, S. 732 ff.; *Weiler/Fries,*

Vielzahl der teils eindeutig zulässigen, teils beschränkt zulässigen, teils streitig zulässigen und teils nicht zulässigen Kompetenzgrundlagen eine ausgeprägte Inhomogenität des auswärtigen Handelns der Europäischen Union auf diesem Gebiet. Obgleich die EU ihre fundamentalen Werte in allen Bereichen des auswärtigen Handelns beachtet[438], was üblicherweise als *mainstreaming* bezeichnet wird[439], kann also von einem einheitlichen Vorgehen nicht gesprochen werden. Zwar zählen die Menschenrechte zu einem der zentralen Stützpfeiler der Union. Ein kohärentes System ihrer Verfolgung bestand vor dem Vertrag von Lissabon dennoch nicht[440]. Diese Zersplitterung des Vorgehens in den verschiedenen externen Politikfeldern und die Unklarheiten in einzelnen Bereichen führten zu Hindernissen und Rechtsunsicherheit. „The constitutional foundations are much disputed", fasste *Eeeckhout* zusammen[441]. Es kann daher nur als folgerichtig bezeichnet werden, dass diese Problematik in den Reformdiskussionen um eine europäische Verfassung und den Vertrag von Lissabon eine bedeutende Rolle spielte.

3. *Die Situation nach dem Vertrag von Lissabon*

Die Systematik der europäischen Außenbeziehungen ist durch den Lissaboner Reformvertrag grundlegend überarbeitet worden. Ob der Vertrag von Lissabon auch im speziellen Bereich der Verfolgung nichtökonomischer Prinzipien Abhilfe schaffen konnte, soll im Folgenden ermittelt werden.

a) Überblick

Das neue System der primärrechtlichen Verträge wie es durch den Lissaboner Reformvertrag geschaffen wurde, ist durchzogen von Hinweisen auf nichtwirtschaftliche Grundsätze und Zielsetzungen. Besonders interessiert an dieser Stel-

---

A Human Rights Policy for the European Community and Union. In: Alston (Hrsg.), The EU and human rights, S. 148 ff.; *Weiß,* Kompetenzlehre internationaler Organisationen, S. 300 f.

438 *Hilpold,* Human Rights Clauses in EU-Association Agreements. In: Griller/Weidel (Hrsg.), External Economic Relations and Foreign Policy in the European Union, S. 370 ff.

439 Vgl. etwa *Griller,* Die Außenwirkung der Europäischen Union für Freiheitsgewährleistung und Grundrechtsschutz. In: Müller-Graff (Hrsg.), Die Rolle der erweiterten Europäischen Union in der Welt, S. 309; *Knodt/Urdze,* Die Europäische Union als Exporteur von Demokratie und Rechtsstaatlichkeit. In: Müller-Graff (Hrsg.), Die Rolle der erweiterten Europäischen Union in der Welt, S. 387.

440 So auch *Alston/Weiler,* An 'Ever Closer Union' in Need of a Human Rights Policy. In: Alston (Hrsg.), The EU and human rights, S. 6.

441 *Eeckhout,* External Relations of the European Union, S. 467.

le die Verankerung in den auswärtigen Beziehungen der Union. Zugunsten eines schlüssigen Gesamtbildes sollen jedoch auch die übrigen Normen zumindest Erwähnung finden.

Bereits die Präambel des Vertrages über die Europäische Union führt die zentralen Grundlagen der Freiheit, Demokratie, Menschenrechte, Rechtsstaatlichkeit und Solidarität ein. Dies ist wenig überraschend, übernimmt die Präambel doch wesentliche Teile der alten Fassung. Für umfangreiche Neuformulierungen gab es – insbesondere angesichts der gescheiterten Verfassung – keinerlei Anlass. Neu eingefügt wurde allerdings die Nennung des Ursprungs dieser Grundlagen in dem kulturellen, religiösen und humanistischen Erbe Europas[442]. Naturgemäß hält sich die Präambel des AEUV mit dem Postulieren nichtökonomischer Leitsätze eher zurück, wie es bereits die Präambel des EGV tat.

Art. 2 EUV ist nunmehr die erste Stelle des eigentlichen Vertragstextes, an welcher die Union hinsichtlich ihrer Werte Farbe bekennt. Im Wesentlichen stimmen diese Werte mit den bereits aus der Präambel bekannten Bekenntnissen überein.

Die Ziele der Union behandelt nach der Reform Art. 3 EUV, der im Vergleich zu Art. 2 EUV a.F. überarbeitet wurde. Für das im Rahmen dieser Arbeit im Vordergrund stehende internationale Unionshandeln ist Absatz 5 von besonderer Bedeutung, der die „Beziehungen zur übrigen Welt" regelt. Hier wird wiederum Bezug auf Art. 2 EUV genommen, indem festgeschrieben wird, dass die Union ihre Werte schützt und fördert. Über diese Grundideen hinaus leistet die EU in ihren Außenbeziehungen hiernach unter anderem einen Beitrag zu Frieden, Sicherheit, Nachhaltigkeit, Beseitigung der Armut sowie Einhaltung und Weiterentwicklung des Völkerrechts. Die vorgenannten Regelungen enthalten jedoch weder konkrete Handlungsanweisungen noch Kompetenzen. Sie geben vielmehr lediglich die Richtung des Unionshandelns vor und dienen der Auslegung der Verträge[443].

Der neue Art. 6 EUV wurde im Vergleich zur alten Fassung erheblich aufgewertet[444]. Die direkte Eingliederung der europäischen Charta der Grundrechte ist zwar nicht gelungen, Art. 6 Abs. 1 EUV erhebt die Charta aber zur unmittelbaren Rechtsquelle. Polen und Großbritannien konnten diesbezüglich allerdings ein *opt out* erreichen, so dass die Charta dort nicht justiziabel ist[445]. Art. 6 Abs. 2 EUV verpflichtet die Europäische Union zum Beitritt zur EMRK,

---

442 Zum Streit darüber vgl. etwa *Hellmann,* Der Vertrag von Lissabon, S. 15 f.

443 *Geiger*, in: Geiger/Khan/Kotzur, Art. 3 EUV, Rn. 2.

444 Dazu etwa *Mayer,* Der Vertrag von Lissabon und die Grundrechte. In: Schwarze/Hatje (Hrsg.), Der Reformvertrag von Lissabon, S. 88 ff.; *Pache/Rösch,* NVwZ 2008, 473 (474 f.).

445 Vgl. ABl. C 306/156 vom 17.12.2007.

was durch das 14. Zusatzprotokoll zur EMRK ermöglicht wird. Als dritten Pfeiler des europäischen Grundrechtsschutzes nennt Art. 6 Abs. 3 EUV in Fortführung des alten Absatzes 2 auch die durch den EuGH anerkannten und aus der EMRK und den gemeinsamen Verfassungsüberlieferungen der Mitgliedstaaten abgeleiteten Unionsgrundrechte[446].

Verweise auf die Werte des Art. 2 EUV und Ziele des Art. 3 EUV finden sich schließlich in Art. 7 EUV über die Aussetzung von Mitgliedschaftsrechten, Art. 13 über den Zweck des institutionellen Rahmens der Union sowie in Art. 49 als Grundvoraussetzung für einen EU-Beitritt. Art. 9 ff. EUV bekräftigen die Grundsätze der Demokratie.

b) Art. 21 EUV als zentral anwendbare Norm für Regionale Handelsabkommen

Nachdem damit der allgemeine Rahmen nichtwirtschaftlicher Leitsätze der Union abgesteckt ist, sollen nun die auswärtigen Beziehungen und insbesondere diejenigen Normen untersucht werden, die für die Einbeziehung von nichtökonomische Prinzipien verfolgenden Vertragsbestimmungen in Regionale Handelsabkommen entscheidend sind.

Beginnend mit Abkommen der gemeinsamen Handelspolitik stellt sich insoweit die – vor dem Vertrag von Lissabon wie gesehen sehr umstrittene – Frage, ob eine Kompetenz für die Einbindung von naturgemäß über rein handelspolitische Themen hinausgehenden nichtwirtschaftlichen Klauseln besteht. Auf der Suche nach einer Antwort fällt auf, dass Art. 207 Abs. 1 Satz 2 AEUV im Gegensatz zu den alten Art. 131 ff. EGV regelt, dass die GHP „im Rahmen der Grundsätze und Ziele des auswärtigen Handelns der Union“ gestaltet wird. Die Einfügung dieses Satzes ist in ihrer Bedeutung kaum zu überschätzen. Er unterstellt die gesamte GHP, und damit auch die Aushandlung und den Abschluss völkerrechtlicher Verträge, festgelegten Prinzipien. Die Grundsätze und Ziele, auf die hier verwiesen wird, finden sich in Art. 21 EUV. Damit wird Art. 21 EUV – so viel wird schon hier deutlich – zu einer Norm von grundlegendem Gewicht. Sein Inhalt bestimmt letztlich den Rahmen der gemeinsamen Handelspolitik. Es wird auf diesen Artikel und die Kompetenzfrage noch im Detail einzugehen sein. Zuvor sollen aber die weiteren Arten von Präferenzabkommen untersucht werden.

---

446 Zu den Auswirkungen des neuen Art. 6 EUV hinsichtlich der Kommunikationsfreiheiten in Art. 11 der Grundrechte-Charta und Art. 10 EMRK siehe *Dörr,* Die Kommunikationsfreiheiten im Recht der Europäischen Union. In: Dörr/Kreile/Cole (Hrsg.), Handbuch Medienrecht, S. 42 ff. Zum dahingehenden europäischen Grundrechtsschutz siehe auch *Dörr,* Europäisches Medienrecht. In: Schiwy/Schütz/Dörr (Hrsg.), Medienrecht, S. 126 ff.

Die unmittelbar an die GHP anschließende Entwicklungszusammenarbeit der EU, deren Vertragsschlusskompetenz in Art. 209 Abs. 2 AEUV enthalten ist, bestimmt gleich im ersten Satz des Art. 208 AEUV, dass auch die Entwicklungspolitik im Rahmen der Grundsätze und Ziele des auswärtigen Handelns der Union durchgeführt wird. Die Norm verwendet damit dieselbe Formulierung wie Art. 207 für die GHP und verweist auf diese Weise ebenso auf Art. 21 EUV, der sich somit als eine Art Schaltstelle erweist. Die Möglichkeit der Konditionalisierung von Entwicklungsabkommen richtet sich also wiederum nach Art. 21 EUV. Über die für die gesamte Entwicklungsarbeit geltende allgemeine Verweisung des Art. 208 Abs. 1 Satz 1 AEUV hinaus, nennt Art. 209 Abs. 2 AEUV konkret für den Abschluss internationaler Abkommen die Voraussetzung, dass diese den Zielen des Art. 21 EUV und des Art. 208 AEUV dienen müssen. Wie gesehen hatte auch bereits der alte Art. 177 Abs. 2 EGV Demokratie- und Menschenrechtsbestrebungen als Ziele der Entwicklungszusammenarbeit deklariert[447]. Der Unterschied zu der nunmehr vorgenommenen Neuregelung ist ein zweifacher: Zum einen wurde die Regelungstechnik geändert. Während Art. 177 EGV die zu verfolgenden Ziele noch selbst beinhaltete, ist nach aktueller Rechtslage Art. 21 EUV durch Verweisungstechnik zur entscheidenden Norm geworden. Die Art. 208 ff. AEUV selbst behandeln entsprechende Ziele dagegen nicht. Zum anderen ist auch inhaltlich eine wesentliche Weiterentwicklung zu konstatieren. Hatte sich die alte Norm noch auf die beiden Grundprinzipien Demokratie und Menschenrechte beschränkt, so geht Art. 21 EUV – wie sogleich zu zeigen sein wird – darüber hinaus.

Auch die wirtschaftliche, finanzielle und technische Zusammenarbeit mit Drittländern, die keine Entwicklungsländer sind, findet gemäß Art. 212 Abs. 1 Satz 2 AEUV ihren Rahmen in den Grundsätzen und Zielen des auswärtigen Handelns aus Art. 21 EUV. Wie gesehen hat Art. 212 AEUV im Bereich der regionalen wirtschaftlichen Integration äußerst geringe Bedeutung. Die auch hier vorhandene Verweisung auf Art. 21 EUV verstärkt jedoch das Bild dieser Norm als zentraler Regelung. Genau wie im Bereich der Entwicklungszusammenarbeit waren auch im alten Art. 181a EGV Menschenrechte und Demokratie explizit anvisiert, der beschriebene zweifache Unterschied zur aktuellen Rechtslage gilt hier uneingeschränkt ebenso.

Die Kompetenz zum Abschluss von Assoziierungsabkommen in Art. 217 AEUV wurde als eine der bedeutendsten Rechtsgrundlagen auf dem Gebiet der regionalen wirtschaftlichen Integration identifiziert. Der im Verhältnis zu Art. 310 EGV weitgehend unverändert übernommene Artikel gibt jedoch keinerlei Hinweis auf etwaige Kompetenzen zur Aufnahme nichtökonomischer

447 Vgl. Teil 2, Kapitel 2, A. II. 2. b).

Klauseln in Assoziierungsabkommen, was nach der alten Rechtslage für einige Unsicherheit gesorgt hatte. Insofern verwundert es zunächst, dass die Vertragsreform diese Unstimmigkeit nicht direkt in Art. 217 AEUV geglättet hat, etwa indem konsequenterweise auch hier ein Verweis auf Art. 21 EUV eingefügt wurde. Bei genauer Untersuchung der Gesetzessystematik wird jedoch deutlich, dass auch ohne einen solchen direkten Verweis dieselben Grundsätze und Ziele entscheidend sind wie in den zuvor analysierten Bereichen: Art. 205 AEUV bestimmt, dass sämtliches Handeln der Union auf der Grundlage des fünften Teils des AEUV über das auswärtige Handeln „von den Grundsätzen bestimmt, von den Zielen geleitet und an den allgemeinen Bestimmungen ausgerichtet" wird, die in Titel V Kapitel 1 des EUV niedergelegt sind. Dieser Verweis zielt wiederum genau auf Art. 21 EUV, der somit über die Zwischenstelle des Art. 205 AEUV auch für Assoziierungsabkommen entscheidend ist.

Schwieriger einzuordnen ist die Situation jedoch für Nachbarschaftsabkommen gemäß Art. 8 EUV. Dessen Absatz 1 legt zunächst fest, dass der anvisierte Raum der Nachbarschaft auf den Werten der Union aufbauen soll. Es stellt sich jedoch die Frage, ob auch in diesem Bereich Art. 21 EUV anwendbar ist, was zum einen deshalb relevant ist, weil dieser inhaltlich über Art. 2 EUV hinausgeht, vor allem aber auch deshalb, weil die Möglichkeit, auch hier Art. 21 EUV anwenden zu können, eine sehr homogene Lösung darstellen würde. In Art. 8 EUV selbst findet sich zunächst keinerlei Verweis auf die Grundsätze und Ziele des auswärtigen Handelns. Wie bereits im Rahmen der Kompetenzermittlung gesehen, wurde die neue Norm über Nachbarschaftszusammenarbeit nicht in den Teil des Arbeitsweisenvertrages über das auswärtige Handeln aufgenommen, sondern, nicht ganz systemtreu aber dennoch logisch nachvollziehbar, in die Anfangsbestimmungen des EUV eingegliedert. Angesichts dieser Sonderstellung kommt somit hier auch ein Verweis über die Zwischenstelle des Art. 205 AEUV nicht in Betracht. Dieser nimmt ausdrücklich lediglich auf die Tätigkeit der Union auf der Grundlage des fünften Teiles des Arbeitsweisenvertrages Bezug, so dass die Nachbarschaftsabkommen davon nicht umfasst sind. Selbst ohne eine entsprechende Verweisung ist Art. 21 EUV aber auch hier direkt anwendbar. Dies ergibt sich aus dem in der Norm selbst geregelten Anwendungsbereich. So spricht Art. 21 Abs. 1 EUV von dem „Handeln auf internationaler Ebene" und Art. 21 Abs. 2 EUV enthält einleitend die Wendung „auf allen Gebieten der internationalen Beziehungen". In Absatz 3 ist schließlich geregelt, dass die Grundsätze und Ziele in den „unter diesen Titel" fallenden Bereichen – damit ist die im selben Titel geregelte GASP gemeint – sowie auch in den „unter den Fünften Teil" des Arbeitsweisenvertrages fallenden Bereichen – dies umfasst die dargestellten Gebiete der GHP, Entwicklungszusammenarbeit, Drittlandszusammenarbeit und Assoziierungsabkommen – und schließlich in den externen Aspekten der „übrigen Politikbereiche“ gewahrt werden. In der Subsumtion ist zweifellos festzustellen, dass auch der Abschluss von Nachbarschaftsabkommen den externen, internationalen Beziehungen angehört. Auch bei diesen Abkommen geht es um die Zusammenarbeit mit Staaten außerhalb der Union. Somit ist Art. 21 EUV auch im Rahmen der Nachbarschaftsabkommen anwendbar. Verstärkt wird der von Art. 21 EUV ausgehende Effekt durch die Aufwertung des Kohärenzgebotes in Art. 21 Abs. 3 UAbs. 2 EUV, wonach die Union ein kohärentes Handeln in ihren Politikbereichen sicherstellt[448].

Da der Anwendungsbereich des Art. 21 EUV also eine umfassende Geltung im externen Bereich anordnet, gilt das Gleiche mithin auch für die im Zusammenhang mit regionaler wirtschaftlicher Integration durch präferenzielle Abkommen wenig bedeutsamen Kompetenzen aus Art. 352 AEUV sowie implizite Kompetenzen.

Im Ergebnis ist somit festzustellen, dass die gesamte Vielfalt der Möglichkeiten, die die Verträge der EU zum Abschluss von Präferenzabkommen bieten, die Grundsätze und Ziele des auswärtigen Handelns aus Art. 21 EUV in sich aufnehmen. Die einzelnen internationalen Handlungsbereiche der Union werden entschlackt, indem grundlegende Prinzipien in eine allgemeingültige Norm aufgenommen werden. Die Einführung dieses Artikels lässt in Zukunft eine nie dagewesene Homogenität im Bereich der Verfolgung nichtökonomischer Intentionen erwarten; und zwar im Allgemeinen für das gesamte auswärtige Handeln und im Besonderen für den Abschluss von Regionalen Handelsabkommen. Vor der Reform durch den Vertrag von Lissabon war eine vergleichbare und allgemeingültige Grundlagennorm nicht vorhanden. Zwar ist zuzugeben, dass auch den Verträgen in der Fassung von Nizza die Einbeziehung von Fragestellungen etwa der Demokratie- und Menschenrechtsförderung in den Außenbeziehungen nicht fremd war. Erst die Zusammenfassung des auswärtigen Handelns im fünften Teil des Arbeitsweisenvertrages legte aber den Grundstein für einen einheitlichen Kurs. Die umfassende Geltung des Art. 21 EUV macht die vormals herrschenden heterogenen Regelungen hinfällig und etabliert stattdessen einheitliche und verlässliche Handlungsleitlinien.

Einen kleinen Wermutstropfen stellt sicherlich der Befund dar, dass die Regelungstechnik zur Einbeziehung des Art. 21 EUV in den verschiedenen Bereichen nicht vereinheitlicht wurde. Ein direkter Verweis in sämtlichen Kompetenzartikeln hätte nahegelegen. Insbesondere für Assoziierungsabkommen gemäß Art. 217 AEUV sowie für Nachbarschaftsabkommen nach Art. 8 EUV wäre es konsequent gewesen, einen solchen Verweis einzufügen. Dies hätte die

448 *Tietje,* Außenwirtschaftsrechtliche Dimensionen der europäischen Wirtschaftsverfassung. In: Fastenrath/Nowak (Hrsg.), Der Lissabonner Reformvertrag, S. 253.

Homogenität der Rechtslage noch erhöht. Alternativ hätte eine Einheitlichkeit in der Systematik auch erreicht werden können, indem direkte Hinweise in den einzelnen Artikeln gänzlich unterblieben wären und jeweils über den Zwischenschritt des Art. 205 AEUV eine Verweisung stattgefunden hätte. Wirklich sinnvoll wäre jedoch auch dies nur bei einer Einbeziehung der Nachbarschaftspolitik in den Vertragsteil über das auswärtige Handeln gewesen. Schließlich wäre es auch möglich gewesen, keinerlei Verweise auf Art. 21 EUV zu schaffen; weder in Art. 205 AEUV noch in den diversen Kompetenznormen. Letztlich kommt sämtlichen Verweisen ohnehin keine konstitutive, sondern lediglich deklaratorische Wirkung zu, da Art. 21 EUV selbst für eine umfassende Geltung sorgt. Gute Gründe für die vorgenommene Regelungstechnik sind sicherlich existent. Die deklaratorische Nennung der externen Grundsätze und Ziele in Art. 205 AEUV und den verschiedenen Einzelkompetenzen stellt eine sinnvolle Betonung der genannten Grundprinzipien und eine Unsicherheiten vermeidende Klarstellung dar. Die fehlenden Verweise in Art. 217 AEUV und Art. 8 EUV lassen sich möglicherweise so erklären, dass die Kompetenz für den Abschluss von Assoziierungsabkommen beinahe unverändert aus dem EGV übernommen wurde und insoweit auf unnötige Umstrukturierungen verzichtet wurde. Art. 8 EUV kommt ohnehin die beschriebene Sonderstellung zu, so dass davon auszugehen ist, dass keine Veranlassung zu einer kongruenten Ausgestaltung gesehen wurde. Insgesamt betrachtet handelt es sich bei der hier vorgebrachten Kritik ohnehin um ein recht kleines Manko. Entscheidender als die Systematik ist letztlich die inhaltliche Rechtslage. Und die ist angesichts der geschaffenen Homogenität als durchaus zufriedenstellend zu bezeichnen.

c) Der neue Art. 21 EUV

Der durch den Vertrag von Lissabon eingeführte Art. 21 EUV stellt sich als *die* zentrale Norm im Bereich der Grundsätze und Ziele sämtlichen externen Unionshandelns im Allgemeinen sowie im Bereich der Eingliederung nichtwirtschaftlicher Vereinbarungen in völkerrechtliche Abkommen im Besonderen dar. Dieser besonderen Bedeutung Rechnung tragend sollen im Folgenden Zustandekommen, Inhalt und Wesen des Art. 21 EUV beleuchtet werden.

aa) Zustandekommen

Bereits recht zu Beginn des Europäischen Verfassungskonventes war die Bedeutung der Aufnahme konkreter Grundsätze und Ziele des auswärtigen Handelns in das zu schaffende Vertragswerk deutlich geworden. In Arbeitsgruppe VII des Konventes, der Gruppe „Außenpolitisches Handeln“, herrschte von Anfang an die Ansicht, es müssten zunächst die Ziele des gemeinsamen internationalen Tätigwerdens bestimmt werden, bevor andere Aspekte zu erörtern wären[449]. Die Einigung auf Grundsätze und Ziele des auswärtigen Handelns sei von größter Bedeutung[450]. Schnell wurden in den Diskussionen des Konventes konkrete Prinzipien genannt, von denen einige letztlich auch Einzug in den Inhalt des Art. 21 EUV erhielten[451]. Bereits im Oktober 2002 lag ein vollständiger Entwurf einer Bestimmung über die Prinzipien und Ziele des auswärtigen Handelns der EU vor[452]. Es folgten einige Überarbeitungen auf der Grundlage dieses Entwurfes[453]. Kritisiert wurde im Zuge dessen neben Formulierungsfragen im Detail insbesondere die Länge des Textes sowie die sehr eurozentrisch anmutende Wendung, das internationale Unionshandeln sei „designed to advance in the wider world the very values which have inspired its own creation", das auswärtige Handeln solle also die der Union selbst zugrunde liegenden Werte in der Welt verbreiten[454]. Der im Schlussbericht der Arbeitsgruppe veröffentlichte Text zu den Grundsätzen und Zielen des auswärtigen Handelns verzichtet interessanterweise nicht auf eine sehr ähnliche Formulierung und belässt es auch bei dem etwas sperrig erscheinenden Aufbau[455].

Nach Abschluss des Konventes war die Resonanz auf den Vertragsentwurf trotz einiger kritischer Stimmen überwiegend positiv. Die Definition der Grundsätze und Ziele der externen Maßnahmen wurde dabei besonders lobend hervorgehoben[456]. Der endgültige Wortlaut der Verfassung wurde in der folgenden Regierungskonferenz 2003/2004 unter zunächst italienischem und anschließend irischem Ratsvorsitz als Art. III-292 erarbeitet. Dieser weist im Vergleich zu dem Konventsentwurf überwiegend nur Detailänderungen auf. Er ist jedoch insoweit als Weiterentwicklung zu werten, als er Absatz 3 neu einführt. Der Konvent hatte zwar die Bedeutung des kohärenten Handelns betont, konnte sich jedoch nicht auf die Formulierung eines Kohärenzgebotes im Zusammenhang mit den Grundsätzen und Zielen des auswärtigen Handelns der Union einigen.

---

449 Europäischer Konvent, Aufzeichnung CONV 307/02 vom 01.10.2002, Nr. 5.

450 Europäischer Konvent, Vermerk CONV 385/02 vom 05.11.2002, Nr. 4.

451 Vgl. etwa Europäischer Konvent, Vermerk CONV 342/02 vom 11.10.2002, Nr. 19.

452 Siehe dazu Europäischer Konvent, Working Group VII, Working document 7 vom 15.10.2002, S. 2.

453 Vgl. etwa Europäischer Konvent, Working Group VII, Working document 13 vom 28.10.2002, S. 3 f. sowie Working document 25 vom 11.11.2002, S. 3 f.

454 Europäischer Konvent, Working Group VII, Working document 13 vom 28.10.2002, S. 3.

455 Vgl. Europäischer Konvent, Bericht CONV 459/02 vom 16.12.2002, Nr. 2.

456 Vgl. etwa die Stellungnahme des Ausschusses für auswärtige Angelegenheiten, Menschenrechte, gemeinsame Sicherheit und Verteidigungspolitik des Europäischen Parlamentes. Europäisches Parlament, A5-0299/2003 endgültig, vom 10.09.2003, S. 29.

Nach dem Scheitern der Verfassung kam auf dem Grundstein des Verfassungsvertrages und in der Folge der Regierungskonferenz 2007 der Lissabonvertrag zustande. Der hierdurch geschaffene neue Art. 21 EUV weist gegenüber Art. III-292 EVV keine inhaltlichen Änderungen auf. Er übernimmt diesen vielmehr wortwörtlich mit Ausnahme der Anpassung des Geltungsbereiches in Absatz 3 an die im Gegensatz zum Verfassungsentwurf erfolgte Aufteilung der Regelungen über das internationale Unionshandeln auf EUV und AEUV sowie der Auswechslung des Begriffes des Außenministers durch den des Hohen Vertreters für Außen- und Sicherheitspolitik. Im Rahmen des Entwurfes eines Gesetzes zum Vertrag von Lissabon sah auch der Bundestag die einheitlichere und deutlichere Ausgestaltung der Ziele und Grundsätze des auswärtigen Handelns als lobenswert an[457]. Der letztlich in Kraft getretene Art. 21 EUV hat folgenden Wortlaut:

> (1) Die Union lässt sich bei ihrem Handeln auf internationaler Ebene von den Grundsätzen leiten, die für ihre eigene Entstehung, Entwicklung und Erweiterung maßgebend waren und denen sie auch weltweit zu stärkerer Geltung verhelfen will: Demokratie, Rechtsstaatlichkeit, die universelle Gültigkeit und Unteilbarkeit der Menschenrechte und Grundfreiheiten, die Achtung der Menschenwürde, der Grundsatz der Gleichheit und der Grundsatz der Solidarität sowie die Achtung der Grundsätze der Charta der Vereinten Nationen und des Völkerrechts.
>
> Die Union strebt an, die Beziehungen zu Drittländern und zu regionalen oder weltweiten internationalen Organisationen, die die in Unterabsatz 1 aufgeführten Grundsätze teilen, auszubauen und Partnerschaften mit ihnen aufzubauen. Sie setzt sich insbesondere im Rahmen der Vereinten Nationen für multilaterale Lösungen bei gemeinsamen Problemen ein.
>
> (2) Die Union legt die gemeinsame Politik sowie Maßnahmen fest, führt diese durch und setzt sich für ein hohes Maß an Zusammenarbeit auf allen Gebieten der internationalen Beziehungen ein, um
>
> a) ihre Werte, ihre grundlegenden Interessen, ihre Sicherheit, ihre Unabhängigkeit und ihre Unversehrtheit zu wahren;
>
> b) Demokratie, Rechtsstaatlichkeit, die Menschenrechte und die Grundsätze des Völkerrechts zu festigen und zu fördern;
>
> c) nach Maßgabe der Ziele und Grundsätze der Charta der Vereinten Nationen sowie der Prinzipien der Schlussakte von Helsinki und der Ziele der Charta von Paris, einschließlich derjenigen, die die Außengrenzen betreffen, den Frieden zu erhalten, Konflikte zu verhüten und die internationale Sicherheit zu stärken;

457 BT-Drucks. 16/8300 vom 28.02.2008, S. 161.

d) die nachhaltige Entwicklung in Bezug auf Wirtschaft, Gesellschaft und Umwelt in den Entwicklungsländern zu fördern mit dem vorrangigen Ziel, die Armut zu beseitigen;

e) die Integration aller Länder in die Weltwirtschaft zu fördern, unter anderem auch durch den schrittweisen Abbau internationaler Handelshemmnisse;

f) zur Entwicklung von internationalen Maßnahmen zur Erhaltung und Verbesserung der Qualität der Umwelt und der nachhaltigen Bewirtschaftung der weltweiten natürlichen Ressourcen beizutragen, um eine nachhaltige Entwicklung sicherzustellen;

g) den Völkern, Ländern und Regionen, die von Naturkatastrophen oder von vom Menschen verursachten Katastrophen betroffen sind, zu helfen; und

h) eine Weltordnung zu fördern, die auf einer verstärkten multilateralen Zusammenarbeit und einer verantwortungsvollen Weltordnungspolitik beruht.

(3) Die Union wahrt bei der Ausarbeitung und Umsetzung ihres auswärtigen Handelns in den verschiedenen unter diesen Titel und den Fünften Teil des Vertrags über die Arbeitsweise der Europäischen Union fallenden Bereichen sowie der externen Aspekte der übrigen Politikbereiche die in den Absätzen 1 und 2 genannten Grundsätze und Ziele.

Die Union achtet auf die Kohärenz zwischen den einzelnen Bereichen ihres auswärtigen Handelns sowie zwischen diesen und ihren übrigen Politikbereichen. Der Rat und die Kommission, die vom Hohen Vertreter der Union für Außen- und Sicherheitspolitik unterstützt werden, stellen diese Kohärenz sicher und arbeiten zu diesem Zweck zusammen.

bb) Inhalt

Der neue Art. 21 EUV gliedert sich in drei Absätze. Absatz 1 bestimmt in Unterabsatz 1 die Grundsätze, die die Union in ihrem auswärtigen Handeln leiten sollen und enthält in Unterabsatz 2 ein Bekenntnis zur internationalen Kooperation. Absatz 2 formuliert die von der EU verfolgten Ziele in diesem Bereich und Absatz 3 stellt den soeben dargestellten umfassenden Anwendungsbereich der Norm[458] sowie ein kohärentes Auftreten sicher.

Art. 21 Abs. 1 UAbs. 1 EUV leitet ein mit der Feststellung, dass die in den internationalen Beziehungen vertretenen Grundsätze der Union dieselben sind wie diejenigen, die für die Entstehung und Entwicklung der EU selbst entscheidend waren. Vergleichbar mit dem Bereich des EU-internen Grundrechtsschutzniveaus, welches als – wenn auch rechtsunverbindlicher – Referenzpunkt für die Außenbeziehungen angesehen wird[459], strebt Art. 21 EUV ein harmonisches

458 Vgl. Teil 2, Kapitel 2, A. II. 3. b).

459 *Griller,* Die Außenwirkung der Europäischen Union für Freiheitsgewährleistung und Grundrechtsschutz. In: Müller-Graff (Hrsg.), Die Rolle der erweiterten Europäischen

Gleichlaufen von interner Ausgestaltung und auswärtigem Tätigwerden auf dem Gebiet ihrer fundamentalen Grundsätze an. Anschließend werden diese Grundsätze explizit genannt. Sie umfassen Demokratie, Rechtsstaatlichkeit, Menschenrechte und Grundfreiheiten, Menschenwürde, Gleichheit, Solidarität sowie die Grundsätze des Völkerrechts und der UN-Charta. Diese Aufzählung weist nach gängigem Verständnis die Besonderheit auf, dass die Menschenrechte selbst in ihrer universellen Gültigkeit und Unteilbarkeit genannt werden und anschließend Menschenwürde und Gleichheit als die wohl grundlegendsten Menschenrechte separat aufgelistet sind. Bereits hier zeigt sich, dass es sich bei Art. 21 EUV nicht um einen möglichst effizient formulierten Artikel ohne begriffliche Überschneidungen handelt, sondern dass es primär auf eine umfassende Geltung und Reichweite unter Betonung besonders zentraler Anliegen ankommt. Wollte man die Grundsätze dennoch griffiger umschreiben, so könnte man die übergeordneten bzw. zusammenfassenden Kategorien Demokratie und Rechtsstaat, Menschenrechte und Grundfreiheiten, Solidarität und Völkerrecht verwenden.

Art. 21 Abs. 2 EUV listet eine ganze Reihe von Zielen auf, deren Verwirklichung die Union in ihren Außenbeziehungen anstreben soll. Genannt werden die Wahrung der Werte, Interessen, Sicherheit, Unabhängigkeit und Unversehrtheit (lit. a)), die Festigung und Förderung von Demokratie, Rechtsstaatlichkeit, Menschenrechten und völkerrechtlicher Grundsätze (lit. b)), die Erhaltung von Frieden, Verhütung von Konflikten und Stärkung der internationalen Sicherheit (lit. c)), die Förderung nachhaltiger Entwicklung hinsichtlich Wirtschaft, Gesellschaft und Umwelt in Entwicklungsländern mit dem übergeordneten Ziel der Armutsbeseitigung (lit. d)), die Förderung der Eingliederung aller Länder in die Weltwirtschaft, auch durch den Abbau von Handelshemmnissen (lit. e)), die Sicherstellung nachhaltiger Entwicklung durch Beiträge zur Umweltqualität und nachhaltiger Bewirtschaftung natürlicher Ressourcen (lit. f)), die Unterstützung von durch Katastrophen betroffenen Erdteilen (lit. g)) sowie die Förderung einer kooperativen und verantwortungsvollen Weltordnung (lit. h)).

Die in Art. 21 Abs. 2 lit. a) genannten Ziele beinhalten abermals eine Verweisung auf die Werte des Art. 2 EUV. Hierin spiegelt sich die bereits im ersten Absatz zur Sprache kommende Absicht wider, die innerhalb der Union geltenden Grundprinzipien in andere Teile der Welt zu „exportieren“.

Union in der Welt, S. 309; *Vedder,* Außenbeziehungen und Außenvertretung. In: Hummer/Obwexer (Hrsg.), Der Vertrag von Lissabon, S. 283. Auch *Alston/Weiler,* An 'Ever Closer Union' in Need of a Human Rights Policy. In: Alston (Hrsg.), The EU and human rights, S. 8 f., bezeichnen die interne und die externe Seite als natürlich zusammenhängende „Two Sides of One Coin“.

Litera c) nennt als Maßstab zur Friedenssicherung die *UN-Charta*, die *Schlussakte von Helsinki* sowie die *Charta von Paris*. Der Verweis auf die Charta der Vereinten Nationen zielt primär auf das Gewaltverbot sowie auf kollektive Zwangsmaßnahmen. Bei den beiden letztgenannten Abkommen handelt es sich um Vereinbarungen, welche im Rahmen der KSZE – mittlerweile OSZE – in den Jahren 1975 und 1990 geschlossen wurden. Beide sind nicht bindende Vereinbarungen, denen der Status von *soft law* zukommt. Art. 21 EUV schafft dahingehend jedoch eine Rechtswirkung zwischen den Mitgliedstaaten[460].

Bemerkenswert ist ferner, dass die Handelsliberalisierung und Integration aller Länder in die Weltwirtschaft in diese Liste der ansonsten nichtökonomisch geprägten Ziele aufgenommen wurden. Deutlich ist aber in diesem Punkt die vorherrschende Zielsetzung der Unterstützung von Entwicklungsländern erkennbar. Die Ausweitung des Weltwirtschaftssystems sowie der Abbau von Handelsbeschränkungen werden nicht als Mittel zum Zweck angestrebt, sondern zumindest auch zugunsten weniger entwickelter Staaten, denen die Eingliederung in dieses System Fortschritte bringen soll.

Die Ziele des Absatzes 2 könnten kurz gefasst und in Schlagworten ausgedrückt werden als Demokratie, Rechtsstaat, Menschenrechte und Völkerrecht, Armutsbeseitigung, Nachhaltigkeit und Umweltschutz sowie friedliche und verantwortliche Weltpolitik der fairen Zusammenarbeit und Solidarität. Wie schon in Absatz 1 überschneiden sich also einige Bereiche wie etwa die Nennung der Werte des Art. 2 EUV und die in diesem aufgehenden lit. b), c) und g). Aus Gründen der Deutlichkeit ist jedoch auch hier keine der Nennungen als verzichtbar oder gar überflüssig zu deklarieren.

Abgerundet wird die neu geschaffene Einheitlichkeit durch Art. 21 Abs. 3 EUV, welcher in Konkretisierung des allgemeinen Kohärenzgebotes des Art. 7 AEUV die Europäische Union zu einem kohärenten auswärtigen Handeln und zu schlüssigem Unionshandeln insgesamt verpflichtet[461].

Fraglich ist, ob die neue Homogenität, die durch die umfassende und einheitliche Geltung des Art. 21 EUV in den Außenbeziehungen der Union hergestellt wurde, eine Fortführung durch Kongruenz mit anderen nichtökonomische Prinzipien regelnden Normen der Verträge erfährt. Im Verhältnis zu Art. 3 Abs. 5 EUV besteht weitgehende Übereinstimmung. Art. 21 Abs. 2 EUV erläutert die einzelnen Ziele ausführlicher und ist daher als Weiterentfaltung des

---

460 *Geiger*, in: Geiger/Khan/Kotzur, Art. 21 EUV, Rn. 13 f.

461 *Cremer*, in: Calliess/Ruffert, Art. 21 EUV, Rn. 13; *Kaufmann-Bühler*, in: Grabitz/Hilf/Nettesheim, Art. 21 EUV, Rn. 18; *Regelsberger/Kugelmann*, in: Streinz, Art. 21 EUV, Rn. 15.

Art. 3 Abs. 5 EUV anzusehen[462]. Neben diesen Konkretisierungen geht Art. 21 aber auch über Art. 3 hinaus, etwa indem der Umweltschutz explizit genannt wird. Im Verhältnis zu Art. 2 EUV wäre angesichts der einleitenden Betonung der Übereinstimmung interner und externer Grundsätze in Art. 21 Abs. 1 EUV ebenfalls eine Auflistung sich entsprechender Werte zu erwarten. Trotz weitgehender Übereinstimmung bestehen aber Unterschiede im Einzelnen. Art. 2 EUV nennt etwa die in Art. 21 nicht erwähnte Freiheit als grundlegenden Wert. Außerdem listet Art. 2 EUV in Satz 2 weitere Attribute auf, die die Gesellschaft beschreiben, in der die in Satz 1 genannten Werte gelten. Diese Formulierungen können nicht als Werte der Union im engeren Sinne verstanden werden, finden sich aber zum Teil als Grundsätze des externen Unionshandelns in Art. 21 EUV wieder. Das fehlende absolute Harmonieren zwischen den Werten in Art. 2 EUV und den Grundsätzen des Art. 21 EUV wird zum einen dadurch abgefedert, dass Art. 21 Abs. 2 die Werte der Union in die Zielbestimmungen mit einbezieht. Zum anderen ist sie auch insoweit nicht zu beanstanden als Werte und Entstehungsgrundsätze auch abstrakt betrachtet letztlich nicht zwingend identisch sind. Insgesamt gesehen erscheint mithin auch das Zusammenspiel des Art. 21 EUV mit anderen Artikeln weitgehend abgestimmt. *De lege ferenda* wäre es jedoch hilfreich und der Übersichtlichkeit und Rechtsklarheit zuträglich, würde man derartig grundlegende Formulierungen einander noch besser anpassen.

Schließlich stellt sich die Frage, ob durch die Einführung des Art. 21 EUV auch inhaltlich Fortschritte bei der Auswahl der zu beachtenden Prinzipien gemacht wurden. Im Rahmen der bisherigen ersten Säule der Europäischen Union über die EG hatten, wie gesehen, insbesondere Art. 177 Abs. 2 EGV und Art. 181a Abs. 1 UAbs. 2 EGV nichtökonomische Prinzipien enthalten, die hinsichtlich präferenzieller Abkommen von Relevanz waren. Es wurden dort aber jeweils nur Demokratie, Rechtsstaat, Menschenrechte und Grundfreiheiten genannt. Im Vergleich dazu ist die nunmehr geltende neue Bestimmung des Art. 21 EUV auch inhaltlich eine überragende Erweiterung. Die grundlegenden Bestimmungen der Art. 2 und Art. 6 EUV a.F. waren ebenfalls durch eine zurückhaltende Ausgestaltung geprägt[463]. Inhaltlich am ehesten mit Art. 21 EUV

---

462 So auch *Geiger*, in: Geiger/Khan/Kotzur, Art. 3 EUV, Rn. 13; *Herrmann,* Die Außenhandelsdimension des Binnenmarktes im Verfassungsentwurf. In: Hatje/Terhechte (Hrsg.), Das Binnenmarktziel in der europäischen Verfassung, S. 188; *Krajewski,* CMLRev. 2005, 91 (107).

463 Art. 6 benannte in Absatz 1 die bereits aus Art. 177, 181a EGV bekannten Grundsätze. Art. 2 hatte angesichts des Nichtvorhandenseins eines dem Art. 3 Abs. 5 EUV n.F. entsprechenden Zielekatalogs für externe Beziehungen kaum Bedeutung für nichtökonomische Vereinbarungen in bilateralen Verträgen, sondern widmete sich primär internen Fragestellungen.

vergleichbar war Art. 11 EUV a.F. Dieser war in den alten Verträgen im Bereich nichtökonomischer Thematiken der Außenbeziehungen mit Abstand am weitesten ausgestaltet. Mit Art. 21 EUV ist er freilich insoweit nicht vergleichbar als er lediglich die Ziele der GASP absteckte, nicht aber des gesamten außenpolitischen Handelns. Die in Art. 11 EUV a.F. aufgenommenen Prinzipien sind bereits recht umfassend und finden sich sämtlich in Art. 21 EUV wieder. Allerdings ist letzterer auch in diesem Verhältnis als wesentlich weitergehend zu bezeichnen. So bezieht Art. 21 EUV überdies Fragen des Umweltschutzes, des fairen Handels, der Solidarität, der Armutsbekämpfung und der guten Regierungsführung mit ein, was seine besondere Funktion als umfänglich geltende und zentrale Vorschrift stärkt. Mithin zeigt sich, dass der wesentliche Anteil der in Art. 21 EUV genannten Grundsätze und Ziele durch den Vertrag von Lissabon nicht zur erstmaligen Geltung gelangt ist. Vielmehr waren sie bereits nach alter Rechtslage bekannt. Durchaus auszumachen ist eine inhaltliche Erweiterung zwar insbesondere hinsichtlich der Aufnahme von Prinzipien der ehemals gemeinschaftlichen Säule. Vor allem die Anerkennung von Umweltfragen, good governance und der Eingliederung aller Staaten in den Welthandel als grundlegende Ziele zeichnet moderne Entwicklungen nach. Als im Verhältnis zu den alten Verträgen innovativ kann Art. 21 EUV in inhaltlicher Hinsicht aber nicht bezeichnet werden.

cc) Wesen

Die Auflistung sehr ambitionierter und umfassend anwendbarer Grundsätze und Ziele in dem neuen Art. 21 EUV wirft weiterhin die Frage nach dem Wesen dieser Norm auf. Wie sich aus der Darstellung der inhaltlichen Ausgestaltung des Art. 21 EUV ergibt, muten die gebrauchten Formulierungen zum Teil sehr abstrakt und allgemein an. Vergleiche mit den Präambeln und einleitenden Artikeln von EUV und AEUV sowie von anderen Verträgen und Gesetzen sind nicht fernliegend. Nicht zuletzt angesichts dessen stellt sich die Frage nach dem rechtlichen Gehalt dieser Norm.

(1) Politisierung der europäischen Außenwirtschaftsbeziehungen

Zu allererst kommen dem neuen Art. 21 EUV politische Wirkungen zu. Die darin festgehaltenen Grundsätze und Ziele führen dazu, dass die Union künftig gehalten ist, jegliches externe Verhalten an diesen Prinzipien zu orientieren. Zweifelsohne gilt diese Feststellung auch für die hier im Vordergrund stehenden und sehr unterschiedlich motivierten regionalen Außenbeziehungen mit primär handelspolitischem Inhalt. Die zunächst eher entfernt voneinander liegenden Regelungsbereiche in völkerrechtlichen Übereinkommen – wirtschaftliche und nichtwirtschaftliche Vereinbarungen – sind in der jüngeren Vergangenheit enger zusammengewachsen und haben in der Gestalt des Art. 21 EUV eine neue Dimension der Zusammengehörigkeit erfahren. Aufgrund dieser Verflechtung, die eine isolierte Handelspolitik mehr und mehr unmöglich macht, wird auch von einer „Politisierung“ der Außenhandelsbeziehungen gesprochen[464]. Insbesondere die Rolle des Europäischen Parlamentes, das weiterhin als die treibende Kraft zur Berücksichtigung von sozialen, demokratischen, menschenrechtlichen und ökologischen Gesichtspunkten gilt, wird in Anbetracht dessen als gestärkt angesehen[465].

Darüber hinaus kommt den Ausführungen des Art. 21 EUV eine politische Signalwirkung auch hinsichtlich Adressaten außerhalb der Union insoweit zu, als die Prinzipien der Europäischen Union erkennbar gemacht werden und die Bereitschaft zur internationalen Kooperation bekräftigt wird[466].

Eine stringente Durchsetzung sowohl der ökonomischen als auch der nichtökonomischen Regelungsbereiche wird in der völkervertraglichen Praxis auch künftig auf Hindernisse treffen. Rückschläge und Kompromisse werden aufgrund ökonomischer und politischer Zwänge hinzunehmen sein. Der grundsätzlich vorhandene Wille zur Stärkung der nichtwirtschaftlichen Prinzipien auch in der Außenhandelspolitik spiegelt sich in Art. 21 EUV jedoch wider.

(2) Begründung einer Kompetenz?

Über die politischen Konsequenzen hinaus ist fraglich, ob Art. 21 EUV rechtsverbindliche Wirkungen zukommen. Zunächst ist zu klären, ob Art. 21 EUV eine Kompetenz der Union zur Einbeziehung nichtökonomischer Vereinbarungen, etwa über Demokratie und Menschenrechte, in Präferenzabkommen begründet. Die Frage nach einer solchen Kompetenz war nach der alten Rechtslage sehr problematisch[467]. Die neuere Literatur beschäftigt sich mit dieser Fragestellung nicht ausdrücklich. In der Tendenz kann aus den Darstellungen jedoch entnommen werden, dass der Vorschrift eine entsprechende Funktion zugeschrieben wird. So wird der neue Art. 21 EUV durchweg in direkten Zusammenhang mit den vormals bestehenden und im Zusammenhang mit den entsprechenden Gesamtnormkomplexen Kompetenzen für die Einbeziehung nichtökonomischer Klauseln gewährenden Art. 177 Abs. 2 EGV und 181a Abs. 1 UAbs. 2 EGV ge-

464 Vgl. etwa *Bungenberg,* Außenbeziehungen und Außenhandelspolitik. In: Schwarze/Hatje (Hrsg.), Der Reformvertrag von Lissabon, S. 212 ff.; *Monar,* Außenwirtschaft 2005, 99 (99).

465 *Bungenberg,* Außenbeziehungen und Außenhandelspolitik. In: Schwarze/Hatje (Hrsg.), Der Reformvertrag von Lissabon, S. 213.

466 So auch *Cremer*, in: Calliess/Ruffert, Art. 21 EUV, Rn. 4.

467 Vgl. Teil 2, Kapitel 2, A. II. 2. b).

bracht[468]. Vereinzelt fällt in diesem Zusammenhang auch explizit der Begriff *Kompetenz*[469], jedoch ohne damit eindeutige und detaillierte Aussagen zu verbinden.

Als Ausgangspunkt kann die Feststellung dienen, dass die Auflistung von Grundsätzen und Zielen in Art. 21 EUV *per se* noch nicht geeignet ist, Kompetenzen in den entsprechenden Bereichen zu begründen. Grundsätze und Ziele sind zunächst strikt von Kompetenzen zu unterscheiden. Zuständigkeitsfragen werden grundsätzlich in den Art. 2 ff. AEUV gelöst, wo von Vereinbarungen über die in Art. 21 EUV genannten Prinzipien allerdings keine Rede ist.

Auch ist Art. 21 EUV seinem Wortlaut nach nicht zwingend als Kompetenznorm ausgestaltet, sondern als zentrale Schaltnorm im Gesamtgefüge und Zusammenwirken mit anderen Normen. So nennt Absatz 1 etwa die Grundsätze, von denen sich die Union „leiten" lässt. Absatz 2 ist bereits etwas konkreter, indem er bestimmt, dass die Union im Bereich ihrer externen Beziehungen tätig wird, um die genannten Ziele zu erreichen. Absatz 3 wiederum spricht lediglich von den Prinzipien, welche die Union anlässlich ihres auswärtigen Handelns „wahrt". Formulierungen solcher Natur tragen zunächst nicht zwingend zum Verständnis als kompetenzvermittelnde Normen bei. Es fällt dennoch auf, dass die alten Normen der Art. 177 und 181a EGV, die zweifelsfrei Kompetenzen zur Einbeziehung von Demokratie- und Menschenrechtsklauseln gewährten, ebenso wenig kompetenzrelevante Begrifflichkeiten aufweisen. Sie sprechen von „dazu beitragen", was einen Schluss auf eine parallele Auslegung auch des Art. 21 EUV nahelegt. Der Wortlaut schließt ein solches Verständnis zumindest nicht aus.

Für eine derartige kompetenzgewährende Funktion des Art. 21 EUV spricht indes nicht nur der vergleichbare Wortlaut, sondern insbesondere auch ein systematischer und teleologischer Ansatz. Während nämlich nach der alten Rechtslage einige der Normen, die Vertragsschlusskompetenzen begründeten, selbst Hinweise auf die Möglichkeit der Einbindung nichtökonomischer Vertragsbestimmungen in Präferenzabkommen enthielten – am augenfälligsten wiederum Art. 177 und 181a EGV – enthalten deren Nachfolgenormen einen solchen Hinweis nicht. So weisen etwa weder Art. 208 noch Art. 212 AEUV einen Vermerk

---

468 *Hummer*, in: Vedder/Heintschel von Heinegg, Art. 21 EUV, Rn. 42; *Kaufmann-Bühler*, in: Grabitz/Hilf/Nettesheim, Art. 21 EUV, Rn. 13; *Niedrist,* Präferenzabkommen im Europarecht und im Welthandelsrecht, S. 185; *Vedder,* Ziele der Gemeinsamen Handelspolitik und Ziele des auswärtigen Handelns. In: Herrmann/Krenzler/Streinz (Hrsg.), Die Außenwirtschaftspolitik der Europäischen Union nach dem Verfassungsvertrag, S. 49.

469 *Khan*, in: Geiger/Khan/Kotzur, Art. 208 AEUV, Rn. 7; *Vedder,* Die Außenbeziehungen der EU und die Mitgliedstaaten. In: Müller-Graff/Schwarze (Hrsg.), XXII. Fide-Kongress, S. 72 f.

über die Förderung von Demokratie, Rechtsstaatlichkeit oder Menschenrechten auf. Die Annahme, die Streichung einer solchen Passage habe die Bedeutung nichtökonomischer Abkommensklauseln aufheben sollen, ist abwegig. Vielmehr wird die bislang durch Vertragsschlusskompetenzen gewährende Normen selbst ausgeübte Funktion nunmehr durch die Einbeziehung des Art. 21 EUV in die auswärtigen Vertragsschlusskompetenzen übernommen. Durch eine solche Einbeziehung des Art. 21 EUV konnten die übrigen Normen über das auswärtige Handeln der Union gestrafft werden, ohne damit deren Funktionen zu reduzieren. Die nach alter Rechtslage umstrittene Kompetenz zur Einbeziehung nichtökonomischer Belange in Regionale Handelsabkommen wird durch die systematische Neuorientierung eindeutiger. Sie wurde für richtig befunden und auf sämtliche Bereiche des auswärtigen Vertragshandelns erweitert.

Wie oben aufgezeigt, können präferenzielle Abkommen in verschiedene Kategorien aufgeteilt werden, denen jeweils eine bestimmte Kompetenzgrundlage in den Verträgen zukommt[470]. Der Abschluss der Verträge selbst findet seine Rechtsgrundlage mithin in diesen Normen. Weiterhin wurde deutlich, dass im Rahmen jeder dieser Kompetenzen die Bestimmungen des Art. 21 EUV Geltung erlangen. Aufgrund seiner umfassenden Geltung wird die entsprechende Vertragsschlusskompetenz also unter Zugrundelegung der dort genannten Maximen ausgeführt. Dies erlaubt es der EU, in sämtlichen Regionalen Handelsabkommen eine bindende Konditionalität dahingehend zu verwirklichen. Folglich ergibt sich aus Art. 21 EUV allein keine Kompetenz für ein Tätigwerden im Bereich der regionalen wirtschaftlichen Integration. Innerhalb anderweitig begründeter Kompetenzen für auswärtiges Handeln jedoch ergibt sich aus Art. 21 EUV eine Rechtsgrundlage zur Eingliederung der dort genannten Maximen, etwa in Form einer Konditionalisierung der in dieser Arbeit im Vordergrund stehenden präferenziellen Abkommen[471]. Im Ergebnis kann festgehalten werden, dass Art. 21 EUV eine „Konditionalisierungskompetenz" begründet.

Über die auf diese Weise begründete Konditionalisierungskompetenz hinaus hat sich durch den Vertrag von Lissabon eine weitere Konstellation ergeben, die sogar zu denkbaren Vertragsschlusskompetenzen der EU im Bereich der in Art. 21 EUV erwähnten Prinzipien führt: Der grundsätzliche Unterschied zwischen Zielen und Kompetenzen wird nämlich durch den bereits dargestellten

---

470 Vgl. Teil 2, Kapitel 2, A. I.

471 Bei konsequenter Beachtung der Annahme einer eigenständigen und umfassenden Vertragsschlusskompetenz aus Art. 217 AEUV folgt die Grundlage für eine solche Eingliederung im Falle von Assoziierungsabkommen bereits aus der Assoziierungskompetenz selbst in Verbindung mit Art. 21 EUV. So wohl auch *Mögele*, in: Streinz, Art. 217 AEUV, Rn. 18.

Art. 216 Abs. 1 Var. 2 AEUV[472] aufgeweicht. Diese Norm stellt einen Teil der Kodifikation impliziter Kompetenzen dar und bestimmt, dass der Union eine Vertragsschlusskompetenz zukommt, wenn der Abschluss einer Übereinkunft zur Verwirklichung eines der in den Verträgen festgesetzten Ziele erforderlich ist. Solche Ziele erschöpfen sich nunmehr jedoch nicht mehr in den nach innen gerichteten Zielsetzungen des Art. 3 EUV. Vielmehr sind auch nach außen umfangreiche Zielformulierungen in Art. 3 Abs. 5 EUV und insbesondere in dessen Konkretisierung und Erweiterung in Art. 21 Abs. 2 EUV verankert. Es stellt sich daher die Frage, ob diese – sehr weit und ambitioniert gefassten – Zielbestimmungen somit die Europäische Union zum Abschluss von diese Ziele verfolgenden Abkommen berechtigen. Zur Klarstellung ist festzuhalten, dass es bei dieser Frage nicht primär um die Kompetenz zur Verbindung nichtökonomischer mit ökonomischen Vereinbarungen geht, sondern zum Abschluss völkerrechtlicher Verträge, die ganz zentral die genannten nichtökonomischen Inhalte verfolgen. An dem Wortlaut der Artikel 216 AEUV und 21 EUV lässt sich insoweit nicht rütteln. Er ist eindeutig und legitimiert – wenn auch unter der Einschränkung der Notwendigkeit – zur Schließung internationaler Übereinkünfte. Zweifel an dieser Lösung sind dennoch angebracht. Die in Art. 216 Abs. 1 kodifizierte Rechtsprechung zu den impliziten Unionskompetenzen stützte sich nämlich gerade auf ein Parallellaufen von externen Kompetenzen und *internen* Kompetenzen. Kompetenzbegründende extern orientierte Ziele hatten bislang hingegen nicht existiert. Dieser Logik folgend wird eine Anknüpfung impliziter Vertragsschlusszuständigkeiten an die Ziele des Art. 21 EUV teils abgelehnt[473], teils wird sie bejaht, wenngleich die damit verbundene erhebliche Ausweitung der Unionskompetenz als zu weitgehend kritisiert wird[474]. Es liegt hier mithin eine Unklarheit bei der Formulierung der neuen Verträge vor, die scheinbar zu einer eindeutigen, aber nicht gewollten Rechtslage führt. An dieser Stelle zeigt sich mithin eine Diskussionsgrundlage, welche weiterer Beachtung und Klarstellung bedarf.

Zur Abrundung der Gesamtdarstellung ist schließlich zu ergänzen, dass nach dem Vertrag von Lissabon die seinerzeit durch den EuGH abgelehnte Kompetenz der Union zum Beitritt zur EMRK nunmehr fundiert ist. Dies liegt jedoch weniger in Art. 21 EUV begründet, als vielmehr in Art. 6 Abs. 2 EUV und der

---

472 Vgl. Teil 2, Kapitel 2, A. I. 2.

473 *Vedder,* Ziele der Gemeinsamen Handelspolitik und Ziele des auswärtigen Handelns. In: Herrmann/Krenzler/Streinz (Hrsg.), Die Außenwirtschaftspolitik der Europäischen Union nach dem Verfassungsvertrag, S. 47 f.

474 *Herrmann,* Die Außenhandelsdimension des Binnenmarktes im Verfassungsentwurf. In: Hatje/Terhechte (Hrsg.), Das Binnenmarktziel in der europäischen Verfassung, S. 190 f.

Vervollständigung der Beitrittsvoraussetzungen durch das 14. Zusatzprotokoll zur EMRK.

Eine rechtsverbindliche Bedeutung kommt Art. 21 EUV somit jedenfalls insoweit zu, als er der Union die umfassende Kompetenz zur Konditionalisierung von Handelspräferenzen im Rahmen völkerrechtlicher Verträge vermittelt. Diesbezüglich hat der Vertrag von Lissabon dazu beigetragen, dass künftig die ehemals unklare Kompetenz der EU zur Aufnahme von den Leitprinzipien des Art. 21 EUV entsprechenden nichtökonomischen Klauseln in regionale Abkommen nicht mehr bestritten werden kann. Insoweit hat die Reform der primärrechtlichen Verträge eine wesentliche Verbesserung erreicht.

(3) Begründung einer justiziablen Pflicht?

In der Folge interessiert die Überlegung, ob neben der nunmehr klargestellten Kompetenz durch Art. 21 EUV auch eine Rechtspflicht der Union begründet wird, aufgrund derer sie nichtökonomische Prinzipien in präferenziellen Abkommen zu verfolgen hat. Bejahendenfalls stellt sich weiterhin die Frage, inwieweit eine solche Pflicht justiziabel ist.

(a) Pflicht

Eine solche Frage ist nicht nur akademisch relevant. Auch Gerichte haben sich immer wieder mit der Frage des rechtlichen Gehaltes bestimmter Formulierungen zu beschäftigen. Als Beispiel sei die Auseinandersetzung des Bundesverfassungsgerichtes mit der Frage nach der rechtlichen Bedeutung von Wendungen in der Präambel des Grundgesetzes genannt. Zwar besteht insoweit zur vorliegenden Problematik in zweifacher Hinsicht eine grundlegende Abweichung; zum einen deshalb, weil hier nicht die nationale, sondern die europäische Ebene betroffen ist und zum anderen, weil hier keine Formulierungen aus einer Präambel in Frage stehen. Obgleich also keine direkten Rückschlüsse gezogen werden können, zeigen sich doch interessante Parallelen, insbesondere da auch Art. 21 EUV lediglich als unverbindliches politisches Bekenntnis aufgefasst werden könnte. Das BVerfG hatte unter besonderer Bezugnahme auf das zum damaligen Zeitpunkt in der Präambel des Grundgesetzes festgeschriebene Wiedervereinigungsgebot entschieden, dass der Präambel nicht nur politische Bedeutung, sondern auch rechtlicher Gehalt zukommt. Das Wiedervereinigungsgebot beinhaltete eine alle Staatsorgane der Bundesrepublik bindende Rechtspflicht, die „Einheit Deutschlands mit allen Kräften anzustreben“ und

„die Tauglichkeit für dieses Ziel jeweils als einen Maßstab ihrer politischen Handlungen gelten zu lassen“[475].

In weiterer Annäherung an die Antwort auf die aufgeworfene Frage sind Feststellungen des EuGH in diesem Bereich hilfreich. So formulierte dieser, die alte Regelung zur Entwicklungszusammenarbeit im EGV schreibe vor, dass die Gemeinschaft das Ziel der Achtung der Menschenrechte berücksichtigen „muss“[476], was eine verpflichtende Bindung indiziert. Diese Aussage dürfte nun da die entsprechenden Maximen in einen allgemeinen, für das gesamte auswärtige Handeln geltenden Artikel transferiert wurden ebenso passend sein und für eine obligatorische Berücksichtigung sprechen. In anderem Zusammenhang betont der EuGH die zwingende Beachtung der europäischen Verfassungsprinzipien selbst im Falle anderweitiger völkerrechtlicher Verpflichtungen[477], was ebenfalls der Verbindlichkeit der hier in Rede stehenden Norm zuträglich ist.

In der Literatur wird die Frage der Verbindlichkeit der Vorgaben des Art. 21 EUV wiederum nicht explizit aufgeworfen. Erkennbar ist jedoch die Tendenz zur Bejahung von dahingehenden Überlegungen. So spricht etwa *Müller-Graff* von einem „binding set of overarching principles and objectives“[478]. *Vedder* stuft die Formulierungen als „in ihrer Konkretheit einmalig“ und „über die Staatszielbestimmungen in staatlichen Verfassungen weit“ hinausgehend ein[479] und spricht an anderer Stelle von einer „Selbstverpflichtung“ auf die genannten Ziele[480]. Dasselbe Vokabular, nämlich „Selbstbindung“ und „Selbstverpflichtung“, verwendet auch *Kaufmann-Bühler*[481] und *Cremer* stellt fest: „Die Union muss der Richtungsweisung Folge leisten“[482]. Ebenso spricht *Khan* von einer „Verpflichtung“ zur Förderung der genannten Ziele[483]. *Krajewski* sieht angesichts der Verbindung der gemeinsamen Handelspolitik mit den Prinzipien des Art. 21 EUV deren Verfolgung als notwendig an. Er hält es sogar für nahe-

---

475 BVerfGE 5, 85 (127), *KPD-Verbot*; BVerfGE 36, 1 (17), *Grundlagenvertrag*; BVerfGE 77, 137 (149), *Teso*.

476 EuGH, Rs. C-268/94, Slg. 1996, I-6177, *Portugal/Rat, Rn.* 23.

477 EuGH, Rs. C-402/05, Slg. 2008, I-6351, *Kadi*, Rn. 285.

478 *Müller-Graff,* The Common Commercial Policy enhanced by the Reform Treaty of Lisbon? In: Dashwood/Maresceau (Hrsg.), Law and Practice of EU External Relations, S. 194.

479 *Vedder,* Außenbeziehungen und Außenvertretung. In: Hummer/Obwexer (Hrsg.), Der Vertrag von Lissabon, S. 283.

480 *Vedder,* Ziele der Gemeinsamen Handelspolitik und Ziele des auswärtigen Handelns. In: Herrmann/Krenzler/Streinz (Hrsg.), Die Außenwirtschaftspolitik der Europäischen Union nach dem Verfassungsvertrag, S. 62.

481 *Kaufmann-Bühler*, in: Grabitz/Hilf/Nettesheim, Art. 21 EUV, Rn. 6 f.

482 *Cremer*, in: Calliess/Ruffert, Art. 21 EUV, Rn. 2.

483 *Khan*, in: Geiger/Khan/Kotzur, Art. 208 AEUV, Rn. 7.

liegend, dass die Verringerung von Handelsbeschränkungen durch die gemeinsame Handelspolitik nur dann zulässig ist, wenn dies den genannten Maximen dient[484]. Auch *Bungenberg* stellt fest, dass die EU in ihren wirtschaftsvölkerrechtlichen Beziehungen auf die Verwirklichung der genannten Maximen hinwirken „muss"[485]. Eine gewisse Pflicht zur Verfolgung der Prinzipien des Art. 21 EUV wird mithin überwiegend angenommen.

Den Wortlaut des Art. 21 EUV betrachtend fällt auf, dass die hier verwendeten Formulierungen am Maßstab ihrer Verbindlichkeit gemessen nicht einheitlich bewertet werden können, dass vielmehr Nuancen in den verschiedenen Wendungen wahrnehmbar sind. Absatz 1 Unterabsatz 1 spricht zunächst von den Grundsätzen, von denen die Union „sich leiten lässt" und denen sie zu weltweiter Geltung „verhelfen will". Diese Ausdrücke deuten zwar nicht auf eine völlig freie und losgelöste Handhabung der Grundsätze hin, jedoch bei Weitem auch nicht auf eine obligatorische Bindung. Dieser Eindruck bestätigt sich bei Betrachtung der in der englischsprachigen Fassung verwendeten Formulierungen „shall be guided" und „seek to advance". In Unterabsatz 2 findet sich die Formulierung „anstreben", welche eine nur sehr schwache Verbindlichkeit indiziert. Dieser Unterabsatz ist jedoch ohnehin ohne Relevanz für die hier in Frage stehende Problematik, enthält dieser doch lediglich ein Bekenntnis zur internationalen – insbesondere multilateralen – Zusammenarbeit sowie zur Übereinstimmung der genannten Grundsätze als Kriterium für die Auswahl der Kooperationspartner. Art. 21 Abs. 2 EUV schreibt fest, dass die Union die Ziele verfolgende Politiken und Maßnahmen „festlegt" sowie „durchführt". Außerdem findet sich im zweiten Absatz die Wendung, die Union „setze sich ein" für Kooperationen zur Erreichung der Ziele. Während die beiden erstgenannten Vokabeln verbindliche Vorgaben ausdrücken, steht die letztgenannte eher für ein nicht näher definiertes Versuchen[486]. Absatz 3 Unterabsatz 1 regelt schließlich, dass die Union die genannten Grundsätze und Ziele „wahrt". Diese zweifelsfreie Anleitung der Orientierung an den genannten Prinzipien spricht für die spätestens hier auch dem Wortlaut nach erkennbare Bindungswirkung. Zwar erscheint die in der englischsprachigen Fassung bemühte Wendung „*shall* respect the principles and pursue the objectives"[487] zunächst nicht ganz eindeutig. Jedoch findet sich auch in der französischen Formulierung „L'Union *respecte* les

484 *Krajewski,* CMLRev. 2005, 91 (108).

485 *Bungenberg,* Außenbeziehungen und Außenhandelspolitik. In: Schwarze/Hatje (Hrsg.), Der Reformvertrag von Lissabon, S. 213.

486 Dieser Einschätzung steht m.E. die von *Kaufmann-Bühler* vertretene Beurteilung nicht entgegen, wonach trotz dieser Formulierung hohe Erwartungen an die Union bestehen. Vgl. *Kaufmann-Bühler*, in: Grabitz/Hilf/Nettesheim, Art. 21 EUV, Rn. 19.

487 Hervorhebung durch den Verfasser.

principes et *poursuit* les objectifs"[488] wie im Deutschen kein Hinweis auf eine Unverbindlichkeit. Der englische Ausdruck ist als dieser Sprache eigentümliche Art und Weise der Formulierung einer Verbindlichkeit auszulegen. Hätte die Union nicht wirklich gebunden werden sollen, so hätte die Verwendung schwacher Formulierungen wie *beachten* oder *berücksichtigen* nahe gelegen.

Insgesamt ist für den Art. 21 EUV zu konstatieren, dass mit den genannten Wendungen an keiner Stelle relativierende Begriffe wie etwa *versuchen* oder *sich bemühen* verbunden werden. Auch diese Bemerkung den Wortlaut betreffend spricht für eine starke Bindung der Union an die Vorgaben des Art. 21 EUV. Die Verbindlichkeit des Ausdruckes in Absatz 3 zeigt Wirkung sowohl hinsichtlich der Grundsätze als auch bezüglich der Ziele.

Für eine entsprechende Bindung spricht auch ein Vergleich mit den Normen der alten Rechtslage. Art. 177 Abs. 2 EGV und Art. 181a Abs. 1 UAbs. 2 EGV formulierten, dass die Union „dazu beiträgt" die aufgestellten Ziele zu „verfolgen". Eine solche Wortwahl drückt im Vergleich zur heutigen eine wesentlich schwächere Bindung aus. Der für die GASP geltende Art. 11 Abs. 1 EUV a.F. legte zumindest fest, dass eine Außen- und Sicherheitspolitik mit den genannten Zielen „erarbeitet und verwirklicht" wird, was für diesen begrenzten Bereich eine etwas stärkere Verpflichtung indiziert und in gewissem Maße an Art. 21 Abs. 2 EUV erinnert. Die Kommentarliteratur sah selbst in diesen Normen der alten Rechtslage tendenziell eine Verbindlichkeit begründet[489]. Für die stärker und umfassender formulierte neue Rechtslage liegt dies mithin erst recht nahe.

Auch in systematischer Hinsicht sprechen einige Aspekte für die Annahme einer Unionspflicht. Zunächst deuten die Verweisungen in den Vertragsschlusskompetenznormen auf Art. 21 EUV auf dessen obligatorische Verfolgung hin. Insbesondere der Hinweis auf den „*Rahmen* der Grundsätze und Ziele des auswärtigen Handelns"[490] in Art. 207 Abs. 1, 208 Abs. 1 und 212 Abs. 1 AEUV verbietet ein Tätigwerden außerhalb dieses Rahmens. Ganz deutlich ist auch Art. 209 Abs. 2 AEUV, der das Beitragen zur Verwirklichung der Ziele des Art. 21 EUV als Voraussetzung für eine Vertragsschlusskompetenz nennt.

Darüber hinaus stützt der systematische Zusammenhang zwischen dem Kohärenzgebot des Art. 21 Abs. 3 EUV und den Grundsätzen und Zielen der Absätze 1 und 2 die Annahme einer verpflichtenden Beachtung dieser Prinzipien. Dieses Gebot umfasst nicht nur ein abgestimmtes Handeln der Union zwischen

---

488 Hervorhebungen durch den Verfasser.

489 Vgl. etwa *Burghardt/Tebbe/Marquardt*, in: von der Groeben/Schwarze, Art. 11 EUV, Rn. 6; *Schmalenbach*, in: Calliess/Ruffert, 3. Aufl. 2007, Art. 177 EGV, Rn. 21; *Zimmermann*, in: von der Groeben/Schwarze, Art. 177 EGV, Rn. 66.

490 Hervorhebung durch den Verfasser.

verschiedenen Bereichen des auswärtigen Handelns sowie zwischen diesen Feldern und anderen Politikbereichen. Umfasst ist vielmehr auch die Vorgabe, diese Kohärenz auf der Grundlage und durch Verfolgung der Maximen der Absätze 1 und 2 zu gewährleisten. Dies entspricht der Pflicht, die Anliegen dieser beiden Absätze „aktiv in Politik umzusetzen“[491]. Das Gebot kohärenten Handelns wirkt mithin ebenfalls auf eine Bindung der Union an die Vorgaben des Art. 21 Abs. 1 und 2 EUV hin.

Ferner spricht auch der Zusammenhang zu Art. 22 EUV nicht gegen diese Sichtweise. Die hiernach festzulegenden strategischen Interessen und Ziele der Union werden in Form von Beschlüssen bestimmt und sind damit gemäß Art. 288 Abs. 4 AEUV verbindlich[492], was die Verbindlichkeit der Grundsätze und Ziele des Art. 21 EUV selbst zunächst fraglich erscheinen lässt. Dem steht jedoch zum einen entgegen, dass gemäß Art. 22 Abs. 1 EUV die Maximen des Art. 21 EUV als die Grundlagen der Beschlüsse gelten und eine Pflicht zur Ausrichtung der Beschlüsse an diesen Maximen besteht[493]. Bereits hier zeigt sich die Verbindlichkeit des Art. 21 EUV. Zum anderen ist außerdem zu beachten, dass es sich bei einem Beschluss nach Art. 22 EUV um eine Konkretisierung der Grundsätze und Ziele des Art. 21 EUV handelt[494]. Deren Verbindlichkeit wird in Form des Beschlusses mithin verstärkt.

Auch aus einem historischen Blickwinkel finden sich Anhaltspunkte für die Auslegung des Art. 21 EUV als eine Unionspflichten begründende Norm. Bereits die besondere Bedeutung und Notwendigkeit, welche im Rahmen des Verfassungskonventes der Eingliederung der Grundsätze und Ziele des auswärtigen Handelns beigemessen wurden, spricht für deren Verbindlichkeit. Die Betonung, diese Prinzipien seien klar zu definieren[495] und präzise auszugestalten[496] indiziert, dass es sich bei den gewählten Formulierungen gerade nicht um unklare und unverbindliche Gemeinplätze handeln sollte, sondern um genau bestimmte Vorgaben, an denen sich das Unionshandeln auszurichten hat. Gerade deshalb wurde dieses Feld im Konvent auch als ein sehr sensibles und komplexes Thema beschrieben[497], was fern läge, hätte lediglich eine wohlklingende und alle Beteiligten zufriedenstellende Niederschrift erreicht werden sollen. Konsequenterweise wurde in der zuständigen Arbeitsgruppe des Verfassungskonventes bei

---

491 *Cremer*, in: Calliess/Ruffert, Art. 21 EUV, Rn. 13.

492 *Cremer*, in: Calliess/Ruffert, Art. 22 EUV, Rn. 3.

493 *Cremer*, in: Calliess/Ruffert, Art. 22 EUV, Rn. 8.

494 *Cremer*, in: Calliess/Ruffert, Art. 21 EUV, Rn. 3.

495 Europäischer Konvent, Aufzeichnung CONV 307/02 vom 01.10.2002, Nr. 10.

496 Europäischer Konvent, Vermerk CONV 342/02 vom 11.10.2002, Nr. 19.

497 Europäischer Konvent, Working Group VII, Working document 25 vom 11.11.2002, S. 2.

der Diskussion über den Umgang mit den ausgearbeiteten Formulierungen die einerseits mögliche Aufnahme des Textes in den Verfassungsvertrag der andererseits möglichen Verwendung als bis auf Weiteres lediglich allgemeine Orientierungshilfe gegenübergestellt[498]. Daraus lässt sich schließen, dass die Entscheidung zur unverzüglichen Aufnahme in den Vertragstext eine Entscheidung gegen eine bloße Orientierungswirkung und für eine rechtsverbindliche Pflichtenwirkung war.

Letztlich kann auch nur das dem Zweck der Norm entsprechen. Selbstverständlich kommt der Norm politische Signalwirkung zu. Jedoch kann nicht davon ausgegangen werden, dass eine derart differenziert ausgestaltete, ambitionierte Norm in dieser funktionalen Beschränkung verbleiben soll. Vielmehr liegt es nahe, dass über das politische Bekenntnis hinaus eine bindende Richtungsvorgabe bezweckt ist. Effektive Wirkungskraft kann Art. 21 EUV nur auf diese Weise erlangen.

In diesem Rahmen der Verbindlichkeit ist zu beachten, dass die Beschreibung der Grundsätze und Ziele in einer solchen Weite erfolgt, dass sich daraus trotz der bestehenden Pflicht zur Beachtung und Verfolgung der Maximen keine *konkreten* Handlungsanleitungen ableiten lassen. Die Bindung der Union wirkt vielmehr dahingehend, dass innerhalb eines gewissen Spielraumes hinsichtlich der spezifischen Art und Weise des Tätigwerdens, eine Pflicht zur steten Verfolgung der Prinzipien besteht[499]. Jedwede weitergehende Verpflichtung der Union wäre angesichts der Komplexität, Vielseitigkeit und steten Entwicklung der internationalen Beziehungen auch nicht sinnvoll. Der politische Spielraum, der der Union belassen wird, tut dem Verständnis von Art. 21 EUV als Pflichten begründende Norm jedoch keinen Abbruch.

Festzuhalten ist mithin, dass Art. 21 EUV auch eine Unionspflicht enthält, welche dahingehend zu konkretisieren ist, dass sie sämtliches auswärtige Handeln am Maßstab der Tauglichkeit zur Verwirklichung der genannten Prinzipien zu messen und auszurichten hat.

(b) Justiziabilität

In der Konsequenz dieser Feststellung ergibt sich die Problematik, ob Justiziabilität hinsichtlich der ermittelten Verpflichtung im Zusammenhang mit Regiona-

498 Europäischer Konvent, Bericht CONV 459/02 vom 16.12.2002, Nr. 13.

499 Ähnlich argumentierte auch das Bundesverfassungsgericht in der oben dargestellten Frage der rechtlichen Wirkung des Wiedervereinigungsgebotes. Vgl. BVerfGE 5, 85 (128), *KPD-Verbot*; BVerfGE 36, 1 (17), *Grundlagenvertrag*; BVerfGE 77, 137 (149), *Teso*. Vgl. darüber hinaus *Burghardt/Tebbe/Marquardt*, in: von der Groeben/Schwarze, Art. 11 EUV, Rn. 6.

len Handelsabkommen besteht. Der EuGH hat die Frage der Legitimität der *Beachtung* nichtökonomischer Prinzipien in der besonderen Ausprägung der Eingliederung einer Demokratie- und Menschenrechtsklausel in einen völkerrechtlichen Vertrag in der erwähnten Entscheidung *Portugal/Rat* behandelt und bejaht. Der hier in Frage stehende Fall ist der umgekehrte, nämlich ob die *fehlende Berücksichtigung* der in Art. 21 EUV genannten nichtökonomischen Maximen im Rahmen von Ausarbeitung und Abschluss von Regionalen Handelsabkommen, welche eine Verletzung der soeben ermittelten Unionspflicht darstellt, gerichtlich geltend gemacht werden kann. Diese Problematik ist bislang nicht praktisch relevant geworden. Sie ist jedoch von wachsender Bedeutung und potenziell auch von praktischer Relevanz. Die erhebliche Erweiterung und Stärkung der nichtökonomischen Grundsätze und Ziele sowie die dargelegte Verpflichtung zur Verfolgung der Prinzipien machen die Beantwortung dieser Frage zu einem wichtigen Baustein der Thematik.

Als Ansatzpunkt sind zunächst drei vorstellbare Wege auszumachen, wie ein Verstoß gegen Art. 21 EUV gerügt werden kann: zum Ersten ein Verfahren vor speziellen Institutionen eines Streitbeilegungsmechanismus, der in den Präferenzabkommen selbst vorgesehen sein kann, zum Zweiten ein Verfahren vor den WTO-Einrichtungen und zum Dritten vor dem Gerichtshof der Europäischen Union.

(aa) Abkommenseigener Streitbeilegungsmechanismus

Was die in den Regionalen Handelsabkommen eingerichteten Streitbeilegungsinstitutionen angeht, so können diese von vornherein aus der weiteren Betrachtung ausgeklammert werden. Zwar ist die Einrichtung solcher Mechanismen durchaus gängig. Die Aufgabe wird typischerweise dem eingerichteten Rat zugeteilt, der je nach Art des Präferenzabkommens als Assoziierungs-, Kooperations-, Stabilisierungs- und Assoziierungsrat oder ähnlich bezeichnet wird[500] und auf der zweiten Stufe einem Schiedsgericht[501]. Als solches könnte auch der EuGH eingesetzt werden, was zu seiner Zuständigkeit gemäß Art. 272 AEUV führen kann[502]. Die hier vorgestellte Art der Streitbeilegung bezieht sich jedoch lediglich auf Streitigkeiten, die innerhalb des Abkommensrahmens aufkommen, mithin nur auf Meinungsunterschiede hinsichtlich der Verwirklichung der Ver-

---

500 Vgl. etwa Art. 110 ff. Kroatien-SAA; Art. 78 ff. Tunesien-Abkommen; Art. 97 ff. Südafrika-Abkommen.

501 Vgl. etwa Art. 104 Abs. 4-9 Südafrika-Abkommen.

502 Die Problematik eines eigenständigen Gerichtssystems im Rahmen des EWR war Gegenstand zweier Gutachten des EuGH. Vgl. EuGH, Gutachten 1/91, Slg. 1991, I-6079, *EWR I* und Gutachten 1/92, Slg. 1992, I-2821, *EWR II*.

tragsregelungen. Das Aufkommen solcher Konflikte ist zwar durchaus vorstellbar. Im Rahmen etwa einer Demokratie- und Menschenrechtsklausel kann es zu Streitigkeiten über deren Anwendung – beispielsweise in Form einer Aussetzung des Abkommens – kommen[503]. Im Übrigen ist an dieser Stelle zu betonen, dass die Vertragsvereinbarungen auch die Union selbst binden und nicht nur einseitig an Verletzungen durch den Vertragspartner gedacht werden sollte. Dieser interessante Aspekt überschreitet jedoch den Rahmen dieser Arbeit insofern, als hier die Frage im Mittelpunkt steht, ob nichtökonomische Gesichtspunkte bei der Ausarbeitung des Abkommens beachtet und entsprechende Vereinbarungen eingegliedert wurden und nicht, ob in Abkommen festgeschriebene Klauseln ernst genommen und korrekt angewendet werden. Die Anwendung von Abkommen und deren Zusammenhang mit Art. 21 EUV sollen in dieser Arbeit nicht behandelt werden.

(bb) WTO-Streitbeilegung

Auch die Streitbeilegung im WTO-System kann hier nicht von primärem Interesse sein. Die WTO-Vereinbarung über die Streitbeilegung DSU sieht in Art. 1 Abs. 1 dieses Verfahren insbesondere bei Streitigkeiten hinsichtlich der in Anhang 1 des DSU genannten Übereinkommen vor, mithin auch bezüglich GATT und GATS. Die Einsetzung eines Streitschlichtungs-Panels durch das *Dispute Settlement Body (DSB)* sowie die Beschäftigung des Ständigen Berufungsgremiums, des *Appellate Body*, kommt hinsichtlich der hier behandelten Regionalen Handelsabkommen also insbesondere vor dem Hintergrund einer Streitigkeit über die Vereinbarkeit mit Art. XXIV GATT oder Art. V GATS in Betracht[504]. Dasselbe gilt für eine Überprüfung durch das *Committee on Regional Trade Agreements (CRTA)*[505]. Meinungsverschiedenheiten dieses Inhaltes sind wiederum häufig, haben erneut jedoch nicht die Frage einer Verpflichtung zur Beachtung nichtökonomischer Maximen zum Gegenstand, sondern allenfalls deren Berechtigung. Auch Art. XX GATT, der Ausnahmen von den WTO-

---

503 *De Witte* sieht diesbezüglich auch die Möglichkeit aufkommender Verfahren vor dem EuGH. Vgl. *De Witte,* The Past and Future Role of the European Court of Justice in the Protection of Human Rights. In: Alston (Hrsg.), The EU and human rights, S. 887.

504 Die Überprüfung anhand dieser Normen ist spätestens seit der Vereinbarung zur Auslegung des Artikels XXIV im Jahre 1994 und insbesondere angesichts deren Punkt 12 anerkannt. Vgl. auch *Hilpold,* Die EU im GATT/WTO-System, S. 117. Zum insoweit noch nicht gänzlich geklärten Prüfungsumfang siehe schon oben, Teil 1, Kapitel 5.

505 Zu den Vorzügen einer Behandlung durch das CRTA vgl. *von Bogdandy/Makatsch,* Collision, Co-existence or Co-operation? Prospects for the Relationship between WTO Law and European Union Law. In: De Burca/Scott (Hrsg.), The EU and the WTO, S. 138.

Grundsätzen rechtfertigen kann, kann im Zusammenhang mit nichtökonomischen Erwägungen der hier vorgestellten Art eine Rolle spielen. Angesichts etwaiger Verstöße eines Vertragspartners gegen Menschenrechte könnte beispielsweise die Gewährung der Meistbegünstigung ausgesetzt werden. Von geringer Bedeutung ist Art. XX GATT jedoch auf dem Gebiet der Regionalen Handelsabkommen. Die Qualifizierung eines völkerrechtlichen Vertrages als ein solches Regionales Handelsabkommen gemäß Art. XXIV GATT bzw. Art. V GATS rechtfertigt selbst Abweichungen vom Meistbegünstigungsgrundsatz. Die Einbeziehung nichtökonomischer Bedingungen in Präferenzabkommen „erschwert" also eher die Diskriminierung, so dass Art. XX GATT insoweit bereits nicht zum Tragen kommen kann. Im Rahmen des Art. XXIV GATT kann Art. XX GATT – wie in Teil 3 dieser Arbeit zu zeigen sein wird – durchaus eine Rolle spielen, jedoch lediglich in Fragen eines Rechts zur Einbeziehung bestimmter Vereinbarungen. Für die Frage der Verpflichtung zur Einbeziehung nichtökonomischer Vereinbarungen sind die welthandelsrechtlichen Normen mithin ohne Bedeutung.

(cc) Gerichtshof der Europäischen Union

Somit bleibt zu diskutieren, ob eine gerichtliche Kontrolle vor dem Gerichtshof der Europäischen Union möglich ist. Der Ausschluss der Zuständigkeit des EuGH nach Art. 275 AEUV umfasst nur die GASP und bedeutet nicht einen generellen Ausschluss. In Betracht kommen erneut verschiedene Verfahrensarten.

Zur Geltendmachung einer fehlenden Berücksichtigung der Grundsätze und Ziele des Art. 21 EUV bei Aushandlung und Abschluss von Regionalen Handelsabkommen kann zunächst ein Vertragsverletzungsverfahren nach Art. 258 ff. AEUV in Erwägung gezogen werden. Sowohl die Kommission (Art. 258 AEUV) als auch jeder Mitgliedstaat (Art. 259 AEUV) können ein solches Verfahren initiieren, wenn sie der Ansicht sind, ein Mitgliedstaat habe gegen eine sich aus den Verträgen ergebende Verpflichtung verstoßen. Da es sich um eine objektiv-rechtliche Feststellungsklage handelt, kommt es auf eine Verletzung eigener Rechte nicht an[506]. Dass Art. 21 EUV die Verpflichtung enthält, im Rahmen des auswärtigen Handelns, mithin auch bei der Erarbeitung von Regionalen Handelsabkommen, die dort genannten Aspekte zu verfolgen, wurde dargelegt[507]. Im Vertragsverletzungsverfahren kann auch ein Unterlassen gel-

506 *Cremer*, in: Calliess/Ruffert, Art. 258 AEUV, Rn. 2; *Pache*, in: Vedder/Heintschel von Heinegg, Art. 258 AEUV, Rn. 3.

507 Vgl. Teil 2, Kapitel 2, A. II. 3. c) cc) (3) (a).

tend gemacht werden[508], so dass die Nichtbeachtung einer Pflicht umfasst ist. Unpassend an dieser Verfahrensart ist jedoch, dass sie Pflichtverletzungen nicht der Union, sondern der Mitgliedstaaten zum Gegenstand hat. Im Vordergrund stehen hier aber Pflichten der Union aus Art. 21 EUV, so dass das Vertragsverletzungsverfahren insoweit nicht anwendbar ist.

Eine weitere Möglichkeit liegt in der Untätigkeitsklage gemäß Art. 265 AEUV begründet. Danach kann geltend gemacht werden, dass ein Unionsorgan unter Verletzung der Verträge nicht tätig geworden ist. Jedoch ist der Klagegegenstand auf bestimmte Akte begrenzt. Die Untätigkeitsklage ist außerdem subsidiär zur Nichtigkeitsklage, welche stets vorrangig ist, wenn ein Tätigwerden in irgendeiner Weise vorliegt[509]. Bei der Nichtbeachtung von Vertragsprinzipien handelt es sich zwar um ein Unterlassen. Ein Tätigwerden der Unionsorgane liegt in Form der Erarbeitung und des Abschlusses eines Regionalen Handelsabkommens in den hier in Rede stehenden Fällen aber zweifellos vor. Somit ist auch die Untätigkeitsklage kein tauglicher Verfahrensweg.

Zu untersuchen ist weiterhin die zuvor erwähnte und in Art. 263 AEUV geregelte Nichtigkeitsklage. Mit dieser kann geltend gemacht werden, dass eine Handlung eines Unionsorgans nicht rechtmäßig war. Es handelt sich dabei um eine Gestaltungsklage, die direkt auf die Nichtigerklärung des betroffenen Rechtsaktes *ex tunc* gemäß Art. 264 AEUV gerichtet ist[510]. Klagegegenstand können gemäß Art. 263 Abs. 1 AEUV Gesetzgebungsakte, Handlungen von Rat, Kommission und Europäischer Zentralbank mit Ausnahme von unverbindlichen Akten ohne Rechtswirkung sowie Handlungen des Parlamentes, des Europäischen Rates, der Einrichtungen und der sonstigen Stellen der Union mit Rechtswirkung gegenüber Dritten sein. Problematisch erscheint im Zusammenhang mit den hier interessierenden völkerrechtlichen Präferenzabkommen der EU die Zurechenbarkeit einer Handlung an eine der genannten Institutionen. Der Abschluss eines Regionalen Handelsabkommens ist zwar durchaus ein verbindlicher Rechtsakt mit Außenwirkung, die Zurechnung wird aber insbesondere angesichts der üblichen Praxis der gemischten Abkommen zweifelhaft. Wirken mitgliedstaatliche Einrichtungen und Unionseinrichtungen zusammen, so kann – trotz der oft untergeordneten und lediglich als Entgegenkommen zur Rechtsklarheit gewährten Rolle der Mitgliedstaaten – grundsätzlich keine klare Zurechnung an ein Unionsorgan erfolgen. Eine Ausnahme bestünde, wenn den nationalen Stellen keinerlei Entscheidungsspielraum zukäme, so dass sie bloße

508 *Cremer*, in: Calliess/Ruffert, Art. 258 AEUV, Rn. 28; *Pache*, in: Vedder/Heintschel von Heinegg, Art. 258 AEUV, Rn. 7.

509 *Pache*, in: Vedder/Heintschel von Heinegg, Art. 265 AEUV, Rn. 4.

510 *Cremer*, in: Calliess/Ruffert, Art. 264 AEUV, Rn. 1; *Pache*, in: Vedder/Heintschel von Heinegg, Art. 263 AEUV, Rn. 4; *Streinz,* Europarecht, S. 225.

Ausführungsorgane wären[511]. Die Überwindung dieses Hindernisses ist dennoch möglich. Als anzugreifender Rechtsakt ist nämlich in jedem Falle der Beschluss denkbar, der auf Unionsseite einen völkerrechtlichen Vertrag genehmigt. Zu jedem Regionalen Handelsabkommen ergeht ein die Übereinkunft genehmigender Beschluss des Rates über den Abschluss des Übereinkommens, teilweise ein Beschluss von Rat und Kommission, zu älteren Abkommen teilweise auch eine Verordnung. Diese Beschlüsse lassen sich eindeutig einem Organ zurechnen. Sofern Rat und Kommission den Abschluss gemeinsam beschlossen haben, ist die Klage gegen beide zu richten[512]. Gemäß Art. 263 Abs. 2 AEUV kann geltend gemacht werden, dass der Beschluss über den Abschluss des Abkommens wegen Unzuständigkeit, Verletzung wesentlicher Formvorschriften, Verletzung der Verträge bzw. von Rechtsnormen, die bei deren Durchführung anzuwenden sind, oder Ermessensmissbrauchs rechtswidrig sei. Die hier in Frage stehende Nichtbeachtung der Prinzipien des Art. 21 EUV kann unter den Auffangtatbestand der Vertragsverletzung subsumiert werden als eine Verletzung der sich aus Art. 21 EUV ergebenden Pflicht zur Verfolgung der dort genannten Maximen. Fasst die Union den Beschluss zur Genehmigung eines Abkommens, dessen Text selbst oder dessen Erarbeitung den Grundsätzen und Zielen des Art. 21 EUV nicht genügt, so indiziert dies die Verletzung einer vertraglichen Pflicht. Handlungen im Vorfeld selbst, denen – wie etwa der Verhandlung – keine rechtswirkungstechnische Relevanz zukommt, sind hingegen kein tauglicher Klagegegenstand. Aktive Klagebefugnis kommt im Rahmen der verschiedenen Absätze des Art. 263 AEUV diversen Institutionen und Personen zu; etwa den Mitgliedstaaten, dem Parlament, dem Rat, der Kommission, der Zentralbank sowie auch natürlichen und juristischen Personen. Es sind jedoch stark variierende Anforderungen an die jeweilige Klagebefugnis zu beachten. Somit wird im Rahmen der Nichtigkeitsklage die Pflicht aus Art. 21 EUV justiziabel. Dass es jedoch tatsächlich zu einem solchen Verfahren, geschweige denn zu einer Nichtigerklärung eines Beschlusses durch den Gerichtshof aus diesem Grunde kommt, erscheint wenig wahrscheinlich. Insbesondere das Europäische Parlament, welches als Verfechter nichtökonomischer Vereinbarungen gilt[513], wird regelmäßig an dem Beschluss über den Abschluss von Abkommen zu beteiligen sein und kann damit bereits im Vorfeld Einfluss nehmen, so dass es nicht auf seine Klagemöglichkeit angewiesen ist.

511 *Gaitanides*, in: von der Groeben/Schwarze, Art. 230 EGV, Rn. 7; *Pache*, in: Vedder/Heintschel von Heinegg, Art. 263 AEUV, Rn. 18.

512 *Pache*, in: Vedder/Heintschel von Heinegg, Art. 263 AEUV, Rn. 14.

513 Vgl. Teil 2, Kapitel 2, A. II. 2. a).

In Betracht kommt des Weiteren ein Vorabentscheidungsverfahren gemäß Art. 267 AEUV. Danach besteht für mitgliedstaatliche Gerichte bei Vorliegen der in den Absätzen 2-4 geregelten Konstellationen ein Vorlagerecht bzw. eine Vorlagepflicht. Der Vorlagegegenstand der möglichen Fragen ist in Absatz 1 festgelegt. Gemäß lit. a) entscheidet der Gerichtshof über die Auslegung der Verträge, gemäß lit. b) über die Gültigkeit und Auslegung von Handlungen der Organe, Einrichtungen und anderer Unionsstellen. Im Rahmen der hier zu beantwortenden Problematik ist es möglich, dass eine Vorlagefrage gemäß Art. 267 Abs. 1 lit. a) darauf abzielt, ob Art. 21 EUV eine Rechtspflicht zur Verfolgung nichtökonomischer Maximen enthält. Jedoch ist nicht ersichtlich, aus welcher Situation heraus sich ein einzelstaatliches Gericht mit einer Unionspflicht aus Art. 21 EUV auseinandersetzen sollte, so dass diese Variante wohl im Stadium des Denkbaren verbleiben wird. Im Rahmen von lit. b) ist fraglich, ob völkerrechtliche Verträge der Union unter die dort genannten Handlungen subsumiert werden können. Da sie auf den Willenserklärungen nicht nur der Union, sondern auch eines oder mehrerer Vertragspartner beruhen, ist die Einordnung als Handlung eines Unionsorganes fragwürdig. Dennoch ist es in der Rechtsprechung des EuGH[514] sowie in der Literatur[515] anerkannt, auch völkerrechtliche Übereinkommen[516] dazu zu zählen. Somit können diese sowohl hinsichtlich ihrer Auslegung Gegenstand einer Vorlagefrage sein als auch hinsichtlich ihrer Gültigkeit. Obgleich sich die Vorlagefragen, mit denen sich der EuGH im Hinblick auf völkerrechtliche Abkommen bislang zu beschäftigen hatte, mit deren Auslegung befassten, ist auch eine Überprüfung ihrer Gültigkeit am Prüfungsmaßstab höherrangiger Bezugsnormen möglich. Dies umfasst nicht zuletzt einen Verstoß gegen die Verträge und damit auch einen Verstoß gegen die Berücksichtigungspflicht aus Art. 21 EUV. Problematisch ist auch im Rahmen des Vorabentscheidungsverfahrens die verbreitete Praxis der gemischten Abkommen. Ob auch solche in ihrer Gesamtheit oder lediglich hinsichtlich der von der Unionskompetenz umfassten Teile vorlagefähig sind, ist strittig. Der EuGH hat dies in der Entscheidung *Demirel* offen gelassen[517]. Wiederum in der Diskussion

---

514 EuGH, Rs. 181/73, Slg. 1974, 449, *Haegeman*, Rn. 2-6; EuGH, Rs. 104/81, Slg. 1982, 3641, *Kupferberg*, Rn. 13 f.; EuGH, Rs. 12/86, Slg. 1987, 3719, *Demirel*, Rn. 7.

515 *Bieber/Epiney/Haag,* Die Europäische Union, S. 271; *Dauses,* Gerichtsbarkeit der EU, P. II. Vorabentscheidungsverfahren. In: Dauses (Hrsg.), Handbuch des EU-Wirtschaftsrechts, Rn. 54; *Pache*, in: Vedder/Heintschel von Heinegg, Art. 267 AEUV, Rn. 17; *Tomuschat*, in: von der Groeben/Schwarze, Art. 300 EGV, Rn. 98; *Vöneky/Beylage-Haarmann*, in: Grabitz/Hilf/Nettesheim, Art. 217 AEUV, Rn. 69.

516 Dies gilt im Übrigen auch für die Beschlüsse von in Assoziierungsabkommen eingerichteten Assoziierungsräten.

517 EuGH, Rs. 12/86, Slg. 1987, 3719, *Demirel*, Rn. 9 ff.

über die bislang einzig relevant gewordene Auslegung von Abkommen wird gegen eine umfassende Kontrolle vorgebracht, dass entsprechende Abkommensteile nicht als überprüfbares Unionsrecht i.S.v. Art. 267 AEUV angesehen werden können und der Abschluss eines gemischten Abkommens nicht zu Kompetenzverschiebungen führt[518]. Dafür wird jedoch angeführt, dass die Einheitlichkeit gewahrt werden müsse und eine Teilung der Auslegungskompetenz zu unterschiedlichen, gegebenenfalls heterogenen Ergebnissen führen würde[519]. Außerdem wird argumentiert, das Konzept der gemischten Abkommen sei überhaupt erst entwickelt worden, um Kompetenzüberschneidungen und Kompetenzlücken der Gemeinschaft dergestalt zu schließen, dass diese als Einheit gegenüber Dritten handlungsfähig ist, so dass im Außenverhältnis ein nahtloses Kompetenzgebilde besteht[520]. Letztlich kommt es auf diese Frage jedoch nicht an. In jedem Fall bietet sich nämlich auch hier die Lösung, nicht das Abkommen selbst, sondern den Beschluss zum Abschluss des Übereinkommens auf seine Gültigkeit, also etwa auf die Vereinbarkeit mit Art. 21 EUV, hin prüfen zu lassen. Ein solcher Beschluss ist – wie dargelegt – eindeutig als Handeln eines Organes, primär des Rates, einzuordnen. Es zeigt sich bei einer ergebnisorientierten Betrachtung mithin, dass die Pflicht zur Verfolgung der nichtökonomischen Belange des Art. 21 EUV im Rahmen präferenzieller Abkommen im Wege des Vorabentscheidungsverfahrens in jedem Falle justiziabel ist, sei es durch eine Überprüfung der Gültigkeit des gesamten Abkommens, nur derjenigen Teile, die auf einer Unionskompetenz beruhen oder des Beschlusses zur Genehmigung eines Abkommens.

Schließlich kommt eine gerichtliche Behandlung der Pflicht aus Art. 21 EUV über das Gutachtenverfahren gemäß Art. 218 Abs. 11 AEUV in Frage. Danach können Mitgliedstaaten, das Parlament, der Rat oder die Kommission ein Gutachten des Gerichtshofes über die Vereinbarkeit einer geplanten Übereinkunft mit den Verträgen einholen. Vom Prüfungsumfang sind nach dem Vertrag von Lissabon nunmehr also sowohl die Regelungen des EUV als auch des AEUV umfasst. Nach alter Rechtslage war der EUV ausgeschlossen, so dass auch eine Überprüfung anhand Art. 21 EUV nicht in Betracht gekommen wäre. Einem solchen Gutachten kommen weder ein Suspensiveffekt, noch eine Bindungswirkung hinsichtlich nachfolgender Verfahren zu. Gemäß Art. 218 Abs. 11 Satz 2 AEUV führt eine erkannte Unvereinbarkeit lediglich

---

518 *Hirsch,* BayVBl. 1997, 449 (450); *Tomuschat*, in: von der Groeben/Schwarze, Art. 300 EGV, Rn. 100.

519 *Vöneky/Beylage-Haarmann*, in: Grabitz/Hilf/Nettesheim, Art. 217 AEUV, Rn. 69.

520 So *Dauses,* Gerichtsbarkeit der EU, P. II. Vorabentscheidungsverfahren. In: Dauses (Hrsg.), Handbuch des EU-Wirtschaftsrechts, Rn. 56 unter Hinweis auf EuGH, Rs. C-53/96, Slg. 1998, I-3603, *Hermès*, Rn. 28, 32.

dazu, dass die Übereinkunft erst dann in Kraft treten kann, wenn entweder das Abkommen oder die Verträge selbst entsprechend geändert wurden. Von den Gutachten, die der Gerichtshof nach diesem Verfahren bislang erstattet hat, wurde der Großteil in dieser Arbeit bereits angeführt. Sie stellen ein Instrument vorbeugender Rechtsklärung dar, welches seine Bedeutung insbesondere aus der Tatsache schöpft, dass die völkerrechtliche Wirksamkeit von Übereinkommen – wie bereits aufgezeigt[521] – grundsätzlich unabhängig von der Verletzung internen Unionsrechts eintritt[522]. Eine Überprüfung *a priori* ist somit äußerst zweckmäßig. Die Beantragung eines Gutachtens nach Art. 218 Abs. 11 AEUV ist daher nicht mehr statthaft, wenn der völkerrechtliche Bindungswille der Union abschließend zum Ausdruck gebracht wurde[523]. Sofern es bei dem zu erstellenden Gutachten um Fragen der Unionszuständigkeit geht, ist als Mindestanforderung anzuerkennen, dass der Gegenstand des Übereinkommens bekannt ist. Handelt es sich um andere Fragestellungen, so ist in der Regel zu fordern, dass bereits konkrete Vertragsentwürfe vorliegen[524]. Im Rahmen von Art. 218 Abs. 11 AEUV ist es anerkannt, dass auch gemischte Abkommen Gegenstand eines Gutachtenverfahrens sein können, insbesondere angesichts der hier häufig im Mittelpunkt stehenden Abgrenzungsproblematik hinsichtlich Unions- und mitgliedstaatlicher Kompetenzen sowie der Funktion des Gutachtens, vorbeugend andere Verfahren zu vermeiden[525]. Letztlich wird im Gutachtenverfahren nicht das abgeschlossene Übereinkommen selbst behandelt. Vielmehr ist es denkbar, die fehlende Berücksichtigung des Art. 21 EUV im Vorstadium des Abschlusses geltend zu machen.

(dd) Fazit

Es hat sich gezeigt, dass die Frage nach der Justiziabilität der Pflicht zur Verfolgung der Prinzipien aus Art. 21 EUV einige Komplexität aufzuweisen hat, dass letztlich aber eine gerichtliche Geltendmachung in drei Verfahrensarten vor dem Gerichtshof der Europäischen Union zumindest möglich ist. Im Vorfeld eines Abschlusses kommt ein Gutachten nach Art. 218 Abs. 11 AEUV in Betracht, eine nachträgliche Kontrolle ist durch Nichtigkeitsklage gemäß Art. 263 AEUV

521 Vgl. Teil 2, Kapitel 2, A. I. 5.

522 *Dauses,* Gerichtsbarkeit der EU, P. III. Gutachtliche Stellungnahmen. In: Dauses (Hrsg.), Handbuch des EU-Wirtschaftsrechts, Rn. 5; *Frenz,* Handbuch Europarecht, S. 925 f.

523 *Dauses,* Gerichtsbarkeit der EU, P. III. Gutachtliche Stellungnahmen. In: Dauses (Hrsg.), Handbuch des EU-Wirtschaftsrechts, Rn. 8; *Frenz,* Handbuch Europarecht, S. 930 f.

524 *Frenz,* Handbuch Europarecht, S. 930.

525 *Frenz,* Handbuch Europarecht, S. 928 f.

und Vorabentscheidung nach Art. 267 AEUV erreichbar. Hinsichtlich des Zusammenwirkens dieser denkbaren Optionen kann zunächst festgestellt werden, dass das Gutachtenverfahren keinerlei Einfluss auf die Zulässigkeit der anderen Verfahren hat. Weder die Unterlassung eines Gutachtens, noch dessen Durchführung mit wie auch immer geartetem Ergebnis schließen eine nachträgliche gerichtliche Kontrolle aus[526]. Im Verhältnis der beiden anderen Verfahren jedoch ist eine Vorlagefrage unzulässig, wenn sie einen auch mit der Nichtigkeitsklage angreifbaren Rechtsakt betrifft, die Frist für eine solche Klage aber versäumt wurde[527].

Ob es über die so dargelegten Möglichkeiten einer gerichtlichen Geltendmachung hinaus auch realistisch oder gar wahrscheinlich ist, dass die entsprechenden Verfahren eingeleitet werden, steht auf einem anderen Blatt. Dass es tatsächlich zu einem Nichtigkeitsverfahren oder sogar einer Nichtigerklärung durch den Gerichtshof kommt, erscheint zweifelhaft. Vorstellbar ist jedoch ein Vorabentscheidungsverfahren, welches nicht eine Frage nach der Auslegung, sondern nach der Gültigkeit eines Präferenzabkommen behandelt. Ebenso erscheint auch die künftige Beantragung eines Gutachtens durchaus möglich.

Allerdings steht es außer Frage, dass die materiellrechtliche Behandlung schwierig ist. Es hat sich gezeigt, dass im Rahmen der Pflicht zur Berücksichtigung und Verfolgung der nichtökonomischen Prinzipien ein Einschätzungsspielraum der politischen Akteure besteht. Darüber hinaus lässt sich die Beachtung der Maximen des Art. 21 EUV in Regionalen Handelsabkommen nicht eindeutig messen. Klar erkennbar wäre wohl eine völlige Außerachtlassung. Alles Weitere muss im Rahmen von Einzelfallentscheidungen bewertet werden. Zwar ist der insofern anwendbare Prüfungsmaßstab recht abstrakt. Eine Beurteilung würde m.E. dennoch im konkreten Fall regelmäßig zu einem eindeutigen Ergebnis gelangen können. Wenngleich Widrigkeiten durchaus bestehen, so wird es in den meisten Fällen klar erkennbar sein, ob der gewährte Spielraum eingehalten oder überschritten wurde. Auch insoweit hat die Einführung des Art. 21 EUV mithin zu einer Stärkung der nichtökonomischen Prinzipien der Europäischen Union geführt.

d) Kritik

Auch kritische Gedankenansätze sollen an dieser Stelle angerissen werden. Was den neuen Art. 21 EUV angeht, so ist es etwa durchaus möglich, dass es zu Zielkonflikten zwischen einzelnen Prinzipien dieser Norm kommt. In der Tat

---

526 *Frenz,* Handbuch Europarecht, S. 926 f.; *Schmalenbach*, in: Calliess/Ruffert, Art. 218 AEUV, Rn. 35.

527 *Pache*, in: Vedder/Heintschel von Heinegg, Art. 267 AEUV, Rn. 20.

sind dahingehend keine zwingenden Prioritäten oder Rangfolgen erkennbar, so dass die praktische Durchführung von Maßnahmen und die Balance der Prinzipien zu Problemen führen könnten.

Bartels bemängelt außerdem „certain ambiguities", also gewisse Uneindeutigkeiten[528]. Insbesondere kritisiert er die fehlende Erkennbarkeit der Ziele in Abs. 2 des Art. III-292 EVV, des heutigen Art. 21 EUV. Anstatt der in den lit. a) bis h) aufgelisteten Formulierungen sei auch der einleitende Halbsatz als Ziel auslegbar, was einseitiger und unaufgeforderter Demokratie- und Menschenrechtsförderung entgegenstünde. Im Rahmen der hier zu behandelnden Abkommen geht es jedoch ohnehin nicht um einseitige Maßnahmen, sondern stets um bilaterale Vereinbarungen. Auch darüber hinaus ist vorzubringen, dass die einleitende Formulierung schon nicht als Ziel ausgestaltet ist, sondern die Auflistung der Ziele eindeutig mit dem Wort „um" beginnt.

Des Weiteren erscheint es wahrscheinlich, dass eine erweiterte Beachtung nichtwirtschaftlicher Aspekte in Regionalen Handelsabkommen ganz allgemein auf die Kritik stoßen wird, diese Praxis widerspreche wirtschaftlich sinnvollem Handeln, erschwere den Abschluss von ökonomisch effektiven Präferenzabkommen, sei protektionistisch motiviert und bedeute im Übrigen eine Bevormundung des Vertragspartners, indem diesem die für richtig befundenen Prinzipien aufgezwungen würden. In ihren Ansätzen ist eine derartige kritische Betrachtung der Konditionalität nicht von der Hand zu weisen. In der Tat erscheint es nicht zwingend billigungswürdig, einem insbesondere wirtschaftlich unterlegenen Vertragspartner Kooperationen nur unter der Bedingung der Übernahme der eigenen Werte und Vorstellungen anzubieten. Andererseits bleibt dem Partner trotz des faktisch existenten Druckes stets die Möglichkeit zu verhandeln und frei zu entscheiden. Außerdem sind die von der Union verteidigten und auszuweitenden Maximen nicht solche, die nur ihr selbst zugrunde liegen und von der übrigen Welt nicht geteilt werden. Sie entsprechen vielmehr weitgehend einem weltweiten Konsens, der sich nicht zuletzt in einer weitreichenden Übereinstimmung mit Prinzipien der Vereinten Nationen widerspiegelt. Das Argument, die Verfolgung dieser Leitsätze sei unökonomisch trifft in begrenztem Maße durchaus zu[529]. Sicherlich wären rein handelspolitisch geprägte Abkommen wirtschaftlich effektiver. Eine solche Strategie wäre jedoch recht kurz gedacht. Auf längere Sicht kann auch der Handel nur in einem stabilen Umfeld effizient betrieben werden. Es zeigt sich darin schließlich auch, dass die Union auf die-

528 *Bartels,* Human Rights Conditionality in the EU's International Agreements, S. 211 f.

529 So sieht berechtigterweise etwa *Tietje,* Außenwirtschaftsrechtliche Dimensionen der europäischen Wirtschaftsverfassung. In: Fastenrath/Nowak (Hrsg.), Der Lissabonner Reformvertrag, S. 253 f., ein Konfliktpotential bei der Verflechtung von politischen Zielen und der gemeinsamen Handelspolitik.

sem Gebiet nicht protektionistisch motiviert ist. Zwar ist einzuräumen, dass die Gefahr eines Missbrauches der Konditionalisierung zu protektionistischen Zwecken durchaus besteht. Der primäre Antrieb zur Verfolgung nichtökonomischer Grundsätze liegt jedoch in dem Ziel begründet, eine stabile, freiheitliche und friedliche Weltordnung zu erreichen. Die Nutzung der dabei zur Verfügung stehenden Mittel, zu denen die Konditionalisierung von Regionalen Handelsabkommen zählt, ist insoweit überzeugend.

4. Fazit

Es wurde deutlich, dass der Einbeziehung nichtökonomischer Vereinbarungen in Regionale Handelsabkommen eine besondere Bedeutung für die Bestimmung der durch ein Übereinkommen erreichten Integrationsintensität zukommt. In der Europäischen Union, wo nicht erst durch die *Erklärung von Laeken* gefordert wird, auch der wirtschaftlichen Globalisierung einen ethischen Rahmen zu geben, ist eine solche Neigung wesentlich stärker ausgeprägt als in den meisten anderen Staaten, die am Welthandel teilnehmen.

Der Vertrag von Lissabon hat insbesondere mit der Schaffung des Art. 21 EUV einen wesentlichen Beitrag zur Fortentwicklung der Bedeutung nichtwirtschaftlicher Aspekte geleistet. Diese Norm, der Geltung für das gesamte auswärtige Handeln der Union zukommt, hat auch im Bereich der Präferenzabkommen eine neue Homogenität gebracht. Die nunmehr umfassende Geltung löste die zuvor bestehende und unbefriedigende Rechtslage ab, nach der nichtökonomische Grundsätze und Ziele in den Verträgen verstreut und umstritten waren. Über diese neue Homogenität hinaus hat Art. 21 EUV auch inhaltlich die bislang bekannten Prinzipien um einige neue erweitert. Jedoch stellen diese Erweiterungen keine zentralen Innovationen dar. Inhaltlich waren die Verträge und mit ihnen die Vertragspraxis auch nach alter Rechtslage gut aufgestellt. Der entscheidende Fortschritt des Art. 21 EUV liegt daher in der klaren, deutlichen und einheitlichen Ausweitung auf alle Bereiche und der damit verbundenen Hervorhebung und Betonung.

Dem Wesen nach kommt der neuen Norm nicht nur politische Bedeutung zu, sondern auch Rechtswirkung. Im Zusammenspiel mit den Kompetenzen zum Abschluss von Regionalen Handelsabkommen stellt Art. 21 EUV künftig die umfassend geltende Kompetenzgrundlage für die Einbeziehung der davon umfassten nichtökonomischen Vereinbarungen dar. Darüber hinaus begründet er auch eine Pflicht zur Verfolgung der genannten Prinzipien, wenngleich daraus keine konkreten Handlungsanweisungen folgen. Dennoch ist diese Pflicht justiziabel.

Auch heute schon ist die Verbindung von Handelspräferenzen und nichtökonomischen Vereinbarungen möglich und üblich. Seit dem Lissaboner Reformvertrag ist die Praxis der Konditionalisierung jedoch gestärkt, insbesondere angesichts der gewonnenen Homogenität und Rechtssicherheit. Trotz legitimer kritischer Stimmen ist insoweit von einer beachtlichen Verbesserung der Rechtslage zu sprechen.

B. Die Präferenzabkommen der Europäischen Union im Überblick

Im Folgenden werden sämtliche Regionale Handelsabkommen der Europäischen Union, die bei der WTO notifiziert sind, im Überblick vorgestellt. Damit soll ein Gesamtbild der derzeitigen und zukünftigen Realität auf dem Gebiet der regionalen wirtschaftlichen Integration in den Außenbeziehungen der EU vermittelt werden.

I. Das Abkommen über den Europäischen Wirtschaftsraum

Eine Sonderstellung unter den europäischen Präferenzabkommen nimmt zunächst das Abkommen über den Europäischen Wirtschaftsraum (EWR)[530] ein, welches die Integration der EU mit den Staaten der European Free Trade Association (EFTA) mit Ausnahme der Schweiz begründet. Daher soll diesem Abkommen besondere Aufmerksamkeit zu Teil werden.

Noch in den 50er Jahren war in Europa das Konzept einer großen Freihandelszone verfolgt worden. Erst nach deren Scheitern kam es zu der Teilung in die *Inneren Sechs*, die Mitglieder der EG, und die *Äußeren Sieben*, die EFTA-Mitglieder[531]. Handelspolitisch führte dies jedoch zu einer wenig effizienten Struktur, insbesondere angesichts der starken Abhängigkeit Deutschlands von Ausfuhren in die EFTA-Staaten und umgekehrt der zentralen Bedeutung der Handelsbeziehungen zur EG für Großbritannien[532]. Im Jahre 1972 kam es durch den EG-Beitritt Großbritanniens und den Abschluss einiger bilateraler Handelsabkommen zwischen den EFTA-Staaten und den Europäischen Gemeinschaften zu einer Annäherung der beiden Blöcke. Es entstand in der Folge der sog. *West-*

530 ABl. L 1/3 vom 03.01.1994.

531 *Ettl,* Der Europäische Wirtschaftsraum. In: Röttinger/Weyringer (Hrsg.), Handbuch der europäischen Integration, S. 455; *Hummer,* Außenhandelsrecht, K. III. Sonderbeziehung EG-EFTA. In: Dauses (Hrsg.), Handbuch des EU-Wirtschaftsrechts, Rn. 4.

532 *Hummer,* Außenhandelsrecht, K. III. Sonderbeziehung EG-EFTA. In: Dauses (Hrsg.), Handbuch des EU-Wirtschaftsrechts, Rn. 6.

europäische Freihandelsblock, dessen Konstruktion aber sehr komplex war und in dessen System insbesondere auch bilaterale Abkommen eine entscheidende Rolle spielten[533]. Erst durch die Schaffung des EWR war eine weitreichende Lösung auf der Grundlage eines Abkommens gefunden.

Geplant war, dessen Gründung parallel zur Errichtung des EG-Binnenmarktes abzuschließen[534]. Nachdem der EuGH jedoch zentrale Bestandteile des EWR-Vertrages – insbesondere hinsichtlich der geplanten Stellung eines EWR-Gerichtshofes – verworfen hatte[535], mussten 1992 Neuverhandlungen eingeleitet werden. Das Abkommen über den Europäischen Wirtschaftsraum (EWRA) wurde am 14. März 1992 in Porto von der EWG, der EGKS und ihren Mitgliedstaaten einerseits sowie den damals sieben Staaten der EFTA andererseits unterzeichnet. Es handelt sich also um ein gemischtes Abkommen. Die Schweiz konnte das Abkommen wegen eines negativen Referendums nicht ratifizieren. Zum 1. Januar 1994 trat das EWRA in Kraft.

Das Abkommen ist, abgesehen von Beitrittsabkommen, der umfassendste und komplexeste völkerrechtliche Vertrag der EU[536]. Es besteht aus dem Kernabkommen, 49 Protokollen, 22 Anhängen und einer Schlussakte. Jedoch verlor die EFTA bereits vor der Verhandlung des EWR-Abkommens Mitglieder an die EG. Nachdem 1995 außerdem Finnland, Schweden und Österreich die Seite wechselten, gilt der EWR-Vertrag auf EFTA-Seite nunmehr lediglich für Island, Liechtenstein und Norwegen. Im Jahre 2009 beantragte auch Island den EU-Beitritt, was in der Konsequenz die Situation weiter verschärfen dürfte. Für den EWR geht damit ein nicht unerheblicher Bedeutungsverlust einher, ungeachtet der naturgemäß weiterhin großen Wichtigkeit für die verbliebenen EFTA-Staaten als derzeit einzig mögliche Brücke zur europäischen Integration.

Rechtsgrundlage des EWRA ist die Unionskompetenz zum Abschluss von Assoziierungsabkommen[537]. Der EWR ist als Freihandelsassoziierung ausgestaltet; also ohne konkrete Beitrittsperspektiven und ohne vorherrschende entwicklungspolitische Motivation[538]. Dass auf beiden Seiten der Partnerschaft mehrere Staaten stehen, welche selbst jeweils einer bereits bestehenden regionalen Präfe-

---

533 *Hummer,* Entstehung des EWR. In: Hummer (Hrsg.), Der Europäische Wirtschaftsraum und Österreich, S. 3.

534 *Gößl,* Der westeuropäische Wirtschaftsraum im globalen Wettbewerb, S. 106; *Streit,* NJW 1994, 555 (555).

535 EuGH, Gutachten 1/91, Slg. 1991, I-6079, *EWR I.*

536 *Pethke,* Die Nordamerikanische Freihandelszone im Vergleich mit dem Europäischen Wirtschaftsraum, S. 32; *Streit,* NJW 1994, 555 (556).

537 Vgl. Beschluss des Rates und der Kommission 94/1/EGKS, EG, ABl. L 1/1 vom 03.01.1994.

538 *Schmalenbach*, in: Calliess/Ruffert, Art. 217 AEUV, Rn. 39.

renzzone angehören, verleiht dem EWR-Abkommen eine gewisse Exklusivität. Mangels einer gemeinsamen Außenhandelspolitik, insbesondere eines gemeinsamen Außenzolles, stellt der EWR keine Zollunion dar, sondern zunächst nur eine Freihandelszone. Wegen der Reichweite der Regelungen, die zwischen EG und EFTA binnenmarktähnliche Verhältnisse schaffen[539] und insofern über die üblichen Freihandelsabkommen hinausgehen, werden für die Einordnung des Abkommens teilweise auch von den klassischen Integrationsstufen abweichende Termini verwendet[540] und liegt sogar die oben vorgenommene[541] Einordnung als gemeinsamer Markt nahe[542].

Eine inhaltliche Darstellung dieser Regelungen soll an dieser Stelle unterbleiben. Erwähnung sollen insoweit aber die grundlegenden Merkmale finden. So lassen sich als Ziele des Abkommens aus der Präambel und Teil I des Abkommens ganz deutlich insbesondere wirtschaftliche ausmachen[543]. Die Stärkung der Handels- und Wirtschaftsbeziehungen, die Errichtung eines dynamischen und homogenen Wirtschaftsraumes sowie eine enge Zusammenarbeit in den die vier Marktfreiheiten begleitenden Politikbereichen werden dort hervorgehoben. Die vier Marktfreiheiten – hinsichtlich des freien Warenverkehrs mit einigen Abzügen – werden in den Art. 8 ff., 28 ff., 36 ff. und 40 ff. EWRA, welche den diese Freiheiten regelnden Artikeln des AEUV im Wesentlichen entsprechen, auf die Partnerstaaten ausgeweitet. Durch Verweisungstechnik werden umfassende Regelungen des *acquis communautaire* übernommen. Die rechtliche Homogenität von EWR- und EU-Recht ist ein das Abkommen prägendes Prinzip[544]. Vor dem Hintergrund einer solch weitreichenden Integration handelt es sich bei dem EWR um eine Besonderheit unter den Präferenzabkommen der EU.

II. Abkommen mit den Beitrittskandidaten und potenziellen Beitrittskandidaten

Außer den Staaten des westlichen Balkans, welche an dieser Stelle nicht behandelt werden, sondern auf welche in Teil 3 gesondert zurückzukommen sein wird,

539 *Osteneck*, in: Schwarze, Art. 133 EGV, Rn. 213; *Streit,* NJW 1994, 555 (555).

540 Vgl. etwa *Gößl,* Der Europäische Wirtschaftsraum (EWR), S. 32, der die Begriffe „substantiell verbesserte Freihandelszone", „vervollkommnete Freihandelszone" und „binnenmarktähnliche Freihandelszone" nennt.

541 Vgl. Teil 1, Kapitel 3.

542 So auch *Hilpold,* Die EU im GATT/WTO-System, S. 69.

543 Vgl. dazu auch *Azizi,* Inhalt des EWR. In: Hummer (Hrsg.), Der Europäische Wirtschaftsraum und Österreich, S. 39 f.

544 Vgl. Art. 6, 7 und 105 ff. EWRA.

gehören derzeit die Türkei und Island zum Kreis der Beitrittskandidaten und potenziellen Beitrittskandidaten.

Mit der Türkei wurde im Jahre 1964 ein Assoziierungsabkommen geschlossen[545]. Bereits darin war die Verwirklichung einer Zollunion zwischen der Union und der Türkei vorgesehen. Durch Beschluss des Assoziationsrates[546] wurde 1995 die Durchführung der Endphase dieser Zollunion beschlossen. Nachdem sie im Jahre 1987 einen Antrag auf Vollmitgliedschaft gestellt hat, ist die Türkei seit 1999 Beitrittskandidat, seit 2005 laufen Beitrittsverhandlungen[547]. Nicht zuletzt der Konflikt mit dem EU-Mitgliedstaat Zypern und die Nichtanwendung von Vereinbarungen gegenüber diesem behindern die Verhandlungen jedoch[548].

Die Europäische Union ist mit Island seit dem Jahre 1972 durch ein Freihandelsabkommen verbunden[549]. Im Gegensatz zu dem Abkommen mit der Türkei, ist als Kompetenzgrundlage keine Assoziierung, sondern die gemeinsame Handelspolitik herangezogen worden[550]. Seit Bestehen des EWR ist Island mit der EU außerdem auch über diesen verbunden. Im Juli 2009 stellte Island einen Antrag zur Aufnahme in die Europäische Union. Die Beitrittsverhandlungen laufen seit Juli 2010.

III. Abkommen mit anderen europäischen Staaten

Regionale Handelsabkommen der EU bestehen weiterhin mit Staaten Europas, denen aufgrund spezieller politischer Umstände eine Sonderrolle zukommt. Während Island zum Beitrittskandidaten geworden ist, kommt für die verbliebenen EFTA-Staaten Schweiz, Liechtenstein und Norwegen ein EU-Beitritt nach wie vor nicht in Betracht. Obgleich es in der Schweiz immer wieder entsprechende Initiativen gibt, sprach sich auch das bislang letzte Referendum im Jahre 2001 klar gegen die Aufnahme von Beitrittsverhandlungen aus. Auch für Liechtenstein und Norwegen steht ein EU-Beitritt derzeit nicht zur Debatte. Dennoch erscheint eine solche Entwicklung nicht unmöglich, insbesondere in der Folge eines Beitrittes Islands. Die Europäische Union unterhält ein Präferenzabkommen mit Norwegen[551] und ein gemeinsames mit der Schweiz und Liechten-

---

545 ABl. 217/3687 vom 29.12.1964.

546 Beschluss Nr. 1/95 des Assoziationsrates EG-Türkei, ABl. L 35/1 vom 13.02.1996.

547 Zu den Beziehungen der EU zur Türkei vgl. auch *Bretherton/Vogler,* The European Union as a Global Actor, S. 141 ff.

548 Vgl. etwa die Mitteilung der Kommission zur Erweiterungsstrategie und den wichtigsten Herausforderungen 2011-2012, KOM(2011) 666 endgültig, vom 12.10.2011, S. 22.

549 ABl. L 301/2 vom 31.12.1972.

550 VO (EWG) Nr. 2842/72, ABl. L 301/1 vom 31.12.1972.

551 ABl. L 171/2 vom 27.06.1973.

stein[552], welches neben zahlreichen weiteren völkerrechtlichen Verträgen zwischen diesen Partnern steht. Beide begründen eine Freihandelszone und beruhen auf der Vertragsschlusskompetenz der gemeinsamen Handelspolitik[553].

Zwischen der EU und den beiden Zwergstaaten Andorra[554] und San Marino[555] sowie den Färöern[556] bestehen ebenfalls Präferenzabkommen auf der Grundlage der gemeinsamen Handelspolitik[557]. Das letztgenannte Abkommen hat als Vertragspartner nicht nur die Färöer selbst, sondern auch Dänemark. Mit Andorra und San Marino wird in diesen Abkommen sogar eine Zollunion geschaffen. Für die Färöer bleibt es bei einer Freihandelszone.

Schließlich ist auch die Assoziierung der Überseeischen Länder und Gebiete der EU als Regionales Handelsabkommen bei der WTO notifiziert[558].

IV. Abkommen mit Mittelmeeranrainerstaaten

Mit neun südlichen Anrainerstaaten des Mittelmeeres bestehen derzeit Regionale Handelsabkommen der Europäischen Union. Sieben davon sind Assoziierungsabkommen, die im Rahmen des *Barcelona-Prozesses* zwischen 1998 und 2006 überwiegend als Entwicklungsassoziierungen geschlossen wurden. Dabei handelt es sich in chronologischer Reihenfolge um die Abkommen mit Tunesien[559], Marokko[560], Israel[561], Jordanien[562], Ägypten[563], Algerien[564] sowie Libanon[565]. Die Assoziierungsabkommen sehen die schrittweise Einrichtung einer

552 ABl. L 300/189 vom 31.12.1972.

553 VO (EWG) Nr. 1691/73, ABl. L 171/1 vom 27.06.1973; VO (EWG) Nr. 2840/72, ABl. L 300/188 vom 31.12.1972.

554 ABl. L 374/14 vom 31.12.1990.

555 ABl. L 84/43 vom 28.03.2002.

556 ABl. L 53/1 vom 22.02.1997.

557 Beschlüsse des Rates 1990/680/EWG, ABl. L 374/13 vom 31.12.1990; 2002/245/EG, ABl. L 84/41 vom 28.03.2002; 1997/126/EG, ABl. L 53/1 vom 22.02.1997.

558 Vgl. hierzu Beschluss des Rates 2001/822/EG, ABl. L 314/1 vom 30.11.2001.

559 ABl. L 97/2 vom 30.03.1998.

560 ABl. L 70/2 vom 18.03.2000.

561 ABl. L 147/3 vom 21.06.2000.

562 ABl. L 129/3 vom 15.05.2002.

563 ABl. L 304/39 vom 30.09.2004.

564 ABl. L 265/2 vom 10.10.2005.

565 ABl. L 143/2 vom 30.05.2006.

Freihandelszone vor. Darüber hinaus sind weitreichende anderweitige Kooperationen geregelt[566].

Auch mit Syrien wurde 2009 ein Assoziierungsabkommen ausgehandelt. Bislang wurde dieses jedoch nicht unterzeichnet und ein Abschluss wird von Seiten der Union derzeit nicht verfolgt. Die präferenziellen bilateralen Beziehungen beruhen daher weiterhin auf dem Kooperationsabkommen aus dem Jahre 1978[567].

Mit der Palästinensischen Befreiungsorganisation PLO zugunsten der Palästinensischen Behörde für das Westjordanland und den Gaza-Streifen unterhält die EU ebenfalls ein Regionales Handelsabkommen, welches als Interimsabkommen bis zu einer endgültigen Übereinkunft die Handelspräferenzen regelt[568]. Es unterscheidet sich von den übrigen Mittelmeer-Abkommen außerdem auch insoweit, als hier als Kompetenzgrundlagen nicht eine Assoziierung, sondern die gemeinsame Handelspolitik sowie die Entwicklungszusammenarbeit herangezogen werden[569]. Dennoch wird auch dieses Abkommen als Assoziationsabkommen bezeichnet. Aufgrund der nach wie vor schwierigen Situation des Nahostkonfliktes ist der Handel in der Region naturgemäß stark begrenzt. Der EuGH hatte sich 2010 aufgrund einer deutschen Vorlagefrage mit den Abkommen mit Israel und der PLO zu beschäftigen[570].

Sämtliche Mittelmeer-Staaten, die durch neuere Präferenzabkommen mit der EU verbunden sind, sind außerdem an der Europäischen Nachbarschaftspolitik beteiligt. Zukunftsweisend war die Gründung der Union für das Mittelmeer im Jahre 2008. Das umstrittene Projekt gilt trotz des wesentlich weiteren Teilnehmerkreises als Fortentwicklung des Barcelona-Prozesses und soll eine Freihandelszone sowohl zwischen EU und den teilnehmenden Mittelmeerstaaten, als auch zwischen den einzelnen Mittelmeerstaaten schaffen. Nachdem auf Seiten der EU zunächst lediglich die Anrainerstaaten des Mittelmeeres als Mitglieder angedacht waren, einigte man sich schließlich, alle EU-Staaten auch zu Mitgliedern der Union für das Mittelmeer zu machen. Im Jahre 2010 nahm die Organisation ihre Arbeit auf. Auffällig ist, dass wie schon im Rahmen des ursprünglichen Barcelona-Prozesses Libyen weitgehend außen vor bleibt und lediglich ei-

566 Vgl. zu den Abkommen mit den Mittelmeerstaaten *Panagariya,* The World Economy 2002, 1415 (1418 f.); *Vöneky/Beylage-Haarmann*, in: Grabitz/Hilf/Nettesheim, Art. 217 AEUV, Rn. 101 ff.

567 ABl. L 269/2 vom 27.09.1978.

568 ABl. L 187/3 vom 16.07.1997.

569 Beschluss des Rates 97/430/EG, ABl. L 187/1 vom 16.07.1997.

570 EuGH, Rs. C-386/08, Slg. 2010, I-1289, *Brita*. Er stellte dabei fest, dass Erzeugnisse mit Ursprung im Westjordanland nicht unter das Präferenzabkommen mit Israel fallen.

nen Beobachterstatus inne hat. Auch ein bilaterales Präferenzabkommen besteht bislang nicht. Die Verhandlungen für ein solches wurden aber bereits initiiert.

V. Economic Partnership Agreements

Die wirtschaftliche Kooperation mit den AKP-Staaten ist einer der klassischen Grundpfeiler der Entwicklungspolitik der EU. In der Tradition der Abkommen von Jaunde, Lomé und Cotonou besteht die aktuelle Politik in der Aushandlung von Wirtschaftspartnerschaftsabkommen, sog. *Economic Partnership Agreements (EPAs)*. Die Schaffung solcher neuer Abkommen war im Cotonou-Abkommen angelegt worden und ist insbesondere vor dem Hintergrund der bislang praktizierten nicht-reziproken und damit im steten Spannungsverhältnis zu WTO-Grundsätzen stehenden präferenziellen Behandlung der Staaten des Afrika-Karibik-Pazifik-Raumes zu sehen. Im Gegensatz zu den alle AKP-Staaten umfassenden bisherigen Abkommen läuft der Prozess des Abschlusses von EPAs dergestalt, dass die Entwicklungsländer sich untereinander in Gruppen aufteilen. Diese schließen in der Folge selbstständige Abkommen mit der EU, die daher individuelle Besonderheiten berücksichtigen können. Das Projekt ist hoch umstritten. Während die Europäische Union mit großem Elan für EPAs wirbt, steht ihr massive Kritik, vorwiegend aus globalisierungskritischen Kreisen, entgegen, die argumentiert, die Armut in den betroffenen Regionen werde durch die geplanten Abkommen nur weiter gefestigt und die wirtschaftliche, soziale und ökologische Nachhaltigkeit der EPAs sei nicht ausreichend. Gemäß Art. 37 Abs. 1 des Cotonou-Abkommens sollten alle EPAs spätestens am 1. Januar 2008 in Kraft treten. Bislang läuft ihre Entwicklung jedoch eher schleppend. Erst vier EPAs wurden bislang bei der WTO notifiziert. Das bisher einzige endgültig in Kraft getretene EPA ist jenes mit den CARIFORUM-Staaten, zu denen 15 karibische Staaten zählen[571]. Darüber hinaus existieren sechs weitere Gruppierungen von AKP-Staaten. Zwischen diesen und der EU laufen Verhandlungen, welche zum Teil auch bereits zu Interimsabkommen geführt haben. So besteht ein Interims-EPA mit Kamerun[572], welches in der sehr heterogenen Gruppe der zentralafrikanischen Staaten als bislang einziger Partner zu einem Abschluss gekommen ist. Der Gruppe gehören außerdem einige der am wenigsten entwickelten Länder der Welt an, deren Handelspräferenzen sich nicht nach Regionalen Handelsabkommen, sondern nach anderweitigen Initiativen richten. Innerhalb der Beziehungen zwischen EU und der Gruppe Westafrikas besteht

571 ABl. L 289/3 vom 30.10.2008.
572 ABl. L 57/2 vom 28.02.2009.

bislang nur ein Interimsabkommen mit der Elfenbeinküste[573]. Aus der Pazifik-Gruppe haben Fidschi und Papua-Neuguinea ein vorläufiges Abkommen mit der EU geschlossen[574]. Die drei erstgenannten Economic Partnership Agreements beruhen auf den Kompetenzgrundlagen der gemeinsamen Handelspolitik und der Entwicklungszusammenarbeit[575], das vierte nur auf der GHP[576]. Mit Staaten der genannten Gruppen sowie anderer Gruppen laufen weitere Verhandlungen. Bedenkt man die Gesamtanzahl von 79 AKP-Staaten, von denen bis dato nur 19 von EPAs umfasst sind, zeigt sich die Länge des noch zu gehenden Weges.

VI. Sonstige Abkommen

Die Europäische Union unterhält weiterhin ein Präferenzabkommen mit Südafrika[577], das zwar auch zur Gruppe der AKP-Staaten zählt, mit der EU aber ein separates Abkommen geschlossen hat, sowie außerdem ein Abkommen mit Mexiko[578] und eines mit Chile[579]. Sie begründen jeweils eine Freihandelszone. Während das Abkommen mit Mexiko seine Kompetenzgrundlage in der gemeinsamen Handelspolitik sowie der Entwicklungszusammenarbeit findet[580], basieren die Verträge mit Südafrika und Chile auf der Assoziierungskompetenz[581].

Das neueste Regionale Handelsabkommen der Europäischen Union trat im Juli 2011 im Verhältnis zur Republik Korea in Kraft[582]. Im Gegensatz zum bisherigen regelmäßigen Procedere begründet dieses Abkommen ambitionierte Präferenzen sowohl im Waren- als auch im Dienstleistungsbereich, ohne zuvor die Regelungen über den Warenhandel in einem Interimsabkommen zur Geltung zu bringen. Als primäre Rechtsgrundlage wurde die gemeinsame Handelspolitik gewählt[583].

---

573 ABl. L 59/3 vom 03.03.2009.

574 ABl. L 272/2 vom 16.09.2009.

575 Beschlüsse des Rates 2008/805/EG, ABl. L 289/1 vom 30.10.2008; 2009/152/EG, ABl. L 57/1 vom 28.02.2009; 2009/156/EG, ABl. L 59/1 vom 03.03.2009.

576 Beschluss des Rates 2009/729/EG, ABl. L 272/1 vom 16.10.2009.

577 ABl. L 311/3 vom 04.12.1999.

578 ABl. L 276/45 vom 28.10.2000.

579 ABl. L 352/3 vom 30.12.2002.

580 Beschluss des Rates 2000/658/EG, ABl. L 276/44 vom 28.10.2000.

581 Beschlüsse des Rates 1999/753/EG, ABl. L 311/1 vom 04.12.1999; 2002/979/EG, ABl. L 352/1 vom 30.12.2002

582 ABl. L 127/6 vom 14.05.2011.

583 Beschluss des Rates 2011/265/EU, ABl. L 127/1 vom 14.05.2011.

VII. Künftige Entwicklungen

Neben diesen bereits bestehenden und notifizierten Abkommen, liegt trotz der immer wieder betonten Priorität des Voranbringens des multilateralen Handelssystems ein großes Potenzial in der zukünftigen Entwicklung bilateraler bzw. regionaler Präferenzabkommen der Europäischen Union. So sind bei der WTO bereits die noch in Verhandlungen befindlichen Übereinkommen der EU mit Indien, der Ukraine und Kanada vorangekündigt. Darüber hinaus werden weitere potenzielle Partner in die Überlegungen einbezogen, deren Auswahl sich einerseits nach dem Kriterium des Marktpotenzials richtet, andererseits aber auch berücksichtigt, wie umfangreich die bestehenden Handelsschranken sind, die ein potenzieller Partner in Widerspruch zu europäischen Exportinteressen aufrecht erhält. Es werden in diesem Zusammenhang insbesondere mögliche Abkommen mit den ASEAN-Staaten und dem MERCOSUR genannt. Ein Assoziierungsabkommen zwischen EU und MERCOSUR auf der Grundlage einer Freihandelszone wird bereits verhandelt, wenngleich nur geringe Verhandlungsfortschritte gemacht werden. Auch China, Russland, weitere Staaten der ehemaligen Sowjetunion sowie der Golf-Kooperationsrat werden als mögliche zukünftige Partner angesehen[584]. Ferner ist bereits seit vielen Jahren eine stärkere transatlantische Partnerschaft zwischen Europa und Nordamerika und die Gründung einer Transatlantic Free Trade Area (TAFTA) im Gespräch. Deren Realisierung ist jedoch bislang nicht fortgeschritten. Über diese hauptsächlich auf die Bindung von Staaten mit einem großen wirtschaftlichen Potenzial ausgerichtete Auswahl hinaus steht selbstverständlich auch in Zukunft eine starke Zusammenarbeit mit den Entwicklungsländern – insbesondere durch die Ausweitung und Fortentwicklung von Economic Partnership Agreements – auf der Agenda der Union[585].

VIII. Auswertung

Insgesamt sind derzeit 32 Regionale Handelsabkommen der Europäischen Union bei der WTO notifiziert. Zieht man das Abkommen mit den Überseeischen Ländern und Gebieten ab und beachtet, dass die drei über den EWR mit der EU verbundenen Staaten auch bilaterale Abkommen mit der Union unterhalten, dass ein gemeinsames Abkommen mit der Schweiz und Liechtenstein sowie ein ge-

---

584 *Ehlers,* Bilaterale und regionale Handelsabkommen als Kernstück der "neuen" EG-Handelspolitik. In: Ehlers/Wolffgang/Schröder (Hrsg.), Rechtsfragen internationaler Investitionen, S. 212; *Lamy,* The World Economy 2002, 1399 (1413).

585 *Ehlers,* Bilaterale und regionale Handelsabkommen als Kernstück der "neuen" EG-Handelspolitik. In: Ehlers/Wolffgang/Schröder (Hrsg.), Rechtsfragen internationaler Investitionen, S. 212.

meinsames Abkommen mit Papua-Neuguinea und Fidschi bestehen und dass das CARIFORUM-EPA 15 Staaten umfasst, so gelangt man zu dem Ergebnis, dass insgesamt 44 Staaten mit der Europäischen Union in Regionalen Handelsabkommen verbunden sind. Weitere werden hinzukommen.

Hinsichtlich der wirtschaftlichen Integrationsintensität in Gestalt einer Liberalisierung des Warenhandels ist auffällig, dass lediglich drei EU-Präferenzabkommen eine Zollunion begründen. Die restlichen Abkommen reichen hingegen nicht über die Vereinbarung einer Freihandelszone hinaus. Dieser Anteil von ca. 10% entspricht in etwa dem weltweiten Anteil von Zollunionen an der Gesamtheit der regionalen wirtschaftlichen Integration. Zu beachten ist in diesem Zusammenhang, dass ein Großteil der untersuchten Abkommen die Schaffung einer Integrationszone nicht sofort, sondern innerhalb eines gewissen Zeitraumes vorsieht. Nicht alle der vorgesehenen Freihandelszonen sind heute vollendet. Die schrittweise Schaffung einer Integrationszone ist in Art. XXIV GATT neben Zollunion und Freihandelszone als der dritte erlaubte Tatbestand vorgesehen.

Über diese Zollpräferenzen des Warenhandels hinaus, weisen lediglich neun der Regionalen Handelsabkommen der Union auch diskriminierende Präferenzen im Dienstleistungsbereich auf. Diese umfassen also sowohl den Waren- als auch den Dienstleistungshandel und sind somit bei der WTO nicht nur nach Art. XXIV GATT, sondern auch nach Art. V GATS zu notifizieren. Die Einbeziehung auch des Dienstleistungshandels ist mit Ausnahme des EWR nur in neueren Präferenzabkommen zu finden, welche ab dem Jahr 2000 geschlossen wurden. Während die alleinige Liberalisierung des Warenhandels unter Ausschluss des Dienstleistungshandels durchaus üblich ist, existiert der umgekehrte Fall von Abkommen, welche lediglich den Dienstleistungsbereich liberalisieren, nicht.

Wertet man die für die derzeit in Kraft befindlichen Abkommen herangezogenen Kompetenzgrundlagen aus[586], so wird ersichtlich, dass 16 und damit die Hälfte der Präferenzabkommen auf die Assoziierungskompetenz gestützt werden. Neun Verträge wurden auf der Basis der gemeinsamen Handelspolitik begründet, fünf weitere auf der gemeinsamen Handelspolitik in Verbindung mit der Vertragsschlusskompetenz im Rahmen der Entwicklungszusammenarbeit und ein weiteres auf der gemeinsamen Handelspolitik in Verbindung mit der Kompetenzergänzungsklausel. Schließlich wird für ein Abkommen die Kompe-

586 Diese ergeben sich, wie für die einzelnen Abkommen bereits aufgezeigt, aus dem zugrunde liegenden Beschluss bzw. der zugrunde liegenden Verordnung.

tenz zur Assoziierung der Überseeischen Länder und Gebiete bemüht[587]. Berücksichtigt man die bereits ausgeprägte und in Zukunft noch ansteigende Vielzahl der Staaten, mit denen die EU über wenige EPAs verbunden ist, so kommt der Verbindung aus gemeinsamer Handelspolitik und Entwicklungszusammenarbeit als Kompetenz für Regionale Handelsabkommen trotz der bislang geringen Anzahl ein großes Bedeutungspotenzial zu.

Auffällig ist, dass sämtliche Assoziierungsabkommen als gemischte Abkommen geschlossen wurden, beinahe sämtliche Verträge im Rahmen der gemeinsamen Handelspolitik jedoch ausschließlich von der EU bzw. ihren Vorgängerorganisationen, obgleich in beiden Fällen eine ausschließliche Unionskompetenz besteht. Auch dieses Vorgehen macht deutlich, dass die Integration durch Assoziierungen intensiver und inhaltlich weitergehend ist als diejenige durch reine Handelsabkommen. Diese Perspektive wird jedoch relativiert durch den gemischten Abschluss des neuen Abkommens mit der Republik Korea, welches ebenfalls auf der GHP beruht. Ebenso als gemischte Abkommen – interessanterweise mit Ausnahme des PLO-Abkommens – wurden die Präferenzabkommen auf der gemeinsamen Grundlage von GHP und Entwicklungszusammenarbeit geschlossen. Darüber hinaus ist zu beobachten, dass die Liberalisierung auch des Dienstleistungshandels i.S.v. Art. V GATS einzig in gemischten Abkommen vorgenommen wird. Die Präferenzen im Dienstleistungsbereich treten dabei in der Regel erst einige Jahre nach denen im Bereich des Warenhandels in Kraft. Waren bislang solch umfassende Integrationsabkommen nur auf der Assoziierungskompetenz sowie auf der Kombination aus GHP und Entwicklungshilfe begründet worden, so umfasst das Korea-Abkommen erstmals sowohl Waren- als auch Dienstleistungshandel auf der Grundlage der GHP. Angesichts der expliziten Erweiterung der Unionskompetenzen im Rahmen der gemeinsamen Handelspolitik war ein solcher Schritt zu erwarten. In der Tendenz zeigt sich, dass neuere Abkommen weitreichender sind als ältere und dass der gemischte Abschluss von Regionalen Handelsabkommen – wohl auch aufgrund dessen – üblicher wird. Die weitere Entwicklung bleibt mit Spannung abzuwarten.

Insgesamt ist zu konstatieren, dass die Europäische Union durch eine Vielzahl an Abkommen, unter denen nicht zuletzt wegen der gewährten wirtschaftli-

587 Diese zahlenmäßige Aufstellung ist insoweit leicht vereinfacht, als einzelne Abkommen zusätzlich zu den genannten Rechtsgrundlagen auf weitere Normen gestützt werden. Im Wesentlichen handelt es sich dabei um Normen aus dem EGKS- und dem Euratom-Vertrag sowie Grundlagen, die nach heutigem Verständnis von anderen umfasst sind oder nur marginale Teile eines Abkommens betreffen. Für die Zwecke dieser Arbeit sind diese unerheblich und sollen zugunsten der Übersichtlichkeit unberücksichtigt bleiben.

chen Präferenzen die Regionalen Handelsabkommen die bedeutendsten darstellen, ein weltweites Netz der Kooperation spannt. Es werden mit diesen Abkommen eine große Fülle an ökonomischen und nichtökonomischen Interessen verfolgt. Sowohl im Allgemeinen als auch hinsichtlich der regionalen wirtschaftlichen Integration durch präferenzielle Abkommen bestehen zum Teil beträchtliche Unterschiede zwischen der inhaltlichen Breite und Tiefe der jeweiligen Partnerschaften. Für die Union bietet sich das Bild konzentrischer Kreise mit der EU als zentralem Mittelpunkt an, von welchem aus Ringe diverser Kooperationsintensitäten ausgehen. In der Enge der Beziehung zur Union spiegelt sich dabei zwar nicht zwingend[588], aber durchaus erkennbar eine geographische Nähe wider[589]. Vom engsten Kreis der Mitgliedstaaten selbst über die EWR-Mitglieder und Beitrittskandidaten bis hin zu Partnern nichtpräferenzieller Kooperationsabkommen ist dabei die gesamte Bandbreite abgedeckt[590]. Ein solches Bild kann angesichts mannigfaltiger anderweitiger Projekte und Initiativen – man denke etwa an Schengen oder den Europarat – beinahe beliebig erweitert werden.

Die nachfolgende Abbildung 2 gibt einen zusammenfassenden Überblick über die zumindest Zollpräferenzen gewährenden, bei der WTO notifizierten und bereits in Kraft befindlichen Regionalen Handelsabkommen der Europäischen Union sowie ihre wesentlichen Merkmale.

---

588 Vgl. etwa die Kooperation mit den AKP-Staaten.

589 Auch *Sapir,* The World Economy 2000, 1135 (1143 f.), sieht eine Unterscheidung zwischen eher auf umfassende wirtschaftliche, politische und gesellschaftliche Integration ausgerichteten Abkommen mit europäischen Staaten und tendenziell stärker ökonomisch geprägten Abkommen mit außereuropäischen Staaten. Wie gesehen verbietet sich freilich eine strikte Abgrenzung.

590 Einordnungen in verschiedene Schichten von Kooperation werden in der Literatur häufig vorgenommen, sind jedoch aufgrund unterschiedlicher und oftmals nicht erkennbarer Auswahl der herangezogenen Kriterien recht heterogen. Vgl. etwa *Arnold/Nedelka,* Different Models of Adjusting to European Integration with a View to the Implementation and Enforcement of the Europe Agreements. In: Müller-Graff (Hrsg.), East Central Europe and the European Union, S. 357 f; *Hilpold,* Die EU im GATT/WTO-System, S. 113; *Panagariya,* The World Economy 2002, 1415 (1416 ff., 1424 ff.); *Winters,* The European Community: a case of successful integration? In: De Melo/Panagariya (Hrsg.), New dimensions in regional integration, S. 215 f.; *Yüksel,* GATT/WTO-Welthandelssystem, S. 100 ff.; *Zippel,* Die Politik der Assoziationsabkommen. In: Müller-Graff (Hrsg.), Die Rolle der erweiterten Europäischen Union in der Welt, S. 222 f.

Abbildung 2: Die Regionalen Handelsabkommen der Europäischen Union[591]

Vertragspartner	Inkrafttreten	Umfang	Typ/Grundlage
Ägypten	01.06.2004	Waren	Assoziierung
Albanien	01.04.2009 (Interim: 01.10.2006)	Waren + Dienstleistungen	Assoziierung
Algerien	01.09.2005	Waren	Assoziierung
Andorra	01.01.1991	Waren	GHP
Bosnien und Herzegowina	01.07.2008	Waren	GHP
CARIFORUM	01.11.2008	Waren + Dienstleistungen	GHP + Entwicklungszusammenarbeit
Chile	01.03.2005 (Interim: 01.02.2003)	Waren + Dienstleistungen	Assoziierung
Elfenbeinküste (als EPA-Partner)	01.01.2009	Waren	GHP + Entwicklungszusammenarbeit
EWR	01.01.1994	Waren + Dienstleistungen	Assoziierung
Färöer	01.01.1997	Waren	GHP
Island	01.04.1973	Waren	GHP

591 Die Abbildung beruht auf Informationen aus der Datenbank der WTO unter http://rtais.wto.org/UI/PublicMaintainRTAHome.aspx, aus der Datenbank der EU unter http://ec.europa.eu/world/agreements/default.home.do, auf den Amtsblättern zu den jeweiligen Abkommen sowie auf Informationen, die mir von der WTO, Trade Policies Review Division, zur Verfügung gestellt wurden.
Das Inkrafttreten eines Interimsabkommens wird nur dann separat benannt, wenn mit diesem Präferenzen des Warenhandels vor den erst in dem endgültigen Abkommen gewährten Präferenzen des Dienstleistungshandels eingeräumt werden. Im Übrigen ist der Eintritt der Warenhandelspräferenzen genannt. Zugunsten der Übersichtlichkeit werden nur diejenigen Grundlagen genannt, auf welche die Abkommen im Wesentlichen gestützt sind.

Israel	01.06.2000	Waren	Assoziierung
Jordanien	01.05.2002	Waren	Assoziierung
Kamerun (als EPA-Partner)	01.10.2009	Waren	GHP + Entwicklungs-zusammenarbeit
Republik Korea	01.07.2011	Waren + Dienst-leistungen	GHP
Kroatien	01.02.2005 (Interim: 01.03.2002)	Waren + Dienst-leistungen	Assoziierung
Libanon	01.03.2003	Waren	Assoziierung
Marokko	01.03.2000	Waren	Assoziierung
Mazedonien	01.04.2004 (Interim: 01.06.2001)	Waren + Dienst-leistungen	Assoziierung
Mexiko	01.10.2000 (Interim: 01.07.2000)	Waren + Dienst-leistungen	GHP + Entwicklungs-zusammenarbeit
Montenegro	01.05.2010 (Interim: 01.01.2008)	Waren + Dienst-leistungen	Assoziierung
Norwegen	01.07.1973	Waren	GHP
Papua-Neug./Fidschi (als EPA-Partner)	20.12.2009 (noch nicht für Fidschi)	Waren	GHP
PLO (zug. Paläst. Beh.)	01.07.1997	Waren	GHP + Entwicklungs-zusammenarbeit
San Marino	01.04.2002	Waren	GHP + Kompetenz-ergänzungsklausel
Schweiz / Liechten-stein	01.07.1973	Waren	GHP
Serbien	01.02.2010	Waren	GHP
Südafrika	01.01.2000	Waren	Assoziierung

Syrien	01.07.1977	Waren	Assoziierung
Tunesien	01.03.1998	Waren	Assoziierung
Türkei	01.12.1964	Waren	Assoziierung
Überseeische Länder und Hoheitsgebiete	01.01.1971	Waren	Konstitutionelle Assoziierung

Teil 3:

Die Stabilisierungs- und Assoziierungsabkommen mit den Staaten des westlichen Balkans

Pro-European governments and parties should not lose enthusiasm. Citizens who strive for peace and reconciliation, should not lose hope. The countries of the region deserve our help to fulfil their European destiny.

Herman Van Rompuy
Berliner Europa-Rede vom 9. November 2010

Im Anschluss an diese dem Überblick dienende Darstellung sämtlicher Regionaler Handelsabkommen der Europäischen Union soll im folgenden dritten Teil – dem eingangs angekündigten Aufbau dieser Arbeit vom Allgemeinen zum Speziellen folgend – exemplarisch eine spezielle Gruppe von Präferenzabkommen detailliert betrachtet werden, welche die aktuelle Entwicklung der regionalen wirtschaftlichen Integration der EU prägt. Es handelt sich dabei um die Stabilisierungs- und Assoziierungsabkommen (SAA), welche die Europäische Union derzeit mit den Staaten des westlichen Balkans schließt[592].

Kapitel 1: Kontext und Hintergrund

Die tragischen Ereignisse, welche sich in den vergangenen Jahrzehnten im westlichen Balkan aneinanderreihten, gehören zweifellos zu den prägendsten Entwicklungen in der jüngeren Geschichte Europas. Der Ordnungsprozess ist trotz teils bedeutender Fortschritte noch lange nicht abgeschlossen. Untrennbar mit den weiteren Entwicklungen verbunden ist die Frage der Annäherung der Staaten an die Europäische Union.

Der Begriff *westlicher Balkan* umfasst sämtliche Staaten des ehemaligen Jugoslawien unter Ausnahme Sloweniens, also Bosnien und Herzegowina, Kosovo[593], Kroatien, die ehemalige jugoslawische Republik Mazedonien[594], Montenegro und Serbien. Außerdem wird Albanien dazugezählt[595].

Die Beziehung der EU zu diesen Staaten ist von einer steten Weiterentwicklung geprägt. Den massiven Zäsuren im zerfallenden Jugoslawien ab 1991 vorausgehend, befand sich der Balkan aus zentraleuropäischer Perspektive in gewissem Maße in einem „historischen Nebel“[596]. Dennoch rückte die Föderative Volksrepublik Jugoslawien, später die Sozialistische Föderative Republik Jugoslawien, unter anderem durch den Tourismus, steigende Gastarbeiterzahlen sowie die Olympischen Spiele im Winter 1984 in Sarajevo langsam in ein ver-

---

592 Diese Abkommen sind zum einen verfügbar im Amtsblatt der Europäischen Union. Auf die konkreten Fundstellen im Amtsblatt wird im Folgenden hinsichtlich der einzelnen Abkommen verwiesen. Zum anderen sind sämtliche Regionale Handelsabkommen der EU auch abrufbar auf den Internetseiten der WTO unter http://rtais.wto.org/UI/PublicMaintainRTAHome.aspx.

593 Zu beachten ist hier die Resolution 1244 des UN-Sicherheitsrates.

594 Im Folgenden als Mazedonien bezeichnet.

595 *Altmann,* Politische Studien Themenheft 1/2009, 95 (95); *Kocjancic,* ZaöRV 2006, 435 (436); *Priebe,* EuR 2008, 301 (301).

596 *Altmann,* Politische Studien Themenheft 1/2009, 95 (95).

stärktes Bewusstsein. Die Europäische Gemeinschaft unterhielt Ende der 1980er Jahre ein weitreichendes Kooperations- und Handelsabkommen mit Jugoslawien[597].

Schlagartig geriet das Gebiet durch die politischen Umwälzungen und den Zerfall Jugoslawiens in den zentralen Blick Europas und der Welt. Auf sukzessive an Intensität zunehmende Unruhen folgend, brach im Jahre 1991 im Zusammenhang mit den slowenischen Unabhängigkeitsbestrebungen die erste einer ganzen Folge von kriegerischen Auseinandersetzungen aus. Während der ersten Kriegsjahre wurden erhebliche Probleme der Europäischen Gemeinschaften bei der Lösung des Konfliktes und der Verhinderung weiterer Eskalation deutlich. Erst durch die Abkommen von Dayton und Erdut konnten Bosnien- und Kroatienkrieg Ende 1995 beendet werden[598]. Angesichts und in der Folge dessen begann die Europäische Union 1996 mit der Entwicklung von Programmen und Instrumenten, die eine effektive Stabilitätspolitik gegenüber der Region des westlichen Balkans ermöglichen sollten. Die nunmehr verfolgte Strategie wird als *Regionaler Ansatz* bezeichnet. Kern dieser Politik ist die Überzeugung, die regionale Zusammenarbeit zwischen den einzelnen Staaten der Balkanregion sei der zentrale Garant für eine dauerhafte stabile Situation. Ein Zusammenhalt der Region und die daraus entstehenden gemeinsamen Interessen waren nach dieser Ansicht der EU geeignet, die Kriegsgefahr zu bannen und eine friedliche Entwicklung wirtschaftlicher wie gesellschaftlicher Strukturen zu ermöglichen[599]. Dass ein für den Erfolg dieser Strategie notwendiges Vertrauen zwischen den Staaten noch nicht herrschte, zeigte sich im Ausbruch des Kosovokrieges. Die Europäische Union war mit der Tatsache konfrontiert, dass der bislang verfolgte Ansatz nur ungenügende Wirkungen zeigte[600].

Ohne die Bedeutung der regionalen Kooperation zwischen den Staaten des Westbalkans aus den Augen zu verlieren, wurde nach Beendigung des Krieges[601] in den Jahren 1999/2000 eine bedeutende Neuorientierung der euro-

---

597 *Altmann,* Politische Studien Themenheft 1/2009, 95 (96).

598 Zum Konflikt in Bosnien-Herzegowina und zur Einsetzung einer multinationalen Friedenstruppe siehe *Fink,* Der Einsatz der Implementation Force (IFOR) in Bosnien-Herzegowina. In: Ziemske/Langheid/Wilms/et al. (Hrsg.), Staatsphilosophie und Rechtspolitik, S. 1461 ff.

599 *Kocjancic,* ZaöRV 2006, 435 (439); *Pintaric,* JOR 2003, 361 (361 f.).

600 *Mazrreku,* European Integration and the Western Balkans, S. 105 ff.

601 Zur Rechtmäßigkeit des NATO-Einsatzes während des Kosovokrieges siehe *Fink,* Der Kosovo-Konflikt und die Entstehung von Völkergewohnheitsrecht. In: Dörr/Fink/Hillgruber/et al. (Hrsg.), Die Macht des Geistes, S. 803 ff. und *Hobe,* NATO-Intervention im Kosovo. In: Dörr/Fink/Hillgruber/et al. (Hrsg.), Die Macht des Geistes, S. 819 ff. Dazu und zur Rolle der EU während des Konfliktes vgl. *Wolf,* Die Haltung

päischen Balkan-Politik eingeleitet. Die damals ins Leben gerufene und heute noch andauernde Strategie wird *Stabilisierungs- und Assoziierungsprozess* genannt[602]. In einer Mitteilung der Kommission an den Rat und das Europäische Parlament vom 26. Mai 1999 heißt es dazu unter anderem[603]:

> Trotz erheblicher Anstrengungen zur Stabilisierung einzelner Länder und der Region als Ganzes sind die bisher erzielten Fortschritte nicht gesichert. [...] Die Region befindet sich nun an einem Wendepunkt. Es bedarf dringend eines neuen Konzepts für Frieden und Stabilität in der gesamten Region, in das sowohl alle Länder der Region als auch die Europäische Union eingebunden werden. [...]
>
> Die Europäische Union steht vor einer wachsenden Herausforderung. Sie muss unbedingt eine wichtigere Rolle in der Region spielen. Dieser Herausforderung begegnet sie gegenwärtig durch die Weiterentwicklung ihres derzeitigen Regionalkonzepts für die Länder Südosteuropas. [...]
>
> Die Vorschläge in dieser Mitteilung für die Schaffung eines Stabilisierungs- und Assoziierungsprozesses werden ferner zur Entwicklung der gemeinsamen Strategie der EU für den Westbalkan beitragen, die den Rahmen für die Beziehungen der EU zu dieser Region in den kommenden Jahren abstecken und eine längerfristige Perspektive bieten wird, in deren Zusammenhang die Möglichkeiten der vorgeschlagenen engeren Beziehungen zu den Ländern der Region zu sehen sind.

Der seitdem laufende Stabilisierungs- und Assoziierungsprozess ist eine Strategie mit vielfältigen Einzelinitiativen in verschiedenen Bereichen, die gebündelt ein effizientes Programm zur Erreichung einer stabilen Entwicklung der Region darstellen. Über das Kernstück des Prozesses, die bilaterale vertragliche Kooperation zwischen EU und den einzelnen Staaten des westlichen Balkans in Form der Stabilisierungs- und Assoziierungsabkommen, hinaus gibt es weitere Bereiche des Engagements der EU in der Region. Durch wirtschaftliche, politische, humanitäre und auch militärische Unterstützung kommt der Union eine Schlüsselrolle für die Erreichung und Erhaltung der Stabilität zu[604]. Zu den weiteren zentralen Instrumenten, auf welchen der Prozess basiert, zählen auch die autonomen Handelspräferenzen, die durch die EU erstmals im Jahre 2000 durch die

---

der Europäischen Union im Kosovo-Konflikt. In: Dörr/Fink/Hillgruber/et al. (Hrsg.), Die Macht des Geistes, S. 841 ff.. Zur Verfassungsmäßigkeit der Beteiligung der Bundeswehr an dem NATO-Einsatz vgl. *Fink,* JZ 1999, 1016.

602 *Nowak,* EuR 2010, 746 (761 f.); *Phinnemore,* EFARev. 2003, 77 (78); *Pintaric,* JOR 2003, 361 (362); *Pippan,* EFARev. 2004, 219 (219).

603 KOM(1999) 235 endgültig, vom 26.05.1999, S. 1.

604 *Kusic/Grupe,* Scrutinising EU Policy: Does Intra-Regional Cooperation in the Western Balkans Contribute to Economic Progress? In: Kusic/Grupe (Hrsg.), The Western Balkans on their way to the EU?, S. 122; *Schmidt,* Fortschritte und neue Herausforderungen in der Europäischen Außen- und Sicherheitspolitik. In: Leiße (Hrsg.), Die Europäische Union nach dem Vertrag von Lissabon, S. 206.

Verordnung Nr. 2007/2000[605] gewährt wurden sowie die wirtschaftliche und finanzielle Unterstützung durch das Programm *Community Assistance for Reconstruction, Development and Stabilisation (CARDS)*[606], welches wegen des Fortschrittes bei der Annäherung an die Europäische Union nunmehr in das *Instrument for Pre-Accession Assistance (IPA)*[607] überführt wurde. Bereits zu Beginn des Stabilisierungs- und Assoziierungsprozesses war die gesamte Strategie und die Zukunft der Beziehungen auf dieser Grundlage in ein positives, optimistisches Licht getaucht worden, indem in Erklärungen von EU und Regierungen der südosteuropäischen Staaten erstmals das gemeinsame Ziel einer Integration des Westbalkans in die Europäische Union betont wurde[608].

Die Beziehungen zwischen den betreffenden südosteuropäischen Staaten und der EU wurden seit der Einleitung dieses Prozesses immer enger. Nicht nur wurden in den letzten Jahren Visafreiheiten gewährt[609]. Sämtliche der Staaten des westlichen Balkans sind zwischenzeitlich Beitrittskandidaten oder zumindest potenzielle Beitrittskandidaten geworden[610]. Neben Kroatien und Mazedonien gilt seit Dezember 2010 auch Montenegro offiziell als Kandidatenland. Albanien, Bosnien und Herzegowina, Kosovo[611] und Serbien bleiben potenzielle Kandidaten. Während Albanien aufgrund der andauernden innenpolitischen Konfrontationen von Regierung und Opposition bereits als „blockiertes Land"[612] bezeichnet wird, kommt nicht zuletzt Bewegung in die komplexe Annäherung Serbiens an die Europäische Union. Die Festnahmen von Radovan Karadzic im Juli 2008, Ratko Mladic im Mai 2011 sowie Goran Hadzic im Juli 2011 und deren Überstellung an den Internationalen Strafgerichtshof für das ehemalige Jugoslawien (ICTY) senden deutliche Signale in Richtung Brüssel, wenngleich die

---

605 VO (EG) Nr. 2007/2000, ABl. L 240/1 vom 23.09.2000. Seitdem werden die Präferenzen regelmäßig verlängert.

606 VO (EG) Nr. 2666/2000, ABl. L 306/1 vom 07.12.2000.

607 VO (EG) Nr. 1085/2006, ABl. L 210/82 vom 31.07.2006.

608 *Bendiek,* Der Konflikt im ehemaligen Jugoslawien und die europäische Integration, S. 159; *Isak,* Die Binnenverwirklichung von Demokratie und Rechtsstaatlichkeit in der erweiterten Europäischen Union. In: Müller-Graff (Hrsg.), Die Rolle der erweiterten Europäischen Union in der Welt, S. 374; *Priebe,* EuR 2008, 301 (303).

609 Mitte 2011 kamen Diskussionen über dic Vermeidung von Missbrauch dieser Freiheiten auf.

610 Zu dem Fortschritt der Erweiterungsinitiativen vgl. die Mitteilung der Kommission zur Erweiterungsstrategie und den wichtigsten Herausforderungen 2011-2012, KOM(2011) 666 endgültig, vom 12.10.2011 sowie die dieses Dokument begleitenden Fortschrittsberichte betreffend die einzelnen Kandidaten.

611 Zu beachten ist die Resolution 1244 des UN-Sicherheitsrates.

612 Süddeutsche Zeitung Nr. 120 vom 25.05.2011, S. 7.

fehlende Anerkennung des Kosovo weiterhin ein sensibler Punkt bleibt[613]. Die Kommission hat im Oktober 2011 empfohlen, Serbien den Status eines Kandidatenlandes zu verleihen, dies jedoch unter der Annahme, dass der Dialog mit dem Kosovo fortgesetzt wird[614]. Am weitesten fortgeschritten sind die Beitrittsbemühungen im Falle Kroatiens[615], das der Europäischen Union trotz des erst nach dem Regierungswechsel im Jahre 2000 eingeleiteten „Aufholprozesses"[616] höchstwahrscheinlich am 1. Juli 2013 als 28. Mitgliedstaat beitreten wird[617]. Zum Teil wird sogar gemutmaßt, im Falle besserer Kooperation mit dem ICTY hätte Kroatien die Chance gehabt, gleichzeitig mit Bulgarien und Rumänien Mitglied zu werden[618]. Entsprechend dieser immer konkreter werdenden Beitrittsperspektiven wurden im Rahmen des Stabilisierungs- und Assoziierungsprozesses sog. *Europäische Partnerschaften* gegründet, welche die individuellen Fortschritte, die von den einzelnen Balkanstaaten erwartet werden und deren Priorität nennen[619]. Für die aktuellen Beitrittskandidaten wird bereits die Bezeichnung *Beitrittspartnerschaft* verwendet[620].

Das Kernstück des 1999/2000 initiierten und durchaus Zwischenerfolge aufweisenden, von seinem Abschluss jedoch noch weit entfernt stehenden Stabilisierungs- und Assoziierungsprozesses sind die *Stabilisierungs- und Assoziierungsabkommen (SAA)*, welche die Europäische Union mit den einzelnen Balkanstaaten zum Teil bereits abgeschlossen hat, zum Teil noch abzuschließen anvisiert[621]. Auch aktuell gibt es bedeutsame Entwicklungen. Die bereits bestehen-

613 Erst im Juli 2011 war es zu einem gewaltsamen Konflikt im Grenzgebiet gekommen, der ein Eingreifen der KFOR notwendig machte.

614 Mitteilung der Kommission, KOM(2011) 666 endgültig, vom 12.10.2011, S. 32.

615 Zu verbreiteten Identitätsproblemen in Form einer historisch gewachsenen und nicht selbstkritisch reflektierten Einordnung Kroatiens als Wahrer der europäischen Identität vgl. *Paic,* Kroatien - Das Bollwerk Europas? In: von Kohl/Dzihic/Paic (Hrsg.), Kroatien und die EU, S. 96 ff.

616 *Kusic/Grupe,* Zwischen Brüssel und Balkan. In: von Kohl/Dzihic/Paic (Hrsg.), Kroatien und die EU, S. 71.

617 Der Beitrittsvertrag wurde am 9. Dezember 2011 in Brüssel unterzeichnet. Vgl. hierzu die Rede von *José Manuel Barroso*, SPEECH/11/869 in der es heißt: „Croatia has demonstrated that it met the strict conditions of the enlargement process. It will therefore rightly join our Union on 1st July 2013". In einem Referendum am 22.01.2012 hat auch die kroatische Bevölkerung mehrheitlich für den Beitritt gestimmt.

618 *Hammermann/Schweickert,* EU Enlargement and Institutional Development, S. 15.

619 VO (EG) Nr. 533/2004, ABl. L 86/1 vom 24.03.2004.

620 Vgl. etwa Beschluss des Rates 2008/119/EG, ABl. L 42/51 vom 16.02.2008 oder Beschluss des Rates 2008/212/EG, ABl. L 80/32 vom 19.03.2008.

621 *Khan*, in: Geiger/Khan/Kotzur, Art. 217 AEUV, Rn. 17; *Kusic/Grupe,* Scrutinising EU Policy: Does Intra-Regional Cooperation in the Western Balkans Contribute to Eco-

den Abkommen bilden die Grundlage der Beziehungen zwischen Union und den Einzelstaaten, von den zukünftigen Abkommen wird ebendies erhofft und erwartet.

Derzeit existieren mit allen Staaten des westlichen Balkans außer Kosovo Regionale Handelsabkommen, die bei der WTO notifiziert wurden. Davon sind vier Abkommen, nämlich diejenigen mit Albanien, Kroatien, Mazedonien und Montenegro, bereits Stabilisierungs- und Assoziierungsabkommen. Bei den beiden anderen Präferenzabkommen mit Bosnien und Herzegowina sowie Serbien handelt es sich um Interimsabkommen, welche einen beschränkten Fokus auf die Handelsfragen der Kooperation aufweisen und nur so lange in Kraft bleiben sollen, bis die bereits ausgehandelten und unterzeichneten Stabilisierungs- und Assoziierungsabkommen auch in diesem Verhältnis in Kraft treten können[622]. Auf diese Art und Weise kann der Zeitraum des zum Teil sehr langwierigen Ratifikationsprozesses überbrückt werden. Das vorläufige Abkommen mit Bosnien und Herzegowina[623] trat 2008 in Kraft, das Interimsabkommen mit Serbien[624] erst im Jahre 2010. Ein Inkrafttreten endgültiger SAA wird sowohl im Verhältnis zu Bosnien und Herzegowina als auch zu Serbien für das Jahr 2012 erwartet. Während die SAA sowohl Präferenzen auf dem Gebiet des Warenhandels, als auch des Dienstleistungshandels begründen und somit sowohl gemäß Art. XXIV GATT als auch gemäß Art. V GATS notifizierungspflichtig sind, umfassen die vorläufigen Abkommen lediglich den Warenhandel. Das erste in Kraft getretene endgültige SAA ist dasjenige mit Mazedonien[625]. Die Präferenzen des Warenhandels im Verhältnis zur EU waren bereits im Jahre 2001 in Kraft gesetzt worden, das gesamte SAA einschließlich des präferenziellen Dienstleistungshandels einige Zeit später im Jahre 2004. Im unmittelbaren Anschluss daran liegt das SAA zwischen der Europäischen Union und Kroatien[626], dessen Handelspräferenzen 2002 und 2005 in Kraft traten. In chronologischer Reihenfolge schließt sich das SAA mit Albanien[627] mit Inkrafttreten 2006 bzw. 2009 an. Das aktuellste Präferenzabkommen der EU mit einem Staat des westlichen Balkans ist das Stabilisierungs- und Assoziierungsabkommen mit dem

---

nomic Progress? In: Kusic/Grupe (Hrsg.), The Western Balkans on their way to the EU?, S. 122; *Mazrreku,* European Integration and the Western Balkans, S. 123.

622 Verzögerungen waren insoweit insbesondere wegen mangelnder Kooperation mit dem Jugoslawien-Tribunal ICTY aufgetreten.

623 ABl. L 169/13 vom 30.06.2008.

624 ABl. L 28/2 vom 30.01.2010.

625 ABl. L 84/13 vom 20.03.2004.

626 ABl. L 26/3 vom 28.01.2005.

627 ABl. L 107/166 vom 28.04.2009.

neuesten Beitrittskandidaten Montenegro[628]. Nach dem üblichen Muster wurden die Präferenzen auf dem Gebiet des Warenhandels vorzeitig im Jahre 2008 in Kraft gesetzt, das gesamte SAA ist seit 1. Mai 2010 in Kraft.

Der Fortschritt der Beziehungen zum Kosovo gestaltet sich schwieriger. Die kosovarische Unabhängigkeitserklärung von 2008 wurde Mitte 2010 durch den IGH für rechtmäßig befunden. In der Europäischen Union wird Kosovo zwar ganz überwiegend, jedoch nicht von allen Mitgliedstaaten als unabhängiger Staat anerkannt. In den Dokumenten, welche das Verhältnis zwischen EU und Kosovo ausgestalten, wird stets Bezug auf die Resolution 1244 des UN-Sicherheitsrates genommen. Obgleich der Stabilisierungs- und Assoziierungsprozess auch im Verhältnis zum Kosovo durchgeführt wird, ist ein SAA noch nicht in Reichweite. Wohl aber wird an einem Freihandelsabkommen gearbeitet. Insgesamt bleibt festzustellen, dass die Kooperation stets intensiviert wird und seit 2010 in Form des *Stabilisation and Association Dialogue* eine neue Stufe der Zusammenarbeit erreicht wurde.

Die in diesem Kapitel beschriebene besondere Situation macht die Stabilisierungs- und Assoziierungsabkommen mit den Staaten des westlichen Balkans zu den derzeit spannendsten und wohl auch bedeutendsten Regionalen Handelsabkommen der Europäischen Union. Im Folgenden sollen sie aus diesem Grunde genauer untersucht werden. Um zu gewährleisten, dass der Gang der Darstellung sich nicht in zu kleinen Details verläuft, sondern eine fassbare und aussagekräftige Untersuchung geleistet wird, sollen sich die Ausführungen auf zwei ausgewählte Abkommen beschränken. Angesichts der starken Ähnlichkeiten der sechs Präferenzabkommen dient dieses Vorgehen einer besseren Zugänglichkeit ohne dabei Unvollständigkeiten in den Erkenntnissen befürchten zu müssen. Bei der Auswahl fielen die Interimsabkommen aufgrund ihres Übergangscharakters und geringen Aufschlusspotenzials weg. Die Untersuchung der diesen Interimsabkommen zukünftig nachfolgenden SAA wäre insbesondere dann interessant gewesen, wenn sie bereits auf der Basis der neuen Rechtslage nach dem Vertrag von Lissabon entstanden wären. Die Ausarbeitung und Unterzeichnung beider Abkommen lag jedoch bereits vor Inkrafttreten der Reform. Der Aussagegehalt ist insoweit folglich nicht größer als der des ebenfalls vor der Lissaboner Vertragsreform unterzeichneten, aber nach der Reform in Kraft getretenen SAA mit Montenegro. Wegen dessen bereits eingetretener Geltung soll ihm hier der Vorrang vor den erst zukünftig geltenden SAA zukommen. Neben diesem neuesten SAA mit Montenegro soll zum zweiten das SAA mit Kroatien in die Untersuchung einbezogen werden. Es handelt sich dabei zwar nicht um das erste SAA, seine Unterzeichnung liegt jedoch nur wenige Monate hinter der des Mazedoni-

628 ABl. L 108/3 vom 29.04.2010.

en-Abkommens, so dass die Verhandlungen zu beiden weitgehend parallel liefen und sich dies auch in deren Inhalt widerspiegelt. Wegen der unmittelbaren Beitrittsperspektive Kroatiens ist die Aufnahme dieses Abkommens hier noch reizvoller. Mit der Untersuchung des Kroatien-SAA sowie des Montenegro-SAA ist die gesamte Bandbreite von den ersten bis zu den letzten SAA abgedeckt, so dass in der Zwischenzeit eventuell eingetretene Entwicklungen evident werden können.

Kapitel 2: Inhaltliche und rechtliche Untersuchung

Nachdem Hintergrund und Kontext der Stabilisierungs- und Assoziierungsabkommen beleuchtet wurden, beschäftigt sich das folgende Kapitel mit der inhaltlichen und rechtlichen Betrachtung dieser Regionalen Handelsabkommen. Aus den Ausführungen in Kapitel 1 drängt sich bereits an dieser Stelle die Erkenntnis auf, dass es sich bei den SAA nicht um typische Präferenzabkommen handelt, wie sie etwa Art. XXIV GATT und Art. V GATS im Auge haben. Obgleich sie unzweifelhaft zur Kategorie dieser Regionalen Handelsabkommen gehören, weisen die SAA in Form der vereinbarten Handelspräferenzen nur einen unter mehreren Teilbereichen der Kooperation auf. Außerdem ist auch das Ziel der Handelsförderung mit der EU primär unter dem Gesichtspunkt einer Stabilisierung der Region zu sehen. Zugegebenermaßen gelten ähnliche Feststellungen für viele der Präferenzabkommen, welche die Europäische Union abgeschlossen hat. Im Zusammenwirken mit den Staaten des westlichen Balkans werden Richtigkeit und Bedeutung dieser Aussage angesichts des beschriebenen Kontextes des Stabilisierungs- und Assoziierungsprozesses, beginnend mit kriegerischen Auseinandersetzungen und Instabilität und mit dem großen Ziel der Eingliederung in die Europäische Union, aber besonders evident.

A. Inhaltliche Übersicht

Nachdem im bisherigen Verlaufe der Arbeit der Fokus auf der rechtlichen Umgebung von Präferenzabkommen lag und die direkten Bezüge zu den Stabilisierungs- und Assoziierungsabkommen sowie anderen Regionalen Handelsabkommen von eher allgemeiner Natur waren, wird im folgenden Abschnitt eine inhaltliche Übersicht über das Kroatien-SAA sowie das Montenegro-SAA erarbeitet.

Die Struktur der Stabilisierungs- und Assoziierungsabkommen ist identisch. Sie bestehen aus einer Präambel, zehn Titeln, welche zum Teil in Kapitel unterteilt sind, sowie umfangreichen Anhängen und Protokollen, welche ebenfalls zu Bestandteilen der Abkommen erklärt werden[629]. Die Grobstruktur durch Titel erfolgt durch Einordnung der Normen in die Gegenstandsbereiche Allgemeine Grundsätze (Titel I), Politischer Dialog (Titel II), Regionale Zusammenarbeit (Titel III), Freier Warenverkehr (Titel IV), Freizügigkeit der Arbeitnehmer, Niederlassung, Erbringung von Dienstleistungen, Kapitalverkehr (Titel V), Angleichung der Rechtsvorschriften, Gesetzesvollzug und Wettbewerbsregeln (Titel VI)[630], Recht, Freiheit und Sicherheit (Titel VII), Kooperationspolitik (Titel VIII), Finanzielle Zusammenarbeit (Titel IX) sowie Institutionelle, allgemeine und Schlussbestimmungen (Titel X).

I. Ziele und Allgemeine Grundsätze

Die Ziele der Assoziierung werden jeweils in Art. 1 Abs. 2 der SAA aufgelistet. Interessant ist die Beobachtung, dass über die auch im Kroatien-SAA enthaltenen Zielsetzungen der Entwicklung enger politischer Beziehungen, der wirtschaftlichen Zusammenarbeit und Rechtsangleichung, der Vollendung einer Marktwirtschaft in dem Assoziierungsstaat und einer Freihandelszone zwischen ihm und der EU sowie der Stärkung regionaler Zusammenarbeit hinaus im Montenegro-SAA die Unterstützung beim Ausbau von Demokratie und Rechtsstaat in Montenegro sowie die politische, wirtschaftliche und institutionelle Stabilisierung Montenegros und der Region als Ziele bezeichnet werden – und zwar an prominenter Stelle zu Beginn des Absatzes. Dieser Unterschied spiegelt die Tatsache wider, dass die Partnerschaften mit den einzelnen Assoziierungsstaaten im Detail individuell ausgestaltet werden, wenngleich der Stabilisierungs- und Assoziierungsprozess ein im Wesentlichen parallel verlaufendes Programm vorsieht. Es wird deutlich, dass man die Stabilisierungsentwicklung in Kroatien zum Zeitpunkt der Vertragsverhandlungen und des Vertragsschlusses als weiter fortgeschritten bewertete als diejenige Montenegros zum Zeitpunkt eines vergleichbaren Vertragsstadiums. Davon unabhängig ist der genaue Vertragstext jedoch stets auch ein Ergebnis komplexer Verhandlungen, welches auch in zunächst ähnlich eingeschätzten Fällen aufgrund spezifischer Besonderheiten durchaus ungleich ausfallen kann.

629 Art. 123 Kroatien-SAA; Art. 132 Montenegro-SAA.

630 Im Gegensatz zu dieser Bezeichnung im Montenegro-SAA wird im Kroatien-SAA die Überschrift „Angleichung und Durchführung der Rechtsvorschriften und Wettbewerbsregeln“ verwendet. Diese rein sprachliche Anpassung bringt keine inhaltlichen Unterschiede mit sich und tritt in der englischsprachigen Fassung nicht einmal auf.

Auf die Allgemeinen Grundsätze des ersten Titels der Abkommen soll im Verlaufe dieser Arbeit insbesondere im Rahmen der rechtlichen Überprüfung der SAA und hier vor allem im Zusammenhang mit der oben[631] untersuchten Norm des Art. 21 EUV eingegangen werden. An dieser Stelle genügt insoweit der Hinweis auf die umfassten Themenbereiche Demokratie und Menschenrechte, Frieden und Stabilität, Zusammenarbeit und gutnachbarliche Beziehungen in der Region, Überprüfung der Durchführung der Abkommen sowie Konformität mit dem Welthandelsrecht. Wie hinsichtlich der aufgelisteten Assoziierungsziele, geht auch in diesem Titel das Montenegro-SAA inhaltlich weiter, indem es zusätzlich die Bekämpfung von Massenvernichtungswaffen und des Terrorismus umfasst. Besonders auffallend ist außerdem, dass das Montenegro-SAA, nicht aber das Kroatien-SAA, einen expliziten Hinweis auf die Bedeutung der uneingeschränkten Kooperation mit dem ICTY enthält.

II. Politischer Dialog

Nach den grundlegenden Prinzipien des Assoziierungsverhältnisses folgt die Begründung und nähere Ausgestaltung eines politischen Dialoges zwischen den Vertragspartnern. Diese Kooperation findet grundsätzlich insbesondere in dem zu begründenden Stabilitäts- und Assoziationsrat statt; auf parlamentarischer Ebene auch in dem ebenfalls einzusetzenden Parlamentarischen Stabilitäts- und Assoziationsausschuss[632]. Die Zwecke des politischen Dialoges erschöpfen sich nicht in der regionalen Kooperation der Balkanstaaten sowie der Annäherung dieser Staaten an die EU. Ausdrücklich wird auch die Möglichkeit eines Dialoges unter Einbeziehung weiterer Staaten hervorgehoben.

III. Regionale Zusammenarbeit

Bereits in der Präambel der beiden Abkommen, in dem jeweiligen Art. 1 über die Ziele der Assoziierung, in den Allgemeinen Grundsätzen sowie im Titel über den politischen Dialog wird die besondere Bedeutung der regionalen Kooperation zwischen den einzelnen Staaten des westlichen Balkans betont. In beiden Präambeln wird Bezug auf den Gipfel von Zagreb genommen, während dessen im Jahre 2000 die Staats- und Regierungschefs der Mitgliedstaaten sowie der am Stabilisierungs- und Assoziierungsprozess beteiligten Staaten die zentrale Wichtigkeit der regionalen Zusammenarbeit unterstrichen haben. Außerdem wird in diesen Formulierungen der Präambel die Bereitschaft der Europäischen Union

631 Vgl. Teil 2, Kapitel 2, A. II. 3. c).

632 Art. 8 Abs. 1, 9 Kroatien-SAA; Art. 11 Abs. 1, 12 Montenegro-SAA.

zur weiteren Integration des Assoziierungspartners als – damals noch potenziellem – Beitrittskandidaten explizit genannt und damit die bereits bestehende Beitrittsperspektive bestätigt und unmittelbar mit den SAA verbunden[633]. Im gleichen Zuge wird diese Perspektive unter den Vorbehalt erfolgreicher Durchführung der Abkommen und des Stabilisierungs- und Assoziierungsprozesses insgesamt mit besonderer Berücksichtigung der regionalen Zusammenarbeit gestellt, was die Relevanz, die diesem Gebiet beigemessen wird, deutlich widerspiegelt.

Darüber hinaus wird diesem Thema in den Abkommen ein ganzer Titel gewidmet. Dieses sich im Hintergrund durch die gesamten Stabilisierungs- und Assoziierungsabkommen ziehende und stellenweise deutlich in den Vordergrund tretende Prinzip stellt eine Besonderheit der Gruppe von Präferenzabkommen der SAA dar. Es grenzt diese Übereinkommen ganz entscheidend von anderen Regionalen Handelsabkommen ab, und zwar selbst von den bezüglich ihres Kontextes einer Beitrittsperspektive durchaus vergleichbaren und generell sehr ähnlich strukturierten[634] Europaabkommen mit den zwischenzeitlich zu Mitgliedstaaten gewordenen mittel- und osteuropäischen Staaten. Der Ursprung dieses Leitmotives ist klar: Der im Schatten der kriegerischen Auseinandersetzungen auf dem Balkan eingeleitete *Regionale Ansatz* wurde nicht aufgehoben, sondern modifiziert und erweitert.

Inhaltlich beginnt der Titel mit einem klaren Bekenntnis des assoziierten Staates zu aktiver Förderung der regionalen Kooperation. Des Weiteren sind die Regelungen unterteilt in drei Gruppen: die Zusammenarbeit mit anderen Staaten, welche ebenfalls ein Stabilisierungs- und Assoziierungsabkommen unterzeichnet haben, die Zusammenarbeit mit weiteren Teilnehmern des Stabilisierungs- und Assoziierungsprozesses und die Zusammenarbeit mit außerhalb dieses Prozesses stehenden Erweiterungskandidatenländern. In dieser Reihenfolge zeigt sich eine abfallende Intensität der Verpflichtungen des Assoziierungsstaates.

In der ersten Fallgruppe[635] verpflichtet sich Kroatien bzw. Montenegro, mit denjenigen Staaten, die bereits ein SAA unterzeichnet haben, Verhandlungen über bilaterale Abkommen aufzunehmen. Diese neuen Abkommen werden hinsichtlich des zu umfassenden Inhaltes erstaunlich genau vorgegeben. Ihr Mindestumfang schließt unter anderem einen festen politischen Dialog sowie die Schaffung einer Freihandelszone ein. Eine so weitgehende Unterweisung kommt innerhalb völkerrechtlicher Beziehungen gewiss selten vor. Sie gründet auf einer

633 Zur Besonderheit der Inbezugnahme einer zukünftig anvisierten Mitgliedschaft in Abkommen der Europäischen Union vgl. *Phinnemore,* EFARev. 2003, 77 (97 ff.).

634 *Phinnemore,* EFARev. 2003, 77 (79 ff.).

635 Vgl. Art. 12 Kroatien-SAA; Art. 15 Montenegro-SAA.

evidenten Skepsis der Union hinsichtlich der eigenständigen und kurzfristigen Fähigkeit der Völker und Staaten der Region zu einer weit über eine Aussöhnung und friedliche Koexistenz hinausgehenden Zusammenarbeit, die nach wie vor als zentrales Element der Stabilität des Balkans angesehen wird. Weniger streng sind hingegen die Regelungen in der zweiten Gruppe und dritten Gruppe[636].

Fortschritte bei der regionalen Zusammenarbeit sind durchaus ersichtlich. So hebt die Kommission etwa den neuen Regionalen Kooperationsrat hervor[637], der 2008 als Fortentwicklung des Stabilitätspaktes für Südosteuropa gegründet wurde und dem nicht nur die Beitrittskandidaten und potenziellen Beitrittskandidaten des Westbalkans angehören. Eine bedeutende Rolle spielt außerdem das Mitteleuropäische Freihandelsabkommen (CEFTA)[638]. Nachdem dieses seit den 1990er Jahren von den heutigen EU-Mitgliedstaaten Mittel- und Osteuropas geprägt war, sind seine Mitglieder nunmehr alle Staaten des westlichen Balkans sowie Moldawien. Die Bemühungen auf diesem Feld sind dennoch bei Weitem nicht an ihrem Ziel angelangt. So seien trotz offizieller Bekundungen des Willens zu integrativem Verhalten unter der Oberfläche gewisse Ressentiments gegenüber regionaler Kooperation unter den Balkanstaaten spürbar, welche sich umso deutlicher zeigten „je weiter nord-westlich man sich auf der Landkarte bewegt, je stärker die EU ihre Magnetwirkung entfaltet […]“[639]. Trotz der Verbesserung der regionalen Zusammenarbeit werden auch von Seiten der Europäischen Union weitere Fortschritte dringend angemahnt[640].

IV. Freier Warenverkehr und weitere Freiheiten

Betrachtet man ein Stabilisierungs- und Assoziierungsabkommen aus der Perspektive der Einordnung als bilaterale Handelspräferenzen vereinbarendes und folgerichtig bei der WTO notifiziertes Regionales Handelsabkommen, so liegt dessen Herzstück in den Titeln über eben jene Präferenzen. Die Richtigkeit einer solchen Einreihung der SAA in die Gruppe der Präferenzabkommen zeigt neben

636 Vgl. Art. 13, 14 Kroatien-SAA; Art. 16, 17 Montenegro-SAA. Für Montenegro wird jedoch festgelegt, dass ein Regionales Handelsabkommen mit der Türkei zu verhandeln ist. Ein solches Abkommen ist bereits in Kraft, beschränkt sich bislang aber auf den Handel mit Waren. Auch zwischen der Türkei und Kroatien besteht ein solches Abkommen.

637 Mitteilung der Kommission, KOM(2008) 127 endgültig, vom 05.03.2008, S. 8 f.

638 *Nowak,* EuR 2010, 746 (761 f.).

639 *Kusic/Grupe,* Zwischen Brüssel und Balkan. In: von Kohl/Dzihic/Paic (Hrsg.), Kroatien und die EU, S. 75.

640 Mitteilung der Kommission, KOM(2011) 666 endgültig, vom 12.10.2011, S. 8 ff.

der faktischen Tatsache vorhandener bilateraler Handelspräferenzen auch der Umfang der Titel IV und V über freien Warenverkehr, Arbeitnehmerfreizügigkeit, Niederlassungs-, Dienstleistungs- und Kapitalverkehrsfreiheit. Er erstreckt sich auf über 50 Artikel und spiegelt damit die trotz – und womöglich auch gerade wegen – des dargestellten historischen Kontextes des Stabilisierungs- und Assoziierungsprozesses enorme Bedeutung handelspolitischer Vereinbarungen wider.

Die Untersuchung dieser Freiheiten in den SAA soll hier ausführlicher erfolgen als die Darstellung anderer Abkommensbereiche. Insbesondere werden die hier zu gewinnenden Erkenntnisse als Grundlage der im weiteren Verlaufe der Arbeit vorzunehmenden welthandelsrechtlichen Prüfung der Abkommen dienen.

1. Der freie Warenverkehr

Der freie Warenverkehr als zentraler Bestandteil eines jeden Präferenzabkommens ist in den Stabilisierungs- und Assoziierungsabkommen in Titel IV geregelt. Die Unterteilung dieses Titels erfolgt in einen einleitenden Artikel sowie drei Kapitel, von denen eines den Handel mit gewerblichen Waren, eines den Handel mit landwirtschaftlichen und Fischereierzeugnissen und eines gemeinsame Bestimmungen betrifft. Zu berücksichtigen ist dabei, dass die Europäische Union bereits vor dem Abschluss der SAA einseitig sehr umfangreiche Handelspräferenzen gewährt hat[641]. Handelsrechtliche Vereinbarungen sind insbesondere für die Balkanstaaten von großer Bedeutung. Für die Europäische Union hängt hingegen ein nur geringes Handelsvolumen an entsprechenden Bestimmungen. Bezeichnend ist insoweit, dass der Handel Kroatiens mit der EU mehr als 60% ausmacht, während umgekehrt nur etwa 0,5% des europäischen Handelsvolumens im Verhältnis zu Kroatien stattfinden[642]. Noch ausgeprägter ist die Spanne hinsichtlich des EU-Handels mit Montenegro. Während sowohl die Importe als auch die Exporte der EU nach bzw. aus Montenegro einen so verschwindend geringen Umfang aufweisen, dass sie in Handelsstatistiken mit 0,025% zu beziffern sind, macht dies aus montenegrinischer Perspektive etwa 75% des Handels aus[643]. Diese extremen Werte gilt es als Hintergrund der im Folgenden aufzuzeigenden Regelungen zu berücksichtigen, wenngleich zu betonen ist, dass die aufgezeigten Handelsanteile – nicht zuletzt im Rahmen des Sta-

641 Vgl. VO (EG) Nr. 2007/2000, ABl. L 240/1 vom 23.09.2000.

642 Vgl. die Statistiken der Generaldirektion Handel der Europäischen Kommission vom 17.03.2011, http://trade.ec.europa.eu/doclib/docs/2006/september/tradoc_113370.pdf.

643 Vgl. die Statistiken der Generaldirektion Handel der Europäischen Kommission vom 17.03.2011, http://trade.ec.europa.eu/doclib/docs/2008/august/tradoc_140030.pdf.

bilisierungs- und Assoziierungsprozesses – einer substanziellen Verbesserung der Ausgewogenheit zugeführt werden sollen.

a) Grundlage: Schaffung einer Freihandelszone

Der jeweils einleitende Artikel des Titels IV statuiert die grundlegende Aussage der handelsrechtlichen Vereinbarungen der SAA. Er legt fest, dass zwischen der Europäischen Union und dem Assoziierungspartner schrittweise eine Freihandelszone errichtet wird. Der Zeitraum der stufenweisen Handelsliberalisierung wird im Verhältnis zu Kroatien auf sechs Jahre, im Verhältnis zu Montenegro auf nur fünf Jahre ab dem Inkrafttreten des Abkommens begrenzt. Nach dessen Ablaufen soll die Errichtung der Freihandelszone vollendet sein[644]. Gemäß Art. 130 Kroatien-SAA und Art. 139 Montenegro-SAA ist mit dem Startpunkt dieses Zeitraumes nicht das Inkrafttreten des endgültigen SAA selbst gemeint, sondern das Inkrafttreten des Interimsabkommens, welches insbesondere dem handelsrechtlichen Teil vorab Geltung verschafft. Im Falle Kroatiens begann die Frist damit im Jahre 2002, im Falle Montenegros 2008. Der Zeitpunkt der Verwirklichung einer Freihandelszone ist mithin im Verhältnis zu Kroatien 2008 anzusetzen und im Verhältnis zu Montenegro 2013, so dass der freie Warenverkehr zwischen der EU und Kroatien nach diesen Vorgaben zum heutigen Zeitpunkt bereits vollendet ist. Tatsächlich ist der Warenverkehr für gewerbliche Produkte liberalisiert, hinsichtlich des Handels mit Agrarprodukten bestehen zum Teil noch erhebliche Hemmnisse[645]. Dies entspricht – wie im Folgenden zu zeigen sein wird – weitgehend den in den SAA ausgehandelten Vorgaben.

Das fundamentale Ziel der Handelsvereinbarungen ist damit in Gestalt einer Freihandelszone wie sie in Teil 1 dieser Arbeit dargestellt wurde[646] deutlich definiert. Darüber hinausgehend zeigt bereits die Unterteilung des Titels, dass die Liberalisierung des Handels mit gewerblichen Waren und des Handels mit landwirtschaftlichen und Fischereierzeugnissen streng zu unterscheiden sind und eigenständigen Regelungssystemen unterliegen.

b) Gewerbliche Erzeugnisse

Die Regelungen über den Handel mit gewerblichen Waren gelten ausweislich der Art. 16 Abs. 1 Kroatien-SAA bzw. 19 Abs. 1 Montenegro-SAA für Ur-

---

644 Art. 15 Abs. 1 Kroatien-SAA; Art. 19 Abs. 1 Montenegro-SAA.

645 Vgl. etwa WTO, *Trade Policy Review, Report by the Secretariat, Croatia*, WT/TPR/S/227, S. 35.

646 Vgl. Teil 1, Kapitel 3.

sprungserzeugnisse der Kapitel 25 bis 97 der Kombinierten Nomenklatur[647] außer den in Anhang 1 Nr. 1 ii) des WTO-Landwirtschaftsübereinkommens genannten Waren[648]. Das Abkommen mit Kroatien schließt ferner zunächst die Bereiche Textil und Stahl aus[649], die infolgedessen jedoch in den Protokollen Nr. 1 und 2 in separaten Vereinbarungen geregelt werden[650]. Das SAA-Kapitel über gewerbliche Waren umfasst Vereinbarungen sowohl in Bezug auf Einfuhrzölle und mengenmäßige Einfuhrbeschränkungen als auch auf Ausfuhrzölle und mengenmäßigen Ausfuhrbeschränkungen. Von Relevanz sind des Weiteren die jeweiligen Abgaben und Maßnahmen gleicher Wirkung. Klar und deutlich ausgestaltet sind zunächst die Ausfuhrregelungen. In beiden Abkommen verpflichten sich sowohl die Europäische Union als auch ihr Vertragspartner zur unmittelbaren Beseitigung aller Ausfuhrzölle, mengenmäßiger Ausfuhrbeschränkungen sowie deren Maßnahmen gleicher Wirkung[651]. Komplexer verhält es sich im Bereich der Einfuhrregelungen. Diesbezüglich wird eine asymmetrische Liberalisierung angeordnet. Die Union beseitigt bei Inkrafttreten gemäß Art. 17 und 19 Kroatien-SAA bzw. Art. 20 Montenegro-SAA unmittelbar sämtliche Einfuhrzölle auf Waren, die ihren Ursprung in dem Partnerstaat haben, sämtliche mengenmäßige Einfuhrbeschränkungen für diese Waren sowie außerdem sämtliche Abgaben und Maßnahmen mit gleicher Wirkung wie diese beiden Handelshemmnisse. Die assoziierten Staaten verhalten sich hinsichtlich mengenmäßiger Einfuhrgrenzen, deren Maßnahmen gleicher Wirkung sowie Abgaben mit der gleichen Wirkung wie Einfuhrzölle ebenso[652]. Die Asymmetrie zeigt sich jedoch angesichts der Verpflichtung der Balkanstaaten zur Senkung der Importzölle, welche im Gegensatz zur Verpflichtung der Union schrittweise ausgestaltet ist. Die vorgesehenen Schritte entsprechen dabei den bereits in den Interimsabkommen vorgesehenen Liberalisierungen. Diesbezüglich unterscheidet das Abkommen mit Kroatien drei Kategorien von Waren: solche, die in Anhang I des SAA aufgezählt sind, solche, die in Anhang II aufgezählt sind und die übrigen. Die gleiche Regelungstechnik wird auch in dem Abkommen mit Montenegro angewandt, indem zwischen Erzeugnissen des Anhanges I.A, I.B und dort nicht

647 Dabei handelt es sich um eine Sammlung von Warenbenennungen durch Codenummern, die durch VO (EWG) Nr. 2658/87, ABl. L 256/1 vom 23.07.1987 begründet und seitdem regelmäßig aktualisiert wurde.

648 Die hier ausgeschlossenen Waren werden von den Regelungen über Agrar- und Fischereierzeugnisse umfasst.

649 Art. 16 Abs. 2 Kroatien-SAA.

650 Die vereinbarte Liberalisierung ist insoweit recht weitgehend. Einzig im Textilhandel können einige Handelsbeschränkungen aufrecht erhalten werden, nicht aber Zölle.

651 Art. 20 Kroatien-SAA; Art. 22 Montenegro-SAA.

652 Art. 18 Abs. 4 und 19 Kroatien-SAA; Art. 21 Abs. 2, 4 Montenegro-SAA.

genannten Waren unterschieden wird. Als Grundregel gilt, dass alle Einfuhrzölle auf Unionserzeugnisse sofort beseitigt werden, sofern sie nicht in den Anhängen erwähnt werden[653]. Hinsichtlich der in den Anhängen explizit und abschließend aufgelisteten Waren werden Importzölle nur schrittweise gesenkt. Das Schema dieser Zollsenkungen ist im Kroatien-SAA in Art. 18 Abs. 2 und 3 aufgenommen, im Montenegro-SAA hingegen direkt in den Anhängen I.A und I.B[654]. Auffällig ist insoweit, dass die Liste der Waren, deren Importzölle nur schrittweise gesenkt werden, im Falle Kroatiens wesentlich umfangreicher ist als im Anhang des Montenegro-SAA. Die schrittweise Senkung der kroatischen Zölle auf Unionswaren vollzieht sich vom Inkrafttreten des SAA an in jährlichen Schritten nach einem Prozentsatz des Ausgangszollsatzes, wobei am 1. Januar 2007 alle verbleibenden Zölle beseitigt werden sollten[655]. Damit ergibt sich für das einleitende Ziel der Schaffung einer Freihandelszone, dass der diesbezüglich angesetzte Zeitrahmen um ein Jahr unterboten wird. Auch in Bezug auf die montenegrinischen Zölle ist eine jährliche Absenkung beginnend mit Inkrafttreten des Interimsabkommens vorgesehen. Die gewählte Formulierung des zeitlichen Schemas unterscheidet sich hier insofern, als nicht Jahreszahlen der Senkungsschritte genannt werden, sondern Stufen bis zum „1. Januar des fünften Jahres nach Inkrafttreten" vereinbart werden[656]. Dies ermöglicht eine flexiblere Anwendung der Vereinbarungen, die unabhängig von einem gegebenenfalls schwer vorauszusehenden Zeitpunkt des Inkrafttretens den Parteiwillen realisiert und entspricht dem eingangs angelegten Zeitraum von fünf Jahren bis zur Vollendung der Freihandelszone zwischen der EU und Montenegro.

c) Landwirtschaftliche und Fischereierzeugnisse

Unabhängig von diesen Bestimmungen über den Handel mit gewerblichen Waren, enthält Kapitel II ein Sonderregime für den Handel mit landwirtschaftlichen und Fischereierzeugnissen, wobei der Handel mit Wein und Spirituosen einem

---

653 Art. 18 Abs. 1 Kroatien-SAA; Art. 21 Abs. 1 Montenegro-SAA.

654 Vgl. Art. 21 Abs. 3 Montenegro-SAA.

655 Die Zölle auf Waren gemäß Anhang I werden bei Inkrafttreten des Abkommens 2002 auf 60% gesenkt, 2003 auf 30% und 2004 komplett beseitigt. Für Waren des Anhanges II ergibt sich eine Senkung auf 70% mit Inkrafttreten, 50% im Jahre 2003, 40% 2004, 30% 2005, 15% 2006 und die komplette Beseitigung 2007.

656 Die Zollsenkungsstufen treten jährlich ein, und zwar für Anhang I.A mit Inkrafttreten auf 80% des Ausgangszollsatzes, im ersten Jahr nach Inkrafttreten auf 50%, im zweiten Jahr auf 25% und im dritten Jahr werden verbleibende Zölle beseitigt. Für Anhang I.B ergibt sich eine Senkung auf 85% mit Inkrafttreten, auf 70% im ersten Jahr, auf 55% im zweiten Jahr, auf 40% im dritten Jahr, auf 20% im vierten Jahr und eine Restbeseitigung im fünften Jahr.

weiteren separaten Protokoll unterliegt. Was mengenmäßige Einfuhrbeschränkungen angeht, so werden diese beidseitig mitsamt ihrer gleichwirkenden Maßnahmen unmittelbar beseitigt[657]. Von Seiten der Europäischen Union werden darüber hinaus auch große Teile der Importzölle auf Agrarprodukte und Abgaben gleicher Wirkung aufgehoben. Lediglich für Rind und Wein sowie außerdem für Zucker wurden Ausnahmen festgesetzt[658]. Die Senkung kroatischer und montenegrinischer Importzölle auf landwirtschaftliche Erzeugnisse der Union ist hingegen nicht umfassend vorgesehen und zudem komplex ausgestaltet. Nach Vorgaben der Anhänge IVa bis IVf des Kroatien-SAA sowie IIIa bis IIIc des Montenegro-SAA werden Zölle für diverse Kategorien von Waren in unterschiedlichem Tempo, Umfang und mit teilweiser Verwendung von Zollkontingenten schrittweise abgebaut, ohne zwingend zu einer gesamten Aufhebung zu führen[659]. Im Gegensatz zu dem dargestellten Einfuhrregime werden Ausfuhrregelungen bezüglich Agrarprodukten nicht aufgenommen. Auch hinsichtlich Fischereierzeugnissen behalten sich beide Seiten in den Anhängen aufgenommene Sonderregime hinsichtlich Zöllen vor[660]. Das Bild des nur sehr bedingt liberalisierten Marktes im Agrarbereich wird durch eine spezifisch für diesen Bereich zugeschnittene Schutzklausel abgerundet, wonach im Falle ernster Störungen Konsultationen vorgesehen sind und bis zu deren Erfolg eine Partei alle Maßnahmen treffen kann, die sie für notwendig erachtet[661]. Auch dieser Vorbehalt zeigt, dass das Agrarhandelsregime alles andere als eine umfangreiche, sichere und effektive Öffnung aufweisen kann. Der vielbesprochene Effekt der protektionistischen Haltung auf diesem Gebiet bestätigt sich mithin im Falle der Stabilisierungs- und Assoziierungsabkommen.

d) Gemeinsame Bestimmungen, insbesondere Ursprungsregeln

Kapitel III des Titels über die Warenverkehrsfreiheit enthält schließlich Vereinbarungen, die für den gesamten Titel Geltung beanspruchen. Zu den bedeutendsten dieser Regelungen gehören eine Stillhalteklausel, die jede zukünftige Einführung von zusätzlichen Zöllen oder mengenmäßigen Handelshemmnissen – wiederum unter Ausnahme der Agrar- und Fischereipolitik – ausschließt[662], so-

---

657 Art. 26 Kroatien-SAA; Art. 26 Abs. 1, 27 Abs. 1, 29 Abs. 1 und 30 Abs. 1 Montenegro-SAA.

658 Art. 27 Abs. 1 und 2 Kroatien-SAA; Art. 26 Abs. 2 und 3 Montenegro-SAA. Im Verhältnis zu Kroatien wurden erst durch ein nachträgliches Protokoll Zollkontingente für Zucker eingeführt, vgl. ABl. L 341/33 vom 07.12.2006.

659 Art. 27 Abs. 3 Kroatien-SAA, Art. 27 Abs. 2 Montenegro-SAA.

660 Art. 28 Kroatien-SAA; Art. 29 Abs. 2 und 30 Abs. 2 Montenegro-SAA.

661 Art. 31 Kroatien-SAA; Art. 32 Montenegro-SAA.

662 Art. 33 Kroatien-SAA; Art. 36 Montenegro-SAA.

wie ein Verbot interner Diskriminierung, welches insbesondere auf Steuern abzielt[663]. Des Weiteren werden für den Warenhandel umfassende Schutzklauseln und Ausnahmen vorgesehen, die es den Vertragsparteien bei Eintritt bestimmter Konstellationen ermöglichen, trotz der eingegangenen Verpflichtungen flexibel zu reagieren. Eine allgemeine Schutzklausel erlaubt es den Vertragspartnern, bei einer Schadensgefahr für inländische Hersteller oder der Gefahr einer Störung eines Wirtschaftszweiges geeignete Maßnahmen zu treffen, die jedoch streng reglementiert werden[664]. Eine Knappheitsklausel ermöglicht außerdem Maßnahmen für den Fall der Gefahr einer Verknappung von Lebensmitteln[665]. Im Falle von Dumping sind ebenfalls Gegenmaßnahmen vorgesehen[666]. Grundsätzlich verbotene Handelsbeschränkungen können schließlich zulässig sein aus Gründen der öffentlichen Sittlichkeit, Ordnung und Sicherheit sowie zum Schutz des Lebens, der Gesundheit, von Kulturgütern und des geistigen und gewerblichen Eigentums[667].

Darüber hinaus beinhalten die Schlussbestimmungen des freien Warenverkehrs den Hinweis darauf, dass die Ursprungsregeln, welche zur Anwendung der vereinbarten Handelspräferenzen notwendig sind, in Protokoll Nr. 4 des Kroatien-Abkommens bzw. in Protokoll Nr. 3 des Abkommens mit Montenegro enthalten sind[668]. Im Falle des Kroatien-SAA gilt insoweit die anlässlich der letzten EU-Erweiterung überarbeitete Fassung in Anhang X des diesbezüglichen Protokolls[669]. Ursprungsregelungen bestimmen, welche Waren als Ursprungswaren des Vertragspartners gelten. Nur hinsichtlich derjenigen Waren, die unter diese Definition fallen, gelten folglich die vereinbarten Handelspräferenzen. Bestimmungen dieser Art kommt daher eine immense Bedeutung zu, so dass ihre Aushandlung und Ausgestaltung im Detail besonders wichtig sind.

Die Protokolle über Ursprungsregelungen sind einheitlich aufgebaut. Im jeweiligen Art. 2 werden die allgemeinen Anforderungen bestimmt, welche an die Qualifizierung als „Ursprungserzeugnis“ der Europäischen Union bzw. des Assoziierungspartners zu stellen sind. Um davon erfasst zu sein, kann ein Erzeugnis einerseits vollständig in dem entsprechenden Gebiet gewonnen oder hergestellt sein. Alternativ gelten andererseits auch solche Erzeugnisse als umfasst, die unter Verwendung anderweitiger Vormaterialien hergestellt wurden, sofern die Materialien auf dem entsprechenden Gebiet ausreichend be- oder verarbeitet

663 Art. 34 Kroatien-SAA; Art. 37 Montenegro-SAA.
664 Art. 38 Kroatien-SAA; Art. 41 Montenegro-SAA.
665 Art. 39 Kroatien-SAA; Art. 42 Montenegro-SAA.
666 Art. 37 Kroatien-SAA; Art. 40 Abs. 2 Montenegro-SAA.
667 Art. 42 Kroatien-SAA; Art. 45 Montenegro-SAA.
668 Art. 41 Kroatien-SAA; Art. 44 Montenegro-SAA.
669 ABl. L 286/46 vom 29.10.2008.

worden sind. Die Anforderungen, die wiederum an diese Be- oder Verarbeitung zu stellen sind, finden sich in Art. 6 i.V.m. dem jeweiligen Anhang II des Protokolls. Hier werden detailliert für diverse Produkte die nötigen Arbeitsschritte aufgeführt. Art. 7 enthält darüber hinaus eine Negativliste nicht ausreichender Verarbeitung. Die Komplexität des Systems zeigt sich in dem beinahe schon abstrus anmutenden System, dass Anhang II in einem separaten Anhang I über mehrere Seiten hinweg erläutert wird.

Von besonderer Relevanz ist im Rahmen der Ursprungsbestimmung einer Ware das System der *Kumulierung*. Dieses ermöglicht den Beteiligten an einer entsprechenden Kumulierungsvereinbarung die Zusammenarbeit bei der Herstellung von Produkten. Verschiedene Schritte bei der Produktion können danach auch in unterschiedlichen Staaten oder Gebieten stattfinden, ohne dass die Einordnung des Endproduktes als „Ursprungserzeugnis" beeinträchtigt würde. Die Ursprungsvereinbarungen der SAA sehen vor, dass Vormaterialien aus bestimmten anderen Staaten als Material des eigenen Gebietes gelten, so dass keine besondere Be- oder Verarbeitung notwendig ist, das Endprodukt aber dennoch als eigenes Ursprungserzeugnis gilt. Zwischen wie vielen und welchen Teilnehmern solche Kumulierungsvereinbarungen gelten, ist individuell auszuhandeln. Protokoll Nr. 4 des Kroatien-SAA sah bis Mitte 2011 eine Kumulierung lediglich zwischen Kroatien und der EU vor[670]. Es handelte sich dabei um eine *bilaterale Kumulierung*. Das Abkommen mit Montenegro ging von Beginn an weit darüber hinaus. Die Ursprungsregelungen in dessen Protokoll Nr. 3 ermöglichen eine *diagonale Kumulierung*. Sie sehen nicht nur die Möglichkeit des Zusammenwirkens der EU und Montenegros vor, sondern darüber hinaus auch mit allen Teilnehmern des Stabilisierungs- und Assoziierungsprozesses[671]. Darüber hinaus werden bestimmte Materialien aus der Türkei in die Vereinbarung aufgenommen. Mittlerweile wurden die Kumulierungsregeln des Kroatien-SAA durch Beschluss des Stabilitäts- und Assoziationsrates EU-Kroatien gleichermaßen ausgestaltet[672]. Die Verständigung auf eine diagonale Kumulierung findet sich folgerichtig auch in den Ursprungsregelungen der anderen Präferenzabkommen der Europäischen Union mit Staaten des westlichen Balkans. Der regionale Ansatz kommt hier erneut ganz deutlich zum Vorschein. Die Regelungen fördern die regionale Handels- und Produktionskooperation. Nachdem nunmehr auch Kroatien eingebunden ist, gilt die diagonale Kumulierung im gesamten Raum des westlichen Balkans.

---

670 Vgl. Art. 3 und 4 des Protokolls Nr. 4 zum Kroatien-SAA.

671 Vgl. Art. 3 und 4 des Protokolls Nr. 3 zum Montenegro-SAA.

672 Vgl. ABl. L 156/7 vom 15.06.2011.

2. *Weitere Freiheiten*

Titel V der Abkommen enthält weitere Freiheiten, die sich die Vertragspartner gewähren. Gemäß den allgemeinen Bestimmungen dieses Titels können trotz dieser Vereinbarungen Beschränkungen aus Gründen der öffentlichen Ordnung, Sicherheit oder Gesundheit gerechtfertigt sein. Ein Handeln aufgrund hoheitlicher Befugnisse ist außerdem von vornherein von diesen Freiheiten ausgenommen[673].

Die Arbeitnehmerfreizügigkeit ist in Kapitel I geregelt. Ihre Kernaussage ist, dass Arbeitnehmer aufgrund ihrer Staatsangehörigkeit hinsichtlich Arbeits- und Kündigungsbedingungen sowie bezüglich ihrer Entlohnung nicht diskriminiert werden dürfen. Außerdem wird auch den Ehegatten und Kindern legal beschäftigter Arbeitnehmer Zugang zum Arbeitsmarkt gewährt[674]. Ferner wird die Koordinierung der sozialen Sicherheitssysteme angestrebt[675]. Ein weitergehendes Einreise-, Aufenthalts- und Bewegungsrecht wird hingegen nicht gewährt.

Kapitel II behandelt die Niederlassungsfreiheit. Darin wird zwischen der Niederlassung von Gesellschaften und der Niederlassung Selbstständiger unterschieden. Während die Verabredung der freien Aufnahme selbstständiger Erwerbstätigkeiten in die Zukunft verschoben wird[676], sehen die SAA für Gesellschaften eine weitgehende Niederlassungsfreiheit vor. So wird sowohl hinsichtlich der Niederlassung von Gesellschaften als auch bezüglich deren Geschäftstätigkeit eine Behandlung garantiert, welche nicht weniger günstig ist als diejenige eigener Gesellschaften[677]. Im Gegensatz zu Montenegro behält sich jedoch Kroatien für einen Übergangszeitraum ein Abweichen von diesen Vereinbarungen für den Fall ernster Probleme eines Wirtschaftszweiges vor[678].

Die von Kapitel III umfasste Liberalisierung des Dienstleistungsverkehrs ist nur in Ansätzen verwirklicht. Die Vertragsparteien verpflichten sich darin lediglich, „Maßnahmen zu treffen, die notwendig sind, um schrittweise die Erbringung von Dienstleistungen [...] zu gestatten“, wobei selbst diese unspezifischen Pflichten erst vier Jahre nach Inkrafttreten der vollständigen SAA zu erfüllen sind[679]. Dementsprechend wird auch in den allgemeinen Bestimmungen am Ende des Titels V festgelegt, dass der Titel schrittweise angepasst wird[680]. Die hie-

673 Art. 62 Kroatien-SAA; Art. 65 Montenegro-SAA.

674 Art. 45 Kroatien-SAA; Art. 49 Montenegro-SAA.

675 Art. 47 Kroatien-SAA; Art. 51 Montenegro-SAA. Vgl. zu den Anstrengungen Kroatiens in diesem Bereich *Pintaric,* JOR 2003, 361 (364).

676 Art. 49 Abs. 4 Kroatien-SAA; Art. 53 Abs. 4 Montenegro-SAA.

677 Art. 49 Abs. 1 und 3 Kroatien-SAA; Art. 53 Abs. 1 und 2 Montenegro-SAA.

678 Art. 55 Kroatien-SAA.

679 Art. 56 Abs. 1 und 3 Kroatien-SAA; Art. 59 Abs. 1 und 3 Montenegro-SAA.

680 Art. 67 Kroatien-SAA; Art. 70 Montenegro-SAA.

rin enthaltene explizite Hervorhebung des Art. V GATS macht deutlich, dass eine solche schrittweise Weiterentwicklung im Schwerpunkt auf den Bereich der Dienstleistungsfreiheit abzielt. In der Zwischenzeit gilt es lediglich, den status quo – zumindest weitgehend – zu wahren, indem man sich vornimmt, keine Maßnahmen zu treffen, die die Bedingungen der Dienstleistungserbringung „erheblich verschärfen“[681]. Einzig im Bereich der Verkehrsdienstleistungen erreichen die Stabilisierungs- und Assoziierungsabkommen detaillierte Vereinbarungen.

Kapitel IV stellt Regelungen des freien Kapital- und Zahlungsverkehrs auf. Umfasst sind davon insbesondere der freie Kapitalverkehr im Zusammenhang mit Direktinvestitionen und im Zusammenhang mit Handelskrediten sowie die Vereinbarung, keine neuen Beschränkungen des Kapital- und Zahlungsverkehrs einzuführen[682]. Schutzmaßnahmen sind in Ausnahmefällen jedoch auch insoweit nicht ausgeschlossen. Beide SAA weisen eine Perspektive der Eingliederung in die vollständige Kapitalverkehrsfreiheit der Europäischen Union i.S.v. Art. 63 ff. AEUV auf[683].

V. Rechtsangleichung

Unter dem Vorzeichen einer Beitrittsperspektive steht auch Titel VI mit dem Schwerpunkt der Rechtsangleichung. Inhaltlich geht das montenegrinische Abkommen nur unwesentlich über das kroatische hinaus. Der Titel bezieht sich insbesondere auf die Bereiche Wettbewerb, Vergaberecht und Verbraucherschutz. Kroatien und Montenegro verpflichten sich zur schrittweisen Angleichung der jeweiligen Rechtsvorschriften an diejenigen der Union.

VI. Recht, Freiheit und Sicherheit

Der dem Titel „Recht, Freiheit und Sicherheit“ im Montenegro-Abkommen entsprechende Titel des Kroatien-SAA ist mit „Justiz und Inneres“ überschrieben. Inhaltlich ist darin jedoch zunächst keine entscheidende Entwicklung auszumachen. Es ist vielmehr davon auszugehen, dass die durch den Lissaboner Reformvertrag bewirkte Auflösung der Säulenstruktur der Europäischen Union und Schaffung eines zusammenfassenden *Raumes der Freiheit, der Sicherheit und des Rechts* in Art. 67 ff. AEUV sich in dem neuen Präferenzabkommen mit Montenegro widerspiegelt.

681 Art. 57 Kroatien-SAA; Art. 60 Montenegro-SAA.

682 Art. 60 Abs. 1-3 Kroatien-SAA; Art. 62 Abs. 1, 2 und 5 Montenegro-SAA.

683 Art. 61 Kroatien-SAA; Art. 64 Montenegro-SAA.

Beide Abkommen regeln in diesem Titel ihre Kooperation im innenpolitischen Bereich. Umfasst werden davon sowohl der institutionelle Ausbau des Rechtsstaates als auch Freizügigkeitsfragen wie Visa, Grenzkontrollen, Asyl und Migration. Eine enge Zusammenarbeit wird außerdem auf dem Gebiet der Bekämpfung schwerwiegender Straftaten vereinbart. Ein bedeutender Unterschied zwischen den entsprechenden Normen des Kroatien-SAA und des immerhin sechs Jahre später unterzeichneten Montenegro-SAA fällt aber doch ins Auge. Seit dem Jahre 2001 wird dem Problem des Terrorismus[684] eine besondere Bedeutung zugeschrieben. Nachdem bereits im Rahmen der Allgemeinen Grundsätze nur das jüngere Montenegro-SAA die Bedeutung der Terrorbekämpfung betont, ist auch in diesem Titel eine Entwicklung erkennbar. Während der Terrorismus im Abkommen mit Kroatien lediglich durch Aufzählung als einer der zu bekämpfenden Straftaten erwähnt wird[685], weist das Abkommen mit Montenegro einen Artikel über die Verhinderung der Terrorismusfinanzierung sowie einen Artikel über die Kooperation bei der Bekämpfung des Terrorismus auf[686].

Der Rahmen eines demokratischen Justizwesens ist insbesondere im Falle Kroatiens längst angelegt. Zentrales Problem dessen ist die überlange Verfahrensdauer[687].

VII. Kooperationspolitiken

Titel VIII enthält eine Vielzahl von weiteren Bereichen, in welchen die Union eine besonders enge Zusammenarbeit mit dem Assoziierungspartner anstrebt. Insgesamt wird die Zusammenarbeit als ein Beitrag zur wirtschaftlichen und sozialen Entwicklung Kroatiens bzw. Montenegros angesehen und besonderes Augenmerk erneut auf Maßnahmen gelegt, die auch der Stabilität der Region dienen[688]. Ganz offen wird die Kooperation also als eine Art Entwicklungshilfe der Europäischen Union zugunsten der westlichen Balkanstaaten ausgestaltet. Der Umfang der Zusammenarbeit ist breit angelegt. Umfasst sind Kooperationen sowohl auf ökonomischen als auch auf nichtökonomischen Themengebieten. Exemplarisch genannt seien der audiovisuelle Bereich[689], Wirtschaftspolitik, Tourismus, Soziales, Bildung, Kultur, Verkehr, Energie, Umwelt und Technolo-

684 Zur Begrifflichkeit vgl. *Keber,* Der Begriff des Terrorismus im Völkerrecht.

685 Art. 80 Kroatien-SAA.

686 Art. 84 und 87 Montenegro-SAA.

687 *Pintaric,* JOR 2003, 361 (366).

688 Art. 81 Kroatien-SAA; Art. 88 Montenegro-SAA.

689 Zur Frage, ob hieraus eine ausreichende Bindung an die Vorgaben der Richtlinie über audiovisuelle Mediendienste (AVMD-Richtlinie) abgeleitet werden kann, vgl. *Fink/Keber/Roguski,* ZUM 2011, 292 (297 f.).

gie. Das montenegrinische Abkommen enthält außerdem einige über das kroatische Abkommen hinausgehende Bestimmungen, etwa einen separaten Artikel über die Entwicklung einer effizienten öffentlichen Verwaltung.

VIII. Finanzielle Zusammenarbeit

Die Unterstützung, welche die Europäische Union den Assoziierungspartnern bieten möchte, ist ohne finanzielle Mittel nicht denkbar. Wie gesehen, basiert aus diesem Grunde der Stabilisierungs- und Assoziierungsprozess in seiner Gesamtheit neben der bilateral-vertraglichen Zusammenarbeit auf weiteren Säulen, von denen eine die finanzielle Unterstützung darstellt[690]. Bedeutende Finanzierungsprogramme, wie etwa PHARE, CARDS und IPA, wurden bereits erläutert[691]. Darüber hinaus nehmen auch die Stabilisierungs- und Assoziierungsabkommen selbst in Titel IX Bezug auf die Kooperation durch Finanzhilfen. Sie begründen die Möglichkeit der Balkanstaaten, Zuschüsse und Darlehen zur Weiterentwicklung der Staaten zu erhalten. Aufschlussreich ist, dass das montenegrinische SAA im Gegensatz zu seinem kroatischen Pendant finanzielle Hilfen eindringlich unter die Bedingung von Fortschritten bei der Reformierung des Staates stellt. Explizit nennt es die Abhängigkeit von Verbesserungen bei der Erfüllung der politischen Kopenhagener Kriterien sowie von der Einhaltung der Zusage demokratischer, wirtschaftlicher und institutioneller Reformen[692].

IX. Institutionelle, allgemeine und Schlussbestimmungen

Besonders bedeutende Regelungen finden sich schließlich in dem letzten Titel eines jeden Stabilisierungs- und Assoziierungsabkommens. Insbesondere die Vereinbarungen über die institutionelle Ausgestaltung der Assoziierung und die Streitbeilegung gehören zu den bemerkenswertesten Bestimmungen.

Entsprechend der üblichen Praxis der Europäischen Union bei der vertraglichen Begründung bilateraler Partnerschaften werden drei zentrale Organe eingerichtet; im Falle der SAA ein *Stabilitäts- und Assoziationsrat*[693], ein *Stabilitäts- und Assoziationsausschuss*[694] sowie ein *Parlamentarischen Stabilitäts- und Assoziationsausschuss*[695]. Der Rat stellt das höchste politische Organ der Assoziierung dar. Ihm obliegen die Überwachung der Anwendung und der Durchführung

---

690 Vgl. Teil 3, Kapitel 1.

691 Vgl. Teil 2, Kapitel 2, A. I. 1. d) sowie Teil 3, Kapitel 1.

692 Art. 115 Montenegro-SAA.

693 Art. 110 Kroatien-SAA; Art. 119 Montenegro-SAA.

694 Art. 114 Kroatien-SAA; Art. 122 Montenegro-SAA.

695 Art. 116 Kroatien-SAA; Art. 125 Montenegro-SAA.

des Abkommens sowie alle wesentlichen politischen Fragen und Leitlinien. Er setzt sich auf Seiten der EU aus Mitgliedern des Rates und der Kommission sowie auf Seiten des Assoziierungsstaates aus Regierungsmitgliedern zusammen[696]. Der Ausschuss fungiert als den Rat unterstützendes Organ. Er besteht aus Vertretern des Rates der Europäischen Union sowie der Europäischen Kommission einerseits und Vertretern der nationalen Regierung des jeweiligen Vertragspartners andererseits. Lediglich beratende Funktion kommt schließlich dem Parlamentarischen Ausschuss zu. Er setzt sich aus Mitgliedern des Europäischen Parlamentes sowie des Parlamentes Kroatiens bzw. Montenegros zusammen. Interessant erscheint die Beobachtung, dass in keinem der genannten Organe Repräsentanten der europäischen Mitgliedstaaten selbst vertreten sind. Obgleich die SAA als gemischte Abkommen geschlossen wurden, finden sich lediglich Vertreter von Unionsorganen sowie der assoziierten Staaten in den Gremien[697].

In Fragen der Streitbeilegung spielt der Stabilitäts- und Assoziationsrat eine entscheidende Rolle. Gemäß Art. 112 Kroatien-SAA sowie Art. 121 Montenegro-SAA kann er außer unverbindlichen Empfehlungen – soweit durch die Abkommen vorgesehen – auch von den Vertragsparteien einvernehmlich ausgearbeitete Beschlüsse fassen, welche für diese verbindlich sind und zu deren Umsetzung sie in der Folge verpflichtet sind. Über dieses grundlegende Procedere, hinsichtlich welchem die beiden hier untersuchten Abkommen übereinstimmen, hinaus ist der Umgang mit auftretenden Streitigkeiten im einige Jahre jüngeren Montenegro-SAA sowohl inhaltlich detaillierter und weitergehend als auch strukturell überlegen ausgestaltet:

In systematischer Hinsicht ist festzuhalten, dass das kroatische Abkommen die mutmaßliche Verletzung von Verpflichtungen aus dem Abkommen und die dem nachfolgende Problematik der einseitigen Einleitung von Maßnahmen durch den Vertragspartner als von anderen Streitigkeiten abzugrenzenden separaten Fall der Auseinandersetzung anzusehen scheint und damit auch in einem eigenständigen Artikel regelt[698]. Demgegenüber greift das Abkommen mit Montenegro alle diesbezüglichen Regelungen des Kroatien-SAA auf und fasst sie mit weitergehenden Bestimmungen über die Streitbeilegung in einem einzigen Arti-

---

696 Gemäß Art. 2 Abs. 2 des Beschlusses über den Abschluss des Kroatien-SAA und Art. 3 Abs. 2 des Beschlusses über den Abschluss des Montenegro-SAA führt der Präsident des Rates den Vorsitz des Stabilitäts- und Assoziationsrates.

697 Indirekt sind die Mitgliedstaaten freilich über die Vertreter der Unionsorgane vertreten. Darüber hinaus ist davon auszugehen, dass in den untergeordneten Gremien auch Vertreter der Mitgliedstaaten selbst eine aktive Rolle spielen können. So auch *Niedrist,* Präferenzabkommen im Europarecht und im Welthandelsrecht, S. 116.

698 Art. 120 Kroatien-SAA.

kel zusammen[699]. Diese strukturelle Entwicklung ist sehr begrüßenswert, vermittelt sie doch einen wesentlich verdeutlichten Blick auf bestehende Zusammenhänge.

Inhaltlich enthalten beide Abkommen ein Bekenntnis zur Aufnahme unverzüglicher Konsultationen im Falle von Meinungsverschiedenheiten hinsichtlich der Auslegung oder Durchführung eines SAA[700]. Treten Streitigkeiten auf, so sind die Vertragsparteien verpflichtet, den Rat mit der Angelegenheit zu betrauen, welcher die Auseinandersetzung durch verbindlichen Beschluss beilegen kann[701]. In diesem Zusammenhang findet sich die einerseits schlichtweg detailliertere, andererseits aber auch weitergehende inhaltliche Regelung des SAA mit Montenegro gegenüber demjenigen mit Kroatien. Während letzteres keine weiteren Bestimmungen trifft, verweist Art. 129 Abs. 3 des ersteren auf Art. 130, der das weitere Verfahren von der Notifizierung des Ersuchens um Streitbeilegung über die Durchführung von Konsultationen bis zum Modus der Erörterung im Stabilitäts- und Assoziationsrat ausführlich behandelt. Ein noch bedeutenderes und von dem Kroatien-SAA abweichendes Wesensmerkmal liegt in dem Verweis in Art. 129 Abs. 3 sowie Art. 130 Abs. 4 Montenegro-SAA auf die Regelungen in Protokoll Nr. 7. In diesem Protokoll wird die Möglichkeit eines Schiedsverfahrens begründet. Ein solches ist im Falle von im Assoziierungsverhältnis mit Kroatien auftretenden Streitigkeiten nicht vorgesehen. Gemäß Art. 130 Abs. 4 des Montenegro-SAA sowie Art. 3 des Protokolls Nr. 7 kann die Beschwerdeführerin um die Einsetzung eines Schiedspanels ersuchen, sofern es den Vertragsparteien nicht gelungen ist, die Streitigkeit innerhalb von zwei Monaten im Rat oder einem anderen Gremium beizulegen und sofern außerdem der Geltungsbereich des Protokolls eröffnet ist, was gemäß dessen Art. 2 nur bei Streitigkeiten über bestimmte Regelungen des Abkommens – insbesondere auf dem Gebiet der Freiheiten nach den Titeln IV und V – der Fall ist[702].

Des Weiteren wird in beiden Abkommen – strukturell wie gezeigt jedoch leicht unterschiedlich angeordnet – die eigenständige Einleitung von Maßnahmen in Fällen einer mutmaßlichen Vertragspflichtverletzung des Vertragspartners geregelt. Auf diese wird im weiteren Verlaufe dieser Arbeit noch zurückzukommen sein, so dass an dieser Stelle der Hinweis darauf genügen soll.

---

699 Art. 129 Montenegro-SAA.

700 Art. 121 Kroatien-SAA; Art. 129 Abs. 2 Montenegro-SAA.

701 Art. 113 Kroatien-SAA; Art. 129 Abs. 3 Montenegro-SAA.

702 Ein solches Panel besteht aus drei Schiedsrichtern, auf die sich die Parteien einigen oder die hilfsweise durch Los bestimmt werden. Die Beschlüsse des Panels sind bindend. Explizit wird bestimmt, dass die nach Protokoll Nr. 7 eingesetzten Panels nach einem Beitritt Montenegros zur WTO nicht über Streitigkeiten des Welthandelsrechts entscheiden, vgl. Art. 16 des Protokolls Nr. 7 zum Montenegro-SAA.

Die Schlussbestimmungen der SAA enthalten über diese Regelungen betreffend die Organe und Streitbeilegung hinaus Bekenntnisse zum freien Zugang zu Gerichten und Verwaltung und zur grundsätzlich unbegrenzten Geltung der Abkommen[703] sowie einen Bezug zu den – letztlich auch tatsächlich realisierten – Interimsabkommen, welche insbesondere die Präferenzen auf dem Gebiet des Warenhandels vorzeitig in Kraft setzen.

X. Fazit

Es zeigt sich, dass ein Großteil der Regionalen Handelsabkommen, welche die Europäische Union bei der WTO notifiziert hat und mit denen sie ihre außenpolitische regionale wirtschaftliche Integration betreibt, in den welthandelsrechtlich relevanten Vorschriften über präferenzielle Behandlungen auf dem Gebiet des Handels nur einen von mehreren Aspekten der Kooperation abdeckt. Dies gilt ganz besonders für die Stabilisierungs- und Assoziierungsabkommen. Deren Betrachtung darf in keinem Falle auf die Handelspräferenzen beschränkt bleiben wie sie insbesondere in Teil 1 dieser Arbeit als entscheidende Merkmale regionaler wirtschaftlicher Integration identifiziert wurden. Trotz der Richtigkeit dieser Einstufung und der Bedeutung des handelspolitischen Teiles der Abkommen, würde damit ein verzerrtes Bild von der Natur und dem Charakter der Abkommen entstehen. Die vorstehende Übersicht hat gezeigt, wie sich das Gesamtbild der Partnerschaft zusammensetzt.

Anlass zu einer abschließenden europapolitischen Schlussfolgerung geben allen voran die oben dargestellten Regelungen über die Freiheiten der Titel IV und V der SAA. Sie zeigen eine klare europäische Perspektive auf und lassen einen EU-Beitritt der Assoziierungspartner bereits anklingen. Teil dieser „Zukunftsmusik“ ist nicht nur die explizit angestrebte Erweiterung der EU-Kapitalverkehrsfreiheit auf die Westbalkanstaaten. Eine solche Perspektive ist keineswegs auf diese eine Freiheit beschränkt. Umfang und Gliederung der Titel IV und V spiegeln vielmehr deutlich die Art. 28 ff. AEUV wider. Die vier Grundfreiheiten des europäischen Binnenmarktes werden auch in den SAA behandelt; und zwar in der gleichen Reihenfolge wie im Arbeitsweisenvertrag und ebenfalls mit einer separaten Behandlung von Landwirtschaft und Fischerei. Auch inhaltlich zeigt sich eine deutliche Orientierung an den Regelungen des AEUV. So finden sich etwa die Grundsätze des Ausschlusses der Ausübung öffentlicher Gewalt sowie der Zulässigkeit beschränkender Maßnahmen aus be-

703 Die Möglichkeit einer Kündigung des Abkommens ist dennoch vorgesehen. Vgl. Art. 124 Kroatien-SAA; Art. 133 Montenegro-SAA.

stimmten Gründen sehr ähnlich auch im europäischen Primärrecht[704]. Obgleich es also primär um die Einbindung der Westbalkanstaaten in den europäischen Binnenmarkt geht, kann eine solche Einbindung nur schrittweise funktionieren. Die Vereinbarungen der SAA bleiben daher in einigen Belangen bislang hinter den entsprechenden Grundfreiheiten des Arbeitsweisenvertrages zurück. Bezeichnend sind insofern etwa Art. 45 Kroatien-SAA sowie Art. 49 Montenegro-SAA, die zwar eine auf der Staatsangehörigkeit beruhende Diskriminierung von Arbeitnehmern verbieten, eine dem Art. 45 Abs. 3 AEUV entsprechende Zusicherung der Bewegungsfreiheit aber nicht gewährleisten oder die Niederlassungsfreiheit, welche vorerst auf Gesellschaften beschränkt bleibt. Auch der freie Dienstleistungs- und Kapitalverkehr werden nur schrittweise anvisiert. Zu beachten bleibt ferner die Erfahrung, dass etwa die Bundesregierung Beschränkungen der Arbeitnehmerfreizügigkeit in der Beziehung zu den mittel- und osteuropäischen Staaten bis 2011 sowie im Verhältnis zu Bulgarien und Rumänien bis 2013 aufrecht erhalten hat, bzw. aufrecht erhält. Auch nach einem Beitritt der Westbalkanstaaten ist nicht unbedingt mit einer unmittelbaren und umfassenden Umsetzung der Freizügigkeit zu rechnen, sondern eher mit entsprechenden Übergangsregelungen, die in Beitrittsverträgen angelegt werden können.

Dem Ergebnis einer klar ersichtlichen europäischen Perspektive in den ökonomischen Vereinbarungen tut dies freilich keinen Abbruch. Im Rahmen der handelspolitischen Vereinbarungen der SAA steht die Erweiterung der europäischen Grundfreiheiten auf die Staaten des Westbalkans im Vordergrund, was im Zusammenhang mit den Vorbereitungen eines zukünftigen Beitrittes der Staaten der Region von erheblicher Bedeutung ist. Ganz deutlich wird dies bei einem Vergleich der SAA mit den Assoziierungsabkommen, die mit den Anrainerstaaten des südlichen Mittelmeeres geschlossen wurden. Dieser Vergleich ist besonders aussagekräftig, da für die Mittelmeerstaaten keine Beitrittsperspektive besteht. Ebenso wie die Balkanstaaten sind sie jedoch der derzeitigen unmittelbaren Nachbarschaft der Europäischen Union zuzurechnen. Exakt diese Situation spiegelt sich in den handelspolitischen Vereinbarungen wider. Betrachtet man etwa die Assoziierungsabkommen mit Marokko und Tunesien, so wird deutlich, dass dort nicht nur der Warenhandel weniger schnell und weniger umfangreich liberalisiert wird als in den SAA, sondern auch die Vereinbarungen im Bereich der übrigen Freiheiten zum Teil rudimentär, jedenfalls aber nicht umfänglich ausfallen[705]. Zwar wird auch hier eine möglichst umfassende Annähe-

704 Vgl. Art. 36, 45 Abs. 3 und 4, 51, 52 Abs. 1, 65 Abs. 1 AEUV.

705 Im Zusammenhang mit den Protestvorgängen in Nordafrika 2010/2011 besteht zur Unterstützung der dortigen Reformbewegung Aussicht auf eine weitergehende Marktintegration. Vgl. etwa Süddeutsche Zeitung Nr. 120 vom 25.05.2011, S. 7.

rung angestrebt, jedoch nicht mit dem Nachdruck und der Orientierung am status quo des europäischen Binnenmarktes wie sie sich im Verhältnis zu den Staaten des westlichen Balkans äußern.

Die Stabilisierungs- und Assoziierungsabkommen mit den Balkanstaaten sind keine schlichten Präferenzabkommen. Bereits die besonders tragische Rolle, die der Region in den letzten Jahrzehnten zukam, sowie die weiterhin andauernden Entwicklungen hin zu einer stabilen Lage rechtfertigen diesen Schluss. Trotz aller aufgezeigten Defizite sind in den SAA sowohl die ökonomischen Vereinbarungen als auch die nichtökonomischen Regelungen als weitgehend zu bezeichnen. Dies gilt insbesondere in Relation zu vergleichbaren Abkommen. Betrachtet man die Intensität der Integration durch völkerrechtliche Verträge also als ein Ergebnis aus wirtschaftlichen und nichtwirtschaftlichen Vereinbarungen, so ergibt sich für das Verhältnis zwischen EU und Westbalkan eine sehr hohe Integrationsintensität. Die europäische Perspektive der Balkanstaaten steht mit diesem Ergebnis in grundlegendem Zusammenhang.

B. Vereinbarkeit mit welthandelsrechtlichen Vorschriften

Nachdem nunmehr die inhaltliche Untersuchung der Stabilisierungs- und Assoziierungsabkommen zu einem Eindruck der Ausgestaltung dieser völkerrechtlichen Verträge beigetragen hat, sollen diese im folgenden Abschnitt an rechtlichen Maßstäben gemessen werden. Zunächst werden Vorschriften des Welthandelsrechts auf die Abkommen angewandt. Betreffend die Präferenzabkommen zwischen der Europäischen Union und den Westbalkanstaaten wurde weder ein *waiver* erteilt, noch eine spezielle Legitimation aufgrund einer Beteiligung von Entwicklungsländern an der Integration angestrebt[706]. In WTO-rechtlicher Hinsicht sind somit nur die in Teil 1 dargestellten[707] Art. XXIV GATT sowie Art. V GATS von Relevanz[708].

Die handelspolitischen Vereinbarungen bilden den welthandelsrechtlich relevanten Kernbereich der Abkommen. Die SAA gewähren Handelspräferenzen lediglich zwischen den Vertragspartnern und verstoßen somit gegen den welthandelsrechtlichen Meistbegünstigungsgrundsatz. An prominenter Position, nämlich bereits in den Allgemeinen Grundsätzen, betonen die Abkommen aber

---

706 Insbesondere ermöglicht die enabling clause selbst das Abkommen nicht und die Westbalkanstaaten sind nicht von dem Allgemeinen Präferenzsystem umfasst.

707 Vgl. Teil 1, Kapitel 5.

708 Zur Prüfungskompetenz des CRTA und der WTO-Streitbeilegungsorgane siehe bereits Teil 1, Kapitel 5.

ihren in jeder Hinsicht mit den WTO-Bestimmungen – explizit werden Art. XXIV GATT und Art. V GATS hervorgehoben – vereinbaren Inhalt[709]. Für den freien Warenverkehr wird gleich in dessen erstem Artikel ebenfalls unterstrichen, dass die Schaffung einer Freihandelszone im Einklang mit den Regelungen des GATT und der WTO stattfindet[710]. Solche Beteuerungen sind aus zwei Perspektiven von Relevanz: Zum einen mahnen sie nach innen und erinnern die Vertragsparteien an die stete Berücksichtigung welthandelsrechtlicher Vorgaben. Zum anderen – und dies ist wohl die entscheidende Funktion – beruhigen sie die übrigen Teilnehmer des Welthandels, indem betont wird, man habe sich bei der Ausarbeitung der Abkommen an das WTO-Recht gehalten und sehe dieses auch weiterhin stets als verbindlich an. Freilich führen solche Formulierungen ebenso wenig zwingend zur tatsächlichen welthandelsrechtlichen Vereinbarkeit eines Abkommens wie die Tatsache, dass die SAA nach Art. XXIV GATT und Art. V GATS bei der WTO notifiziert wurden. Aspekte der Vereinbarkeit der Handelsregelungen der SAA mit diesen Normen des Welthandelsrechts sollen daher im Folgenden behandelt werden[711].

I. Der Begriff des Interimsabkommens

Klarzustellen ist vorab eine Begrifflichkeit, welche im Verlaufe dieser Arbeit an gleich mehreren Stellen Erwähnung fand: der Begriff des „Interimsabkommens“. Dieser ist von Relevanz für die welthandelsrechtliche Untersuchung von Abkommen.

Seine Bedeutung fällt je nach Perspektive unterschiedlich aus, so dass auch die Bewertung, ob die Stabilisierungs- und Assoziierungsabkommen darunter fallen, differenziert vorzunehmen ist. Wir haben gesehen, dass – insbesondere handelsrechtliche – Teile eines Präferenzabkommens vorzeitig in Kraft gesetzt werden können und dass diese Möglichkeit auch im Falle der SAA wahrge-

709 Art. 6 Kroatien-SAA; Art. 9 Montenegro-SAA.

710 Art. 15 Kroatien-SAA; Art. 18 Montenegro-SAA.

711 Von dem Prüfungsumfang nicht umfasst ist demnach die Frage nach der welthandelsrechtlichen Konformität von Konditionalisierungsbestimmungen in den Abkommen. Obgleich dies ein interessantes Thema ist, spielt es im Rahmen von Präferenzabkommen lediglich eine untergeordnete Rolle. Weder führen nichtökonomische Vereinbarungen zur Unvereinbarkeit mit Art. XXIV GATT, noch verstoßen sie aufgrund ihrer einvernehmlichen Aufnahme gegen sonstige Grundsätze des Welthandelsrechts. In anderem Kontext kann die Frage hingegen durchaus Bedeutung erlangen. Vgl. *Hausmann,* Das Cotonou-Handelsregime und das Recht der WTO, S. 154 f.; *Koch,* Handelspräferenzen der Europäischen Gemeinschaft für Entwicklungsländer, S. 194 ff., 238 f.

nommen wurde und wird[712]. Es wird damit ein schnelles Inkrafttreten der wichtigsten Präferenzen ermöglicht, noch bevor das langwierige Ratifikationsverfahren des gesamten Abkommens zum Abschluss gebracht werden kann. Dieses Vorgehen wird auch in dem jeweils letzten Artikel der SAA erwähnt. Nicht zuletzt daraus wird deutlich, dass Interimsabkommen in diesem Sinne nicht die SAA selbst sind, sondern diesen vorausgehende kleinere Abkommen.

Nichtsdestotrotz fallen die SAA aus der zweiten Betrachtungsperspektive, der welthandelsrechtlichen Perspektive, durchaus unter den Begriff des Interimsabkommens. Sowohl Art. XXIV GATT als auch Art. V GATS sehen vor, dass eine Vereinbarung zulässig ist, die nicht mit Inkrafttreten, sondern lediglich innerhalb eines bestimmten Zeitraumes zur Verwirklichung einer Freihandelszone oder Zollunion bzw. zu einem integrierten Dienstleistungsmarkt führt. Aus WTO-Sicht handelt es sich bei eben jenen Abkommen um Interimsabkommen. In den SAA ist sowohl im Warenverkehr eine nur schrittweise Etablierung einer Freihandelszone vorgesehen als auch im Dienstleistungsverkehr ein lediglich schrittweiser Abbau der Beschränkungen. Aus diesem welthandelsrechtlichen Blickwinkel sind die Stabilisierungs- und Assoziierungsabkommen mithin als Interimsabkommen zu qualifizieren.

II. Art. V GATS

Die Stabilisierungs- und Assoziierungsabkommen sind bei der Welthandelsorganisation sowohl nach Art. XXIV GATT als auch nach Art. V GATS notifiziert. Sie umfassen demnach diskriminierende Präferenzen nicht nur im Bereich des Waren-, sondern auch auf dem Gebiet des Dienstleistungshandels. Regionale wirtschaftliche Integration findet also grundsätzlich in beiden Kategorien statt. Dennoch ist deutlich geworden, dass die Liberalisierung des Dienstleistungsverkehrs bislang noch in ihrer Anfangsphase steckt und die schrittweise Gestattung grenzüberschreitender Dienstleistungen in den Abkommen lediglich anvisiert wird.

In Bezug auf die externen Voraussetzungen des Art. V GATS wurde in Teil 1 ersichtlich, dass eine praktische Anwendung der Norm kaum möglich ist[713]. So soll auch an dieser Stelle nicht bewertet werden, ob der Ausschluss neuer Beschränkungen im Dienstleistungshandel mit außerhalb der SAA stehenden Parteien gewährleistet ist.

Was die interne Dimension betrifft, so können hingegen durchaus Schlüsse aus den Regelungen der SAA gezogen werden. Hinsichtlich der Voraussetzung

712 Vgl. Teil 3, Kapitel 1.

713 Vgl. Teil 1, Kapitel 5, B.

eines beträchtlichen sektoralen Geltungsbereiches gemäß Art. V Abs. 1 lit. a) GATS fällt zunächst auf, dass die Regelungen der SAA über die Erbringung von Dienstleistungen im jeweiligen Titel V, Kapitel III nicht alle Erbringungsmodi umfassen[714]. Ausgehend von Art. I Abs. 2 lit. a)-d) GATS umfasst das Dienstleistungsabkommen die grenzüberschreitende Dienstleistungserbringung („mode 1"), den Dienstleistungskonsum im Ausland („mode 2"), die kommerzielle Präsenz („mode 3") sowie die Präsenz natürlicher Personen („mode 4")[715]. Nach dem Wortlaut der Art. 56 des Kroatien-SAA sowie Art. 59 des Montenegro-SAA sind hiervon nur die Erbringungsformen 1, 2 und 4 umfasst. Diese Erkenntnis ist jedoch allein dem umfassenden Dienstleistungsbegriff des Welthandelsrechts geschuldet. Modus 3 ist in den SAA zwar nicht im Kapitel über Dienstleistungen erfasst, aber in Kapitel II über die Niederlassung, welches somit mit zu berücksichtigen ist. Sämtliche Erbringungsformen werden dem Grunde nach daher umfasst.

Die darüber hinausgehenden Voraussetzungen des Art. V Abs. 1 GATS liegen hingegen nicht vor. Hinsichtlich Art. V Abs. 1 lit. a) GATS sind zwar sämtliche Dienstleistungsmodi erfasst. Auffällig ist aber, dass bezüglich der umfassten Handelssektoren in Kapitel III einzig hinsichtlich Verkehrsdienstleistungen recht detaillierte Vereinbarungen getroffen wurden, dass in Kapitel II Teile des Verkehrs aber von den Vereinbarungen ausgeschlossen werden[716]. Bereits insoweit bestehen also Bedenken. Ganz deutlich wird die mangelnde Vereinbarkeit der SAA aber mit Art. V Abs. 1 lit. b) GATS, der den Ausschluss praktisch jeder Diskriminierung fordert. Zur Erreichung dieses Ausschlusses fordert das GATS in lit. b) die Abschaffung existierender Diskriminierung und/oder das Verbot neuer Diskriminierung. In Bezug auf die Niederlassungsfreiheit in Kapitel II gewähren die SAA zwar eine Inländerbehandlung und ein Verbot neuer diskriminierender Maßnahmen, schließen dabei jedoch die selbstständige Erwerbstätigkeit aus[717]. Keinerlei Diskriminierungsabbau wird im eigentlichen Kapitel III über Dienstleistungen vereinbart. Dort ist lediglich eine zukünftige schrittweise Liberalisierung sowie die Maßgabe vorgesehen, dass keine neuen „erheblich verschärfenden" Maßnahmen getroffen werden dürfen[718]. Dies entspricht noch nicht einmal den geringen Vorgaben des Art. V Abs. 1 lit. b) ii) GATS, welcher keine Erheblichkeitshürde beinhaltet. Im Rahmen der Untersuchung der SAA im *Committee on Regional Trade Agreements* hatte die

714 Gemäß Fußnote zu Art. V GATS kommt es unter anderem darauf an.

715 *Weiss,* Internationaler Dienstleistungshandel. In: Tietje (Hrsg.), Internationales Wirtschaftsrecht, S. 220.

716 Art. 51 Kroatien-SAA; Art. 55 Montenegro-SAA.

717 Vgl. Teil 3, Kapitel 2, A. IV. 2.

718 Vgl. Teil 3, Kapitel 2, A. IV. 2.

EU auf die Frage der USA, wie die Grenze der Erheblichkeit zu spezifizieren sei, keine klare Antwort[719].

Dass die Anforderungen mit Inkrafttreten der SAA noch nicht erfüllt sind, verwundert angesichts ihrer welthandelsrechtlichen Qualifizierung als Interimsabkommen jedoch keineswegs. Art. V GATS erlaubt auch die schrittweise Erfüllung der Anforderungen auf der Grundlage eines angemessenen Zeitplanes[720]. Im Rahmen zukünftiger Liberalisierungsmaßnahmen können die inhaltlichen Voraussetzungen des Art. V Abs. 1 GATS durchaus erfüllt werden. Die weit formulierten Absichtserklärungen schließen weder einen Sektor noch einen Erbringungsmodus aus. Des Weiteren kann die zukünftige Entwicklung sowohl bestehende Diskriminierungen nach Art. V Abs. 1 lit. b i) GATS abschaffen als auch neue Diskriminierungen nach lit. b) ii) verbieten, so dass auch insoweit keine Bedenken bestehen. In Art. V GATS ist für Interimsabkommen jedoch vorgeschrieben, dass die Verwirklichung der Anforderungen auf der Grundlage eines angemessenen Zeitplanes erfolgt. Die Vertragsparteien der SAA stellen für Kapitel III keinen detaillierten Plan zukünftiger Maßnahmen auf und verpflichten sich nur sehr unspezifisch zur schrittweisen Gestattung der Dienstleistungserbringung, wobei vier Jahre nach Inkrafttreten die erforderlichen Maßnahmen getroffen werden. Diese vierjährige Frist markiert jedoch nicht das Ende der Liberalisierungsanstrengungen, sondern deren Beginn. Die Dauer des Prozesses sowie einzelne Stationen und Maßnahmen finden hingegen in keiner Weise Erwähnung. Ähnlich verhält es sich hinsichtlich Kapitel II, wo ebenfalls vier Jahre nach Inkrafttreten die Modalitäten für eine Erweiterung der Niederlassungsfreiheit auf Selbstständige angegangen werden sollen. Vor diesem Hintergrund wäre die Bewertung denkbar, die Bestimmungen der SAA seien selbst noch nicht an Art. V GATS zu messen, sondern als „Vorstufe eines Interimsabkommens" einzuordnen. Eine solche Schlussfolgerung verbietet sich jedoch. Die SAA wurden nicht nur nach Art. XXIV GATT, sondern auch nach Art. V GATS bei der WTO notifiziert, so dass die Vereinbarkeit mit Art. V GATS einen durchaus legitimen Prüfungsgegenstand darstellt. Es bleibt zu folgern, dass die Vereinbarungen der SAA nicht dem in Art. V Abs. 1 GATS geforderten angemessenen Zeitplan zur Erfüllung der innenbezogenen Vorgaben genügen können. Die Abkommen hätten wesentlich konkretere Pläne für die Ausgestaltung des freien Dienstleistungsverkehrs mit sich bringen müssen. Die welthandelsrechtlichen Bedenken bestehen im Bereich des Dienstleistungshandels derzeit somit primär in der mangelnden Planung und Festlegung der künftigen Entwicklung.

---

719 WTO, CRTA, WT/REG236/2, Frage 7 (a).

720 Vgl. Teil 1, Kapitel 5, B.

Um die Vereinbarkeit mit Art. V GATS herzustellen, läge es an den Vertragsparteien, angemessen konkrete und verbindliche Pläne zur Liberalisierung des Dienstleistungshandels auszuarbeiten. Zumindest ist ihnen anzuraten, die zukünftige Entwicklung des Dienstleistungsbereiches im Einklang mit den Anforderungen des Art. V GATS auszugestalten. Abgesehen von welthandelsrechtlichen Verpflichtungen, kann dies auch angesichts des Fernzieles eines einigermaßen fließend vorbereiteten EU-Beitrittes der Westbalkanstaaten nur im Interesse der Beteiligten liegen.

III. Art. XXIV GATT

Es stellt sich im Folgenden die Frage, ob die aufgezeigten Bedenken hinsichtlich der Vereinbarkeit der SAA mit dem Welthandelsrecht auf die Regelungen des Dienstleistungshandels beschränkt bleiben oder ob auch im Hinblick auf die Vorschriften über den Warenhandel Zweifel angebracht sind.

Wie im Zusammenhang mit der Dienstleistungsfreiheit ist auch hier zu konstatieren, dass eine Überprüfung der externen Voraussetzungen des Art. XXIV Abs. 5 GATT trotz der in Teil 1 kennengelernten ökonomischen Grundbegriffe und Vereinbarung zur Auslegung des Artikels XXIV GATT den Rahmen der Arbeit sprengen würde. Das Verbot der Erhöhung außengerichteter Zölle und anderer einschränkender Handelsmaßnahmen ist wie gesehen praktisch schwer überprüfbar. Jedenfalls sind für einen Verstoß in den Abkommen keine Anhaltspunkte ersichtlich, so dass hier vielmehr einige Problembereiche der internen Dimension angesprochen werden sollen.

Art. XXIV Abs. 5 GATT erlaubt präferenzielle Abkommen zur Schaffung einer Freihandelszone oder einer Zollunion sowie außerdem vorläufige Vereinbarungen, sofern diese Plan und Programm zur Bildung einer solchen Integrationszone innerhalb einer angemessenen Zeitspanne enthalten. In den SAA wird schrittweise die Schaffung einer Freihandelszone anvisiert. Wir haben gesehen, dass die dahingehenden Vereinbarungen sehr konkret vorsehen, zu welchem Zeitpunkt welche Maßnahme und welcher Schritt zu erreichen ist[721]. Im Gegensatz zu den SAA-Regelungen des Dienstleistungsverkehrs können die Anforderungen an das vorzuweisende Programm somit bejaht werden. Der insoweit vorgesehene Zeitraum bis zur Erreichung der vollständig ausgestalteten Freihandelszone kann grundsätzlich bis zu zehn Jahre betragen[722], so dass auch die in den SAA anvisierte Dauer von fünf bzw. sechs Jahren problemlos als angemessen bezeichnet werden kann.

---

721 Vgl. Teil 3, Kapitel 2, A. IV. 1.

722 Vgl. Teil 1, Kapitel 5, A. I.

Komplizierter gestalten sich die Anforderungen des Art. XXIV Abs. 8 lit. b) GATT. Danach ist es zunächst erforderlich, dass annähernd der gesamte Handel vom freien Warenverkehr zwischen den Vertragsparteien umfasst ist. In Teil 1 wurde deutlich, welche Probleme im Zusammenhang mit dieser umstrittenen Begrifflichkeit bestehen. Ausgangspunkt der rechtlichen Beurteilung ist die Feststellung, dass die Regelungen der Stabilisierungs- und Assoziierungsabkommen über den Warenhandel in der Kombination aus Kapitel I über gewerbliche Erzeugnisse und Kapitel II über Agrar- und Fischereierzeugnisse sämtliche Waren der Kombinierten Nomenklatur einschließen. Obgleich also durchaus der gesamte Handel im Grundsatz von den Abkommen geregelt ist, fordert Art. XXIV Abs. 8 GATT weiter, dass für annähernd den gesamten Handel die Zölle und beschränkenden Handelsvorschriften beseitigt werden. Die inhaltliche Untersuchung der SAA hat gezeigt, dass lediglich der Handel mit gewerblichen Waren einer umfassenden Liberalisierung zugeführt wird, welche die – wenn auch zunächst asymmetrische – schrittweise Aufhebung sämtlicher Zölle und anderer Handelsbeschränkungen, insbesondere mengenmäßiger Beschränkungen, umfasst. Im Agrar- und Fischereisektor ist hingegen die Aufrechterhaltung diverser Handelshemmnisse auch über den Zeitpunkt der Vollendung der Freihandelszone hinaus vorgesehen[723]. Die Bewertung des Ausschlusses eines Handelsbereiches von der umfassenden Liberalisierung ist umstritten. Die vertretenen Ansätze wurden in Teil 1 aufgezeigt[724]. Aus der Entscheidung des *Appellate Body* in Sachen *Turkey-Textiles* kann zumindest geschlussfolgert werden, dass das Wort „annähernd“ ernst zu nehmen ist, dass also nicht der gesamte Warenhandel frei sein muss, wohl aber ein Großteil dessen. Außerdem wurde klargestellt, dass die Bewertung einzelfallbezogen unter Berücksichtigung sowohl quantitativer als auch qualitativer Werte zu erfolgen hat.

Quantitativ betrachtet sind aufrechterhaltene Hemmnisse im Agrar- und Fischereibereich in der Regel nicht sonderlich gewichtig. Der Handel dieser Waren macht keinen großen Teil des Gesamthandelsvolumens aus. Laut Vortrag der Europäischen Union während der Untersuchung im *Committee on Regional Trade Agreements* sieht das Montenegro-SAA insgesamt außerdem die Liberalisierung von 95% der montenegrinischen Zollbereiche und von 97,5% der europäischen Bereiche vor[725]. Der Gesamthandel zwischen EU und Kroatien werde zu 97% liberalisiert[726].

723 Vgl. Teil 3, Kapitel 2, A. IV. 1.

724 Vgl. Teil 1, Kapitel 5, A. I.

725 WTO, CRTA, WT/REG236/M/1, S. 2.

726 WTO, CRTA, WT/REG142/M/1, S. 2.

Der Kern der Problematik liegt vielmehr in der qualitativen Dimension, nämlich in der Frage, ob die Ausklammerung eines Handelssektors *per se* zu einer Unvereinbarkeit mit Art. XXIV Abs. 8 GATT führt. Dagegen spricht, dass insbesondere der Agrarsektor einen sehr empfindlichen Handelsbereich darstellt, zumal hierin klare Zusammenhänge zur Grundversorgung der Bevölkerung bestehen. Dürfte kein Sektor von Freihandelsvereinbarungen ausgeschlossen sein, so wären Vertragsparteien gezwungen, auch diesen hochsensiblen Markt zu öffnen. Auf der anderen Seite gilt es jedoch zu betonen, dass es gerade wegen der Sensibilität dieses Bereiches ohne eine entsprechende Verpflichtung nur sehr selten zu einer umfassenden Aufhebung von Handelshemmnissen in diesem Sektor kommen würde. Letztlich würde die Erreichung des Zieles des Art. XXIV Abs. 8 GATT erschwert, nur eine umfassende und keine selektiv geprägte wirtschaftliche regionale Integration zuzulassen. Auch aus der Fußnote zu dem moderneren dienstleistungsrechtlichen Äquivalent des Art. V GATS, welche unter anderem auf den Ausschluss eines Erbringungsmodus abstellt, wird gefolgert, der Ausschluss eines Sektors des Handels mit Waren sei unzulässig. Wie im Rahmen der Darstellung des WTO-Rechts in Teil 1 aufgezeigt, ist die Ziehung einer solchen Parallele aber nicht zwingend, obgleich eine gewisse Indizwirkung nicht abzustreiten ist[727]. Entscheidend ist m.E. die Tatsache, dass für das gesamte Welthandelssystem der WTO – zumindest bislang – akzeptiert ist, dass es für Fragen der Landwirtschaft eigenständiger Reglungen bedarf. Daraus und aus dem Wortlaut des Art. XXIV GATT, der nun einmal gerade nicht den Einschluss des gesamten Handels fordert, ergibt sich, dass zumindest der Ausschluss des Agrarhandels nicht zwingend zur Rechtswidrigkeit führt.

Diese Ansicht vorangestellt sei dennoch der Versuch unternommen, zu einer kompromissorientierten und allgemeingültigen Lösung zu kommen. So wäre es denkbar, je nach Bedeutung des ausgeschlossenen Sektors zu urteilen, etwa unter der Prämisse, ein unbedeutender Bereich dürfe ausgeschlossen sein, ein bedeutender hingegen nicht. Jedoch wäre auch dieser Ansatz in der Praxis wenig tauglich. Es ergeben sich nicht zuletzt wiederum Begrifflichkeitsprobleme. Begreift man jedoch die Ausführungen des *Appellate Body,* wonach eine Abwägung im Einzelfall angezeigt ist, nicht bloß als Floskel, sondern versucht man, sie mit Leben zu füllen, so bietet sich eine handhabbare Lösung an: Man beurteilt ein individuelles Abkommen danach, ob ein Sektor insgesamt ausgeklammert ist oder ob es zumindest zur teilweisen Liberalisierung dieses Bereiches kommt und wie weitreichend die teilweise Regelung ist. Die SAA umfassen im Grundsatz auch den freien Warenhandel im Agrar- und Fischereibereich. Dieser zunächst umfassende Ansatz wird durch die EU auch in ihren Antworten auf

727 Vgl. auch hierzu Teil 1, Kapitel 5, A. I.

Fragen im Rahmen der Evaluierung des CRTA betont[728]. Einzig das Maß der vereinbarten Zugeständnisse bleibt hinter einer echten Warenverkehrsfreiheit zurück, was nach diesem Lösungsansatz zwar nicht unerheblich ist, aber als zweitrangig bewertet werden kann. Darüber hinaus ist selbst dieses nicht umfassende Ausmaß im Verhältnis zu zahlreichen anderen Präferenzabkommen recht groß. Erwähnenswert ist hier insbesondere die unmittelbare Beseitigung sämtlicher mengenmäßiger Beschränkungen. Aus Art. XI Abs. 1 GATT lässt sich ableiten, dass diese Beseitigung aus welthandelsrechtlicher Sicht als sehr wichtig eingestuft wird und eine klare Präferenz zugunsten von Zöllen besteht, welche transparent und leicht handhabbar sind. Außerdem enthalten die SAA ein verbindliches Anstreben weiterer Zugeständnisse in diesem Bereich[729]. Auch nach einer solchen Kompromisslösung ist im Ergebnis festzuhalten, dass die Stabilisierungs- und Assoziierungsabkommen dem Erfordernis des Abbaus von Handelsschranken in Bezug auf annähernd den gesamten Handel gerecht werden.

Jedoch ist die Frage aufzuwerfen, ob auch die in den Abkommen vorgesehenen handelspolitischen Schutzinstrumente und die vorgesehenen Ausnahmemöglichkeiten von den vereinbarten Regelungen GATT-konform sind. Solche Ausnahmen von dem umfassend liberalisierten Handel sind beschränkende Maßnahmen und somit zwischen den Vertragspartnern eines Regionalen Handelsabkommens grundsätzlich verboten. Art. XXIV Abs. 8 lit. b) sieht aber – identisch mit lit. a) i) – Ausnahmefälle vor, in denen solche beschränkenden Maßnahmen gegebenenfalls zulässig sind. Es ist daher zu untersuchen, ob die in die SAA aufgenommenen Klauseln unter diese Ausnahmeregelung fallen. Art. XXIV GATT sieht die ausnahmsweise Erlaubnis der Aufrechterhaltung von Handelsschranken in den Fällen der Art. XI-XV und XX GATT vor. Umfasst sind damit insbesondere die Situationen eines drohenden Mangels an Lebensmitteln oder an anderen wichtigen Waren[730] sowie einer Gefährdung der finanziellen Lage oder der Zahlungsbilanz[731]. Außerdem sind durch den Einschluss des Art. XX GATT zahlreiche weitere Ausnahmen vorgesehen, etwa zum Schutze der öffentlichen Sittlichkeit, des Lebens, der Gesundheit, der nationalen Kulturgüter und der Naturschätze[732].

Die Untersuchung der Stabilisierungs- und Assoziierungsabkommen hat diverse Ausnahmekonstellationen hervorgebracht, in welchen die grundsätzlich vereinbarten Präferenzen nicht bindend sind. Insbesondere existieren jeweils

728 WTO, CRTA, WT/REG 142/4, Frage 3.
729 Art. 29 Kroatien-SAA; Art. 31 Montenegro-SAA.
730 Art. XI Abs. 2 lit. a) GATT.
731 Art. XII GATT.
732 Vgl. dazu etwa *Hausmann,* Das Cotonou-Handelsregime und das Recht der WTO, S. 129 ff.

eine Knappheitsklausel für den Fall der Gefahr einer Verknappung von Lebensmitteln oder von anderen wesentlichen Waren[733] sowie außerdem eine Auflistung diverser Gründe für die Zulässigkeit von Beschränkungen[734]. Die Knappheitsklausel fällt unter den Anwendungsbereich des Art. XI GATT. Die Auflistung der Ausnahmegründe in den SAA entspricht weitgehend derjenigen in Art. XX GATT[735]. Für beide Regelungen in den Abkommen kann somit gefolgert werden, dass diese Ausnahmen den Vorgaben des Art. XXIV Abs. 8 lit. b) GATT entsprechen[736]. Jedoch weisen die Abkommen weitere, von Art. XXIV GATT nicht umfasste, Vereinbarungen auf, die in bestimmten Konstellationen Handelsbeschränkungen ermöglichen. Insbesondere die aufgezeigte Schutzklausel zugunsten gefährdeter inländischer Hersteller und Wirtschaftszweige[737] entspricht keiner der in Art. XXIV Abs. 8 lit. b) GATT genannten Ausnahmen, sondern vielmehr einer dringenden Schutzmaßnahme gemäß Art. XIX GATT[738]. Sehr ähnlich verhält es sich hinsichtlich der vorgesehenen Reaktionsmöglichkeit auf Dumpingfälle[739], die ihre Entsprechung in Art. VI GATT hat sowie ferner hinsichtlich der in die Schlussbestimmungen der SAA aufgenommenen Maßnahmen zum Schutz von Sicherheitsinteressen[740], die im Wesentlichen Art. XXI GATT nachzeichnen. Keine der drei letztgenannten Fälle ist als Ausnahme in Art. XXIV Abs. 8 GATT vorgesehen. Vor diesem Hintergrund stellt sich die Frage, ob es sich bei den entsprechenden Vereinbarungen um unzulässige Handelsbeschränkungen handelt, die GATT-widrig sind. Dafür spricht, dass nicht davon ausgegangen werden kann, dass versehentlich einige Ausnahmen nicht in die Liste des Art. XXIV GATT aufgenommen wurden. Vielmehr wirkt die Aufzählung bewusst und abschließend. Außerdem rücken die Vertragsparteien eines Abkommens der regionalen wirtschaftlichen Integration so nahe zusammen, dass man davon ausgehen könnte, es bedürfe in

---

733 Art. 39 Kroatien-SAA; Art. 42 Montenegro-SAA.

734 Art. 42 Kroatien-SAA; Art. 45 Montenegro-SAA.

735 Sofern man die Gründe der öffentlichen Sicherheit und Ordnung als nicht von Art. XX GATT gedeckt ansieht, besteht die Möglichkeit der Subsumtion unter Art. XXI GATT, vgl. *Hausmann,* Das Cotonou-Handelsregime und das Recht der WTO, S. 153. In der Folge wäre diese Ausnahme wie die im Folgenden darzustellenden Regelungen zu behandeln.

736 Im weiteren Sinne kann auch die allgemeine Nichterfüllungsklausel zu dieser Kategorie gezählt werden. Der potenzielle Zusammenhang mit Art. XX GATT wurde bereits angedeutet, vgl. Teil 2, Kapitel 2, A. II. 3. c) cc) (3) (b) (bb).

737 Art. 38 Kroatien-SAA; Art. 41 Montenegro-SAA.

738 Im Abkommen mit Montenegro wird Art. XIX GATT sogar explizit in Bezug genommen.

739 Art. 37 Kroatien-SAA; Art. 40 Abs. 2 Montenegro-SAA.

740 Art. 118 Kroatien-SAA; Art. 127 Montenegro-SAA.

dieser Beziehung keiner Sonderrechte dieser Art mehr. Andererseits sind die aufgezeigten und nicht umfassten Fälle von sehr sensibler Natur, insbesondere was die Sicherheitsinteressen angeht. Daher erscheint es durchaus vertretbar, die Auflistung in Art. XXIV GATT als nicht abschließend einzustufen und den Vertragspartnern in solchen Fällen weiterhin die Möglichkeit zur Ergreifung von Maßnahmen zu geben[741]. Obgleich das Problem nach wie vor als nicht geklärt gilt[742], spricht auch die bislang spärliche Praxis der WTO-Streitbeilegungsorgane für die Möglichkeit der Vereinbarung von Schutzmaßnahmen und Ausnahmen auch über die Fälle des Art. XXIV Abs. 8 GATT hinaus. In dem Fall *Argentina-Footwear* ging es um die Frage, ob Argentinien handelspolitische Schutzmaßnahmen nach Art. XIX GATT überhaupt auf Staaten, welche durch die Zollunion des MERCOSUR mit ihr verbunden sind, anwenden durfte oder ob dies – so die Ansicht Argentiniens – gemäß Art. XXIV Abs. 8 GATT verboten war, so dass eine selektive Anwendung der Schutzmaßnahmen unter Ausschluss von MERCOSUR-Staaten zulässig war[743]. Das *Panel* entschied, dass die fehlende Nennung des Art. XIX GATT in Art. XXIV Abs. 8 GATT für sich genommen nicht zu einem zwingenden Verbot solcher Maßnahmen zwischen Parteien regionaler wirtschaftlicher Integration führt. Entscheidend seien letztlich aber Dauer und Umfang der Maßnahmen. Es müsse gewährleistet sein, dass annähernd der gesamte Handel liberalisiert bleibe und die vorgesehenen Maßnahmen welthandelsrechtlich – nicht zwingend aber im Zusammenhang mit Regionalisierung – vorgesehen seien. Für regionale Integrationszonen sei es also sowohl zulässig, die Möglichkeit zur Ergreifung von Schutzmaßnahmen in den entsprechenden Abkommen aufzuheben, als auch diese Möglichkeit zu erhalten[744]. Im Zusammenhang mit Anti-Dumpingmaßnahmen kann sich ein Fall wie *Argentina-Footwear* nicht ergeben, da es insoweit um eine unfaire Handelspraxis und damit nicht um die Möglichkeit der selektiven Anwendung geht. Dennoch sind die Aussagen des *Panels* dahingehend zu deuten, dass die Auflistung der Ausnahmen in Art. XXIV Abs. 8 GATT nicht zwingend zu einem Ausschluss sämtlicher anderer Ausnahmen führt. Die in Frage stehenden Regelungen der SAA sind außer-

741 Vgl. *Niedrist,* Präferenzabkommen im Europarecht und im Welthandelsrecht, S. 223, unter Berufung auf Eingaben einzelner WTO-Mitglieder.

742 *Herrmann/Weiß/Ohler,* Welthandelsrecht, S. 271; *Hilpold,* Die EU im GATT/WTO-System, S. 47 f.; *Marceau/Reiman,* LIEI 2001, 297 (317); *Niedrist,* Präferenzabkommen im Europarecht und im Welthandelsrecht, S. 225.

743 Panel, *Argentina – Safeguard Measures on Imports of Footwear*, WT/DS121/R, Rn. 8.93/8.94.

744 Panel, *Argentina – Safeguard Measures on Imports of Footwear*, WT/DS121/R, Rn. 8.97.

dem restriktiv ausgestaltet. Bereits der Anwendungsbereich der Normen ist eng begrenzt auf spezifische Sonderkonstellationen. Aber auch die Spanne der ermöglichten Maßnahmen wird eng gehalten. So werden etwa einzuleitende Schritte unter die Voraussetzung ihrer Notwendigkeit gestellt[745] und eine Verpflichtung zur Problemlösung im Stabilitäts- und Assoziationsrat eingeführt[746]. Darüber hinaus werden Grenzen bezüglich der Art – vorgesehen sind in der Regel Maßnahmen im Bereich der Zollsätze – des Umfanges und der Dauer gesetzt[747]. Obgleich davon auszugehen ist, dass das letzte Wort in dieser Frage noch nicht gesprochen ist, führen folglich auch die aufgezeigten Regelungen der SAA, welche weitergehende Ausnahmen ermöglichen als in Art. XXIV Abs. 8 GATT vorgesehen, nicht zu einem Verstoß gegen das GATT.

Ein letzter – sehr grundlegender – welthandelsrechtlicher Aspekt sei schließlich betrachtet. Im Rahmen der vorangegangenen Prüfungen ist stets ganz bewusst ein Gesichtspunkt unbeachtet geblieben, nämlich derjenige der WTO-Mitgliedschaft. Dass der Mitgliedsstatus aber insbesondere auch im Rahmen des Art. XXIV GATT von unmittelbarer Relevanz ist, zeigt dessen Absatz 5, der lediglich die regionale wirtschaftliche Integration „von Vertragsparteien“ zulässt. Regionale Handelsabkommen zwischen einem WTO-Mitglied und einem Dritten sowie zwischen Nichtmitgliedern sind von diesem Wortlaut hingegen nicht umfasst, so dass ein Verstoß gegen das Meistbegünstigungsprinzip insoweit nicht gerechtfertigt wird. Problematisch ist jedoch einzig der erstgenannte Fall, da es mangels Bindung in letztgenanntem auf keiner Seite zu einem Verstoß gegen WTO-Regeln kommen kann. Sehr wohl gehört es jedoch zu einem wegen Verstoßes gegen das Meistbegünstigungsgebot des Art. I GATT rechtfertigungsbedürftigen Verhalten, wenn ein Mitglied einem Nichtmitglied präferenzielle Vorteile gewährt. Art. I GATT bindet zwar nur Vertragsparteien und berechtigt auch nur Vertragsparteien zum Fordern der Meistbegünstigung. Das Meistbegünstigungsgebot ist jedoch nicht beschränkt auf Fälle der Gewährung von Vorteilen gegenüber anderen WTO-Mitgliedern[748]. Im Gegensatz zu der Regelung des GATT beschränkt Art. V Abs. 1 GATS den Umfang einer mögli-

745 Vgl. Art. 38 Abs. 2 Satz 2, 118 Kroatien-SAA; Art. 41 Abs. 3 Satz 1, 127 Montenegro-SAA.

746 Vgl. Art. 37 Abs. 2, Art. 38 Abs. 3-5 Kroatien-SAA; Art. 41 Abs. 4 und 5 Montenegro-SAA.

747 Vgl. Art. 38 Abs. 2 Kroatien-SAA; Art. 41 Abs. 3 Montenegro-SAA.

748 Vgl. den Wortlaut des Art. I Abs. 1 GATT, der von Vorteilen für ein anderes „Land“ spricht, welche den anderen „Vertragsparteien“ zu gewähren sind.

chen Rechtfertigung nicht auf Abkommen zwischen WTO-Vertragsparteien[749]. Das Problem stellt sich insoweit also nicht.

Die Europäische Union ist Mitglied der Welthandelsorganisation. Von ihren Vertragspartnern im Stabilisierungs- und Assoziierungsprozess sind jedoch lediglich Albanien, Kroatien und Mazedonien WTO-Mitglieder. Die Abkommen mit Bosnien und Herzegowina, Montenegro und Serbien sind folglich Verträge zwischen einem Mitglied und einem Nichtmitglied. Alle drei Staaten haben jedoch einen Beobachterstatus inne. Der WTO-Beitrittsprozess dieser Staaten wird von der EU unterstützt und ist bereits weit fortgeschritten, so dass mit einem baldigen Beitritt zu rechnen ist[750]. In der Praxis wird sich die Problematik damit bereits in den kommenden Jahren erledigt haben. Dennoch wird die Frage nicht zuletzt hinsichtlich der zukünftigen Entwicklungen der Beziehungen zum Kosovo auch darüber hinaus ihre Aktualität bewahren. Weder in der Theorie noch in der Praxis wird ihr derzeit ein besonderer Stellenwert beigemessen[751]. Weil eine Rechtfertigung gemäß Art. XXIV Abs. 5 GATT in Konstellationen dieser Art also ausgeschlossen ist, stellt sich die Frage, ob eine anderweitige Möglichkeit zur Erreichung der Zulässigkeit einer solchen Integration besteht. Für gerade diesen Fall wurde Art. XXIV Abs. 10 in das GATT aufgenommen[752]. Danach können durch Zweidrittelmehrheit Vorschläge regionaler wirtschaftlicher Integrationen akzeptiert werden, die nicht vollständig mit den Absätzen 5 bis 9 vereinbar sind, so dass ein gewisses Maß an Kontrolle durch das Welthandelssystem auch hier bestehen bleibt. Voraussetzung ist jedoch, dass die Initiative zu einer Zollunion oder einer Freihandelszone nach Art. XXIV GATT führt, dass also die übrigen Voraussetzungen dieser Norm erfüllt sind[753]. Die ebenfalls denkbare Genehmigung durch einen *waiver* nach Art. XXV Abs. 5 GATT ist hier letztlich nicht anwendbar, da sie nur in „nicht anderweitig vorgesehenen Umständen" eingreift[754]. Nachdem der Mechanismus des Absatzes 10 in den

---

749 Der Begriff „Vertragsparteien der Übereinkunft" meint hier erkennbar nicht die WTO-Mitglieder, welche einleitend als „Mitglieder" bezeichnet werden, sondern die Vertragspartner eines Präferenzabkommens.

750 Vgl. etwa die Pressemitteilung der Union IP/11/20 vom 11.01.2011 zur Unterzeichnung eines bilateralen Abkommens zum WTO-Beitritt Serbiens zwischen der EU und Serbien.

751 *Choi,* JIEL 2005, 825 (827).

752 *Choi,* JIEL 2005, 825 (838); *Herrmann,* Bilaterale und regionale Handelsabkommen als Herausforderung des multilateralen Handelssystems (WTO). In: Ehlers/Wolffgang/Schröder (Hrsg.), Rechtsfragen internationaler Investitionen, S. 226.

753 *Hausmann,* Das Cotonou-Handelsregime und das Recht der WTO, S. 140.

754 Vgl. zu der Abgrenzung ausführlich *Choi,* JIEL 2005, 825 (841 ff., 859), der die Erteilung eines waivers nach dem WTO-Ü dennoch als Option ansieht.

1950er Jahren erstmals erfolgreich angewandt wurde, kam es bereits in den 1960er Jahren zu der Situation, dass zahlreiche Präferenzabkommen mit Nichtmitgliedern geschlossen wurden, nicht zuletzt auch durch einflussreiche WTO-Mitglieder. Daraus entwickelte sich die Tendenz, die Vorgaben des Art. XXIV Abs. 10 GATT schlichtweg zu ignorieren. Bis heute hält diese Praxis an, wonach bei der Behandlung von Regionalen Handelsabkommen zwischen Mitgliedern der WTO und Nichtmitgliedern die ernsthafte Forderung eines Verfahrens nach Absatz 10 nicht aufkommt. Vielmehr wird lediglich die Erwartung ausgesprochen, auch das Nichtmitglied solle sich an die Vorgaben der WTO-Regelungen über die regionale wirtschaftliche Integration halten[755]. Auch in den Stabilisierungs- und Assoziierungsabkommen ist deutlich erkennbar, dass die Nichtmitgliedschaft einiger Vertragspartner dezent übergangen und stattdessen die Konformität der Abkommen mit den Bestimmungen der Welthandelsorganisation – und damit das WTO-konforme Verhalten beider Vertragspartner – betont wird[756]. Außerdem werden die erforderlichen Notifizierungen gemäß Art. XXIV GATT ungeachtet der Frage nach der Mitgliedschaft des Vertragspartners einheitlich vorgenommen. Rein rechtlich ist dieses Vorgehen zu beanstanden. Es ist zwischenzeitlich jedoch zu einer kaum kritisierten Gepflogenheit avanciert. Nicht nur die Notifikation von Präferenzabkommen mit Nichtmitgliedern unterscheidet sich in der Praxis nicht von solchen zwischen Mitgliedern. Auch das WTO-Sekretariat und das Committee on Regional Trade Agreements der WTO behandeln beide Arten von Regionalen Handelsabkommen im Rahmen des neuen Transparenzmechanismus gleich. Weltweit wird die Liste der Staaten, die keine Mitglieder der WTO sind, immer kürzer, so dass die Bedeutung dieser Problematik stetig abnehmen wird.

IV. Ergebnis

Im Ergebnis bleibt festzuhalten, dass hinsichtlich der Vereinbarkeit der Regelungen in den SAA über den Dienstleistungsverkehr mit Art. V GATS erhebliche Bedenken bestehen. Die Liberalisierung des Dienstleistungssektors ist bislang erst in ihrem Anfangsstadium angekommen. Auch an konkreten Plänen bezüglich der zukünftigen Ausgestaltung dieses Bereiches fehlt es in den SAA.

Im Gegensatz dazu sind die Vereinbarungen über den Warenhandel mit Art. XXIV GATT vereinbar. Einzig die fehlende Genehmigung derjenigen SAA mit Staaten, die keine WTO-Mitglieder sind, nach Art. XXIV Abs. 10 GATT ist zu bemängeln. Dieses Manko wird sich zeitnah erledigen; allerdings nicht durch

755 *Choi,* JIEL 2005, 825 (839 ff.).

756 Vgl. etwa Art. 9 und 18 Montenegro-SAA.

Nachholung der Annahme, sondern durch den Beitritt der restlichen Staaten des westlichen Balkans zur Welthandelsorganisation.

C. Überprüfung anhand europarechtlicher Vorschriften

Im folgenden Abschnitt werden die Stabilisierungs- und Assoziierungsabkommen anhand europarechtlicher Vorschriften überprüft. Die Abkommen sind im Rahmen dieser Arbeit primär an den Art. 217 AEUV und Art. 21 EUV zu messen. Diese wurden in abstrakter Hinsicht bereits detailliert analysiert und sollen auf dieser Grundlage nunmehr Aufschlüsse über die SAA ermöglichen.

I. Art. 217 AEUV

Nach dem Vertrag von Lissabon sind die europarechtlichen Bestimmungen über die Errichtung von Assoziierungen durch die Europäische Union wie gesehen in Art. 217 AEUV geregelt. Auch im Zusammenhang mit den SAA ist diese Norm daher von grundlegender Bedeutung. Während das Stabilisierungs- und Assoziierungsabkommen mit Montenegro bereits auf diesen Artikel gestützt wurde[757], beruht das SAA mit Kroatien noch auf dem inhaltsgleichen Art. 310 EGV[758]. Es verwundert insoweit zunächst, dass trotz der nunmehr mit Rechtspersönlichkeit ausgestatteten Europäischen Union auch dieses neue Abkommen neben den Mitgliedstaaten nicht die EU, sondern die Europäischen Gemeinschaften als Vertragspartner Montenegros deklariert. Erklären lässt sich diese Beobachtung mit der Tatsache, dass die Unterzeichnung auch des Montenegro-Abkommens zeitlich wesentlich vor das Inkrafttreten des Vertrages von Lissabon fällt, so dass insofern die alte Rechtslage angewendet wurde, dass aber der Beschluss über die Genehmigung des Abkommens durch Rat und Kommission erst Ende März 2010 und damit nach Geltungsbeginn des Lissaboner Vertrages getroffen wurde[759]. Wie in Teil 2 bereits aufgezeigt, brachte die Vertragsreform auf dem Gebiet der Assoziierungen keine rechtliche Veränderung mit sich, so dass unabhängig davon nach wie vor dieselben Gesichtspunkte von Relevanz sind.

---

757 Vgl. Beschluss des Rates und der Kommission 2010/224/EU, Euratom, ABl. L 108/1 vom 29.04.2010.

758 Vgl. Beschluss des Rates und der Kommission 2005/40/EG, Euratom, ABl. L 26/1 vom 28.01.2005.

759 So wird denn auch in Art. 2 dieses Beschlusses festgehalten, dass Bezugnahmen auf die Europäische Gemeinschaft im Abkommen als Bezugnahmen auf die Europäische Union als deren Rechtsnachfolgerin zu lesen sind.

Fraglich ist also, ob mit Art. 217 AEUV bzw. Art. 310 EGV die korrekte Kompetenzgrundlage gewählt wurde. Dies ist der Fall, wenn die Tatbestandsmerkmale einer Assoziierung erfüllt sind und der primärrechtliche Artikel über Assoziierungsabkommen eine eigenständige und umfassende Zuständigkeit der Union begründet.

1. Die Tatbestandsmerkmale

Es gilt daher zunächst zu ermitteln, ob die Tatbestandsmerkmale des Art. 217 AEUV in den Stabilisierungs- und Assoziierungsabkommen erfüllt sind. Diese Merkmale wurden in Teil 2 ermittelt[760] und werden nunmehr auf die SAA angewandt.

a) Gegenseitige Rechte und Pflichten

Es war eruiert worden, dass ein Assoziierungsabkommen gegenseitige Rechte und Pflichten begründet, dass insoweit aber nicht eine gleichwertige Reziprozität gefordert werden kann, sondern allenfalls völlig asymmetrische Beziehungen ausgeschlossen sind. Die Regelung von Rechten und Pflichten ist zwar ein notwendiges Merkmal von Assoziierungsabkommen. Sie grenzt Assoziierungen selbstverständlich aber nicht umfassend von andersartigen völkerrechtlichen Verträgen ab und ist daher wenig gehaltvoll. Auch im Falle der Stabilisierungs- und Assoziierungsabkommen können Rechte und Pflichten auf beiden Seiten des Vertragsverhältnisses leicht identifiziert werden. In jedem einzelnen Abschnitt der SAA verpflichten sich beide Vertragsparteien zur Verwirklichung von Maßnahmen zum Ausbau der Kooperation, so etwa zur Aufhebung von Handelsbeschränkungen und zur Förderung des Wettbewerbs. Einer weiteren Erläuterung bedarf einzig die Frage, ob die Voraussetzung der Gegenseitigkeit erfüllt ist. Im Bereich der Liberalisierung des Warenhandels werden beispielsweise zwar beide Vertragsparteien verpflichtet, allerdings ungleich in Zeit und Maß der zu gewährenden Vorteile. Während hier der Union weitergehende Pflichten auferlegt werden als dem Assoziierunsgpartner, ist die Verpflichtung zu Maßnahmen auf dem Gebiet des Wettbewerbs für die Balkanstaaten wesentlich umfassender als für die bereits überlegene Regelungen aufweisende Union. In anderen Disziplinen wiederum wird allein der assoziierte Staat verpflichtet, während der Union allenfalls eine gewisse Mitwirkungspflicht aufgebürdet wird. Eine Rechtsangleichung wird etwa nur in Richtung des Unionsrechts verlangt und nicht umgekehrt. Insgesamt weisen die begründeten Rechte und Pflichten mithin eine vielfältige Struktur auf. Die Pflichten der Vertragspartner können keineswegs als gleichbedeutend bezeichnet werden. Eine derart ausgestaltete

760 Vgl. Teil 2, Kapitel 2, A. I. 1. b).

Reziprozität ist jedoch auch nicht zu fordern. Angesichts der beide Seiten belastenden und berechtigenden Regelungen, welche sich weit von einer ausgeprägten Asymmetrie entfernt bewegen, ist das Merkmal der Gegenseitigkeit zweifelsohne zu bejahen. Somit begründen die Abkommen gegenseitige Rechte und Pflichten.

b) Gemeinsames Vorgehen und besondere Verfahren

Weiterhin bestimmt Art. 217 AEUV, dass eine Assoziierung ein gemeinsames Vorgehen und besondere Verfahren aufweist. Verlangt wird also die Einrichtung von Organen, die paritätisch besetzt sowie zur eigenen Willensbildung befähigt sind, und die die materiellen Vereinbarungen des Abkommens auf der Grundlage eines festgelegten Verfahrens durchführen. Wir haben bereits gesehen, dass die Abkommen zwischen der EU und den Staaten des westlichen Balkans sehr ausführlich die Einrichtung eines Stabilitäts- und Assoziationsrates, eines Stabilitäts- und Assoziationsausschusses sowie eines Parlamentarischen Stabilitäts- und Assoziationsausschusses regeln und detaillierte Vorschriften über deren Aufgaben, Kompetenzen und Funktionsweise aufweisen[761]. Die eingerichteten Organe werden von Vertretern des jeweiligen Vertragspartners besetzt. Es besteht die Möglichkeit, verbindliche Entscheidungen zu erlassen und damit eine Handhabe, an der Ausgestaltung des Assoziierungsverhältnisses effektiv mitzuwirken. In den Organen sowie deren möglichen untergeordneten Strukturen arbeiten die Parteien nach festgelegten Funktionsstrukturen bei der Umsetzung der Partnerschaft zusammen. Auch das ebenfalls aus diesem Merkmal abgeleitete Kriterium einer Dauerhaftigkeit der angelegten Zusammenarbeit kann ohne Zweifel angenommen werden. Zwar haben sich die Vertragsparteien die Möglichkeit einer Kündigung der Abkommen vorbehalten. Dies steht dem grundsätzlich auf unbegrenzte Zeit angelegten Abschluss jedoch nicht entgegen. Eine realistische Einschätzung der Geltungsdauer der Abkommen ergibt, dass diese in Kraft bleiben bis die noch engere Stufe der Kooperation in Form eines Unionsbeitrittes erreicht ist, so wie es auch im Falle der Abkommen mit den mittel- und osteuropäischen Ländern praktiziert wurde. Mithin betreiben die Vertragspartner ein dauerhaftes gemeinsames Vorgehen und besondere Verfahren.

c) Die Vertragspartner

Hinsichtlich der Frage nach den Vertragspartnern, welche die Europäische Union im Rahmen eines Assoziierungsverhältnisses an sich binden kann, bestimmt Art. 217 AEUV, dass Assoziierungsabkommen mit einem oder mehreren Drittländern sowie auch mit internationalen Organisationen geschlossen werden kön-

761 Vgl. Teil 3, Kapitel 2, A. IX.

nen. Die Anforderungen an eine Qualifizierung als Drittland werden wie gesehen eher großzügig gehandhabt und stimmen nicht zwingend mit dem völkerrechtlichen Staatsbegriff überein. Ohnehin sind die Länder des westlichen Balkans als Staaten anerkannt, wenngleich die staatsbildenden Prozesse und Umstrukturierungen der jüngeren Vergangenheit angehören und zum Teil noch nicht abgeschlossen sind. Noch nicht definitiv geklärt ist insoweit etwa die zukünftige Behandlung des Kosovo.

Zu beachten ist ferner, dass die Assoziierung nur außerhalb der Union befindliche Staaten betreffen kann, also nur eine externe Assoziierung umfasst ist. Im Falle der Balkanstaaten ist dieser Punkt angesichts deren immer konkreter werdenden Beitrittsperspektive eine Überlegung wert. Eine wie auch immer geartete Perspektive der zukünftigen Mitgliedschaft in der Union kann einen Staat freilich nicht aus dem Kreis der potenziellen Assoziierungspartner ausschließen. Im Gegenteil ist die Assoziierung derzeit das beste Instrument der Bindung im Vorfeld eines Beitrittes. Zum Zeitpunkt einer tatsächlich eintretenden Unionsmitgliedschaft jedoch muss das Assoziierungsverhältnis erlöschen. Aus der Beschränkung der Assoziierung auf externe Verhältnisse ergibt sich für die künftige Ausgestaltung der Beziehungen zwischen EU und Westbalkan außerdem, dass Kompromisslösungen in Form beschränkter Mitgliedschaften ausgeschlossen sind. In Betracht kommt nur eine volle Mitgliedschaft oder eine Weiterführung der externen Assoziierung. Vieles spricht insoweit für die erste Option, die auch klar angestrebt wird.

Darüber hinaus sind an die Vertragspartner der Union keine besonderen Voraussetzungen zu stellen. Sämtliche weitergehenden Merkmale, die etwa Geographie, wirtschaftliche oder politische Eigenschaften betreffen und in der Vergangenheit angedacht worden waren, spielen heute keine Rolle mehr. Im Falle der Staaten des westlichen Balkans könnte dahingehend ohnehin kaum eine Beschränkung vorgenommen werden. Trotz der zweifellos vorhandenen Probleme und des dringenden Reformbedarfes sind die Staaten hinsichtlich der genannten Kriterien in jedem Falle kompatibel.

Die hier betrachteten assoziierten Staaten sind somit auch taugliche Vertragspartner der Europäischen Union im Rahmen eines Assoziierungsabkommens.

d) Teilhabe am Unionssystem

Schließlich müssten die Assoziierungsabkommen zwischen der EU und den Westbalkanstaaten auch deren teilweise Teilhabe am Unionssystem etablieren. Es ist deutlich geworden, dass damit lediglich die materielle Teilhabe, also die Errichtung gewisser gemeinsamer Politiken in Form einer Erweiterung von Unionspolitiken auf den Assoziierungspartner, gemeint ist und nicht etwa eine institutionelle Mitwirkung in den Unionsorganen. Außerdem sind an diese Teilhabe keine überhöhten Anforderungen zu stellen, im Gegenteil kann eine teilweise Teilnahme am Unionssystem bereits bei Vorhandensein begrenzter gemeinsamer Politiken anerkannt werden. Insgesamt gilt jedoch, dass eine vertragliche Zusammenarbeit umso eher eine Teilhabe am Unionssystem aufweist und damit als Assoziierung eingestuft werden kann, je weitergehend eine über die ökonomische Kooperation hinausgehende Komponente der Zusammenarbeit in anderen Politikbereichen ausgeprägt ist. Dies berücksichtigend dient dieses Merkmal insbesondere zur Abgrenzung der Assoziierung von einem Abkommen auf der Grundlage der GHP.

Die Stabilisierungs- und Assoziierungsabkommen weisen umfassende Vereinbarungen in wirtschaftsrelevanten Gebieten auf und begründen umfangreiche Handelserleichterungen. Darüber hinaus sind diese völkerrechtlichen Verträge jedoch markant gekennzeichnet durch tiefgehende Kooperation in unzähligen weiteren Bereichen. Auch diese Vereinbarungen gehören zu den entscheidenden Charakteristika der SAA und sind von ebenso großer Bedeutung wie die handelspolitischen Regelungen. Allein die begründete Kooperation in innenpolitischen Angelegenheiten wie beispielsweise Visa, Asyl, Migration und Kriminalitätsbekämpfung sowie die Zusammenarbeit in weiteren Bereichen wie Bildung und Kultur, Energie, Technologie und Soziales nimmt einen prominenten und breiten Platz innerhalb der Abkommen ein. Diese Themenbereiche sind bereits durch Unionspolitiken besetzt und werden durch Kooperation mit den assoziierten Staaten auf diese erweitert. Die angesprochene Abgrenzung zu Abkommen der gemeinsamen Handelspolitik wird auch innerhalb der vertraglichen Beziehungen der EU mit den Westbalkanstaaten evident. Stellt man nämlich den Stabilisierungs- und Assoziierungsabkommen die bislang noch geltenden Interimsabkommen mit Bosnien und Herzegowina sowie mit Serbien gegenüber, so wird deutlich, dass letztere keine Hinweise auf eine über Handelsfragen hinausgehende Kooperation aufweisen und damit zu Recht nicht als Assoziierungsabkommen, sondern innerhalb der gemeinsamen Handelspolitik abgeschlossen wurden.

Obwohl die Grenzlinien in diesem Bereich nicht immer eindeutig zu ziehen sind[762], kann somit festgehalten werden, dass die Stabilisierungs- und Assoziie-

762 Fragwürdig erscheinen insofern etwa Rechtsgrundlage und Umfang der PZA mit Nachfolgestaaten der Sowjetunion, die auf die GHP gestützt ebenfalls weitreichende Kooperationsgebiete einschließen. Im Gegensatz zu den SAA werden solche Kooperationen jedoch unter dem Überbegriff der *wirtschaftlichen* Zusammenarbeit geführt und damit von vornherein als ökonomisch deklariert. Vgl. etwa Titel VII des Ukraine-PZA und des Russland-PZA. Im Übrigen werden die PZA zusätzlich auf die Kompetenzergänzungsklausel gestützt.

rungsabkommen eine großzügige Teilhabe in weitreichenden Teilbereichen des Unionssystems gewähren.

e) Zwischenergebnis

Es hat sich gezeigt, dass die SAA sämtliche Tatbestandsmerkmale der primärrechtlichen Assoziierungsnorm erfüllen. Aufgrund der Weite dieser Norm und des daraus resultierenden politischen Spielraumes ist dieses Zwischenergebnis indes wenig überraschend.

2. Eigenständige und umfassende Kompetenzgrundlage und die Problematik gemischter Abkommen

Es gilt jedoch nunmehr, das Augenmerk auf zwei weitergehende und in gewissem Maße zusammenhängende Aspekte zu richten, die hinsichtlich der Grundlage der untersuchten Abkommen problematisch erscheinen. Es fragt sich nämlich, ob Art. 217 AEUV als eigenständige und umfassende Grundlage geeignet ist, Unionskompetenzen zu begründen, denn nur dann kann die Entscheidung für diese Norm als Grundlage der Abkommen überhaupt einwandfrei sein. Außerdem verwundert es, dass die Stabilisierungs- und Assoziierungsabkommen trotz der Ausschließlichkeit der Assoziierungskompetenz als gemischte Abkommen der Europäischen Gemeinschaften sowie ihrer Mitgliedstaaten abgeschlossen wurden.

a) Kompetenzgrundlage

Dass Art. 217 AEUV selbst eine eigenständige und umfassende Unionszuständigkeit begründende Norm ist, wurde bereits aufgezeigt[763]. Sowohl in der Literatur als auch in der Rechtsprechung ist diese ehemals hochumstrittene Frage weitestgehend geklärt.

Angesichts der inhaltlichen Weite der SAA[764] dürfte die Wahl der Rechtsgrundlage auch ohne größere Zweifel ausgefallen sein. Klar erkennbar ist im Rahmen der Stabilisierungs- und Assoziierungsabkommen die eine Assoziierungen charakterisierende privilegierte Beziehung der vertraglich gebundenen Staaten des westlichen Balkans zur Europäischen Union. Ein Abkommen der gemeinsamen Handelspolitik hätte im Umfang wesentlich begrenzt werden müssen. Die Nachbarschaftsabkommen als weitere denkbare Grundlage sind nicht für Partnerstaaten mit Beitrittsperspektive ausgelegt[765]. Insoweit kann festgehalten werden, dass die Kompetenzgrundlage für die SAA richtig gewählt ist.

---

763 Vgl. Teil 2, Kapitel 2, A. I. 1. b) bb).

764 Vgl. Teil 3, Kapitel 2, A.

765 Vgl. Teil 2, Kapitel 2, A. I. 1. e).

Eine genauere Einordnung der untersuchten Abkommen in die Kategorien der Assoziierung ist hingegen nicht ganz unproblematisch. Während eine bloße Freihandelsassoziierung sicherlich auszuschließen ist, bleibt sowohl die Qualifizierung als Entwicklungs- wie auch als Beitrittsassoziierung denkbar. Es wird insoweit beides vertreten, zum Teil auch von einem Grenzfall gesprochen[766]. Obgleich die Stabilisierungs- und Assoziierungsabkommen eindeutig entwicklungsrelevante Tendenzen aufweisen und die Staaten des westlichen Balkans nicht nur tatsächlich, sondern auch gemäß offizieller Einstufungen zum Teil erhebliche Entwicklungsdefizite offenbaren[767], deren Überwindung freilich ein Anliegen der Abkommen darstellt, liegt m.E. die bereits oben vertretene Kategorisierung als Beitrittsassoziierung[768] näher. Die überwiegende Mehrzahl der Assoziierungsabkommen der Europäischen Union weist in gewissem Umfang Gesichtspunkte der Entwicklungszusammenarbeit auf. Die Einordnung als Entwicklungsassoziierung sollte daher solchen Partnerschaften vorbehalten bleiben, die primär, wesentlich und gezielt auf entwicklungspolitische Effekte abzielen. Dazu gehören die SAA nicht. Zwar bildet auch hier die Förderung stabilisierender Reformen einen zentralen Punkt. Sämtliche Regelungen sind aber vor dem Hintergrund der Beitrittsperspektive zu betrachten und dienen damit zumindest auch der Vorbereitung der assoziierten Staaten auf einen zukünftigen Beitritt zur Union.

b) Die Problematik gemischter Abkommen

Trotz der unzweifelhaft richtigen Auswahl der europarechtlichen Kompetenzgrundlage für die untersuchten Abkommen, wurden diese als gemischte Abkommen sowohl durch die Europäischen Gemeinschaften als auch durch ihre Mitgliedstaaten geschlossen. Angesichts der oben aufgezeigten ausschließlichen Zuständigkeit, welche der Union in Assoziierungsangelegenheiten zukommt[769], verwundert dies und es stellt sich die Frage nach den Umständen dieser Vorgehensweise.

Eine umfassende Abhandlung der Problematik gemischter Kompetenzen und gemischter Abkommen ist im Rahmen der Thematik dieser Arbeit nicht angezeigt. Schwerpunktmäßige Bearbeitungen dieser Materie sind zahlreich er-

766 Vgl. *Vöneky/Beylage-Haarmann*, in: Grabitz/Hilf/Nettesheim, Art. 217 AEUV, Rn. 88 m.w.N.

767 Vgl. Teil 2, Kapitel 2, A. I. 1. d).

768 Vgl. Teil 2, Kapitel 2, A. I. 1. b) cc).

769 Vgl. Teil 2, Kapitel 2, A. I. 1. b) bb).

schienen[770]. Wegen der besonderen Bedeutung für die Außenpolitik der EU im Allgemeinen und für das Verhältnis zu den Westbalkanstaaten im Speziellen seien aber einige Anmerkungen erlaubt.

aa) Die SAA als gemischte Abkommen

Bereits bei der Auswertung der von der EU geschlossenen Regionalen Handelsabkommen war aufgefallen, dass Assoziierungsabkommen im Gegensatz etwa zu Präferenzabkommen auf der Grundlage der gemeinsamen Handelspolitik typischerweise als gemischte Abkommen geschlossen werden, dass dem assoziierten Staat also nicht nur die EU, sondern auch ihre Mitgliedstaaten als Vertragspartner gegenüberstehen[771]. Die Abkommen mit den Staaten des westlichen Balkans bilden insoweit keine Ausnahme. Die Interimsabkommen, welche schwerpunktmäßig eine vorzeitige Geltung von Handelspräferenzvereinbarungen bewirken und somit inhaltlich starke Beschränkungen aufweisen, beruhen auf der Kompetenzgrundlage der gemeinsamen Handelspolitik und sind als reine Unionsabkommen ohne Beteiligung der Mitgliedstaaten ausgestaltet. Die SAA selbst hingegen sind sämtlich gemischte Abkommen.

Die enorme inhaltliche Weite dieser Abkommen, die nicht zuletzt zu der Erkenntnis geführt hat, dass die Kompetenzgrundlage des Art. 217 AEUV, bzw. des Art. 310 EGV, richtigerweise und notwendigerweise herangezogen wurde, bestätigt sich auch in der Ausgestaltung der Verträge als gemischte Abkommen. Trotz der Wahl der Assoziierungsgrundlage, welche der Europäischen Union eine eigene, im Vergleich mit anderen möglichen Außenkompetenzen der Union viel weitergehende und im Verhältnis zu den Mitgliedstaaten ausschließliche Vertragsschlusskompetenz zuweist, war der Abschluss als gemischtes Abkommen unter Einbeziehung der Mitgliedstaaten allem Anschein nach für angezeigt befunden worden.

Generell gilt, dass die Form des gemischten Abkommens immer dann zu wählen ist, wenn weder dem Mitgliedstaat, noch der Europäischen Union die Kompetenz zukommt, Vereinbarungen über sämtliche Inhalte des zu schließenden Abkommens zu treffen[772]. Der historische Ursprung dieser Praxis liegt gerade in dem auch hier betrachteten Abschluss von Assoziierungsabkommen. In

770 Vgl. etwa *Leal-Arcas,* EFARev. 2001, 483; *Sattler,* Gemischte Abkommen und gemischte Mitgliedschaften der EG und ihrer Mitgliedstaaten; *Stein,* Der gemischte Vertrag im Recht der Außenbeziehungen der Europäischen Wirtschaftsgemeinschaft.

771 Vgl. Teil 2, Kapitel 2, B. VIII.

772 Zur genauen Abgrenzung zwischen der Notwendigkeit gemischter Abkommen und reiner Unionsabkommen sowie gewissen Spielräumen in der Praxis siehe *Sattler,* Gemischte Abkommen und gemischte Mitgliedschaften der EG und ihrer Mitgliedstaaten, S. 165 ff.

den 60er Jahren war im Zuge der Verhandlungen eines Assoziierungsabkommens mit Griechenland erstmals die Konstellation aufgetreten, dass die Vertragsschlusskompetenzen für die einzubeziehenden Materien zum Teil bei der EG und zum anderen Teil bei den Mitgliedstaaten lagen[773]. Seit der in der Folge erstmaligen Verwendung des Konstruktes eines gemischten Abkommens, ist dies zur Sicherstellung der effektiven außenpolitischen Handlungsfähigkeit zur üblichen Praxis geworden. An deren grundsätzlicher Legitimität besteht kein Zweifel mehr[774].

Vor diesem Hintergrund zeigt sich, dass die Aussage, die Assoziierungskompetenz sei eine ausschließliche Unionskompetenz, zwar unzweifelhaft richtig ist, dass es letztlich aber stets auf die konkret einbezogenen Materien ankommt[775]. Hinsichtlich des sachlichen Umfanges dieser Vertragsschlusskompetenz hat die Untersuchung in Teil 2 aber ergeben, dass sie nur zur vertraglichen Regelung derjenigen Bereiche ermächtigt, welche auch Gegenstand des Arbeitsweisenvertrages selbst sind[776]. Ein alleiniges Tätigwerden der EU in Form eines ausschließlichen Unionsabkommens ist also nur dann möglich, wenn sich die Zuständigkeit hinsichtlich aller in das Abkommen einzubeziehenden Materien aus den Bestimmungen des Primärrechts ergibt. Sofern dies nicht der Fall ist, sind hingegen die Mitgliedstaaten zu beteiligen[777].

Die SAA enthalten nicht nur handelspolitische Vereinbarungen zur Liberalisierung des Waren- und Dienstleistungsverkehrs, die – insbesondere angesichts der beschriebenen Kompetenzerweiterung – von der gemeinsamen Handelspolitik gedeckt sind und unproblematisch auch in Assoziierungsabkommen aufgenommen werden können. Vielerlei weitere Kooperationsfelder werden in den SAA erschlossen, wobei auffällt, dass auch diese Materien im europäischen Primärrecht behandelt sind und damit in die Assoziierungskompetenz der Union fallen. Dieses Parallellaufen entspricht dem Assoziierungsmerkmal der teilweisen Teilhabe am Unionssystem, wonach einige zunächst unionsinternen Politikbereiche auf den Assoziierungspartner ausgeweitet werden. Zum Teil wird an-

---

773 *Sattler,* Gemischte Abkommen und gemischte Mitgliedschaften der EG und ihrer Mitgliedstaaten, S. 33 f.; *Stein,* Der gemischte Vertrag im Recht der Außenbeziehungen der Europäischen Wirtschaftsgemeinschaft, S. 220.

774 Vgl. etwa EuGH, Rs. C-13/00, Slg. 2002, I-2943, *Kommission/Irland,* Rn. 14. Siehe auch *Gilsdorf,* EuR 1996, 145 (160); *Richter,* Die Assoziierung osteuropäischer Staaten durch die Europäischen Gemeinschaften, S. 195; *Sattler,* Gemischte Abkommen und gemischte Mitgliedschaften der EG und ihrer Mitgliedstaaten, S. 34 m.w.N.

775 *Gilsdorf,* EuR 1996, 145 (149); *Sattler,* Gemischte Abkommen und gemischte Mitgliedschaften der EG und ihrer Mitgliedstaaten, S. 45.

776 Vgl. Teil 2, Kapitel 2, A. I. 1. b) bb).

777 *Schwartz*, in: von der Groeben/Schwarze, Art. 310 EGV, Rn. 21.

genommen, die Themengebiete Arbeitnehmerfreizügigkeit und Niederlassungsfreiheit seien ausschlaggebend für die notwendige Beteiligung der Mitgliedstaaten[778]. Es sei insoweit keine explizite oder implizite Vertragsschlusskompetenz der Union vorhanden. Primärrechtlich umfasst sei vielmehr lediglich der unionsinterne Aspekt hinsichtlich Arbeitnehmern bzw. Gesellschaften der Mitgliedstaaten, also der Abbau von Beschränkungen nur zwischen Mitgliedstaaten. Nicht eingeschlossen sei dagegen die Regelung internationaler Aspekte über die Union hinaus, also etwa der völkervertragliche Abbau solcher Beschränkungen zwischen der Europäischen Union und dritten Staaten. Diesem Gedanken ist in gewissem Maße zuzustimmen. Selbstverständlich beziehen sich die Grundfreiheiten des AEUV zunächst nur auf den unionsinternen Binnenmarkt, so dass Arbeitnehmerfreizügigkeit und Niederlassungsfreiheit nicht unmittelbar in den sachlichen Umfang der Assoziierungskompetenz einbezogen werden können. Ebenso wenig gehören diese Bereiche zur gemeinsamen Handelspolitik, so dass auch insoweit keine Einbeziehung begründet werden kann. Ferner lassen auch die Formulierungen in den SAA die Vermutung zu, insbesondere in diesen Bereichen sei zumindest ein deutlicher Einfluss der Mitgliedstaaten vorhanden. In den Art. 45 ff. des Kroatien-SAA sowie Art. 49 ff. des Montenegro-SAA wird auffällig häufig auf die Mitgliedstaaten und deren Zuständigkeit und Pflicht verwiesen, so etwa beim Diskriminierungsverbot kroatischer bzw. montenegrinischer Arbeitnehmer hinsichtlich der jeweils geltenden nationalen Vorschriften für Staatsangehörige des Mitgliedstaates[779], bei diversen Vorbehalten zugunsten mitgliedstaatlicher Bedingungen, Modalitäten, Rechtsvorschriften und Umstände[780] sowie bei der gemeinsamen Verpflichtung der Gemeinschaft und ihrer Mitgliedstaaten in Bezug auf die Niederlassungsfreiheit[781].

Trotz dieser Aspekte, die zunächst für die Notwendigkeit eines gemischten Abkommens unter Beteiligung der Mitgliedstaaten sprechen, wird mit dieser Auffassung aber gerade der alte Streit um die Eigenständigkeit der durch Art. 217 AEUV bzw. Art. 310 EGV vermittelten Unionskompetenzen verkannt. Dass nämlich diejenigen Bereiche, welche durch primärrechtliche Regelungen direkt abgedeckt sind, Gegenstand von Assoziierungsabkommen der Union werden können, ist unbestritten. Der Streit dreht sich vielmehr gerade darum, ob über diese Bereiche hinaus Art. 217 AEUV selbst ein eigener materieller Kompetenzgegenstand zukommt. Wegen des von vornherein beschränkten Umfanges

778 *Jakob,* Die Assoziation zwischen der Europäischen Gemeinschaft und ihren Mitgliedstaaten sowie Tunesien, Marokko und Algerien, S. 67.

779 Art. 45 Abs. 1, Spiegelstrich 1 Kroatien-SAA; Art. 49 Abs. 1 lit. a) Montenegro-SAA.

780 Vgl. etwa Art. 45 Abs. 1, 46 Abs. 1 Kroatien-SAA; Art. 49 Abs. 1, 50 Abs. 1 Montenegro-SAA.

781 Art. 49 Abs. 3 Kroatien-SAA; Art. 53 Abs. 2 Montenegro-SAA.

dieser Fragestellung auf Materien, die der Arbeitsweisenvertrag umfasst und die damit überhaupt als von der Assoziierungskompetenz eingeschlossene Sachbereiche in Betracht kommen können, manifestiert sich die Kontroverse insbesondere dort, wo primärrechtlich zunächst lediglich eine unionsinterne Regelung vorhanden ist und sich die Frage stellt, ob die Assoziierungskompetenz des Art. 217 AEUV selbst die Grundlage für die auch unionsübergreifende Regelung dieser Sachgebiete mit Drittstaaten bildet[782]. Genau diese Konstellation liegt in den Bereichen Arbeitnehmerfreizügigkeit und Niederlassungsfreiheit vor. Entscheidet man sich also für die Einordnung des Art. 217 AEUV als eigenständige und umfangreiche Kompetenznorm, so erscheint es nicht konsequent, ein notwendiges Mitwirken der Mitgliedstaaten wegen des insoweit nach innen begrenzten Regelungsgehalts des AEUV zu vertreten. Vielmehr ist in den engen Grenzen der durch den AEUV geregelten Sachgebiete einer „Abstraktion" interner Begrifflichkeiten und folglich einer Ausweitung auf den externen Bereich zuzustimmen[783]. Diese enge Begrenzung nimmt gleichzeitig einem Hauptargument gegen die Anerkennung eines eigenen materiellen Gehaltes des Art. 217 AEUV, nämlich der angeblichen Gefahr ausufernder Kompetenzerweiterung, den Wind aus den Segeln. Auch die Regelungen über Freizügigkeit und Niederlassung in den Stabilisierungs- und Assoziierungsabkommen begründen somit nicht die Notwendigkeit eines gemischten Abschlusses der völkerrechtlichen Verträge. Auch diese Sachbereiche sind von der Unionskompetenz des Art. 217 AEUV umfasst.

Wie bereits angedeutet, gibt es für den gemischten Abschluss der Stabilisierungs- und Assoziierungsabkommen aber auch einen weiteren Erklärungsansatz. Verbreitet wird angenommen, dass nicht jeder gemischte Vertrag von EU und Mitgliedstaaten aus kompetenzrechtlicher Notwendigkeit als ein solcher ausgestaltet wurde. So geht etwa *Gilsdorf* davon aus, dass auch hinsichtlich des EWR-Abkommens sowie der den SAA sehr nahestehenden und inhaltlich nicht wesentlich hinter diesen zurückbleibenden Europaabkommen mit den mittel- und osteuropäischen Staaten die Geltendmachung mitgliedstaatlicher Kompetenzen zu kritisieren sei[784]. Eben dies spricht im Übrigen gegen die vereinzelt vorgebrachte Überlegung, die Vereinbarung eines politischen Dialoges in völkerrechtlichen Verträgen gehe über die Assoziierungskompetenz der Europäischen Union hinaus und falle daher in die Zuständigkeit der Mitgliedstaaten, weshalb der

782 Zum so definierten Umfang des Streites siehe *Richter,* Die Assoziierung osteuropäischer Staaten durch die Europäischen Gemeinschaften, S. 52 und 95 f.

783 Vgl. *Richter,* Die Assoziierung osteuropäischer Staaten durch die Europäischen Gemeinschaften, S. 113.

784 *Gilsdorf,* EuR 1996, 145 (163).

gemischte Abschluss dieser Abkommen notwendig sei[785]. Wie die SAA hatten auch die ebenfalls auf der Grundlage der Assoziierungskompetenz beruhenden Europaabkommen einen solchen politischen Dialog eingerichtet. Dennoch wird die Berufung auf mitgliedstaatliche Kompetenzen auch diesbezüglich als kritikwürdig beurteilt. Der gemischte Abschluss kann auch dahingehend nicht als notwendig bezeichnet werden.

Der Einfluss, den die Mitgliedstaaten hinsichtlich völkerrechtlicher Abkommen über den Rat nehmen können, ist nicht zu unterschätzen. So ist es etwa in Bezug auf Assoziierungsabkommen zum Normalfall geworden ist, dass es zu gemischten Abschlüssen kommt. Der Rat kann im Rahmen der Vertragsverhandlungen und der internen Abstimmung mit der Kommission auf die Einbeziehung von Materien hinwirken, die in die Zuständigkeit der Mitgliedstaaten fallen und in der Folge trotz eines gegebenenfalls nur kleinen mitgliedstaatlichen Anteiles auf einer Beteiligung bestehen oder bei Vorhandensein von Gestaltungsspielräumen durch lediglich geteilte Unionskompetenzen[786] einen mitgliedstaatlichen Einfluss aufrecht erhalten[787]. Selbst im Falle einer kompetenzrechtlichen Notwendigkeit eines reinen Unionsabkommens könnte der Rat seine Zustimmung nur zu einem gemischten Abkommen geben. In dieser Konstellation wird von „unechten gemischten Abkommen“ gesprochen[788]. Eine solche Praxis ist zwar grundsätzlich unionsrechtswidrig. Denkbar ist jedoch eine Rechtfertigung durch die Konstruktion einer Ermächtigung der Mitgliedstaaten zur Beteiligung an einem völkerrechtlichen Vertrag durch den Rat, die gegebenenfalls sogar stillschweigend erteilt werden kann[789].

Neben einem solchen bewussten Hinwirken auf gemischte Abschlüsse können aber – vorwiegend im Rahmen von Assoziierungsabkommen – auch schlichte kompetenzrechtliche Unsicherheiten ursächlich für ein solches Verfahren werden[790].

---

785 Siehe etwa *Bretherton/Vogler,* The European Union as a Global Actor, S. 76.

786 Zu betonen bleibt, dass eine geteilte Zuständigkeit im Grundsatz nicht zur Notwendigkeit eines gemischten Abkommens führt. Vielmehr ist in diesen Fällen von einer Unionszuständigkeit auszugehen und nur „sofern und soweit die Union ihre Zuständigkeit nicht ausgeübt hat“, kommen die Mitgliedstaaten zum Zuge, vgl. Art. 2 Abs. 2 AEUV.

787 *Gilsdorf,* EuR 1996, 145 (161); *Sattler,* Gemischte Abkommen und gemischte Mitgliedschaften der EG und ihrer Mitgliedstaaten, S. 309 f.

788 *Sattler,* Gemischte Abkommen und gemischte Mitgliedschaften der EG und ihrer Mitgliedstaaten, S. 190 f.

789 Vgl. zu dieser kontroversen Frage *Sattler,* Gemischte Abkommen und gemischte Mitgliedschaften der EG und ihrer Mitgliedstaaten, S. 192 ff.

790 Vgl. *Herrnfeld,* in: Schwarze, Art. 310 EGV, Rn. 6; *Schwartz,* in: von der Groeben/Schwarze, Art. 310 EGV, Rn. 21.

bb) Folgeprobleme

Der übermäßige Abschluss gemischter Abkommen ist bedenklich[791]. Die sich ergebenden Probleme sollen im Folgenden skizzenartig umrissen werden.

(1) Unklare Kompetenzgrenzen

Aufgrund des teilweise nicht vorhandenen kompetenzrechtlichen Erfordernisses eines gemeinsamen Abschlusses wird die objektive Beurteilung der Zuständigkeitsverteilung innerhalb Europas nach außen immer schwieriger. Ohnehin haben nicht zuletzt die Vertragspartner das komplexe Kompetenzsystem und die europäische Besonderheit des Zusammenspieles der Mitgliedstaaten und der Union hinzunehmen. Durch die mittlerweile etablierte Praxis der gemischten Abschlüsse werden Grenzen weiter verwässert und Einschätzungen erschwert, was sich negativ auf die Vorhersehbarkeit und letztlich auf die Rechtssicherheit auswirkt.

(2) Umfangreiches Ratifikationsprocedere

Die Praxis gemischter Abkommen erleichtert in der Regel zwar ungemein eine politische Einigung zur Verhandlung und zum Abschluss eines völkerrechtlichen Vertrages innerhalb der Organisationsstrukturen aus Europäischer Union und Mitgliedstaaten. Es erscheint ungleich leichter, einem unionsinternen Kompetenzgerangel zu entgehen und dafür die Mitwirkung der Mitgliedstaaten hinzunehmen. Kehrseite dessen ist aber das daraus einerseits resultierende Erfordernis erhöhter Kompromissbereitschaft im Rahmen der Verhandlungen und andererseits die Notwendigkeit eines umfangreichen und zeitaufwändigen Ratifikationsprozesses. Nachdem der ausgehandelte Vertrag unterzeichnet ist, wird er in der Regel zunächst durch den Vertragspartner, im Falle der SAA also durch den jeweiligen südosteuropäischen Partnerstaat, ratifiziert. Im Anschluss daran durchläuft das Abkommen in jedem einzelnen der 27 Mitgliedstaaten der Union ein Ratifikationsverfahren. Erst nach dem erfolgreichen Abschluss all dieser Prozeduren ratifiziert üblicherweise auch die Europäische Union selbst den Vertrag und das Abkommen kann in Kraft treten. Vor diesem Hintergrund ist die lange Zeitspanne, die sich regelmäßig zwischen Unterzeichnung und Inkrafttreten ergibt, nicht verwunderlich. Im Einzelfall besteht infolge von Uneinigkeiten unter einzelnen Mitgliedstaaten sogar die Gefahr des Scheiterns eines Vertrages. Die im Falle der SAA aufgetretene Ratifikationsdauer von drei bis vier Jahren ist demgemäß noch nicht als sonderlich ausgedehnt zu bezeichnen. Man behilft sich infolgedessen mit Interimsabkommen, die ohne die Mitgliedstaaten ge-

791 So bereits Europäischer Konvent, Vermerk CONV 356/02 vom 21.10.2002, Nr. 13.

schlossen werden und auch im Falle der Partnerschaften mit den Westbalkanstaaten zentrale Bestandteile der Hauptabkommen im Bereich des Abbaus von Handelsbeschränkungen frühzeitig in Kraft setzen konnten. Zu beachten ist schließlich die durch den EuGH wiederholt betonte Pflicht einer engen Zusammenarbeit zwischen den Mitgliedstaaten und den Unionsorganen bei der Aushandlung und dem Abschluss gemischter Abkommen[792]. Eine solche Kooperation ist zwingend notwendig, um die beschriebenen schwerfälligen Prozesse nicht über Gebühr zu strapazieren.

(3) Völkerrechtliche Verantwortlichkeit

Nicht unproblematisch ist des Weiteren die Frage nach der Verantwortlichkeit, die sich völkerrechtlich aus den vertraglich eingegangenen Verpflichtungen ergibt[793]. Angesichts der Eigenschaft als Vertragspartei, die sowohl der Union als auch den Mitgliedstaaten zukommt, ergibt sich die besondere Situation, dass der Adressat einer spezifischen Pflicht unklar sein kann. Allgemein gilt, dass die dargelegte Pflicht zur Zusammenarbeit zwischen Union und Mitgliedstaaten auch in Bezug auf die Erfüllung völkervertraglicher Pflichten gilt[794]. Im Einzelnen gibt es Differenzierungsmöglichkeiten und Gestaltungsfreiräume. Zum Ersten kann in einem Abkommen in sog. Bindungsklauseln genau und konkret geregelt werden, an welche Verpflichtungen die Union gebunden ist und an welche die Mitgliedstaaten gebunden sind. Bindungsklauseln dieser Art sind jedoch selten und darüber hinaus eher in multilateralen als in bilateralen Abkommen zu finden[795]. Darüber hinaus gibt es zum Zweiten gemischte Abkommen der Europäischen Union und ihrer Mitgliedstaaten, welche keinerlei Bindungsklauseln enthalten. In einem solchen Fall ist die Zuordnung der Verantwortlichkeit umstritten. Während überwiegend davon ausgegangen wird, dass die Verantwortlichkeit gemeinsam bei der EU und den Mitgliedstaaten liegt, wird vereinzelt vertreten, die Verantwortlichkeit sei dergestalt getrennt, dass Union und Mitgliedstaaten nur an diejenigen Bestandteile des Vertrages gebunden seien, die in ihre jeweilige Vertragsschlusskompetenz fielen[796]. Auch diese Konstellation ist jedoch selten. Der überwiegende Anteil präferenzieller Abkommen der EU und ihrer Mitgliedstaaten enthält zum Dritten eine sog. allgemeine Bindungsklausel. Im Gegensatz zu den spezifischen Klauseln, welche die Verantwortlichkeit kon-

792 Vgl. etwa EuGH, Rs. C-25/94, Slg. 1996, I-1469, *FAO*, Rn. 48.

793 *Gilsdorf,* EuR 1996, 145 (162).

794 EuGH, Rs. C-25/94, Slg. 1996, I-1469, *FAO*, Rn. 48.

795 *Niedrist,* Präferenzabkommen im Europarecht und im Welthandelsrecht, S. 120.

796 *Niedrist,* Präferenzabkommen im Europarecht und im Welthandelsrecht, S. 121 ff. m.w.N.

kret für jeden Bereich aufteilen, sieht die allgemeine Klausel lediglich eine abstrakte Teilung vor. Auch die Stabilisierungs- und Assoziierungsabkommen enthalten eine solche Art der Bindungsklausel. So regeln Art. 125 Kroatien-SAA und Art. 134 Montenegro-SAA ganz allgemein, dass als Vertragspartei „die Gemeinschaft *oder* ihre Mitgliedstaaten oder die Gemeinschaft *und* ihre Mitgliedstaaten im Rahmen ihrer Befugnisse“ gilt[797]. Die Konsequenzen, die aus einer solchen Formulierung zu ziehen sind, sind noch nicht letztverbindlich geklärt. Die Einbeziehung eines solchen Artikels spricht jedoch *per se* gegen eine umfängliche gemeinsame Verantwortung. Es ist anzunehmen, dass diese Klausel eine Unterteilung der Verantwortlichkeit in drei Gruppen erreichen will: Union, Mitgliedstaaten oder beide gemeinsam. In einem spezifischen Fall muss der jeweilige Vertragspartner von EU und Mitgliedstaaten die EU-interne Auswahl des Verantwortlichen akzeptieren, was praktisch auch unproblematisch ist, solange man davon ausgeht, dass das Konstrukt der Europäischen Union stabil und effektiv ist[798]. Dies gilt somit auch für die Westbalkanstaaten, die über SAA mit der Union verbunden sind.

(4) Unmittelbare Wirkung

Der Europäische Gerichtshof sieht die völkerrechtlichen Verträge der EU in ständiger Rechtsprechung als „integrierenden Bestandteil der Gemeinschaftsrechtsordnung“ an[799]. Spezifischen Vorschriften der Abkommen spricht er eine unmittelbare Wirkung für individuelle Personen zu, sofern sie klar und bestimmt sowie unbedingt sind[800]. Insbesondere die Frage nach dem Verhältnis des Welthandelsrechts zum Europarecht ist in diesem Zusammenhang seit Jahrzehnten Gegenstand von Kontroversen, insbesondere in Form einer ganzen Reihe von Entscheidungen des EuGH seit *International Fruit Company*[801] und deren überwiegend kritischer Würdigung in der Literatur[802]. Besondere Probleme ergeben

---

797 Hervorhebungen durch den Verfasser.

798 *Niedrist,* Präferenzabkommen im Europarecht und im Welthandelsrecht, S. 124.

799 Ständige Rechtsprechung seit EuGH, Rs. 181/73, Slg. 1974, 449, *Haegeman*, Rn. 2-6. Aus der neueren Rechtsprechung vgl. EuGH, Rs. C-344/04, Slg. 2006, I-403, *International Air Transport Association*, Rn. 36.

800 EuGH, Rs. 104/81, Slg. 1982, 3641, *Kupferberg*, Rn. 22/23; EuGH, Rs. C-97/05, Slg. 2006, I-11917, *Gattoussi*, Rn. 25. Für Assoziierungsabkommen EuGH, Rs. 12/86, Slg. 1987, 3719, *Demirel*, Rn. 14. Für sekundäres Assoziierungsrecht, also Beschlüsse der Assoziierungsorgane, vertritt der EuGH eine den Abkommensvorschriften selbst entsprechende Behandlung. Vgl. EuGH, Rs. C-192/89, Slg. 1990, I-3461, *Sevince*, Rn. 14.

801 EuGH, verbundene Rs. 21-24/72, Slg. 1972, 1219.

802 Einen Überblick bieten *Hilpold,* RIW 2008, 817, sowie *Schwartmann,* Private im Wirtschaftsvölkerrecht, S. 361 ff.

sich aber nicht nur hinsichtlich des WTO-Rechts[803], sondern auch ganz allgemein für gemischte Abkommen. Da diese in einen mitgliedstaatlichen Teil und einen Unionsteil zerfallen, kann der EuGH auch nur letzteren kontrollieren. Diejenigen Abkommensteile, die in den Bereich der Mitgliedstaaten fallen, können nicht zu integralen Bestandteilen der europäischen Rechtsordnung werden und kommen für eine sich nach den soeben dargestellten Regelungen richtende unmittelbare Anwendbarkeit nicht in Betracht[804]. In der Folge kommt es zunächst zu praktisch schwierigen Abgrenzungsfragen[805] und darüber hinaus zu einer potenziellen Rechtszersplitterung, indem sich die Wirkung der Vorschriften eines Abkommens nach unterschiedlichen – europäischen oder nationalen – Regeln richtet.

(5) Fazit

Gemischte Abkommen gehören zum festen Repertoire der völkervertraglichen Praxis. Sie sind nicht nur hilfreich, sondern in bestimmten Konstellationen auch rechtlich notwendig. Mit gemischten Abkommen gehen jedoch häufig die vorgenannten Probleme einher. Erforderlich ist daher eine verantwortungsvolle Verwendung dieses Mittels. Es bedarf insoweit eines kooperativen Umganges zwischen Mitgliedstaaten und europäischen Institutionen.

3. Ergebnis

Im Ergebnis ist festzuhalten, dass die Entscheidung für Art. 217 AEUV bzw. Art. 310 EGV als Rechtsgrundlage der Stabilisierungs- und Assoziierungsabkommen nicht zu beanstanden ist. Gewisse Vorbehalte bleiben jedoch in Bezug auf den gemischten Abschluss dieser Abkommen. Die Beteiligung der Mitgliedstaaten erscheint vermeidbar und bringt einige Folgeprobleme mit sich.

II. Art. 21 EUV

In europarechtlicher Hinsicht hat sich des Weiteren der durch den Vertrag von Lissabon geschaffene Art. 21 EUV als bedeutender Maßstab des auswärtigen Handelns der Europäischen Union wenn noch nicht etabliert, so doch zumindest

803 Hierauf soll an dieser Stelle nicht weiter eingegangen werden. Auch *Tietje* stellt fest: „hierzu ist letztlich Alles gesagt." Vgl. *Tietje,* Die Gemeinsame Handelspolitik der EU im System des Welthandelsrechts. In: Pache/Schorkopf (Hrsg.), Die Europäische Union nach Lissabon, S. 33 f.

804 *Gilsdorf,* EuR 1996, 145 (161); *Vedder,* Die Außenbeziehungen der EU und die Mitgliedstaaten. In: Müller-Graff/Schwarze (Hrsg.), XXII. Fide-Kongress, S. 86.

805 Vgl. etwa EuGH, Rs. C-459/03, Slg. 2006, I-4635, *MOX Plant*, Rn. 84 ff.

herauskristallisiert. Eine Überprüfung der internationalen Unionspraxis im Bereich der Stabilisierungs- und Assoziierungsabkommen anhand dieser Norm verspricht daher besonders bemerkenswerte Erkenntnisse.

1. Art. 21 EUV als Prüfungsmaßstab

Angezeigt ist zunächst eine Rekapitulation des in Teil 2 erarbeiteten Charakters der Norm sowie ihrer Funktionen und Wirkungen. Außerdem stellt sich angesichts der erst im Dezember 2009 eingetretenen Geltung dieses Artikels die Frage nach der Bindung der Europäischen Union und der Sinnhaftigkeit einer solchen Überprüfung.

Art. 21 EUV kommt rechtliche Verbindlichkeit zu[806]. Zum einen begründet er die vormals unklar ausdefinierte Kompetenz der EU zur Verfolgung nichtökonomischer Ziele in ihren auswärtigen Beziehungen und damit auch im Bereich der regionalen wirtschaftlichen Integration auf der Grundlage Regionaler Handelsabkommen. Zum anderen kommt Art. 21 EUV die Funktion zu, der Europäischen Union eine – potenziell auch justiziable – Pflicht zur Beachtung und Verfolgung der in Art. 21 EUV festgesetzten Grundsätze und Ziele aufzuerlegen. Auch in ihren auswärtigen Beziehungen zu den Staaten des westlichen Balkans im Rahmen des Stabilisierungs- und Assoziierungsprozesses im Allgemeinen und bezüglich der Stabilisierungs- und Assoziierungsabkommen im Besonderen unterliegt die Europäische Union einer solchen Pflicht. Die Untersuchung hat ergeben, dass die tatsächliche Beurteilung, ob die auferlegte Pflicht erfüllt oder missachtet wurde, aufgrund des bestehenden Spielraumes zwar nicht unproblematisch, aber dennoch möglich ist. Die Prüfung kann primär unter der Prämisse erfolgen, dass aus in den SAA vorhandenen Vereinbarungen im nichtökonomischen Bereich und der damit verbundenen Förderung der Ziele und Grundsätze des Art. 21 EUV Rückschlüsse auf die pflichtgemäße Berücksichtigung dieser Punkte durch die Europäische Union gezogen werden können.

Eine solche Untersuchung der Abkommen auf die Erfüllung dieser Verpflichtungen setzt aber voraus, dass eine Bindung der EU an die diese Pflicht begründende Norm zum fraglichen Zeitpunkt überhaupt bestanden hat. Im Gegensatz zu Art. 217 AEUV, der als inhaltsgleiche Nachfolgernorm des Art. 310 EGV fungiert, steht Art. 21 EUV zwar durchaus in einer gewissen Tradition verschiedener Regelungen, jedoch hat gerade seine Schaffung zu einer klaren und einheitlichen Neuausrichtung von Systematik und Inhalt im Bereich grundlegender Maximen der Außenpolitik geführt, so dass die Rechtslage durch den Lissaboner Reformvertrag insoweit durchaus verändert und weiterentwickelt wurde.

806 Vgl. Teil 2, Kapitel 2, A. II. 3. c) cc).

Es bedarf an dieser Stelle daher einiger Überlegungen hinsichtlich der zeitlichen Abfolge und Einordnung von Entwicklungen im Zusammenhang mit der Entstehung des Vertrages von Lissabon einerseits und der SAA andererseits. Bekanntermaßen beruht der Lissabon-Vertrag in seinen wesentlichen Zügen auf dem gescheiterten Vertrag über eine Verfassung für Europa. Dessen Entwurf wurde im Jahre 2003 fertiggestellt und 2004 endgültig unterzeichnet und in den Ratifikationsprozess eingeführt[807]. Nach den negativen Referenden in Frankreich und den Niederlanden im Mai und Juni 2005 galt der Prozess als gescheitert. Es folgte eine Phase der Regungslosigkeit und Reflexion über die weiteren Entwicklungen. Im Herbst 2007 lag dann der Entwurf für den Lissaboner Vertrag vor, der unter Verzicht auf einige Verfassungssymbolik weite Teile des Verfassungsentwurfes aufgriff. Im Dezember desselben Jahres wurde der Vertrag unterzeichnet. Die Ratifikation durch die Mitgliedstaaten erfolgte im typischen uneinheitlichen Geschwindigkeitsmuster. So war etwa das französische Verfahren bereits im Februar 2008 erfolgreich abgeschlossen, während die Ratifikation Deutschlands im September 2009, Tschechiens erst im November 2009 erfolgte. Zum 1. Dezember 2009 konnte der Vertrag von Lissabon damit in Kraft treten.

Teilweise parallel zu diesen sich von 2003 bis 2009 ziehenden Entwicklungen verläuft der Prozess der Entwicklung der Stabilisierungs- und Assoziierungsabkommen. Verhandlungsbeginn mit Kroatien war bereits im Jahre 2000, zur Unterzeichnung des SAA kam es 2001. Nach dem üblichen Ratifikationsprocedere bei gemischten Abkommen ratifizierte zunächst Kroatien 2002 und anschließend die einzelnen Mitgliedstaaten, der letzte 2004, sowie die Europäische Union. In Kraft getreten ist das Kroatien-SAA am 1. Februar 2005. Ein Interimsabkommen galt bereits seit 2002. Etwa fünf Jahre später fand im Verhältnis zu Montenegro ein entsprechender Prozess statt. Nach Verhandlungsbeginn 2005 wurde das Abkommen 2007 unterzeichnet und durch Montenegro ratifiziert. Die Ratifikation des letzten Mitgliedstaates und der EU fallen in das Jahr 2010. Am 1. Mai 2010 ist das SAA mit Montenegro in Kraft getreten, das Interimsabkommen bereits 2008.

Es ergibt sich demnach folgendes Bild: Der Ratifikationsprozess des Kroatien-SAA überschneidet sich in zeitlicher Hinsicht mit dem Entstehungsprozess des Verfassungsentwurfes. Während der Ratifikation dieses SAA durch später zustimmende Staaten sowie durch die EU selbst war also der Inhalt eines geplanten Verfassungsvertrages bereits bekannt. Eine rechtliche Bindung ergab sich daraus freilich nie. Außerdem war die Unterzeichnung des Stabilisierungs- und Assoziierungsabkommens bereits weit im Vorfeld eines Verfassungsent-

807 Vgl. zur Entstehungsgeschichte insgesamt *Hellmann,* Der Vertrag von Lissabon, S. 3 ff.

wurfes abgeschlossen. In dem Zeitraum, in dem die Europäische Union also auf den Inhalt des Abkommens Einfluss hätte nehmen können, waren die geplanten Neuerungen hinsichtlich der primärrechtlichen Pflicht zur Beachtung gewisser nichtökonomischer Grundsätze und Ziele nicht einmal bekannt. Dennoch ist es ein beachtenswerter Ausgangspunkt, dass die EU dem Abkommen in Kenntnis des zwar nicht bindenden, jedoch zur Ratifikation freigegebenen Verfassungsvertrages und der darin enthaltenen, dem heutigen Art. 21 EUV entsprechenden Regelungen hinsichtlich der Maximen des auswärtigen Handelns zugestimmt hat. Schon vor diesem Hintergrund ist die dahingehende inhaltliche Untersuchung des Abkommens durchaus sinnvoll.

Noch deutlicher ist die Situation in Bezug auf das Montenegro-SAA. Bei dessen Verhandlungsbeginn war die Verfassung bereits gescheitert. Dennoch war während dieser Phase davon auszugehen, dass entsprechende Reformbestrebungen mit diesem Scheitern nicht endgültig aufzugeben waren, es vielmehr zu neuen Initiativen mit ähnlich ausgestalteten Bestimmungen kommen würde. Bis zum Zeitpunkt der Unterzeichnung des SAA war denn auch der Vertrag von Lissabon entworfen, aber noch nicht unterzeichnet. Die beiden Ratifikationsprozesse liefen parallel, wobei der Lissaboner Reformvertrag diesen Prozess schneller abgeschlossen hat, so dass die Ratifikation des Montenegro-SAA durch die letzten Mitgliedstaaten und durch die Europäische Union zeitlich nach das Inkrafttreten des Vertrages von Lissabon fiel. Zum Zeitpunkt der Ratifikation des Abkommens durch die Union war die rechtliche Bindung des Art. 21 EU somit bereits eingetreten. An dieser Beurteilung ändert auch die durchaus realistische Konstellation nichts, dass das Europäische Parlament seine Zustimmung bereits vor Inkrafttreten der Bindungswirkung gegeben hat. Zumindest zum Zeitpunkt des letztverbindlichen Beschlusses von Rat und Kommission über den Abschluss des Abkommens sowie zum Zeitpunkt des Inkrafttretens des SAA war Art. 21 EUV gültiges Recht.

Insgesamt ist die Überprüfung der Stabilisierungs- und Assoziierungsabkommen auf ihre Vereinbarkeit mit Art. 21 EUV damit angebracht. Darüber hinaus ist es auch unabhängig vom Beginn der rechtlichen Bindung von Interesse, ob Abkommen der Union modernen Standards und Vorgaben entsprechen, wie sie durch den Vertrag von Lissabon definiert wurden. Nicht zuletzt beruht auf den Abkommen und deren Umsetzung auch das weitere auswärtige Handeln der EU im Verhältnis zu den Vertragspartnern.

Des Weiteren ist die Frage aufzuwerfen, ob nichtökonomische Prinzipien in dem neueren Montenegro-SAA in anderer Art und in anderem Umfang berücksichtigt werden als dies etwa in dem Abkommen mit Kroatien der Fall ist und – sofern dies zu bejahen ist – ob ein solcher Unterschied auf den neuen Art. 21 EUV zurückzuführen ist.

2. *Umsetzung in den SAA*

Notwendig ist also die Untersuchung der SAA im Hinblick auf die dort getroffenen nichtökonomischen Vereinbarungen und deren Übereinstimmung mit Art. 21 EUV.

Die Untersuchung des Art. 21 EUV in Teil 2 brachte als einen Teil ihres Ergebnisses die handhabbare und zusammenfassende Gliederung der Grundsätze und Ziele des auswärtigen Unionshandelns hervor[808]. Die Grundsätze, von denen sich die EU gemäß Art. 21 Abs. 1 UAbs. 1 EUV leiten lässt und denen sie zu internationaler Geltung verhelfen will, sind Demokratie und Rechtsstaatlichkeit, Menschenrechte und Grundfreiheiten, Solidarität und Völkerrecht. Die weitreichenden nichtökonomischen Ziele der internationalen Beziehungen der Union nach Art. 21 Abs. 2 EUV umfassen Demokratie, Rechtsstaatlichkeit, Menschenrechte und Völkerrecht, Armutsbeseitigung, Nachhaltigkeit und Umweltschutz sowie eine verantwortliche Weltpolitik der Zusammenarbeit, Solidarität und Friedensförderung. Ganz deutlich zeigen sich hier die sich weitgehend überschneidenden Grundprinzipien. Zu ermitteln ist vor diesem Hintergrund die Umsetzung dieser Vorgaben in den SAA.

a) Demokratie, Rechtsstaat, Menschenrechte und Völkerrecht

Die vier zentralen Begrifflichkeiten, welche in Art. 21 EUV aufgrund ihrer umfassenden Bedeutung herausstechen, sind Demokratie, Rechtsstaat, Menschenrechte und Völkerrecht. Diese gehören sowohl zu den Grundsätzen des Unionshandelns nach Absatz 1 als auch zu den Zielen des Absatzes 2, wo sie explizit in lit. b) zusammengefasst sind, darüber hinaus aber größtenteils auch indirekt über den Verweis auf die Werte der Union in lit. a) sowie die beispielhaften Konkretisierungen des Völkerrechts in lit. c) einbezogen sind.

aa) Präambel und Einzelbezüge

Bereits die Präambeln der Stabilisierungs- und Assoziierungsabkommen weisen zahlreiche Bezugnahmen auf diese Maximen auf. So nennt der jeweilige Erwägungsgrund 1 die den Vertragsparteien gemeinsamen Werte, womit die Werte der EU zumindest insoweit in Bezug genommen werden, als sie von dem jeweiligen Assoziierungspartner geteilt werden. Die Erwägungsgründe 5 und 6 des Montenegro-SAA sowie die Erwägungsgründe 3 und 4 des Kroatien-SAA sehen die Demokratisierung der Staaten des westlichen Balkans als wichtigen Aspekt der Stabilisierung der Region an und betonen das Eintreten für Menschenrechte, Rechtsstaat und Demokratie. Des Weiteren ist auch Erwägungsgrund 7 des

808 Vgl. Teil 2, Kapitel 2, A. II. 3. c) bb).

Montenegro-SAA bzw. 6 des Kroatien-SAA in dieser Hinsicht bedeutungsvoll. Er nennt einige völkerrechtliche Dokumente, deren vollständige Umsetzung zur Stabilität beitragen soll. Darunter sind auch die in Art. 21 EUV akzentuierten Dokumente der UN-Charta, der Schlussakte von Helsinki sowie der Charta von Paris. Darüber hinaus werden weitere OSZE-Dokumente, der Stabilitätspakt sowie im Kroatien-SAA zusätzlich die Abkommen von Dayton und Erdut in Bezug genommen. Diese Dokumente begründen Grundsätze des Völkerrechts und weisen teils ausführliche Einbeziehungen auch von Demokratie- und Menschenrechtsfragen auf. Schließlich bestätigt Erwägungsgrund 8 des Montenegro-SAA bzw. 5 des Kroatien-SAA die Menschenrechte in der speziellen Perspektive auf Flüchtlinge, der aufgrund der Konflikte und Umwälzungen in der Region eine besondere Bedeutung zukommt.

Im eigentlichen Vertragstext selbst weist das Stabilisierungsabkommen mit Montenegro bereits in Art. 1 einen Verweis auf Demokratie und Rechtsstaatlichkeit auf. Die Unterstützung Montenegros beim Ausbau dieser Felder wird hier als ein Ziel der Assoziierung hervorgehoben. Im Kroatien-SAA ist ein entsprechender Hinweis in den Zielen des Art. 1 nicht enthalten. Einbezogen wird die Demokratieförderung des Weiteren auch in den politischen Dialog gemäß Art. 7 Kroatien-SAA und Art. 10 Montenegro-SAA. Der Ausbau des Rechtsstaates wird außerdem etwa im jeweiligen Titel VII der SAA ausgestaltet.

bb) Art. 2 SAA

Die bedeutendsten Vertragsbestandteile auf dem Gebiet von Demokratie, Rechtsstaat, Menschenrechten und Völkerrecht und zugleich die zweifelsohne wichtigsten nichtökonomischen Vereinbarungen in den Stabilisierungs- und Assoziierungsabkommen finden sich jeweils in Art. 2. Es handelt sich um Demokratie- und Menschenrechtsklauseln, die aber auch darüber hinausgehende Bereiche umfassen.

(1) Inhalt

Entwicklung und Bedeutung solcher Klauseln für das auswärtige Handeln der Europäischen Union wurden in Teil 2 bereits dargestellt[809]. Es soll nunmehr der konkrete Inhalt in den SAA analysiert werden. Art. 2 des Montenegro-SAA lautet:

> Die Wahrung der Grundsätze der Demokratie, die Achtung der Menschenrechte, wie sie in der Allgemeinen Erklärung der Menschenrechte verkündet und in der Konvention zum Schutze der Menschenrechte und Grundfreiheiten, der Schlussakte von Helsinki und der Pariser Charta für ein neues Europa festgelegt wurden, und die

809 Vgl. Teil 2, Kapitel 2, A. II.

Wahrung der Grundsätze des Völkerrechts, einschließlich der uneingeschränkten Zusammenarbeit mit dem Internationalen Strafgerichtshof für das ehemalige Jugoslawien (ICTY), und der Rechtsstaatlichkeit sowie der Grundsätze der Marktwirtschaft, wie sie im Dokument der Bonner KSZE-Konferenz über die wirtschaftliche Zusammenarbeit zum Ausdruck kommen, sind die Grundlage der Innen- und Außenpolitik der Vertragsparteien und wesentliche Elemente dieses Abkommens.

Dieser Artikel ist eng bepackt mit absolut grundlegenden Prinzipien der Führung eines Staates bzw. der Europäischen Union. Art. 2 des Kroatien-SAA entspricht diesem im Wesentlichen. Auf Unterschiede wird im Einzelnen einzugehen sein.

Der jeweilige Art. 2 lässt sich inhaltlich untergliedern in die Wahrung der Grundsätze der Demokratie, der Menschenrechte, der Grundsätze des Völkerrechts, der Rechtsstaatlichkeit sowie der Grundsätze der Marktwirtschaft. Alle vier hier untersuchten zentralen nichtökonomischen Maximen sind also umfasst. Während hinsichtlich Demokratie und Völkerrecht lediglich von deren Grundsätzen die Rede ist, wird diese Einschränkung in Bezug auf Menschenrechte und Rechtsstaat nicht gemacht. Der deutsche Wortlaut ließe zwar auch das Verständnis einer Bezugnahme auf die Grundsätze der Rechtsstaatlichkeit zu, andersprachige Fassungen sprechen aber klar gegen diese Lesart[810]. In materieller Hinsicht dürfte diese Einengung ohnehin nur marginale Auswirkungen haben. Die Signalwirkung der Aufnahme dieser Maximen an dieser prominenten Stelle wird dadurch kaum geschmälert.

Die Grundsätze der Demokratie werden nicht weitergehend ausgeführt. Obgleich in einem völkerrechtlichen Vertrag ein – im Übrigen noch immer unklarer und viel diskutierter[811] – unionsspezifischer Demokratiebegriff nicht unmittelbar passend ist, können doch Rückschlüsse etwa aus Art. 9 ff. EUV gezogen werden, die die Bestimmungen über die demokratischen Grundsätze der Europäischen Union beinhalten. Zentraler Kernpunkt ist demnach die Partizipation der Bürger, die dem Prinzip der Gleichheit folgt. Zum unverzichtbaren Kernbereich gehören außerdem Minderheitenschutz, Meinungsfreiheit und freie Wahlen mit Parteienmehrheit[812].

Hinsichtlich der Achtung der Menschenrechte nimmt Art. 2 Montenegro-SAA eine Konkretisierung durch Verweis auf die AEMR, die EMRK sowie die beiden OSZE-Dokumente der Schlussakte von Helsinki von 1975 und der Pariser Charta aus dem Jahre 1990 vor. Durch ihre Aufnahme in die SAA werden die genannten Abkommen für die Vertragsparteien rechtlich verbindlich, unabhängig von ihrer generellen völkerrechtlichen Verbindlichkeit. Im Kroatien-

810 So heißt es etwa in englischer Sprache: „[...] respect for international law principles, [...] and the rule of law [...]".

811 *Beutler*, in: von der Groeben/Schwarze, Art. 6 EUV, Rn. 27.

812 *Beutler*, in: von der Groeben/Schwarze, Art. 6 EUV, Rn. 30.

SAA werden dieselben völkerrechtlichen Dokumente in Bezug genommen, allerdings noch unter Ausnahme der EMRK. Die Entwicklung zur Nennung der EMRK in neueren Abkommen spiegelt die immer enger werdende Annäherung der EU an die EMRK wider. Insgesamt ist der Umfang der aufgenommenen Menschenrechte enorm. Bereits die Verständigung der Vertragsparteien darauf, drei Ebenen des internationalen Grundrechtsschutzes – nämlich die Ebenen der Vereinten Nationen, des Europarates und der OSZE – in Bezug zu nehmen, spricht für sich. Umfasst sind von den genannten Menschenrechtsdokumenten nicht nur solche Rechte, die nach gängiger Einordnung unter die Menschenrechte der ersten Generation fallen, sondern auch solche der zweiten Generation[813].

Die beiden explizit von Art. 21 Abs. 1 EUV aufgelisteten Grundsätze der Menschenwürde und Gleichheit sind unter anderem bereits in Art. 1 und Art. 7 AEMR zu finden. Die beiden OSZE-Dokumente werden auch in den Zielen des Art. 21 Abs. 2 lit. c) genannt; dort jedoch im Kontext der Friedenssicherung. Insoweit weisen diese Abkommen in beiden Richtungen – Menschenrechte und Friedenssicherung – grundlegende Vereinbarungen auf, enthalten im Gegensatz etwa zu AEMR und EMRK aber keinen klassischen auflistenden Katalog von Menschenrechten. Vielmehr finden sich im siebten Prinzip des ersten Teiles der Schlussakte von Helsinki[814] sowie im ersten Teil der Pariser Charta[815] allgemeine Beteuerungen zur Förderung der Menschenrechte und nur einige konkrete Nennungen individueller Rechte. Enthalten ist in der Akte von Helsinki jedoch ein Verweis auf die UN-Charta, die AEMR sowie allgemein auf weitere Erklärungen und Abkommen im Bereich der Menschenrechte.

Was die Grundsätze des Völkerrechts angeht, so schließt das Montenegro-SAA explizit die Zusammenarbeit mit dem ICTY ein[816]. Im Kroatien-SAA fehlt ein solcher Verweis. Hier bleibt es bei der allgemeinen Formulierung. Die gleiche Wortwahl findet sich auch in Art. 21 Abs. 1 und Abs. 2 lit. b) EUV. Interessanterweise steht der Verweis auf die Friedenssicherung nach Maßgabe der UN-Charta sowie der beiden bereits erwähnten OSZE-Dokumente unabhängig davon

813 Vgl. zur Einordnung von Menschenrechten in Generationen etwa *Holoubek,* Zur Struktur sozialer Grundrechte. In: Hammer/Somek/Stelzer/et al. (Hrsg.), Demokratie und sozialer Rechtsstaat in Europa, S. 517.

814 Die Schlussakte von Helsinki ist online verfügbar unter www.osce.org/mc/39501.

815 Die Charta von Paris ist ebenfalls online verfügbar und etwa veröffentlicht unter www.bundestag.de/bundestag/europa_internationales/international/osze/Auf_einen_Blick/charta.pdf.

816 In einem eigenen Art. 4 wird diese Verpflichtung erneut betont.

in lit. c), obwohl insbesondere die UN-Charta durchaus als die Bündelung grundlegender völkerrechtlicher Grundsätze eingeordnet werden kann[817].

Schließlich wird auch das Prinzip der Rechtsstaatlichkeit in dem jeweiligen Art. 2 der SAA nicht näher umschrieben, ebensowenig wie in Art. 21 EUV. Die Offenheit des Begriffes, der die Ausgestaltung der rechtlichen Bindung staatlicher Gewalt nicht im Detail vorgibt, lässt insoweit politische Spielräume, ohne auf ein verbindliches Mindestmaß zu verzichten. Der Begriff des Rechtsstaates legt die Hürde dieses Mindestmaßes dabei bereits recht hoch an.

Insgesamt ist hinsichtlich der vier grundlegenden Prinzipien des Art. 21 EUV also als Zwischenfazit zu konstatieren, dass alle in den Art. 2 der SAA eingehend behandelt und in die Beziehungen zwischen der Union und den Assoziierungsstaaten einbezogen werden. Die inhaltliche Ausgestaltung dieser zentralen nichtökonomischen Klausel des Art. 2 ist auch im Verhältnis zu vergleichbaren Formulierungen in anderen Abkommen der Union als sehr umfassend zu bezeichnen. Dies gilt zum einen hinsichtlich der Einbeziehung aller vier untersuchter Prinzipien *per se*. Es ist nicht selbstverständlich, dass eine solche Klausel Rechtsstaatlichkeit und Völkerrecht einbezieht, was bereits die häufig verwandte Bezeichnung *Demokratie- und Menschenrechtsklausel* indiziert. Zum anderen äußert sich der umfassende Ansatz auch in der Breite der Verweisungen, insbesondere was die Wahrung der Menschenrechte anbelangt.

(2) Wirkungsweise

Die untersuchten Prinzipien werden in Art. 2 der SAA als Grundlage der Innen- und Außenpolitik der Vertragsparteien und als wesentliche Elemente der Stabilisierungs- und Assoziierungsabkommen deklariert. Die Etablierung als Grundlage bewirkt, dass die EU und der Assoziierungspartner sowohl bei ihrem Handeln nach innen als auch auf dem internationalen Feld an die genannten Maximen gebunden sind. Die Ausgestaltung als wesentliches Element zieht noch weitreichendere Folgen nach sich. Sie führt zu der bereits aufgezeigten Konstellation, dass ein Verstoß gegen diese Prinzipien eine erhebliche Verletzung des Abkommens i.S.v. Art. 60 Abs. 3 lit. b) WÜV darstellt und somit zur Beendigung oder Suspendierung des Vertrages berechtigt[818]. Bereits hier offenbart sich der

817 Vgl. etwa die Resolution der Generalversammlung 2625 (XXV) vom 24. Oktober 1970, A/RES/2625 (XXV), die mit „Erklärung über Grundsätze des Völkerrechts betreffend freundschaftliche Beziehungen und Zusammenarbeit zwischen den Staaten im Einklang mit der Charta der Vereinten Nationen“ überschrieben ist und unter anderem das Gewaltverbot, die staatliche Souveränität, die Kooperationspflicht der Staaten, die Gleichberechtigung und Selbstbestimmung der Völker sowie die allgemeine Pflicht zur Befolgung der UN-Charta enthält.

818 Vgl. Teil 2, Kapitel 2, A. II. 2. a).

negative Ansatz zur Förderung nichtökonomischer Leitsätze, welcher von der Androhung von Sanktionen für den Fall der Nichtbeachtung lebt und welcher auch im Falle der SAA neben den Ausformungen des positiven Ansatzes im Sinne einer allgemeinen Ermutigung zur Förderung nichtökonomischer Ziele steht. Der negative Ansatz manifestiert sich weiter in der Kombination dieser *Wesentlichkeitsklausel* mit einer *Nichterfüllungsklausel* am Ende des jeweiligen SAA. Eine solche findet sich mit beinahe identischen Formulierungen in Art. 120 Kroatien-SAA und Art. 129 Abs. 1 und 4 Montenegro-SAA. Art. 120 des SAA mit Kroatien lautet:

> (1) Die Vertragsparteien treffen die allgemeinen oder besonderen Maßnahmen, die für die Erfüllung ihrer Verpflichtungen aus diesem Abkommen erforderlich sind. Sie sorgen dafür, dass die Ziele dieses Abkommens verwirklicht werden.
>
> (2) Ist eine Vertragspartei der Auffassung, dass die andere eine Verpflichtung aus diesem Abkommen nicht erfüllt hat, so kann sie geeignete Maßnahmen treffen. Abgesehen von besonders dringenden Fällen unterbreitet sie dem Stabilitäts- und Assoziationsrat vor Ergreifen dieser Maßnahmen alle zweckdienlichen Informationen [...], um eine [...] Lösung zu ermöglichen.
>
> (3) Bei der Wahl der Maßnahmen ist den Maßnahmen der Vorrang zu geben, die das Funktionieren dieses Abkommens am wenigsten behindern. Diese Maßnahmen werden unverzüglich dem Stabilitäts- und Assoziationsrat notifiziert und sind auf Ersuchen der anderen Vertragspartei Gegenstand von Konsultationen [...].

In Absatz 1 wird die Pflicht der Vertragsparteien zur verantwortungsbewussten Umsetzung der Abkommensziele und eingegangenen Verbindlichkeiten erneut hervorgehoben. Umfasst ist damit auch die Verpflichtung zur Beachtung von Demokratie, Rechtsstaatlichkeit, Menschenrechten und Völkerrecht. Die Formulierungen der Absätze 2 und 3 stellen ein klassisches Anwendungsbeispiel der Nichterfüllungsklausel in ihrer konkreten Form der sog. *Bulgarienklausel* dar. Im Gegensatz zur älteren *Baltikumsklausel* beschränkt sie die Vertragsparteien für die Einleitung von Maßnahmen nicht auf die Verletzung von Vertragspflichten, die als wesentlich gelten und auch nicht auf schwere Verletzungen. Außerdem gibt sie nicht nur das Recht zur Aussetzung des Abkommens, sondern ganz allgemein zum Treffen von Maßnahmen. Schließlich betont sie im Gegensatz zur Baltikumsklausel eine möglichst schonende Auswahl der Schritte und die Bedeutung von Konsultationen zwischen den Vertragsparteien. Diese konfliktlösungsorientierten Konsultationen, die in Absatz 2 Satz 2 sowie in Absatz 3 Satz 2 festgeschrieben sind, spielen in Art. 129 f. des Montenegro-SAA in Verbindung mit der vorgesehenen Streitbeilegung sogar eine noch bedeutendere Rolle als hier im Kroatien-SAA. Dies deutet darauf hin, dass die Entwicklung moderner Nichterfüllungsklauseln in völkerrechtlichen Verträgen der Europäischen Union noch stärker in Richtung einvernehmlicher Schlichtung zur

Vermeidung einer umfassenden Ausweitung von Konflikten geht. Die Auswahl der zu ergreifenden Maßnahmen richtet sich zum einen nach ihrer Geeignetheit. Obgleich die Klausel keine weiteren Ausführungen macht, worauf sich die Geeignetheit beziehen soll, ist davon auszugehen, dass die Maßnahmen primär geeignet sein sollen, den Vertragspartner zur künftigen Erfüllung seiner Vertragspflichten zu bewegen und nur sekundär dazu, gegebenenfalls erlittene Nachteile zu kompensieren. Des Weiteren sind diejenigen Maßnahmen vorzuziehen, die das Funktionieren des SAA am wenigsten behindern. Spätestens hier zeigt sich ein starkes Element der Verhältnismäßigkeit. Die Reaktion muss erforderlich und angemessen sein und sich außerdem in den Bahnen des Völkerrechts bewegen. Der Aussetzung oder Beendigung des Vertrages kommt eine umfängliche Behinderungswirkung zu, so dass grundsätzlich ein solcher Schritt jedenfalls nicht als erste Reaktion auf eine vermeintliche Vertragsverletzung in Betracht kommt. Dies gilt dem Wortlaut nach selbst für den Fall der Verletzung so essenzieller Prinzipien wie den in Art. 2 der SAA genannten. Allerdings drängt sich in der Situation substanzieller Verletzung wesentlicher Vertragselemente die praktische Anwendung eines besonders dringenden Falles und damit ein mögliches Vorgehen ohne vorherige Inanspruchnahme des Assoziations- und Stabilitätsrates auf[819]. In Anbetracht dessen sowie auch der in der Konsequenz der Wesentlichkeitsklausel durchaus möglichen Vertragssuspendierung nach Art. 60 WÜV und der signifikanten Bedeutung der genannten Maximen, ergibt sich im Einzelfall die Bewertung, dass in solch gravierenden Konstellationen zumindest die Suspendierung des Vertrages möglich sein muss. Dem folgt das Abkommen mit Montenegro – nicht aber dasjenige mit Kroatien – auch explizit. Neben der bereits dargestellten Bulgarienklausel findet sich dort in Art. 133 Abs. 3 eine der Baltikumsklausel sehr verwandte Formulierung, welche lautet:

> Verstößt eine Vertragspartei gegen ein wesentliches Element dieses Abkommens, so kann die andere Vertragspartei die Anwendung dieses Abkommens mit sofortiger Wirkung aussetzen.

Die vier nichtökonomischen Prinzipien, welche von der Wesentlichkeitsklausel umfasst sind, führen hier im Falle ihrer Nichtbeachtung mithin auch über den direkten Weg des SAA zu einem Recht auf Aussetzung des Abkommens[820]. In-

---

819 So auch *Fierro,* The EU's Approach to Human Rights Conditionality in Practice, S. 240 f., unter Bezugnahme auf eine Interpretationserklärung hinsichtlich Menschenrechtsklauseln.

820 Das unionsinterne Verfahren für die Aussetzung eines Abkommens ist in Art. 218 Abs. 9 AEUV geregelt. Zur Problematik der Aussetzung und Beendigung ge-

soweit wird die Zusammenarbeit zwischen der EU und dem Assoziierungspartner also von der Achtung grundlegender Leitlinien abhängig gemacht, so dass der Begriff der Konditionalität außerordentlich passend ist.

cc) Die Schlussfolgerungen des Rates vom 29. April 1997

Über diese zweifelsohne entscheidenden Vereinbarungen in Art. 2 der SAA hinaus, hebt Art. 5 Satz 1 des Montenegro-SAA die Bedeutung von Frieden, Stabilität, gutnachbarlichen Beziehungen sowie von Menschenrechten und dem Minderheitenschutz hervor. Der dieser Regelung entsprechende Art. 3 Satz 1 des Kroatien-SAA verzichtet insoweit auf die Nennung von Menschenrechten und Schutz der Minderheiten. Gemein ist beiden Artikeln jedoch ihr Satz 2, wonach der Abschluss und die Durchführung der SAA im Rahmen der Schlussfolgerungen des Rates der Europäischen Union vom 29. April 1997[821] zu sehen sind. Dieses Dokument betrifft die Konditionalität der Beziehungen der Europäischen Union mit südosteuropäischen Staaten und soll einer kohärenten Gesamtstrategie in diesem Bereich dienen. Es wird hierin dargelegt, dass jede Vertiefung handelspolitischer, finanzpolitischer und vertraglicher Beziehungen zu den Westbalkanstaaten von der Erfüllung insbesondere nichtökonomischer Konditionen, aber auch gewisser wirtschaftlicher Voraussetzungen abhängt. Das dabei verfolgte Prinzip lautet: „progressive implementation of conditions will lead to progressive improvement of relations“[822]. Die fortschreitende Erfüllung der Konditionen führt also schlichtweg zu einer fortschreitenden Verbesserung der Beziehungen. Festgelegt wird in diesem Rahmen auch, dass der Grad der Konditionalität – letztlich also Intensität und Umfang der aufzustellenden Bedingungen – je nach Art der in Frage stehenden Kooperation unterschiedlich ausfällt. Im Zuge einfacher Handelspräferenzen sind etwa geringere Anforderungen an die Verwirklichung von Demokratie und Menschenrechtsschutz zu stellen als im Zusammenhang mit Finanzhilfen. Noch strenger sind die Konditionen im Rahmen vertraglicher Zusammenarbeit ausgestaltet, wobei ambitioniertere Voraussetzungen für den Abschluss eines völkerrechtlichen Abkommens gelten als für den Beginn der Verhandlungen. Die Schlussfolgerungen spezifizieren die Prinzipien, die verfolgt werden sollen und treffen eine Unterteilung in allgemeingültige Grundsätze, die in Bezug auf alle umfassten Partnerstaaten gelten, und solche Voraussetzungen, die speziell von einem individuellen Staat zu erfüllen

mischter Abkommen vgl. *Niedrist,* Präferenzabkommen im Europarecht und im Welthandelsrecht, S. 137 ff.

821 Bulletin EU 4-1997, Kapitel 2.2. Verfügbar online unter http://europa.eu/archives/bulletin/en/9704/p202001.htm#anch0514.

822 Punkt III. des Dokumentes.

sind. Diese individuelle Beurteilung jedes einzelnen Staates wird weitergeführt in der sich heute klar manifestierenden Strategie, dass begrenzte Fortschritte eines Staates nicht die verlangsamte Annäherung der gesamten Region an die EU hat, sondern nur des individuellen Staates. Die in den Schlussfolgerungen zum Teil in einer konturenlosen Weite formulierten Elemente einer Konditionalität werden in einem Anhang in praktisch handhabbaren Konkretisierungen näher bestimmt. Die grundlegenden Nennungen betreffen die hier untersuchten nichtökonomischen Prinzipien. Insbesondere die demokratischen und rechtsstaatlichen Grundsätze, die Förderung von Menschenrechten, Minderheiten- und Flüchtlingsschutz, sowie die Achtung völkerrechtlicher Vereinbarungen werden betont.

Gemäß Art. 3 des Kroatien-SAA bzw. Art. 5 des Montenegro-SAA sind sowohl Abschluss als auch Durchführung der Stabilisierungs- und Assoziierungsabkommen im Kontext dieser Schlussfolgerungen des Rates zu sehen. Die Nennung des *Abschlusses* indiziert, dass bereits wesentliche Fortschritte auf den genannten Gebieten geschafft sind[823]. Immerhin werden für das verbindliche Eingehen enger vertraglicher Beziehungen hohe Anforderungen gestellt. Die Bezugnahme auf die *Durchführung* der SAA indiziert auf der anderen Seite die weiter geltende Konditionalität auch im Rahmen der Kooperation auf der Grundlage der SAA.

dd) Die Konditionalität der finanziellen Zusammenarbeit

Das umfassend verfolgte Leitbild der Konditionalität von wirtschaftlicher Kooperation mit den Westbalkanstaaten zeigt sich des Weiteren im Rahmen der finanziellen Zusammenarbeit, der in den SAA der jeweilige Titel IX gewidmet ist. Art. 115 des Montenegro-SAA macht finanzielle Unionshilfen von Fortschritten bei der Erfüllung der politischen Kriterien von Kopenhagen sowie bei der Verwirklichung der für jeden Kooperationsstaat individuell aufgestellten Ziele und Prioritäten der Europäischen Partnerschaft abhängig. Berücksichtigung finden außerdem die Entwicklungen im Bereich demokratischer Reformen. Umfasst sind von der Konditionalität somit auch hier die Bereiche Demokratie, Menschenrechte und Rechtsstaat, die sich schon aus den Kopenhagener Kriterien ergeben. Das Stabilisierungs- und Assoziierungsabkommen mit Kroatien weist solche Konditionalisierungen nicht direkt auf. Art. 107 erwähnt hier lediglich, dass mit den Finanzhilfen ein Beitrag unter anderem zu demokratischen und institutionellen Reformen geleistet wird.

Die weitere Ausgestaltung der Finanzhilfen führt den eingeschlagenen Weg in harmonischer Weise fort. Bereits die Verordnungen über mittlerweile abge-

823 So auch *Pippan,* EFARev. 2004, 219 (235).

löste Finanzhilfeprogramme hatten Demokratie- und Menschenrechtsklauseln enthalten. Das aktuell geltende IPA-Programm qualifiziert in Art. 21 Abs. 1 der ihm zugrunde liegenden Verordnung[824] ebenfalls die Wahrung von Demokratie, Rechtsstaat und Menschenrechten als wesentliches Element der Verordnung und als Voraussetzung von Finanzhilfen und verweist außerdem auf die Schlussfolgerungen des Rates vom 29. April 1997. Diesem positiven Ansatz in Form einer Anreize schaffenden Regelung steht in Abs. 2 die negativ wirkende Androhung geeigneter Maßnahmen im Falle der Nichteinhaltung zur Seite.

Auch im Rahmen bzw. über den Umweg der finanziellen Kooperation verfolgt die EU somit ihre Politik der Förderung der zentralen nichtökonomischen Grundmaximen.

b) Weitere Prinzipien des Art. 21 EUV

Über diese vier Prinzipien hinaus stellt sich die Frage, ob auch die weiteren von Art. 21 EUV als Grundsätze und Ziele deklarierten Leitgedanken ihren Niederschlag in den SAA finden. Diese bestehen einerseits in Nachhaltigkeit, Umweltschutz und Armutsbeseitigung und andererseits in einer fairen und verantwortungsvollen Weltordnung der Zusammenarbeit, Friedens- und Sicherheitsförderung und Solidarität.

Was die erstgenannte Gruppe angeht, so betont Erwägungsgrund 9 der Präambel des montenegrinischen SAA im Gegensatz zu der Präambel des Kroatien-SAA die Bedeutung der nachhaltigen Entwicklung im Zusammenhang mit wirtschaftlichen Reformen. Nachhaltigkeit und der Schutz der Umwelt werden darüber hinaus in den Kooperationspolitiken gemäß der jeweiligen Titel VIII in diversen Regelungen als Ziel und besonders zu beachtende Leitlinie ausgestaltet. Art. 81 Abs. 2 Kroatien-SAA und Art. 88 Abs. 2 Montenegro-SAA regeln für den gesamten Bereich der Kooperation, dass umweltpolitische Fragen einzubeziehen sind. Die insoweit zunächst ins Auge fallende Unterschiedlichkeit der Formulierungen – „soll" im Kroatien-SAA, „sollte" im Montenegro-SAA – findet sich in anderssprachigen Fassungen nicht, so dass inhaltlich keine Entwicklung anzunehmen ist. Generell ist die Wortwahl aber von einer geringen Verbindlichkeit gekennzeichnet. Außer dieser allgemeinen Klausel enthalten auch einzelne Kooperationsbereiche besondere Hinweise auf Umweltfragen; so etwa in den Gebieten Verkehr und Energie gemäß Art. 100, 101 Kroatien-SAA bzw. Art. 108, 109 Montenegro-SAA. Schließlich ist der Umwelt ein eigener Artikel im Rahmen der Kooperationspolitiken gewidmet. Art. 103 des kroatischen und Art. 111 des montenegrinischen SAA begründen die Zusammenarbeit der Vertragsparteien bei der als lebenswichtig bezeichneten Bekämpfung der Umwelt-

824 VO (EG) Nr. 1085/2006, ABl. L 210/82 vom 31.07.2006.

zerstörung und der Unterstützung umweltpolitischer Nachhaltigkeit. In ihrer konkreten Ausformung ähneln sich beide Regelungen zwar, unterscheiden sich im Detail aber hinsichtlich einiger Ziele und Ansatzpunkte der Kooperation. Das Montenegro-SAA lenkt die besondere Aufmerksamkeit unter anderem auf das Kyoto-Protokoll zum internationalen Klimaschutz, während das Kroatien-SAA dieses noch nicht in Bezug nimmt.

Hinsichtlich der zweiten Gruppe der hier aufgeworfenen Leitgedanken des Art. 21 EUV, der verantwortungsvollen, friedlichen, sicheren, solidarischen und kooperativen Weltpolitik, umfassen die SAA ebenfalls zahlreiche diese Prinzipien verfolgende Vereinbarungen. Die Präambeln beider Abkommen nehmen sowohl die Zusammenarbeit zwischen den Vertragsparteien als auch zwischen den Staaten der Balkanregion sowie die anzustrebende stabile Sicherheitslage mehrfach in Bezug. Dem entsprechen auch die Assoziationsziele des jeweiligen Art. 1 Abs. 2, sowie die Verpflichtungen zur Zusammenarbeit in Art. 4 Kroatien-SAA bzw. Art. 6 Montenegro-SAA. Frieden, Stabilität und gutnachbarliche Beziehungen werden bereits in den allgemeinen Grundsätzen hervorgehoben[825]. Der in Titel II ins Leben gerufene politische Dialog zwischen den Vertragspartnern bestimmt Solidarität und Zusammenarbeit als grundlegende Gedanken und strebt gutnachbarliche Beziehungen, Sicherheit und Stabilität an[826]. Des Weiteren wird auch im Rahmen der regionalen Zusammenarbeit gemäß Titel III das Engagement für Frieden, Stabilität und gutnachbarliche Beziehungen betont[827]. Die Förderung eines kooperationsgeprägten Verhältnisses zwischen der Union und ihren Assoziierungspartnern manifestiert sich in ihrer ureigenen Gestalt in Titel VII, der im innenpolitischen Bereich zur Zusammenarbeit ermuntert, sowie insbesondere in Titel VIII, dessen Überschrift „Kooperationspolitik" treffender nicht hätte sein können. Die hierin begründeten engen Kooperationen dienen vorrangig der Entwicklung des Assoziierungspartners und betreffen diverse Tätigkeitsbereiche, für die jeweils die in Art. 21 EUV verlangte Politik der Zusammenarbeit mit Partnern außerhalb der Union umfassend verfolgt und verwirklicht wird.

Festzuhalten ist somit, dass auch die weiteren Maximen des Art. 21 EUV in den Stabilisierungs- und Assoziierungsabkommen ausgeprägte Berücksichtigung finden.

825 Art. 3 Kroatien-SAA; Art. 5 Montenegro-SAA.

826 Art. 7 Kroatien-SAA; Art. 10 Montenegro-SAA.

827 Art. 11 Kroatien-SAA; Art. 14 Montenegro-SAA.

c) Nichtökonomische Vereinbarungen über Art. 21 EUV hinaus

Die vorstehend untersuchten nichtökonomischen Vereinbarungen, welche den handelspräferenziellen Regelungen der SAA zur Seite gestellt wurden, waren diejenigen, die in den Grundsätzen und Zielen des auswärtigen Unionshandelns nach Art. 21 EUV angelegt sind. Auch darüber hinaus weisen die SAA Regelungsbereiche und Vereinbarungen auf, die ebenfalls nichtwirtschaftlicher Natur und damit dem Gleichgewicht ökonomischer und nichtökonomischer Inhalte der Abkommen zuträglich sind. Bereits die allgemeinen Grundsätze der Abkommen enthalten etwa die Verpflichtung des Assoziierungsstaates zur regional abgestimmten Bekämpfung des organisierten Verbrechens, der Korruption, der Geldwäsche und des illegalen Handels[828], das Montenegro-SAA hebt zusätzlich die Bekämpfung von Massenvernichtungswaffen als wesentliches Element des Abkommens explizit hervor[829]. Außerdem umfassen die Kooperationsvorschriften zahlreiche nichtwirtschaftliche Gebiete wie Grenzfragen, Bekämpfung von Drogenhandel, Terrorismus und Straftaten im Allgemeinen in Titel VII. Die Kooperation nach Titel VIII ist, wie gesehen, als eine Form von Entwicklungshilfe ausgestaltet[830]. Unter anderem umfasst sie die nicht primär ökonomisch geprägten Bereiche des Sozialen, der Bildung, der Kultur und der Forschung.

3. Ergebnis und Stellungnahme

Die Untersuchung hat gezeigt, dass die Stabilisierungs- und Assoziierungsabkommen die in Art. 21 EUV formulierten Leitprinzipien des auswärtigen Unionshandelns vielseitig und reichhaltig verfolgen. In besonderem Maße gilt diese Feststellung hinsichtlich der als grundlegend zu bezeichnenden vier Maximen der Demokratie, des Rechtsstaates, der Menschenrechte sowie des Völkerrechts. Umfassende Regelungen wurden jedoch auch bezüglich der weiteren Grundsätze und Ziele in die SAA aufgenommen. Diese Berücksichtigung und Verfolgung der Maximen konnte sowohl für das Abkommen mit Kroatien als auch hinsichtlich des Montenegro-SAA festgestellt werden. In einzelnen Detailfragen ist jedoch zu konstatieren, dass die Konditionalität im Rahmen des montenegrinischen SAA von einer größeren Intensität geprägt ist als diejenige des Kroatien-SAA. Art. 2, der sich als eine der entscheidenden Regelungen der Abkommen zur Förderung nichtökonomischer Prinzipien erwiesen hat, weist insoweit unterschiedlich weit gefasste Strukturen auf. Ähnliche Unterschiede bestehen des Weiteren hinsichtlich der Regelungen der finanziellen Zusammenarbeit, die lediglich im montenegrinischen Abkommen mit einer umfassenden

828 Art. 4 Kroatien-SAA; Art. 6 Montenegro-SAA.
829 Art. 3, 10 Abs. 3 Montenegro-SAA.
830 Vgl. Teil 3, Kapitel 2, A. VII.

Konditionalisierungsklausel ausgestattet sind, sowie außerdem in Bezug auf die Nichterfüllungsklauseln am Ende der jeweiligen Abkommen. Letztere weist im Montenegro-SAA einerseits stärkere Konsultationsmechanismen auf, umfasst andererseits aber neben der Bulgarienklausel auch eine Baltikumsklausel, aufgrund derer eine Aussetzung des Abkommens gerechtfertigt werden kann.

Anreize zur Förderung nichtökonomischer Ziele im Kontext der wirtschaftlich geprägten Regelungen der SAA werden sowohl in Gestalt des positiven als auch des negativen Ansatzes gegeben. Dabei fallen die an die Westbalkanstaaten gestellten Anforderungen verhältnismäßig streng aus. Diese Beobachtung ist vor dem Hintergrund eines künftigen EU-Beitritts der betreffenden Staaten durchaus verständlich. Durch strenge Konditionen sollen die südosteuropäischen Staaten auf ein den europäischen Standards möglichst weit angepasstes Niveau gelangen. Der entscheidende Faktor einer effektiven Verbesserung der Situation in den Assoziierungsstaaten auf den umfassten Gebieten scheint nicht die tatsächliche Reaktion auf ein Fehlverhalten des Partnerstaates in Form von Bestrafung zu sein. Ausschlaggebend sind vielmehr bereits das positive Setzen von Anreizen zur Realisierung von Reformen sowie die schlichte Androhung negativer Maßnahmen. Die Wirksamkeit wird erhöht durch die recht effektiv durchgeführten regelmäßigen Kontrollen der Fortschritte im Zuge verschiedener Programme, einschließlich zugehöriger Berichte, die in der Regel Lob, aber durchaus auch kritische, mahnende und motivierende Worte enthalten.

Der Wirksamkeit der entsprechenden Vertragsklauseln könnte dennoch ein Mangel an Verbindlichkeit entgegengehalten werden. In der Tat ist eine offene Formulierung sensibler Punkte in völkerrechtlichen Abkommen keine Seltenheit. Im Rahmen der SAA fällt jedoch die ganz überwiegend klare und verbindliche Wortwahl in den untersuchten Bereichen auf. Zwar können naturgemäß nicht sämtliche Ziele im Detail vorgegeben werden, so dass insofern stets ein gewisser Auslegungsspielraum verbleibt, welcher im Übrigen auch politisch notwendig ist. Darüber hinaus sind die Abkommen jedoch von verpflichtenden und verbindlichen Formulierungen geprägt. Die Wendung „soll" wird sehr sparsam verwendet. Dieser Eindruck der Verbindlichkeit wird außerdem verstärkt angesichts der weiten Fassung der Nichterfüllungsklausel. Die darin ermöglichten Maßnahmen sind nicht auf Situationen beschränkt, in denen solche Verpflichtungen nicht erfüllt werden, die im Abkommen als wesentlich deklariert werden. Insoweit wird den Parteien ein wirksames Druckmittel zur Durchsetzung sämtlicher in den Abkommen eingegangener Verbindlichkeiten gewährt.

Festzuhalten ist jedoch auch, dass die Konditionalisierung ökonomischer und politischer Zusammenarbeit der Europäischen Union mit den Staaten des westlichen Balkans keine Neuheit der Stabilisierungs- und Assoziierungsabkommen darstellt. Vielmehr hat es auf jeder Stufe der Annäherung Bedingungen von Seiten der EU gegeben, deren Erfüllung zur Weiterentwicklung der Beziehungen verlangt worden war. So war beispielsweise bereits der zunächst verfolgte *Regionale Ansatz* ebenso von engen Verbindungen zur Förderung von Frieden, Demokratie und Menschenrechten geprägt wie die bloße Aufnahme von Verhandlungen eines SAA[831]. Von Stufe zu Stufe der Kooperation und durch laufende Setzung von Konditionen trug die EU dazu bei, dass die Reformanstrengungen des Westbalkans stetig fortgeführt wurden. Insgesamt wird vor diesem Hintergrund der Annäherungsprozess verbreitet als ein entscheidender „motor of reform in the Western Balkans“[832] angesehen.

Im Ergebnis ist zu konstatieren, dass die Frage nach der Zweckmäßigkeit der Zustimmung der EU zu dem Kroatien-SAA angesichts der zwar nicht bindenden, dem späteren Art. 21 EUV aber inhaltlich entsprechenden Normen des Verfassungsvertrages zu bejahen ist. Hinsichtlich des Montenegro-SAA war die Union bei der Ratifikation bereits verbindlich an Art. 21 EUV gebunden. Ihre sich daraus ergebende Verpflichtung zur Berücksichtigung und Verfolgung der Grundsätze und Ziele hat sie umfassend erfüllt. Die Stabilisierungs- und Assoziierungsabkommen sind mit Art. 21 EUV vereinbar.

Schließlich war die Frage aufgeworfen worden, ob die Einführung des neuen Art. 21 EUV einen direkten Einfluss auf die Vertragspraxis der Europäischen Union auf dem Gebiet der Konditionalisierung in präferenziellen Abkommen hat. Diese lässt sich noch nicht letztverbindlich beantworten. Die SAA mit Kroatien und Montenegro weisen in dieser Hinsicht einige Unterschiede auf. Das neuere Montenegro-SAA ist strukturell und inhaltlich durchaus weiter entwickelt. Drei Aspekte sprechen jedoch gegen vorschnelle Schlüsse aus dieser Beobachtung: Zum Ersten sind die entdeckten Differenzen nicht von einem Ausmaß, welches eine unmittelbare Rückführung auf die Änderung des Primärrechts rechtfertigen würde. Zum Zweiten ist der vorgenommene Vergleich nur der beiden SAA mit Kroatien und Montenegro nicht ausreichend repräsentativ für derartige Rückschlüsse. Zum Dritten waren während der Verhandlungen selbst des neuesten SAA, des Montenegro-SAA, die primärrechtlichen Neuerungen zwar bereits vorhersehbar, keinesfalls aber bindend. Die Verhandlung kann aber als die entscheidende Phase für die Ausgestaltung des Inhalts eines völkerrechtlichen Abkommens bezeichnet werden. Die bloße Aussicht auf eine Neuregelung während dieser Phase ist insoweit eine nicht befriedigende Untersuchungsgrundlage. Eine echte Beantwortung der Frage kann daher erst die Untersuchung solcher Regionaler Handelsabkommen bringen, die sich bereits zum Zeitpunkt ihrer Aushandlung mit einem geltenden Art. 21 EUV konfrontiert se-

831 *Pippan,* EFARev. 2004, 219 (222, 234).

832 *Pippan,* EFARev. 2004, 219 (245).

hen. Ein solches Abkommen existiert im Rahmen des Stabilisierungs- und Assoziierungsprozesses bislang jedoch nicht.

Dennoch sei an dieser Stelle die Einschätzung gestattet, dass von der Einführung des Art. 21 EUV zwar durchaus wichtige Impulse ausgehen, dass aber unmittelbare Auswirkungen in der Vertragspraxis gering ausfallen dürften. Inhaltlich bringt die Neuregelung keinen weltbewegenden Wandel mit sich. Die Vertragspolitik der Europäischen Union hat über Jahrzehnte hinweg eine Strategie zur Verfolgung ihrer Grundsätze und Ziele entwickelt, die bereits seit längerer Zeit im Wesentlichen den nunmehr in Art. 21 EUV geregelten Ansätzen entspricht. Letztlich erscheint dieser Artikel somit eher als eine – durchaus sinn- und wertvolle – Kodifizierung des vorläufigen Ergebnisses dieser Entwicklung als umgekehrt die Vertragspraxis als unmittelbar von der Neuregelung beeinflusste Konsequenz. Zweifellos gewährt die Einführung des Art. 21 EUV jedoch eine neue Homogenität und Rechtssicherheit und bewirkt einen Bedeutungsgewinn nichtökonomischer Vereinbarungen. Die bereits ausgeprägte Verfolgung der entsprechenden Prinzipien wird damit bestätigt und gestärkt. Das zukünftige Ausfüllen dieser nunmehr gefestigten Bahnen lässt auf eine weiterhin werteorientierte Außenhandelspolitik der Europäischen Union und ein ausbalanciertes Handeln zwischen ökonomischen und nichtökonomischen Bedürfnissen hoffen.

Zusammenfassung der Ergebnisse und Thesen

Die im Verlaufe dieser Arbeit gewonnenen Ergebnisse werden im Folgenden unter Hervorhebung der zehn wichtigsten Thesen zusammengefasst.

Einleitung

- Regionale wirtschaftliche Integration ist nicht ausschließlich ein Phänomen der jüngeren Geschichte. In den letzten beiden Jahrzehnten erfuhr sie jedoch eine rasante Entwicklung.
- Der Begriff der regionalen wirtschaftlichen Integration umschreibt die wirtschaftliche Zusammenarbeit, Koordinierung und präferenzielle Behandlung innerhalb eines begrenzten Teilnehmerkreises bei gleichzeitiger Aufrechterhaltung der Hemmnisse gegenüber außerhalb der Integration befindlichen Staaten. Trotz anderweitiger Auslegungsmöglichkeiten werden hier lediglich solche Abkommen in die Untersuchung einbezogen, welche zumindest präferenzielle Zollvorteile gewähren. Zur Bezeichnung dieser Abkommen werden insbesondere die Begriffe *Regionale Handelsabkommen* sowie *Präferenzabkommen* verwendet.

Teil 1: Die Grundlagen des Phänomens der regionalen wirtschaftlichen Integration

- Die Herausbildung regionaler Handelsvereinbarungen geht zurück auf das frühe 19. Jahrhundert. Die zweite Hochphase der regionalen wirtschaftlichen Integration begann erst nach dem Ende des Zweiten Weltkrieges. Die Entstehung der neuesten Generation Regionaler Handelsabkommen kann in den frühen 1990er Jahren angesetzt werden.
- Im Laufe der Zeit ist eine deutliche inhaltliche Entwicklung auszumachen. Insbesondere verliert die Reduktion von Zöllen zunehmend an Bedeutung.
- Es existieren mannigfaltige Gründe für den Abschluss regionaler Präferenzabkommen. Neben politischen Motivationen zur Schaffung eines stabilen und friedlichen Umfeldes – im Falle der EU unter Umständen auch in Vorbereitung eines Beitrittes – spielt die Nutzung von Handelspräferenzen als Entwicklungselement eine bedeutende Rolle. Die Verfolgung regionaler Ansätze steht außerdem in engem Zusammenhang mit der stockenden Entwicklung des Welthandelssystems. Ein gewisser Dominoeffekt entsteht, wenn Staaten

vermeiden wollen, auf dem Gebiet der regionalen wirtschaftlichen Integration ins Hintertreffen zu geraten.

- Regionale wirtschaftliche Integration tritt in vielfältigen Formen auf. Insbesondere im Bereich des Warenhandels lassen sich aber grobe Integrationsstufen ausmachen. Von der inhaltlich gegebenenfalls stark begrenzten *Präferenzzone* ausgehend folgen als nächst intensivere Stufen die *Freihandelszone*, welche Zölle und nichttarifäre Hindernisse zumindest überwiegend abbaut, die *Zollunion*, welche zusätzlich einheitliche Außenzölle aufweist, und der *Gemeinsame Markt*, welcher weitergehende Freiheiten im Bereich Arbeit und Kapital gewährleistet. Darüber steht lediglich noch die *Wirtschafts- und Währungsunion* auf dem Weg zur höchsten Integrationsebene, der *Politischen Union*.
- Ca. 90% aller bei der WTO notifizierten Integrationszonen reichen nicht über eine Freihandelszone hinaus.
- In ökonomischer Hinsicht weist die regionale wirtschaftliche Integration sowohl Chancen als auch Risiken auf. Im Vergleich zu multilateralen Lösungen kann sie nur als second-best-Lösung bestehen. Die beiden grundlegenden Auswirkungen von Zollunionen sind der handelsumlenkende und der handelsschaffende Effekt. Welche Wirkungen eine Integrationszone aufweist, ist im Einzelfall unter Beachtung von weit über diese Grundannahmen hinausgehenden Faktoren zu berechnen.
- Welthandelsrechtlich betrachtet stellt der Abbau von Handelshemmnissen zwischen einer begrenzten Anzahl an Teilnehmern per se insbesondere einen Widerspruch zum Grundsatz der Meistbegünstigung dar. Dennoch legitimiert das WTO-Recht diskriminierende Präferenzen in bestimmten Konstellationen. Neben speziellen Ausnahmegenehmigungen, insbesondere zugunsten von Entwicklungsländern, stehen Art. XXIV GATT für den Warenhandel und Art. V GATS für den Dienstleistungshandel im Vordergrund. Sämtliche Regionale Handelsabkommen der EU wurden auf diese beiden Normen gestützt.
- Art. XXIV GATT erlaubt die Einrichtung von Freihandelszonen, Zollunionen sowie dahin führenden Interimsabkommen. Nach innen gerichtet spielt die Anforderung der Einbeziehung annähernd des gesamten Handels in den Abbau der Handelsbeschränkungen eine entscheidende Rolle. Diese Voraussetzung ist zum Gegenstand kontroverser Debatten avanciert und bis heute nicht letztverbindlich geklärt. In externer Hinsicht wird insbesondere vorausgesetzt, dass die Errichtung des Präferenzraumes nicht zu höheren Zöllen und

einschränkenderen Handelsvorschriften gegenüber außerhalb des Abkommens stehenden Partnern führt.

- Im Rahmen des Handels mit Dienstleistungen geht es naturgemäß nicht um Zölle und mengenmäßige Beschränkungen. Art. V GATS verlangt von Integrationszonen auf diesem Gebiet auf der internen Seite vorrangig die Einbeziehung eines beträchtlichen sektoralen Geltungsbereiches sowie den Ausschluss praktisch jeder Diskriminierung. Nach außen gerichtet gilt die Anforderung, dass sich das Niveau der Handelshemmnisse nach dem Abschluss der Übereinkunft im Verhältnis zu externen Handelspartnern nicht erhöht.
- Vor allem Art. XXIV GATT ist in seiner derzeitigen Gestalt kaum geeignet, konkrete Probleme Regionaler Handelsabkommen zu lösen. Nur unzureichende Abhilfe schaffte die Auslegungsvereinbarung aus dem Jahre 1994.

Teil 2: Die Europäische Union auf dem Gebiet der regionalen wirtschaftlichen Integration

- Die Europäische Union gilt sowohl intern als auch in ihren Außenbeziehungen als Vorreiter der regionalen wirtschaftlichen Integration.
- In interner Hinsicht ist die EU selbst als regionale wirtschaftliche Integrationszone ausgestaltet. Obgleich es im Rahmen der WTO nie zu einer endgültigen Beurteilung der Vereinbarkeit der europäischen Integration mit dem Welthandelsrecht kam, ist insbesondere die Befolgung des aus Art. XXIV GATT herrührenden Verbotes zunehmender externer Handelsbeschränkungen zweifelhaft.
- Hinsichtlich der regionalen wirtschaftlichen Integration in den Außenbeziehungen der EU – ebenso wie im auswärtigen Unionshandeln allgemein – wurden durch den Vertrag von Lissabon weitreichende Neustrukturierungen vorgenommen. Der Union stehen zahlreiche Vertragsschlusskompetenzen i.S.v. Art. 216 Abs. 1 AEUV zu. Einige kommen als Grundlage zum Abschluss von Regionalen Handelsabkommen in Betracht.
- Die gemeinsame Handelspolitik gemäß Art. 206 und 207 AEUV begründet unter anderem die Befugnis der Union zur Durchführung der vertraglichen Handelspolitik. Gemäß Art. 3 Abs. 1 lit. e) AEUV handelt es sich um eine ausschließliche Unionszuständigkeit. Diese wurde durch den Lissaboner Reformvertrag gestärkt und erweitert.

- Art. 217 AEUV bildet die Grundlage für Assoziierungsabkommen der EU. Es handelt sich nach richtiger herrschender Auffassung um eine eigenständige und ausschließliche Vertragsschlusskompetenz, die zur Begründung von über reine Handelsbeziehungen hinausgehenden Partnerschaften ermächtigt. Diese lassen sich unterteilen in Beitritts-, Freihandels- und Entwicklungsassoziierungen. Jede dieser Formen beinhaltet typischerweise die Gewährung diskriminierender Handelspräferenzen unter den Vertragsparteien. Die tatbestandlichen Anforderungen an ein Assoziierungsverhältnis fordern eine weitreichende Integration und sind im Einzelnen ausreichend konkretisiert.

- Art. 209 Abs. 2 AEUV bietet die Grundlage für völkerrechtliche Verträge im Bereich der europäischen Entwicklungszusammenarbeit, in deren Rahmen Handelspräferenzen eine wichtige Komponente darstellen. Gemäß Art. 4 Abs. 4 sowie Art. 209 Abs. 2 UAbs. 2 AEUV handelt es sich hierbei um die Besonderheit einer echten parallelen Kompetenz von EU und Mitgliedstaaten. Präferenzabkommen, die sich auf diese Grundlage stützen, bemühen zusätzlich stets die gemeinsame Handelspolitik.

- Kaum Bedeutung im Bereich der regionalen wirtschaftlichen Integration der EU kommt der wirtschaftlichen, finanziellen und technischen Zusammenarbeit mit Drittländern, die keine Entwicklungsländer sind, nach Art. 212, 213 AEUV sowie den Nachbarschaftsabkommen gemäß Art. 8 Abs. 2 EUV zu. Hinsichtlich letztgenannter Bestimmung ist insoweit jedoch ein Bedeutungszuwachs zu erwarten.

- Von noch geringerer Relevanz sind auf dem untersuchten Gebiet die Vertragsschlusskompetenzen nach Art. 216 Abs. 1 Var. 2-4 AEUV, welche maßgeblich die Kodifizierung der impliziten Kompetenzen mit ihrem Ursprung in der AETR-Rechtsprechung des EuGH darstellen, sowie die nur subsidiär anwendbare Kompetenzergänzungsklausel des Art. 352 AEUV.

- Die Abgrenzung der einzelnen Kompetenzen ist nicht nur politisch bedeutsam. Ganz konkret sehen insbesondere Art. 218 Abs. 6 und 8 AEUV Verfahrensunterschiede vor, die sich nach der Qualifizierung des jeweiligen Abkommens richten. Die Bezeichnung eines Übereinkommens ist für dessen Einordnung nicht entscheidend und häufig politisch motiviert. Die Auswahl liegt nicht im subjektiven Belieben der Organe, sondern richtet sich nach objektiven Umständen wie den Zielen und Inhalten eines Abkommens.

- Regionale Handelsabkommen haben in der Regel nicht nur wirtschaftliche Inhalte, sondern auch nichtökonomische Bestimmungen spielen eine gewichtige Rolle. Im Vergleich zu Abkommen der meisten anderen Teilnehmer des

Welthandels, gewähren Abkommen der EU solchen Verständigungen breiten Raum.

These 1: Ökonomische und nichtökonomische Bestimmungen ergeben zusammen betrachtet die Integrationsintensität eines Abkommens.

- Demokratie und Menschenrechte sind die bedeutendsten Bereiche für Bestimmungen zur Verfolgung nichtökonomischer Prinzipien in völkerrechtlichen Verträgen, jedoch bei Weitem nicht die einzigen.
- Soweit die Verbindung von wirtschaftlichen und nichtwirtschaftlichen Regelungen dergestalt vereinbart wird, dass wirtschaftliche Zusammenarbeit unter die Bedingung nichtökonomischer Kooperationsbereitschaft gestellt wird, spricht man von Konditionalität.
- Der historische Ausgangspunkt der Einbindung von Klauseln über nichtwirtschaftliche Prinzipien in völkerrechtliche Verträge kann in der Beziehung zu den AKP-Staaten angesiedelt werden. Insbesondere entwickelten sich zwischen Jaunde-Abkommen und viertem Lomé-Abkommen Demokratie- und Menschenrechtsklauseln. Außerhalb dieser Beziehung wurde seit Beginn der 1990er Jahre ein negativer Ansatz geprägt, der in Form einer Kombination von Wesentlichkeitsklausel und Nichterfüllungsklausel Sanktionen für den Fall der Nichtbeachtung nichtökonomischer Vereinbarungen vorsieht.
- Vor dem Vertrag von Lissabon gab die Frage der Zulässigkeit der Einbeziehung derartiger Klauseln Anlass zu Diskussionen in Rechtsprechung und Literatur. Die Kompetenzfrage wurde hinsichtlich diverser diskutierter Kompetenzgrundlagen uneinheitlich beantwortet.
- Das neue System der primärrechtlichen Verträge schafft in dieser Angelegenheit bedeutsame Abhilfe, indem sämtliche Kompetenzgrundlagen zum Abschluss von Regionalen Handelsabkommen die Grundsätze und Ziele des auswärtigen Handelns der Union einbeziehen, welche in dem neuen Art. 21 EUV zusammengefasst sind. Teils finden sich insofern explizite Verweisungen, teils gilt der allgemeine Verweis des Art. 205 AEUV, teils muss auf den Anwendungsbereich des Art. 21 EUV selbst zurückgegriffen werden. Die umfassende Geltung dieser Regelung für sämtliche Regionale Handelsabkommen ergibt eine neue Homogenität und Rechtssicherheit bei der Verfolgung nichtökonomischer Ziele der Union.

- Art. 21 Abs. 1 EUV bestimmt in Unterabsatz 1 die Grundsätze des auswärtigen Handelns. Angestrebt wird ein Gleichlaufen von interner Ausgestaltung der EU und internationalem Tätigwerden unter Berücksichtigung von Demokratie und Rechtsstaat, Menschenrechten und Grundfreiheiten, Solidarität und Völkerrecht. Absatz 2 benennt als Ziele der Außenbeziehungen Demokratie, Rechtsstaat, Menschenrechte und Völkerrecht, Armutsbeseitigung, Nachhaltigkeit, Umweltschutz und eine friedliche und verantwortliche Weltpolitik der fairen Zusammenarbeit und Solidarität.

These 2: Die Einführung des Art. 21 EUV durch den Vertrag von Lissabon bringt eine zwar beachtliche, aber nicht herausragende inhaltliche Erweiterung. Von größerer Bedeutung ist das Erreichen einer neuen Homogenität und Rechtssicherheit.

- Art. 21 EUV bewirkt zum einen eine Politisierung der Außenwirtschaftsbeziehungen der EU. Zum anderen wirkt er auch rechtsverbindlich, indem er Kompetenzen und Pflichten begründet.
- Zwar sind Grundsätze und Ziele zunächst strikt von Kompetenzen zu unterscheiden. Die Gesamtauslegung der Norm sowie des Vertrags- und Kompetenzsystems ergibt jedoch, dass aufgrund des Artikels die Konditionalisierung von Handelspräferenzen in völkerrechtlichen Verträgen zulässig ist.

These 3: Art. 21 EUV begründet eine „Konditionalisierungskompetenz“

- Darüber hinaus verpflichtet Art. 21 EUV die Union zur Beachtung der Grundsätze und Ziele, auch hinsichtlich Regionaler Handelsabkommen. Es lassen sich jedoch keine konkreten Handlungsanleitungen ableiten. Diese Pflicht ist auch justiziabel. Ihre Behandlung durch den Gerichtshof wäre möglich in Form eines Gutachtens nach Art. 218 Abs. 11 AEUV, aufgrund einer Nichtigkeitsklage gemäß Art. 263 AEUV und durch eine Vorabentscheidung nach Art. 267 AEUV. Die Wahrscheinlichkeit einer solchen Geltendmachung ist derzeit nur mäßig hoch. Hinzu kommt die Problematik einer schwierigen, aber nicht unmöglichen materiellrechtlichen Handhabung der Norm.

These 4: Art. 21 EUV begründet eine justiziable Pflicht der Europäischen Union zur Beachtung der dort genannten Grundsätze und Ziele.

- Eine Gesamtbetrachtung der Regionalen Handelsabkommen der EU ergibt, dass derzeit 32 solcher Verträge bei der WTO notifiziert sind, in denen die EU mit 44 Staaten verbunden ist. Weitere Präferenzabkommen werden hinzukommen.
- Lediglich 3 Präferenzabkommen der EU begründen eine Zollunion, die restlichen Abkommen sehen Freihandelszonen vor.
- Der Großteil der Abkommen umfasst nur Präferenzen im Bereich des Warenhandels. In 9 Abkommen wird zusätzlich auch der Handel mit Dienstleistungen liberalisiert. Regionale Handelsabkommen der EU ohne Einbeziehung des Warenhandels existieren nicht.
- 16 der Präferenzabkommen beruhen auf der Assoziierungskompetenz, 9 auf der gemeinsamen Handelspolitik, 5 auf der GHP in Verbindung mit der Entwicklungszusammenarbeit, 1 Abkommen auf der GHP in Verbindung mit der Kompetenzergänzungsklausel und 1 Vertrag auf der Assoziierung der Überseeischen Länder und Gebiete.
- Sämtliche Assoziierungsabkommen sind als gemischte Abkommen geschlossen, ebenso wie beinahe alle Verträge der GHP in Verbindung mit der Entwicklungszusammenarbeit sowie ein reines GHP-Abkommen. Nur in solchen gemischten Regionalen Handelsabkommen werden auch Präferenzen im Dienstleistungshandel gewährt.

Teil 3: Die Stabilisierungs- und Assoziierungsabkommen mit den Staaten des westlichen Balkans

- Der Begriff des westlichen Balkans umfasst mit Ausnahme Sloweniens die Staaten des ehemaligen Jugoslawien zuzüglich Albaniens.
- Die kriegerischen Auseinandersetzungen seit dem Jahre 1991 gehören zu den einschneidendsten und tragischsten Ereignissen der jüngeren Geschichte Europas. Vor diesem Hintergrund ist auch der Stabilisierungs- und Assoziierungsprozess zu sehen, welchen die EU zugunsten der Westbalkanstaaten eingeleitet hat und deren Kernstück die SAA sind. Sämtliche dieser Staaten außer Kosovo sind mit der EU über Regionale Handelsabkommen verbunden; mit Albanien, Kroatien, Mazedonien und Montenegro bestehen bereits SAA, mit Bosnien und Herzegowina sowie Serbien bislang nur Interimsabkommen.

- Sämtliche Staaten des westlichen Balkans gehören zur Gruppe der Beitrittskandidaten und potenziellen Beitrittskandidaten.
- Die SAA mit Kroatien und Montenegro bestehen aus jeweils zehn Titeln sowie umfangreichen Anhängen und Protokollen. Inhaltlich umfasst sind die Ziele und allgemeinen Grundsätze, der politische Dialog, die regionale Zusammenarbeit, welche eine vor dem Hintergrund der Probleme der letzten Jahrzehnte zu erklärende Besonderheit der Abkommen mit den Balkanstaaten darstellt, der freie Warenverkehr sowie weitere Freiheiten, die Rechtsangleichung, der innenpolitische Bereich Recht, Freiheit und Sicherheit, diverse Kooperationspolitiken, die finanzielle Zusammenarbeit sowie institutionelle Bestimmungen.
- Die Vereinbarungen über den freien Warenverkehr sind insbesondere für die Balkanstaaten von großer Bedeutung. Es wird in den SAA die schrittweise Errichtung einer Freihandelszone verabredet. Für gewerbliche Erzeugnisse ist eine vollständige Aufhebung von Zöllen und mengenmäßigen Beschränkungen sowie Maßnahmen gleicher Wirkung vorgesehen. Die Assoziierungspartner behalten sich in Bezug auf Importzölle jedoch eine nur schrittweise Senkung vor. Der Handel mit landwirtschaftlichen Produkten und Fischereierzeugnissen wird nur unvollkommen liberalisiert. Zwar werden auch insoweit mengenmäßige Beschränkungen beseitigt. Die EU hebt mit Ausnahme der Waren Rind, Wein, Zucker und Fisch außerdem die Einfuhrzölle auf. Insbesondere die Zollsenkungen der Balkanstaaten sind jedoch komplex und nicht umfassend ausgestaltet und führen nicht zu einer Gesamtaufhebung.
- Neben Schutzklauseln enthält der SAA-Titel über den Warenverkehr außerdem einen Verweis auf die Ursprungsregeln der Protokolle. Von besonderer Bedeutung ist dahingehend die mittlerweile für alle Westbalkanstaaten vorgesehene diagonale Kumulierung.
- Die weiteren Freiheiten werden in den SAA nicht umfassend gewährt. Die Liberalisierung des Dienstleistungsverkehrs ist nur in Ansätzen verwirklicht und wird im Übrigen unspezifisch auf zukünftige Entwicklungen verschoben.
- In institutioneller Hinsicht begründen die SAA einen paritätisch besetzten Rat, einen Ausschuss sowie einen Parlamentarischen Ausschuss. Der Stabilitäts- und Assoziationsrat spielt auch in Fragen der Streitbeilegung eine bedeutende Rolle. Das Gesamtsystem der Streitbeilegung ist in dem neueren Montenegro-SAA im Vergleich zu dem Kroatien-SAA überlegen ausgestaltet.

- Die handelspolitischen Vereinbarungen sind auf eine Erweiterung der europäischen Grundfreiheiten ausgelegt. Die SAA sind jedoch keine schlichten Präferenzabkommen. Auch das Ausmaß nichtökonomischer Vereinbarungen ist sehr hoch und ergibt in der Zusammenschau mit den Präferenzvereinbarungen ein hohes Gesamtniveau der Integrationsintensität und hohe Ansprüche an die Assoziierungspartner vor dem Hintergrund eines zukünftigen EU-Beitrittes.

These 5: Aus den Stabilisierungs- und Assoziierungsabkommen ergibt sich eine klare europäische Perspektive.

- Aus dem Blickwinkel des WTO-Rechts sind die SAA als Interimsabkommen zu qualifizieren. Gegenüber der Vereinbarkeit der Abkommen mit Art. V GATS bestehen erhebliche Bedenken. Sie erfüllen nicht einmal die für Interimsabkommen aufgestellten Voraussetzungen. Zwar ist die schrittweise Erfüllung der Anforderungen erlaubt. Es mangelt hier aber an einem konkreten Plan spezifischer künftiger Maßnahmen.

These 6: Die Vorschriften der Stabilisierungs- und Assoziierungsabkommen über den Dienstleistungsverkehr sind nicht mit Art. V GATS vereinbar.

- Hinsichtlich Art. XXIV GATT wird die schrittweise Schaffung einer Freihandelszone sehr konkret anvisiert. Die weitgehende Ausklammerung des Agrarsektors von den Präferenzen ist in ihrer welthandelsrechtlichen Bewertung umstritten. Im Ergebnis ist sie jedoch zulässig, unter anderem aufgrund der hier erwogenen Einbeziehung des Bereiches zumindest dem Grunde nach. Ebenso problematisch ist die Vereinbarung von über die in Art. XXIV Abs. 8 GATT aufgelisteten Ausnahmen hinausgehenden Schutzinstrumenten. Auch insoweit liegt letztlich aber kein GATT-Verstoß vor. Jedoch wurde Art. XXIV Abs. 10 GATT bezüglich der Abkommen mit Nichtmitgliedern der WTO nicht beachtet.

These 7: Die Vorschriften der Stabilisierungs- und Assoziierungsabkommen über den Warenverkehr sind mit Art. XXIV GATT weitgehend vereinbar. Zu bemängeln ist ein Verstoß gegen Art. XXIV Abs. 10 GATT.

- Sämtliche Tatbestandsmerkmale der Assoziierungskompetenz sind erfüllt und Art. 217 AEUV ist als selbstständige und umfassende Kompetenzgrundlage einzuordnen. Die SAA begründen Beitrittsassoziierungen. Der gemischte Abschluss der Abkommen erscheint vermeidbar und bringt Folgeprobleme mit sich, insbesondere Rechtsunsicherheiten hinsichtlich Kompetenzgrenzen, völkerrechtlicher Verantwortlichkeit und unmittelbarer Wirkung.

These 8: Die Assoziierungskompetenz ist die korrekt gewählte Rechtsgrundlage der Stabilisierungs- und Assoziierungsabkommen. Zu kritisieren ist aber der gemischte Abschluss der Abkommen.

- In den SAA werden in hohem Maße die nichtökonomischen Prinzipien des Art. 21 EUV verfolgt. Allen voran sind die Maximen von Demokratie, Rechtsstaat, Menschenrechten und Völkerrecht in ausführlichster und verbindlicher Art und Weise in die SAA einbezogen worden; nicht nur, aber besonders prominent, in dem jeweiligen Art. 2. Als Wesentlichkeitsklausel bewirkt dieser in Kombination mit einer Nichterfüllungsklausel am Ende der Abkommen eine effektive Konditionalisierung. Darüber hinaus bestehen Regelungen auch bezüglich der übrigen Prinzipien des Art. 21 EUV. Die strengen nichtökonomischen Anforderungen sind nicht zuletzt auch vor dem Hintergrund eines zukünftigen EU-Beitrittes der Assoziierungspartner zu sehen.

These 9: Bezüglich der Stabilisierungs- und Assoziierungsabkommen hat die Europäische Union die Pflicht zur Verfolgung der Prinzipien des Art. 21 EUV ausreichend erfüllt.

- Im Vergleich zu dem älteren Kroatien-SAA ist das Montenegro-SAA, was die Umsetzung nichtökonomischer Prinzipien angeht, weiter entwickelt und weist eine intensivere Konditionalität auf. Der Schluss, dies sei durch das zwischenzeitliche Inkrafttreten des Art. 21 EUV bedingt, wäre dennoch vorschnell.

These 10: Von der Einführung des Art. 21 EUV gehen bedeutende Impulse für die Verfolgung nichtökonomischer Prinzipien aus. Letztlich hat sich Art. 21 EUV aber eher an der tatsächlichen Entwicklung in diesem Bereich orientiert als umgekehrt die bisherige Vertragspraxis an dieser Norm.

Zusammenfassung in englischer Sprache / English summary

Introduction

Regional economic integration is not solely a phenomenon of recent history. However, within the last two decades it has experienced rapid growth and modification. While only 124 Regional Trade Agreements were notified between 1948 and 1994, currently 393 such agreements have been notified with the WTO.

The term *regional economic integration* describes economic cooperation, coordination and preferential treatment within a limited circle of participants while maintaining barriers to trade vis-à-vis partners outside this circle of integration. Despite other possible interpretations, this thesis exclusively deals with international agreements which at least grant tariff preferences. These agreements are predominantly referred to as *Regional Trade Agreements (RTAs)* or *Preferential Agreements*.

Part 1: The basic principles of regional economic integration

The development of regional arrangements on trade goes back to the early 19th century. The second peak phase of regional economic integration did not start until after the Second World War. Finally, the beginning of the most recent generation of RTAs can be determined in the early 1990s. The content of the agreements has evolved. In particular, the reduction of tariffs progressively loses its significance.

There are manifold reasons for concluding RTAs. Besides political motivations aiming at the formation of a stable and peaceful environment, the use of trade preferences plays a distinguished role in the context of development aid. Furthermore, the pursuit of regional approaches is to be seen in connection with the stagnating development of the world trading system. A certain domino effect creates a pressure not to fall behind in the conclusion of RTAs.

It is possible to roughly distinguish between different degrees of integration. Starting from a simple *Area of Preference*, the next more intensive stage is a *Free Trade Area (FTA)* which abolishes tariffs and non-tariff barriers to trade at least for the most part. In a *Customs Union (CU)* additionally a common external tariff is applied by its members. Even further reaching degrees of integration can be found in a *Common Market*, an *Economic and Monetary Union* and finally in a *Political Union*. Approximately 90% of all areas of integration notified with the WTO do not go beyond a Free Trade Area.

From an economic point of view, regional economic integration comprises opportunities as well as risks. The two basic impacts of Customs Unions are the trade-diverting effect and the trade-creating effect. The impacts of an area of integration have to be examined in an individual case taking into account factors that go beyond these basic premises.

World Trade Law generally regards the reduction of barriers to trade amongst a limited number of participants *per se* as a violation of the most-favoured nation principle (MFN). However, it allows discriminating preferences in certain cases. Besides exceptional permissions, notably for the benefit of developing countries, Article XXIV GATT for trade in goods and Article V GATS for trade in services constitute the most significant cases.

Article XXIV GATT allows for the formation of Free Trade Areas, Customs Unions as well as the adoption of interim agreements. Inward-looking, the requirement of the inclusion of substantially all the trade into the agreement plays a crucial role. This prerequisite has become a topic of controversial argument and to date has not been exhaustively clarified. Outward-looking, it is required that the formation of an area of preferences does not lead to higher tariffs and more restrictive trade regulations in relation to partners outside the agreement.

In the context of trade in services, tariffs and quantitative restrictions are by definition not of major concern. Article V GATS requires a substantial sectoral coverage of an agreement and the elimination of substantially all discrimination between the parties. Regarding external relations, the level of barriers to trade against partners outside the integration must not be higher after the conclusion of the RTA than before.

Part 2: The European Union in the field of regional economic integration

The European Union itself constitutes the most successful model of regional integration worldwide. A definite evaluation of the consistency of the European integration with World Trade Law has never been reached within the system of the WTO. However, this consistency, notably compliance with the prohibition of increasing external barriers to trade in Article XXIV GATT, is doubtful.

Regarding regional economic integration in the external relations of the European Union – the main topic of this thesis – the Treaty of Lisbon has undertaken far-reaching restructurings. A number of treaty-making powers according to Article 216 (1) TFEU are at the Union's disposal. Some can be taken into consideration as the foundation of Regional Trade Agreements.

The common commercial policy in Articles 206 and 207 TFEU establishes inter alia the European Union's competence to carry out its trade policy on the basis of international agreements. According to Article 3 (1) lit. e) TFEU this competence is exclusive. The Union's competence in this field has been strengthened and extended by the Lisbon Treaty.

Article 217 TFEU constitutes the basis for association agreements of the European Union. It establishes a self-contained and exclusive treaty-making power authorizing the Union to conclude partnerships that go beyond mere trade relations. These can be divided into accession-associations, free trade-associations and development-associations.

Article 209 (2) TFEU provides the foundation for international agreements in the field of European development aid, in the context of which trade preferences make up a major component. According to Article 4 (4) TFEU and the second subparagraph of Article 209 (2) TFEU, this is the special matter of a parallel competence of the European Union as well as its member states. Regional Trade Agreements built on that foundation are in addition based on the common commercial policy.

The economic, financial and technical cooperation with third countries other than developing countries as provided for in Articles 212 and 213 TFEU, as well as agreements with neighbouring countries according to Article 8 (2) TEU are of little importance in the field of regional economic integration of the European Union. However, regarding the latter, a significant increase of relevance is to be expected.

Even less relevant in the field examined are the treaty-making competences set out in Article 216 (1) var. 2-4 TFEU which basically constitute the codification of implicit powers originating in the AETR-jurisdiction of the European Court of Justice. The same counts for the provision supplementing the Union's competences in Article 352 TFEU which is only subsidiarily applicable.

The delimitation of the several potential competences is not only of political importance. In particular, Article 218 (6) and (8) TFEU intend procedural differences which depend on the classification of a specific agreement. The title of an agreement is not crucial for this classification as it is in many cases politically motivated.

As a general rule, Regional Trade Agreements not only include economic contents but also non-economic provisions. Compared to most other participants in world trade, the agreements of the European Union give considerable space to such provisions. Where arrangements grant economic cooperation under the condition of a co-contractor's readiness to fulfil non-economic requirements, e.g. democracy and human rights, one speaks of conditionality.

From a historical perspective, the starting point of the EU's inclusion of non-economic clauses in international agreements can be recognized in the relation with the ACP countries. Beyond this relationship a negative approach has been pursued since the early 1990s. This approach provides for sanctions in the event of non-compliance with non-economic arrangements by combining an *essential element clause* with a *non-execution clause*.

Prior to the Treaty of Lisbon, the admissibility of such clauses was highly disputed. The new system of Treaties after Lisbon significantly remedies this problem. Each of the competences which allow the EU to conclude Regional Trade Agreements refers to the principles and aims of the Union's external action. These are now summarised in Article 21 TEU. The comprehensive validity of this Article results in a new homogeneity and legal certainty regarding the pursuit of non-economic aims.

Article 21 (1) TEU defines the principles of the Union's external action. It strives for a synchronization of its internal formation and its international action taking into consideration democracy and the rule of law, human rights and fundamental freedoms, solidarity and international law. Paragraph 2 defines as the aims of external relations democracy, the rule of law, human rights and international law, eradication of poverty, sustainability, environment protection and a peaceful and good global governance of fair cooperation and solidarity. The expansion of principles and aims that Article 21 TEU achieves is remarkable but not outstanding. The newly obtained homogeneity is of higher importance.

Article 21 TEU effects a politicisation of the European Union's external economic relations. The overall interpretation of the article and of the Treaties as a whole reveals that it also constitutes a competence to impose conditionality on trade preferences in international agreements. Furthermore, it establishes a binding obligation of the Union to comply with the principles and aims set out in Article 21 TEU, inter alia while developing Regional Trade Agreements. However, specific directions as to the choice of actions cannot be derived from it. The obligation is justiciable in the sense that its exercise before the European Court of Justice would be possible by means of an opinion according to Article 218 (11) TFEU, an action for annulment according to Article 263 TFEU or a preliminary ruling according to Article 267 TFEU. Nevertheless, the judicial exercise of the Union's duty is currently only moderately probable.

At present, 32 Regional Trade Agreements of the European Union have been notified with the WTO through which the EU is linked with 44 states. Further ones will be concluded in the future. Only 3 preferential agreements establish a customs union, the rest provides for a free trade area. The majority of agreements merely include preferences in the area of trade in goods. 9 agreements additionally liberalise trade in services. 16 of the EU's RTAs are based on the association-competence, 9 on the common commercial policy, 5 on the common commercial policy in conjunction with the European development aid, 1 on the common commercial policy in conjunction with the provision supplementing the Union's competences and 1 on the association of the Overseas Countries and Territories.

Part 3: The Stabilisation and Association Agreements with the Western Balkan countries

The term *Western Balkans* comprises the states of the former Yugoslavia except for Slovenia plus Albania. Apart from Kosovo, each of these countries is linked with the EU through a Regional Trade Agreement. Stabilisation and Association Agreements (SAAs) have already been concluded with Albania, Croatia, Macedonia and Montenegro. However, Bosnia and Herzegovina as well as Serbia have so far merely concluded interim agreements with the European Union. All countries of the Western Balkans belong to the group of accession candidates and potential accession candidates.

The SAAs with Croatia and Montenegro each consist of ten titles plus extensive annexes and protocols. As regards content, they include aims and general principles, political dialogue, regional cooperation – a distinctive feature of the SAAs which has to be seen against the background of the violent problems during the last decades – free movement of goods and other freedoms, approximation of laws, domestic policy, cooperation policies, financial cooperation and institutional provisions.

The arrangements on free movement of goods are of major concern, particularly for the Western Balkan states. The SAAs envisage the gradual establishment of a free trade area. As regards industrial products, a complete elimination of tariffs as well as quantitative restrictions is provided for. However, the respective association partner of the EU reserves the right to a mere step-by-step reduction as far as import tariffs are concerned. Trade in agricultural and fishery products is liberalised far less extensively. The rules of origin determined in the protocols, notably on diagonal cumulation for all Western Balkan states, are particularly important.

With regard to institutional provisions, the SAAs constitute a Stabilisation and Association Council with equal representation of both parties, a Stabilisation and Association Committee as well as a Parliamentary Committee. The Council plays an important role amongst others in questions of dispute settlement. Compared to the Croatia-SAA, the overall system of dispute settlement has been developed superiorly in the more recent Montenegro-SAA.

The SAAs in their entirety offer a clear European perspective. Their trade policy provisions are designed to extend European fundamental freedoms taking account of the status quo of the European internal market. However, the SAAs do not represent plain preference agreements. Non-economic provisions in these agreements are on a large scale as well. Envisioned together, the provisions reveal a high overall level of integration-intensity between the parties as well as high demands placed on the Union's association partners against the background of a future accession.

From a WTO perspective, the SAAs are to be classified as interim agreements in the sense of Article XXIV GATT and Article V GATS. Nevertheless, there are serious concerns about their consistency with Article V GATS as they do not meet its requirements set out for interim agreements. On the contrary, the prerequisites of Article XXIV GATT are fulfilled to a great extent. In particular, the gradual establishment of a free trade area is precisely planned. The far-reaching exclusion of the agricultural sector from the preferences granted is disputed in terms of its implications on the consistency with World Trade Law. Yet, the exclusion finally is to be judged as admissible. Furthermore, the inclusion of trade defence instruments which go beyond those foreseen in Article XXIV (8) GATT is problematic. Though, in this respect a violation of the GATT cannot be affirmed in the final analysis, either. Only the lacking compliance with Article XXIV (10) GATT regarding SAAs with non-WTO-members remains to be criticised.

The treaty-making competence for associations which can be found in Article 217 TFEU has been chosen correctly as the basis of the SAAs. However, there remain doubts concerning the mixed conclusion of the agreements. Such procedure appears to be avoidable and gives rise to follow-up problems.

The SAAs highly comply with the European Union's obligation to pursue the non-economic principles settled in Article 21 TEU. Above all, the principles of democracy, the rule of law, human rights and international law have been included into the agreements in the most comprehensive manner; most prominently in Article 2 of the respective agreement.

The more recent Montenegro-SAA is – as far as the implementation of non-economic principles is concerned – further developed than the Croatia-SAA and it exhibits a more intense conditionality in this area. Yet, it would be hasty to conclude that this development has been caused by the coming into force of Article 21 TEU. Rather, it is to be assumed that indeed the new article gives significant impetus, but that the elaboration of Article 21 TEU has been influenced by the actual development in the area of non-economic principles rather than vice versa.

Zusammenfassung in polnischer Sprache / Streszczenie w języku polskim

Übersetzung von Anna Piechota

Wprowadzenie

Regionalna integracja gospodarcza nie jest wyłącznie fenomenem najnowszej historii, jednakże w ostatnich dwudziestu latach nastąpił jej błyskawiczny rozwój. Jeśli w latach 1948 – 1994 odnotowano jedynie 124 regionalne porozumienia handlowe, to w chwili obecnej ich liczba wynosi 393.

Pojęcie *regionalnej integracji gospodarczej* obejmuje współpracę gospodarczą, koordynację i preferencyjne traktowanie w obrębie ograniczonego kręgu uczestników przy jednoczesnym utrzymaniu barier wobec partnerów znajdujących się poza strefą integracji. Pomimo innych możliwości wykładni praca ta omawia jedynie porozumienia, które zapewniają przynajmniej preferencje celne. Określa się je przeważnie jako *porozumienia preferencyjne* lub *regionalne porozumienia handlowe.*

Część 1: Podstawy fenomenu regionalne integracji gospodarczej

Wykształcenie się regionalnych porozumień handlowych sięga początków XIX wieku. Druga faza rozwojowa regionalnej integracji gospodarczej rozpoczęła się dopiero po zakończeniu II wojny światowej. Za początek najnowszej generacji regionalnych porozumień handlowych można przyjąć wczesne lata 90. Znaczny rozwój nastąpił także pod względem treści tych porozumień. Na znaczeniu traci przede wszystkim redukcja cła.

Na zawieranie regionalnych porozumień preferencyjnych składają się różne przyczyny. Obok motywacji politycznych mających na celu stworzenie stabilnego i pokojowego obszaru, znaczącą rolę odgrywa wykorzystanie preferencji handlowych jako elementu rozwojowego. Podejmowanie współpracy regionalnej pozostaje w ścisłym związku z trudnościami w stworzeniu systemu handlu światowego. Swego rodzaju efekt domina powoduje dążenie do zawierania regionalnych porozumień handlowych celem uniknięcia gorszej pozycji zainteresowanych krajów.

Zwłaszcza w obszarze handlu towarami wyróżnić można zasadnicze stopnie integracji. Wychodząc od strefy preferencyjnej, poprzez strefę wolnego handlu, która zasadniczo likwiduje cła oraz przeszkody pozataryfowe, do unii celnej, która dodatkowo wprowadza jednolite cła zewnętrzne. Dalszymi stopniami integracji są wspólny rynek, unia gospodarcza i walutowa i wreszcie unia polityczna. Około 90% zanotowanych w Światowej Organizacji Handlu porozumień nie wykracza poza strefę wolnego handlu.

Pod względem ekonomicznym regionalna integracja gospodarcza tworzy zarówno szanse, jak i zagrożenia. U podstaw oddziaływania unii celnych leży efekt przekierowania handlu oraz jego tworzenia. Dla określenia oddziaływania danej strefy integracyjnej należy rozpatrzyć indywidualnie każdy przypadek z uwzględnieniem powiązań wychodzących poza założenia podstawowe.

Z prawnego punktu widzenia handlu światowego likwidacja przeszkód handlowych pomiędzy ograniczoną liczbą uczestników stoi *per se* w sprzeczności z zasadą największego uprzywilejowania. Mimo to prawo WTO dopuszcza w określonych konstelacjach preferencje o charakterze dyskryminacyjnym. Poza szczególnymi zezwoleniami wyjątkowymi, zwłaszcza na rzecz krajów rozwijających się, na pierwszy plan wysuwają się Art. XXIV GATT o handlu towarami i Art. V GATS obejmujący handel usługami.

Art. XXIV GATT zezwala na wprowadzanie stref wolnego handlu, unii celnych oraz porozumień tymczasowych. Kierując się do wewnątrz, wymóg włączenia prawie całego handlu odgrywa tutaj rolę decydującą. To założenie stało się przedmiotem kontrowersyjnych sporów i nie jest wyjaśnione w sposób wiążący do dnia dzisiejszego. Kierując się na zewnątrz, widać założenie, że stworzenie obszaru preferencyjnego nie prowadzi do podwyższenia cła i do ograniczenia przepisów handlowych wobec partnerów nie będących stroną porozumienia.

W ramach handlu usługami w sposób oczywisty nie chodzi o cła i ograniczenia ilościowe. Art. V GATS wymaga przede wszystkim włączenia znacznego sektorowego obszaru działania, jak również wyłączenia, w odpowiednich porozumieniach, praktycznie każdej dyskryminacji. Kierując się na zewnątrz, widać założenie, że poziom barier handlowych w stosunku do zewnętrznych partnerów handlowych nie podnosi się po zawarciu porozumienia.

Część 2: Unia Europejska w obszarze regionalnej integracji gospodarczej

Unia Europejska przedstawia sama w sobie najbardziej udany w świecie model integracji regionalnej. Choć nigdy nie doszło w ramach WTO do ostatecznej oceny zgodności integracji europejskiej z prawem handlu światowego, poddaje się w wątpliwość zwłaszcza przestrzeganie zakazu wzrastających zewnętrznych ograniczeń handlowych w Art. XXIV GATT.

Pod względem regionalnej integracji gospodarczej w stosunkach zewnętrznych UE Traktat z Lizbony wprowadził nowe możliwości. Unii przysługują liczne kompetencji w zakresie zawierania umów w myśl Art. 216

ust. 1 TFUE. Niektóre z nich stanowią podstawę do zawierania regionalnych porozumień handlowych.

Wspólna polityka handlowa w myśl Art. 206 i 207 TFUE uzasadnia m.in. kompetencję Unii do powadzenia polityki handlowej w oparciu o umowy. Zgodnie z Art. 3 ust. 1 lit. e TFUE chodzi tu o wyłączną kompetencję Unii. Kompetencja ta została wzmocniona i rozszerzona przez Traktat Lizboński.

Art. 217 TFUE stanowi podstawę dla umów stowarzyszeniowych UE. Chodzi tu o niezależną i wyłączną kompetencję do zawierania umów, która upoważnia do tworzenia partnerstwa wychodzącego poza czyste kontakty handlowe. Akty te dzielą się na umowy akcesyjne, porozumienia o wolnym handlu i umowy dotyczące rozwoju.

Art. 209 ust. 2 TFUE stanowi podstawę dla umów prawno międzynarodowych w obszarze europejskiej współpracy na rzez rozwoju, w ramach której preferencje handlowe stanowią ważny komponent. Zgodnie z Art. 4 ust. 4 oraz Art. 209 ust. 2 zd. 2 TFUE chodzi tu o szczególny rodzaj kompetencji dzielonej UE i państw członkowskich. Porozumienia preferencyjne oparte na tej podstawie zawsze opierają się dodatkowo na wspólnej polityce handlowej.

W obszarze regionalnej integracji gospodarczej małe znaczenie odgrywa ujęta w Art. 212 i 213 TFUE współpraca gospodarcza, finansowa i techniczna z państwami trzecimi, nie będącymi krajami rozwijającymi się, oraz ujęte w Art. 8 ust. 2 TUE porozumienia o dobrym sąsiedztwie. Przewiduje się jednak, że nastąpi wzrost znaczenia tych ostatnich.

Jeszcze mniejsze znaczenie w badanym obszarze posiadają podstawy określone w Art. 216 ust. 1 wariant 2-4 TFUE, które, zgodnie z orzeczeniem Trybunału Sprawiedliwości w sprawie AETR, stanowią kodyfikację kompetencji domniemanych, jak również stosowana subsydiarnie klauzula o uzupełnianiu kompetencji wynikająca z Art. 352 TFUE.

Rozgraniczenie poszczególnych kompetencji ma nie tylko znaczenie polityczne. Namacalnie przewidują to różnice w postępowaniu, zwłaszcza w Art. 218 ust. 6 i 8 TFUE, które kierują się kwalifikacją porozumienia. Nazwa umowy nie jest decydująca dla jej przyporządkowania, a motywowana jest najczęściej politycznie.

Regionalne porozumienia handlowe zawierają z reguły nie tylko treści gospodarcze, ale także postanowienia spoza tej sfery. W porównaniu z innymi uczestnikami handlu światowego porozumienia UE poświęcają tego rodzaju postanowieniom dużo miejsca. Połączenie regulacji gospodarczych i pozagospodarczych w ten sposób, że współpraca gospodarcza warunkowana jest gotowością do współpracy w innych sferach, nazywane jest warunkowością.

Z historycznego punktu widzenia, włączanie do umów prawo międzynarodowych klauzul dotyczących zagadnień pozaekonomicznych ma swój początek w stosunkach z krajami Afryki, Karaibów i Pacyfiku. Poza tym przypadkiem od początku lat 90. wykształciło się negatywne założenie, które przewiduje sankcje za nieprzestrzeganie pozagospodarczych postanowień w formie kombinacji klauzuli istotności (*Wesentlichkeitsklausel*) oraz klauzuli niespełnienia (*Nichterfüllungsklausel*).

Przed Traktatem z Lizbony kwestia dopuszczalności wprowadzania tego typu klauzul była szeroko dyskutowana. Nowy system traktatowy po reformie z Lizbony dostarcza w tym zakresie znacznych ułatwień, kompetencje do zawierania regionalnych porozumień handlowych mieszczą bowiem w sobie zasady i cele zewnętrznego działania Unii wyartykułowane w Art. 21 TUE. Obowiązywanie tych regulacji dla wszystkich regionalnych porozumień handlowych pozwala na większą spójność i pewność prawa w zakresie realizacji pozaekonomicznych celów Unii.

Art. 21 ust. 1 TUE określa w pierwszym akapicie zasady, na których opiera się działanie zewnętrzne UE. Jego celem jest zsynchronizowanie wewnętrznej konstytucji UE wraz z działalnością międzynarodową przy uwzględnieniu demokracji i państwa prawnego, praw człowieka, podstawowych wolności, solidarności oraz prawa międzynarodowego. Ustęp drugi przyjmuje, że celami stosunków zewnętrznych Unii są: umacnianie demokracji, państwa prawa, praw człowieka i prawa międzynarodowego, walka z ubóstwem, zrównoważony rozwój, ochrona środowiska oraz pokojowa, odpowiedzialna polityka światowa polegająca na sprawiedliwej współpracy i solidarności. Rozszerzenie treści Artykułu 21 jest godne uwagi, ale nie ma aż tak dużego znaczenia. Istotne jest natomiast osiągnięcie zwiększonej spójności.

Art. 21 TUE powoduje upolitycznienie zewnętrznych stosunków gospodarczych UE. Wykładnia normy, a także cały system Traktatu, wskazuje natomiast również na to, że artykuł ten daję podstawę kompetencyjną do warunkowania preferencji handlowych w umowach międzynarodowych. Z Art. 21 wynika ponadto wiążące zobowiązanie Unii do przestrzegania zasad i celów przy tworzeniu regionalnych porozumień handlowych. Trudno natomiast wyinterpretować z niego konkretne wytyczne do działania. Obowiązek ten może stanowić przedmiot rozstrzygnięcia sądowego. Jego egzekwowanie przed ETS byłoby możliwe na podstawie opinii z Art. 218 ust. 11 TFUE, skargi na nieważność z Art. 263 TFUE oraz orzeczenia prejudycjalnego z Art. 267 TFUE. Prawdopodobieństwo egzekwowania tego obowiązku jest natomiast niskie.

W chwili obecnej UE notyfikowała WTO 32 regionalnych porozumień handlowych, którymi powiązana jest z 44 państwami. Pojawią się także kolejne. Tylko 3 porozumienia preferencyjne UE tworzą unię celną, reszta przewiduje strefy wolnego handlu. Większość porozumień obejmuje preferencje w obszarze handlu towarami. W 9 umowach dodatkowo zliberalizowany jest handel usługami. 16 umów opiera się na podstawie prawnej przewidzianej dla stowarzyszenia, 9 na wspólnej polityce handlowej, 5 na wspólnej polityce handlowej w połączeniu z pomocą rozwojową, 1 umowa na wspólnej polityce handlowej w połączeniu z klauzulą dotyczącą uzupełnienia kompetencji oraz 1 umowa na stowarzyszeniu departamentów i terytoriów zamorskich.

Część 3: Umowy Stabilizacyjne i Stowarzyszeniowe z państwami Bałkanów Zachodnich

Pojęcie Bałkanów Zachodnich obejmuje z wyjątkiem Słowenii państwa byłej Jugosławii wraz z Albanią. Wszystkie te państwa, oprócz Kosowa, związane są z UE regionalnymi porozumieniami handlowymi. Z Albanią, Chorwacją, Macedonią oraz Czarnogórą zawarto już umowy stabilizacyjne i stowarzyszeniowe, z Bośnią i Hercegowiną oraz z Serbią Unię łączą natomiast do tej pory wyłącznie porozumienia tymczasowe. Wszystkie państwa Bałkanów Zachodnich należą do grupy państw kandydujących do UE lub potencjalnych kandydatów.

Umowy stabilizacyjne i stowarzyszeniowe z Chorwacją i Czarnogórą składają się każdorazowo z dziesięciu tytułów, a także obszernych załączników i protokołów. W treści zawarte są cele i ogólne zasady, dialog polityczny, wolny handel, a także dalsze podstawowe swobody, zasady dot. zbliżania porządków prawnych, polityka wewnętrzna, polityki kooperacyjne, współpraca finansowa oraz postanowienia instytucjonalne.

Dla państw bałkańskich szczególne znaczenie mają uzgodnienia dotyczące swobodnego przepływu towarów. W umowach stabilizacyjnych i stowarzyszeniowych uzgodnione jest stopniowe dochodzenie do strefy wolnego handlu. Dla produktów przemysłowych przewiduje się całkowite zawieszenie cła, ograniczeń ilościowych i środków o podobnym działaniu. Każdorazowy partner stowarzyszeniowy rezerwuje sobie natomiast prawo stopniowego obniżania stawek ceł importowych. Handel produktami rolnymi oraz produktami rybołówstwa jest mniej zliberalizowany. Istotne znaczenie mają reguły pochodzenia w protokołach do umowy, w szczególności zaś przewidziana możliwość kumulacji, która ma dla wszystkich państw Bałkanów Zachodnich wymiar diagonalny.

Z instytucjonalnego punktu widzenia umowy stabilizacyjne i stowarzyszeniowe przewidują Radę wybieraną według parytetu, Komisję oraz Komisję Parlamentarną. Rada Stabilizacyjna i Stowarzyszeniowa ma istotne znaczenie w obszarze rozwiązywania sporów. System rozwiązywania sporów, w porównaniu z umową z Chorwacją, jest lepiej rozwinięty w później zawartej umowie stabilizacyjnej i stowarzyszeniowej z Czarnogórą.

Z umów stabilizacyjnych i stowarzyszeniowych wynika jasna europejska perspektywa. Ustalenia polityczne w obszarze handlu nastawione są na rozszerzenie europejskich swobód gospodarczych z ukierunkowaniem na *status quo* europejskiego wspólnego rynku. Umowy stabilizacyjne i stowarzyszeniowe nie są jednak zwykłymi porozumieniami preferencyjnymi. Wymiar ustaleń pozaekonomicznych jest także bardzo wysoki i w zestawieniu z uzgodnieniami preferencyjnymi daje wysoki poziom natężenia integracji oraz duże oczekiwania wobec partnerów stowarzyszeniowych na tle ich przyszłego przystąpienia do UE.

Z perspektywy prawa WTO umowy stabilizacyjne i stowarzyszeniowe należy rozpatrywać jako umowy tymczasowe. Co do zgodności tych umów z Art. V GATS powstają jednak znaczne wątpliwości. Umowy te nie spełniają wymogów przewidzianych dla umów tymczasowych. Art. XXIV GATT jest natomiast w dużym stopniu przestrzegany. Wyraźnie widoczne jest zwłaszcza dążenie do stopniowego stworzenia strefy wolnego handlu. Z punktu widzenia prawa WTO kontrowersje budzi daleko idące pozbawienie preferencji w stosunku do sektora rolnego. W ostatecznym rozrachunku jest ono jednak dopuszczalne. Równie problematyczne jest uzgodnienie instrumentów ochronnych, które wychodzą poza wyjątki wskazane w Art. XXIV ust. 8 GATT. Jednak również w tym wypadku nie zachodzi naruszenie przepisów GATT. Zarzucić można natomiast nieprzestrzeganie Art. XXIV ust. 10 GATT w odniesieniu do porozumienia z krajami niebędącymi członkami WTO.

Przewidziana obecnie w Art. 27 TFUE kompetencja do zawierania umów stowarzyszeniowych jest właściwą podstawą prawną dla umów stabilizacyjnych i stowarzyszeniowych. Zastrzeżenia pozostają jednakże w odniesieniu do zawierania tych umów w sposób mieszany. Zaleca się unikanie tego, gdyż niesie to ze sobą kolejne problemy.

W umowach stabilizacyjnych i stowarzyszeniowych przestrzega się w dużym stopniu zobowiązania do uwzględniania pozaekonomicznych zasad wynikających z Art. 21 TUE. W szczególny sposób wyeksponowano zasady demokracji, państwa prawa, praw człowieka i prawa międzynarodowego, każdorazowo w Art. 2.

W porównaniu z starszą umową stabilizacyjną i stowarzyszeniową z Chorwacją umowa z Czarnogórą jest w zakresie zasad pozaekonomicznych dalej rozwinięta i wykazuje w tym obszarze wzmocnioną warunkowość. Wniosek, że wynika to z przyjętego w międzyczasie Art. 21 TUE, byłby jednak zbyt pochopny. Należy raczej wyjść z założenia, że z normy tej wynikają co prawda ważne impulsy, jednak Art. 21 TUE odzwierciedla w większym stopniu dotychczasowa praktykę zawierania umów w obszarze zasad pozaekonomicznych.

Verzeichnis der zitierten Literatur

Alston, Philip (Hrsg.), The EU and human rights. Oxford (u.a.) 1999.

Ders. / Weiler, J. H. H., An 'Ever Closer Union' in Need of a Human Rights Policy. The European Union and Human Rights. In: Alston, Philip (Hrsg.), The EU and human rights. Oxford (u.a.) 1999, S. 3 ff.

Altmann, Franz-Lothar, Auch der westliche Balkan ist Europa. In: Politische Studien Themenheft 1/2009, S. 95 ff.

Anderson, Kym / Blackhurst, Richard, Introduction and summary. In: Anderson, Kym / Blackhurst, Richard (Hrsg.), Regional integration and the global trading system. New York (u.a.) 1993, S. 1 ff.

Ders. / Blackhurst, Richard (Hrsg.), Regional integration and the global trading system. New York (u.a.) 1993.

Ders. / Norheim, Hege, History, geography and regional economic integration. In: Anderson, Kym / Blackhurst, Richard (Hrsg.), Regional integration and the global trading system. New York (u.a.) 1993, S. 19 ff.

Antalovsky, Eugen / König, Karin / Perchinig, Bernhard / et al. (Hrsg.), Assoziierungsabkommen der EU mit Drittstaaten. Wien 1998.

Arnold, Rainer / Meindl, Elisabeth, Außenhandelsrecht, K. I. Grundlagen. In: Dauses, Manfred A. (Hrsg.), Handbuch des EU-Wirtschaftsrechts. 29. Ergänzungslieferung. München 2011.

Ders. / Nedelka, Martin, Different Models of Adjusting to European Integration with a View to the Implementation and Enforcement of the Europe Agreements. In: Müller-Graff, Peter-Christian (Hrsg.), East Central Europe and the European Union. From Europe Agreements to a Member Status. Baden-Baden 1997, S. 357 ff.

Aschenbrenner, Jo Beatrix, Menschenrechte in den Außenbeziehungen der Europäischen Union. Gemeinschaftspolitik versus GASP. Zugl.: München, Univ., Diss., 2000. Frankfurt am Main (u.a.) 2000.

Azizi, Josef, Inhalt des EWR. Ausgewählte rechtliche und institutionelle Fragen des EWR-Abkommens unter besonderer Berücksichtigung seiner Auswirkungen auf die Länder. In: Hummer, Waldemar (Hrsg.), Der Europäische Wirtschaftsraum und Österreich. Rechtliche und ökonomische Auswirkungen des EWR. Wien 1994, S. 39 ff.

Baldwin, Richard E., The Causes of Regionalism. In: The World Economy 1997, S. 865 ff.

Ders. / Wyplosz, Charles, The economics of European integration. 3. Aufl. London 2009.

Bartels, Lorand, Human Rights Conditionality in the EU's International Agreements. Oxford (u.a.) 2005.

Ders., The Application of Human Rights Conditionality in the EU's Bilateral Trade Agreements and other Trade Arrangements with Third Countries. European Parliament Study. Policy Department External Policies. Brüssel 2008.

Bartelt, Sandra / Dann, Philipp (Hrsg.), Entwicklungszusammenarbeit im Recht der Europäischen Union. The Law of EU Development Cooperation. EuR Beiheft 2/2008. Baden-Baden 2008.

Baum-Ceisig, Alexandra / Busch, Klaus / Nospickel, Claudia, Die Europäische Union. Eine Einführung in die politischen, ökonomischen und sozialen Probleme des erweiterten Europa. Baden-Baden 2007.

Bendiek, Annegret, Der Konflikt im ehemaligen Jugoslawien und die europäische Integration. Eine Analyse ausgewählter Politikfelder. Zugl.: Osnabrück, Univ., Diss., 2003. Wiesbaden 2004.

Berrisch, Georg M., Das Allgemeine Zoll- und Handelsabkommen (GATT 1994). In: Prieß, Hans-Joachim / Berrisch, Georg M. (Hrsg.), WTO-Handbuch. München 2003, S. 71 ff.

Bhagwati, Jagdish, Regionalism and multilateralism: an overview. In: De Melo, Jaime / Panagariya, Arvind (Hrsg.), New dimensions in regional integration. Cambridge 1993, S. 22 ff.

Ders. / Panagariya, Arvind, Preferential Trading Areas and Multilateralism. Strangers, Friends, or Foes? In: Bhagwati, Jagdish / Panagariya, Arvind (Hrsg.), The Economics of Prefential Trade Agreements. Washington, D.C. 1996, S. 1 ff.

Ders. / Panagariya, Arvind (Hrsg.), The Economics of Prefential Trade Agreements. Washington, D.C. 1996.

Ders. / Panagariya, Arvind / Srinivasan, T. N., Lectures on International Trade. 2. Aufl. Cambridge, Mass. 1998.

Bieber, Roland / Epiney, Astrid / Haag, Marcel, Die Europäische Union. Europarecht und Politik. 9. Aufl. Baden-Baden 2011.

Bischoff, Jan Asmus, Die Europäische Gemeinschaft und die Konventionen des einheitlichen Privatrechts. Zugl.: Hamburg, Univ., Diss., 2009/10. Tübingen 2010.

Blank, Jürgen E. / Clausen, Hartmut / Wacker, Holger, Internationale ökonomische Integration. Von der Freihandelszone zur Wirtschafts- und Währungsunion. München 1998.

Bleckmann, Albert, Europarecht. Das Recht der Europäischen Union und der Europäischen Gemeinschaften. 6. Aufl. Köln 1997.

Bobe, Stephan, Die Vereinbarkeit von vertiefter (regionaler) wirtschaftlicher Integration mit dem Welthandelsrecht am Beispiel des EG-Binnenmarktes. Zugl.: Bayreuth, Univ., Diss., 2006. Frankfurt am Main (u.a.) 2006.

Bogdandy, Armin von / Bast, Jürgen (Hrsg.), Europäisches Verfassungsrecht. Theoretische und dogmatische Grundzüge. 2. Aufl. Berlin (u.a.) 2009.

Ders. / Makatsch, Tilman, Collision, Co-existence or Co-operation? Prospects for the Relationship between WTO Law and European Union Law. In: De Burca, Grainne / Scott, Joanne (Hrsg.), The EU and the WTO. Legal and Constitutional Issues. Oxford 2003, S. 131 ff.

Boysen, Sigrid, Regionale Handelsabkommen. In: Hilf, Meinhard / Oeter, Stefan (Hrsg.), WTO-Recht. Rechtsordnung des Welthandels. 2. Aufl. Baden-Baden 2010, S. 662 ff.

Dies. / Oeter, Stefan, Außenwirtschaftsrecht. In: Schulze, Reiner / Zuleeg, Manfred / Kadelbach, Stefan (Hrsg.), Europarecht. Handbuch für die deutsche Rechtspraxis. 2. Aufl. Baden-Baden 2010, S. 1736 ff.

Brandtner, Barbara / Pirzio-Biroli, Corrado, Die Entwicklungspolitik der EU und die Beziehungen zu den Staaten der Dritten Welt. In: Röttinger, Moritz / Weyringer, Claudia (Hrsg.), Handbuch der europäischen Integration. Strategie - Struktur - Politik der Europäischen Union. 2. Aufl. Wien 1996, S. 580 ff.

Dies. / Rosas, Allan, Trade Preferences and Human Rights. In: Alston, Philip (Hrsg.), The EU and human rights. Oxford (u.a.) 1999, S. 699 ff.

Brenton, Paul / Scott, Henry / Sinclair, Peter, International trade. A European text. Oxford 1997.

Bretherton, Charlotte / Vogler, John, The European Union as a Global Actor. 2. Aufl. Abingdon 2006.

Bungenberg, Marc, Außenbeziehungen und Außenhandelspolitik. In: Schwarze, Jürgen / Hatje, Armin (Hrsg.), Der Reformvertrag von Lissabon. EuR Beiheft 1/2009. Baden-Baden 2009, S. 195 ff.

Calliess, Christian / Ruffert, Matthias (Hrsg.), EUV/AEUV. Das Verfassungsrecht der Europäischen Union mit Europäischer Grundrechtecharta. Kommentar. 4. Aufl. München 2011.

Campenhausen, Alexander von, Sozialklauseln im internationalen Handel. Eine entwicklungsvölkerrechtliche Untersuchung insbesondere über Sozialklauseln im internationalen Handelsverkehr und ihre praktische Handhabung. Zugl.: Hannover, Univ., Diss., 2004. Berlin 2005.

Carbaugh, Robert J., International Economics. 11. Aufl. Mason, Ohio 2008.

Chahoud, Tatjana, Süd-Süd-Kooperation - Chancen und Herausforderungen für die internationale Zusammenarbeit. Deutsches Institut für Entwicklungspolitik, Analysen und Stellungnahmen 9/2007. Bonn 2007.

Choi, E. Kwan / Hartigan, James C. (Hrsg.), Handbook of International Trade. Volume II. Economic and Legal Analyses of Trade Policy and Institutions. Malden, Mass. 2005.

Choi, Won-Mog, Legal Problems of Making Regional Trade Agreements with Non-WTO-Member States. In: JIEL 2005, S. 825 ff.

Cottier, Thomas, Trade and Human Rights. A Relationship to discover. In: JIEL 2002, S. 111 ff.

Ders., Die EU als Akteurin auf der Welthandelsebene. Erfahrungen und Herausforderungen. In: Müller-Graff, Peter-Christian (Hrsg.), Die Rolle der erweiterten Europäischen Union in der Welt. Baden-Baden 2006, S. 115 ff.

Craig, Paul P. / De Burca, Grainne, EU law. Text, cases, and materials. 3. Aufl. Oxford 2003.

Cremona, Marise, Neutrality or Discrimination? The WTO, the EU and External Trade. In: De Burca, Grainne / Scott, Joanne (Hrsg.), The EU and the WTO. Legal and Constitutional Issues. Oxford 2003, S. 151 ff.

Dies., The Draft Constitutional Treaty: External relations and external action. In: CMLRev. 2003, S. 1347 ff.

Dies., Defining competence in EU external relations. Lessons from the Treaty reform process. In: Dashwood, Alan / Maresceau, Marc (Hrsg.), Law and Practice of EU External Relations. Salient Features of a Changing Landscape. Cambridge 2008, S. 34 ff.

Dashwood, Alan / Maresceau, Marc (Hrsg.), Law and Practice of EU External Relations. Salient Features of a Changing Landscape. Cambridge 2008.

Dauses, Manfred A., Gerichtsbarkeit der EU, P. II. Vorabentscheidungsverfahren. In: Dauses, Manfred A. (Hrsg.), Handbuch des EU-Wirtschaftsrechts. 29. Ergänzungslieferung. München 2011.

Ders., Gerichtsbarkeit der EU, P. III. Gutachtliche Stellungnahmen. In: Dauses, Manfred A. (Hrsg.), Handbuch des EU-Wirtschaftsrechts. 29. Ergänzungslieferung. München 2011.

Ders. (Hrsg.), Handbuch des EU-Wirtschaftsrechts. 29. Ergänzungslieferung. München 2011.

De Burca, Grainne / Scott, Joanne (Hrsg.), The EU and the WTO. Legal and Constitutional Issues. Oxford 2003.

De Melo, Jaime / Panagariya, Arvind, Introduction. In: De Melo, Jaime / Panagariya, Arvind (Hrsg.), New dimensions in regional integration. Cambridge 1993, S. 3 ff.

Ders. / Panagariya, Arvind (Hrsg.), New dimensions in regional integration. Cambridge 1993.

Ders. / Panagariya, Arvind / Rodrik, Dani, The new regionalism: a country perspective. In: De Melo, Jaime / Panagariya, Arvind (Hrsg.), New dimensions in regional integration. Cambridge 1993, S. 159 ff.

De Witte, Bruno, The Past and Future Role of the European Court of Justice in the Protection of Human Rights. In: Alston, Philip (Hrsg.), The EU and human rights. Oxford (u.a.) 1999, S. 859 ff.

Dieckheuer, Gustav, Internationale Wirtschaftsbeziehungen. 5. Aufl. München 2001.

Dörr, Dieter, Auf dem Weg zur europäischen Informationsgesellschaft? In: Dörr, Dieter / Dreher, Meinrad (Hrsg.), Europa als Rechtsgemeinschaft. Baden-Baden 1997, S. 73 ff.

Ders., Europäisches Medienrecht. In: Schiwy, Peter / Schütz, Walter J. / Dörr, Dieter (Hrsg.), Medienrecht. Lexikon für Praxis und Wissenschaft. 5. Aufl. Köln 2010, S. 122 ff.

Ders., Die Kommunikationsfreiheiten im Recht der Europäischen Union. In: Dörr, Dieter / Kreile, Johannes / Cole, Mark D. (Hrsg.), Handbuch Medienrecht. Recht der elektronischen Massenmedien. 2. Aufl. Frankfurt am Main 2011, S. 37 ff.

Ders. / Dreher, Meinrad (Hrsg.), Europa als Rechtsgemeinschaft. Baden-Baden 1997.

Ders. / Fink, Udo / Hillgruber, Christian / et al. (Hrsg.), Die Macht des Geistes. Festschrift für Hartmut Schiedermair. Heidelberg 2001.

Ders. / Kreile, Johannes / Cole, Mark D. (Hrsg.), Handbuch Medienrecht. Recht der elektronischen Massenmedien. 2. Aufl. Frankfurt am Main 2011.

Drescher, Wiebke, Die Nachbarstaaten der Union. In: Marchetti, Andreas / Demesmay, Claire (Hrsg.), Der Vertrag von Lissabon. Analyse und Bewertung. Baden-Baden 2010, S. 133 ff.

Dies., Ziele und Zuständigkeiten. In: Marchetti, Andreas / Demesmay, Claire (Hrsg.), Der Vertrag von Lissabon. Analyse und Bewertung. Baden-Baden 2010, S. 59 ff.

Duina, Francesco G., The social construction of free trade. The European Union, NAFTA, and MERCOSUR. Princeton 2006.

Dunker, Jörg, Regionale Integration im System des liberalisierten Welthandels. EG und NAFTA im Vergleich. Zugl.: Würzburg, Univ., Diss., 2001. Frankfurt am Main (u.a.) 2002.

Dutheil de la Rochère, Jacqueline, L'ère des compétences partagées. A propos de l'étendue des compétences extérieures de la communauté européenne. In: RMCUE 1995, S. 461 ff.

Eeckhout, Piet, External Relations of the European Union. Legal and Constitutional Foundations. Oxford 2005.

Ehlers, Dirk, Bilaterale und regionale Handelsabkommen als Kernstück der "neuen" EG-Handelspolitik. In: Ehlers, Dirk / Wolffgang, Hans-Michael / Schröder, Jan (Hrsg.), Rechtsfragen internationaler Investitionen. Tagungsband zum 13. Münsteraner Außenwirtschaftsrechtstag 2008. Mit Beiträgen zum 12. Außenwirtschaftsrechtstag 2007. Frankfurt am Main 2009, S. 211 ff.

Ders. / Wolffgang, Hans-Michael / Schröder, Jan (Hrsg.), Rechtsfragen internationaler Investitionen. Tagungsband zum 13. Münsteraner Außenwirtschaftsrechtstag 2008. Mit Beiträgen zum 12. Außenwirtschaftsrechtstag 2007. Frankfurt am Main 2009.

Eilmansberger, Thomas, Vertikale Kompetenzverteilung zwischen der Union und den Mitgliedstaaten. In: Hummer, Waldemar / Obwexer, Walter (Hrsg.), Der Vertrag von Lissabon. Baden-Baden 2009, S. 189 ff.

Erlbacher, Friedrich, Rechtspersönlichkeit und Rechtsnachfolge. In: Hummer, Waldemar / Obwexer, Walter (Hrsg.), Der Vertrag von Lissabon. Baden-Baden 2009, S. 123 ff.

Ettl, Günther, Der Europäische Wirtschaftsraum. In: Röttinger, Moritz / Weyringer, Claudia (Hrsg.), Handbuch der europäischen Integration. Strategie - Struktur - Politik der Europäischen Union. 2. Aufl. Wien 1996, S. 453 ff.

Fastenrath, Ulrich / Nowak, Carsten (Hrsg.), Der Lissabonner Reformvertrag. Änderungsimpulse in einzelnen Rechts- und Politikbereichen. Berlin 2009.

Ferrero-Waldner, Benita, Die Europäische Nachbarschaftspolitik - Sicherheit und Wohlstand durch Vernetzung. In: Politische Studien Themenheft 1/2009, S. 9 ff.

Fierro, Elena, The EU's Approach to Human Rights Conditionality in Practice. Den Haag 2003.

Fink, Udo, Der Einsatz der Implementation Force (IFOR) in Bosnien-Herzegowina. In: Ziemske, Burkhardt / Langheid, Theo / Wilms, Heinrich / et al. (Hrsg.), Staatsphilosophie und Rechtspolitik. Festschrift für Martin Kriele zum 65. Geburtstag. München 1997, S. 1461 ff.

Ders., Verfassungsrechtliche und verfassungsprozessrechtliche Fragen im Zusammenhang mit dem Kosovo-Einsatz der Bundeswehr. In: JZ 1999, S. 1016 ff.

Ders., Der Kosovo-Konflikt und die Entstehung von Völkergewohnheitsrecht. In: Dörr, Dieter / Fink, Udo / Hillgruber, Christian / et al. (Hrsg.), Die

Macht des Geistes. Festschrift für Hartmut Schiedermair. Heidelberg 2001, S. 803 ff.

Ders. / Keber, Tobias O. / Roguski, Przemyslaw, Die Zukunft der Medienregulierung im Europarat. In: ZUM 2011, S. 292 ff.

Fischer, Klemens H., Der Vertrag von Lissabon. Text und Kommentar zum europäischen Reformvertrag. 2. Aufl. Baden-Baden 2010.

Fischer, Roger A., Das Assoziationsrecht der Europäischen Gemeinschaften. Zugl.: Bonn, Univ., Diss., 1994. Bonn 1994.

Folz, Hans-Peter, Die Kompetenzverteilung zwischen der Europäischen Union und ihren Mitgliedstaaten. In: Fastenrath, Ulrich / Nowak, Carsten (Hrsg.), Der Lissabonner Reformvertrag. Änderungsimpulse in einzelnen Rechts- und Politikbereichen. Berlin 2009, S. 65 ff.

Forstmoser, Peter / Crone, Hans Caspar von der / Weber, Rolf H. / et al. (Hrsg.), Der Einfluss des europäischen Rechts auf die Schweiz. Festschrift für Professor Roger Zäch zum 60. Geburtstag. Zürich 1999.

Frenz, Walter, Handbuch Europarecht. Band 5. Wirkungen und Rechtsschutz. Berlin, Heidelberg 2010.

Geiger, Rudolf, Grundgesetz und Völkerrecht. Mit Europarecht. Die Bezüge des Staatsrechts zum Völkerrecht und Europarecht. 5. Aufl. München 2010.

Ders. / Khan, Daniel-Erasmus / Kotzur, Markus, EUV/AEUV. Vertrag über die Europäische Union und Vertrag über die Arbeitsweise der Europäischen Union. Kommentar. 5. Aufl. München 2010.

Geslin, Albane, Relations internationales. Paris 2006.

Gilsdorf, Peter, Die Außenkompetenzen der EG im Wandel. Eine kritische Auseinandersetzung mit Praxis und Rechtsprechung. In: EuR 1996, S. 145 ff.

Gößl, Manfred M., Der Europäische Wirtschaftsraum (EWR). Politikökomomische Begründung und inhaltliche Analyse eines pragmatischen Konzepts für die gesamteuropäische Wirtschaftsintegration. Bremen 1995.

Ders., Der westeuropäische Wirtschaftsraum im globalen Wettbewerb. Regionale Integration und Standortwettbewerbsfähigkeit. Zugl.: Bremen, Univ., Diss., 1996. Frankfurt am Main (u.a.) 1997.

Grabitz, Eberhard / Hilf, Meinhard / Nettesheim, Martin (Hrsg.), Das Recht der Europäischen Union. 45. Ergänzungslieferung. München 2011.

Griller, Stefan, Die Außenwirkung der Europäischen Union für Freiheitsgewährleistung und Grundrechtsschutz. In: Müller-Graff, Peter-Christian (Hrsg.), Die Rolle der erweiterten Europäischen Union in der Welt. Baden-Baden 2006, S. 305 ff.

Ders. / Gamharter, Katharina, External Trade: Is There a Path Through the Maze of Competences? In: Griller, Stefan / Weidel, Birgit (Hrsg.), External Economic Relations and Foreign Policy in the European Union. Wien 2002, S. 65 ff.

Ders. / Weidel, Birgit (Hrsg.), External Economic Relations and Foreign Policy in the European Union. Wien 2002.

Groeben, Hans von der / Schwarze, Jürgen (Hrsg.), Vertrag über die Europäische Union und Vertrag zur Gründung der Europäischen Gemeinschaft. Kommentar. 6. Aufl. Baden-Baden 2004.

Groux, Jean, Le parallèlisme des compétences internes et externes de la Communauté économique européenne. In: CDE 1978, S. 3 ff.

Hakenberg, Waltraud, Europarecht. 5. Aufl. München 2010.

Haltern, Ulrich, Europarecht. Dogmatik im Kontext. 2. Aufl. Tübingen 2007.

Hammer, Stefan / Somek, Alexander / Stelzer, Manfred / et al. (Hrsg.), Demokratie und sozialer Rechtsstaat in Europa. Festschrift für Theo Öhlinger. Wien 2004.

Hammermann, Felix / Schweickert, Rainer, EU Enlargement and Institutional Development. How Far Away Are the EU's Balkan and Black Sea Neighbors? Kiel Institute for World Economics Working Paper No. 1261. Kiel 2005.

Haratsch, Andreas / Koenig, Christian / Pechstein, Matthias, Europarecht. 7. Aufl. Tübingen 2010.

Hatje, Armin / Terhechte, Jörg Philipp (Hrsg.), Das Binnenmarktziel in der europäischen Verfassung. EuR Beiheft 3/2004. Baden-Baden 2004.

Hausmann, Marc Torsten, Das Cotonou-Handelsregime und das Recht der WTO. Zugl.: Mainz, Univ., Diss., 2006. Frankfurt am Main (u.a.) 2006.

Hellmann, Vanessa, Der Vertrag von Lissabon. Vom Verfassungsvertrag zur Änderung der bestehenden Verträge - Einführung mit Synopse und Übersichten. Berlin 2009.

Herdegen, Matthias, Europarecht. 13. Aufl. München 2011.

Ders., Internationales Wirtschaftsrecht. 9. Aufl. München 2011.

Herdina, Andreas, Die Europäische Nachbarschaftspolitik im Rechtsrahmen von EG/EU. Instrument gegenüber Nachbarn in Europa. In: Lankosz, Kazimierz / Müller-Graff, Peter-Christian / Fink, Udo (Hrsg.), Osteuropäische Nachbarschaft der Europäischen Union. Baden-Baden 2009, S. 9 ff.

Herrmann, Christoph, Die Außenhandelsdimension des Binnenmarktes im Verfassungsentwurf. Von der Zoll- zur Weltordnungspolitik. In: Hatje, Armin / Terhechte, Jörg Philipp (Hrsg.), Das Binnenmarktziel in der europäischen Verfassung. EuR Beiheft 3/2004. Baden-Baden 2004, S. 175 ff.

Ders., Bilaterale und regionale Handelsabkommen als Herausforderung des multilateralen Handelssystems (WTO). In: Ehlers, Dirk / Wolffgang, Hans-Michael / Schröder, Jan (Hrsg.), Rechtsfragen internationaler Investitionen. Tagungsband zum 13. Münsteraner Außenwirtschaftsrechtstag 2008. Mit Beiträgen zum 12. Außenwirtschaftsrechtstag 2007. Frankfurt am Main 2009, S. 217 ff.

Ders. / Krenzler, Horst Günter / Streinz, Rudolf (Hrsg.), Die Außenwirtschaftspolitik der Europäischen Union nach dem Verfassungsvertrag. Baden-Baden 2006.

Ders. / Weiß, Wolfgang / Ohler, Christoph, Welthandelsrecht. 2. Aufl. München 2007.

Herzstein, Robert E. / Whitlock, Joseph P., Regulating regional trade agreements. A legal analysis. In: Macrory, Patrick F. J. / Appleton, Arthur E. / Plummer, Michael G. (Hrsg.), The World Trade Organization. Legal, Economic and Political Analysis. Volume II. Berlin 2005, S. 203 ff.

Hilf, Meinhard / Oeter, Stefan (Hrsg.), WTO-Recht. Rechtsordnung des Welthandels. 2. Aufl. Baden-Baden 2010.

Hillion, Christophe, The EU's Neighbourhood Policy towards Eastern Europe. In: Dashwood, Alan / Maresceau, Marc (Hrsg.), Law and Practice of EU External Relations. Salient Features of a Changing Landscape. Cambridge 2008, S. 309 ff.

Hilpold, Peter, Regionale Integrationszonen und GATT. Die Neuerungen der Uruguay-Runde. In: RIW 1993, S. 657 ff.

Ders., Human Rights Clauses in EU-Association Agreements. In: Griller, Stefan / Weidel, Birgit (Hrsg.), External Economic Relations and Foreign Policy in the European Union. Wien 2002, S. 359 ff.

Ders., WTO-Recht und EU-Recht - neueste Entwicklungen in einem komplexen Rechtsverhältnis. Das EuGH-Urteil in den verbundenen Rechtssachen FIAMM und Fedon vom 9.9.2008. In: RIW 2008, S. 817 ff.

Ders., Die EU im GATT/WTO-System. 3. Aufl. Innsbruck 2009.

Hirsch, Günter, Die Rechtsprechung des Europäischen Gerichtshofs zu Assoziierungsabkommen. In: BayVBl. 1997, S. 449 ff.

Hobe, Stephan, NATO-Intervention im Kosovo. Rückkehr zur Lehre vom gerechten Krieg? In: Dörr, Dieter / Fink, Udo / Hillgruber, Christian / et al. (Hrsg.), Die Macht des Geistes. Festschrift für Hartmut Schiedermair. Heidelberg 2001, S. 819 ff.

Ders., Europarecht. 6. Aufl. Köln 2011.

Hoffmeister, Frank, Menschenrechts- und Demokratieklauseln in den vertraglichen Außenbeziehungen der Europäischen Gemeinschaft. Zugl.: Heidelberg, Univ., Diss., 1997/98. Berlin 1998.

Holoubek, Michael, Zur Struktur sozialer Grundrechte. In: Hammer, Stefan / Somek, Alexander / Stelzer, Manfred / et al. (Hrsg.), Demokratie und so-

zialer Rechtsstaat in Europa. Festschrift für Theo Öhlinger. Wien 2004, S. 507 ff.
Horn, Henrik / Mavroidis, Petros C. / Sapir, André, Beyond the WTO? An anatomy of EU and US preferential trade agreements. Bruegel Blueprint Volume VII. Brüssel 2009.
Hummer, Waldemar (Hrsg.), Der Europäische Wirtschaftsraum und Österreich. Rechtliche und ökonomische Auswirkungen des EWR. Wien 1994.
Ders., Entstehung des EWR. Chronologie und Konzeptualität des EWR. In: Hummer, Waldemar (Hrsg.), Der Europäische Wirtschaftsraum und Österreich. Rechtliche und ökonomische Auswirkungen des EWR. Wien 1994, S. 3 ff.
Ders., Europas Grenzen - eine Betrachtung aus juristischer Sicht. In: Politische Studien Themenheft 1/2009, S. 42 ff.
Ders., Außenhandelsrecht, K. III. Sonderbeziehung EG-EFTA. In: Dauses, Manfred A. (Hrsg.), Handbuch des EU-Wirtschaftsrechts. 29. Ergänzungslieferung. München 2011.
Ders. / Obwexer, Walter (Hrsg.), Der Vertrag von Lissabon. Baden-Baden 2009.
Isak, Hubert, Die Binnenverwirklichung von Demokratie und Rechtsstaatlichkeit in der erweiterten Europäischen Union. In: Müller-Graff, Peter-Christian (Hrsg.), Die Rolle der erweiterten Europäischen Union in der Welt. Baden-Baden 2006, S. 351 ff.
Jackson, John H. / Davey, William J. / Sykes, Alan O., Legal Problems of International Economic Relations. Cases, Materials and Texts on the National and International Regulation of Transnational Economic Relations. 3. Aufl. St. Paul, Minn. 1995.
Jakob, Anne, Die Assoziation zwischen der Europäischen Gemeinschaft und ihren Mitgliedstaaten sowie Tunesien, Marokko und Algerien. Eine Überprüfung der Europa-Mittelmeer-Abkommen anhand Gemeinschafts- und internationalem Wirtschaftsrecht. Zugl.: Düsseldorf, Univ., Diss., 2005. Frankfurt am Main (u.a.) 2006.
Kaddous, Christine, The relations between the EU and Switzerland. In: Dashwood, Alan / Maresceau, Marc (Hrsg.), Law and Practice of EU External Relations. Salient Features of a Changing Landscape. Cambridge 2008, S. 227 ff.
Kant, Immanuel, Zum ewigen Frieden. Ein philosophischer Entwurf. In: Königlich Preußische Akademie der Wissenschaften (Hrsg.), Kant's gesammelte Schriften. Erste Abteilung: Werke. Band VIII. Abhandlungen nach 1781. Neudruck. Berlin und Leipzig 1923, S. 341 ff.
Keber, Tobias O., Der Begriff des Terrorismus im Völkerrecht. Entwicklungslinien im Vertrags- und Gewohnheitsrecht unter besonderer Berücksichti-

gung der Arbeiten zu einem "Umfassenden Übereinkommen zur Bekämpfung des Terrorismus". Zugl.: Mainz, Univ., Diss., 2008. Frankfurt am Main (u.a.) 2009.

Klemmer, Paul (Hrsg.), Handbuch Europäische Wirtschaftspolitik. München 1998.

Knodt, Michèle / Urdze, Sigita, Die Europäische Union als Exporteur von Demokratie und Rechtsstaatlichkeit. In: Müller-Graff, Peter-Christian (Hrsg.), Die Rolle der erweiterten Europäischen Union in der Welt. Baden-Baden 2006, S. 385 ff.

Koch, Katja, Handelspräferenzen der Europäischen Gemeinschaft für Entwicklungsländer. Typologie, Konditionierungen, WTO-Konformität. Zugl.: Hamburg, Univ., Diss., 2003. Frankfurt am Main (u.a.) 2004.

Kocjancic, Rudi, Stabilisierungs- und Assoziierungsprozess auf dem Gebiet des ehemaligen Jugoslawien. In: ZaöRV 2006, S. 435 ff.

Kohl, Christine von / Dzihic, Vedran / Paic, Hrvoje (Hrsg.), Kroatien und die EU. Fakten und Perspektiven. Balkan Diskurs 3. Wien (u.a.) 2005.

Kokott, Juliane / Hoffmeister, Frank, Portuguese Republic v. Council. In: AJIL 1998, S. 292 ff.

Königlich Preußische Akademie der Wissenschaften (Hrsg.), Kant's gesammelte Schriften. Erste Abteilung: Werke. Band VIII. Abhandlungen nach 1781. Neudruck. Berlin und Leipzig 1923.

Koopmann, Georg / Vogel, Lars, Asymmetrie und Divergenz internationaler Handelsabkommen. Regionale und bilaterale versus globale Integration. In: Wirtschaftsdienst 2009, S. 53 ff.

Kösters, Wim, Handelspolitik. In: Klemmer, Paul (Hrsg.), Handbuch Europäische Wirtschaftspolitik. München 1998, S. 799 ff.

Krajewski, Markus, External Trade and the Constitution Treaty. Towards a Federal and more Democratic Common Commercial Policy? In: CMLRev. 2005, S. 91 ff.

Ders., Das institutionelle Gleichgewicht in den auswärtigen Beziehungen. In: Herrmann, Christoph / Krenzler, Horst Günter / Streinz, Rudolf (Hrsg.), Die Außenwirtschaftspolitik der Europäischen Union nach dem Verfassungsvertrag. Baden-Baden 2006, S. 63 ff.

Krenzler, Horst Günter, Die Außenhandelsbefugnisse der EU. In: Schwarze, Jürgen (Hrsg.), Der Verfassungsentwurf des Europäischen Konvents. Verfassungsrechtliche Grundstrukturen und wirtschaftsverfassungsrechtliches Konzept. Baden-Baden 2004, S. 385 ff.

Ders. / Pitschas, Christian, Die Gemeinsame Handelspolitik nach dem Entwurf des Europäischen Verfassungsvertrags - ein Schritt in die richtige Richtung. In: RIW 2005, S. 801 ff.

Ders. / Pitschas, Christian, Die Gemeinsame Handelspolitik im Verfassungsvertrag. In: Herrmann, Christoph / Krenzler, Horst Günter / Streinz, Rudolf (Hrsg.), Die Außenwirtschaftspolitik der Europäischen Union nach dem Verfassungsvertrag. Baden-Baden 2006, S. 11 ff.

Krishna, Pravin, The Economics of Preferential Trade Agreements. In: Choi, E. Kwan / Hartigan, James C. (Hrsg.), Handbook of International Trade. Volume II. Economic and Legal Analyses of Trade Policy and Institutions. Malden, Mass. 2005, S. 294 ff.

Kusic, Sinisa / Grupe, Claudia, Zwischen Brüssel und Balkan. Kroatiens Wirtschaft auf dem Weg in die EU. In: Kohl, Christine von / Dzihic, Vedran / Paic, Hrvoje (Hrsg.), Kroatien und die EU. Fakten und Perspektiven. Balkan Diskurs 3. Wien (u.a.) 2005, S. 71 ff.

Ders. / Grupe, Claudia, Scrutinising EU Policy: Does Intra-Regional Cooperation in the Western Balkans Contribute to Economic Progress? In: Kusic, Sinisa / Grupe, Claudia (Hrsg.), The Western Balkans on their way to the EU? Frankfurt am Main (u.a.) 2007, S. 121 ff.

Ders. / Grupe, Claudia (Hrsg.), The Western Balkans on their way to the EU? Frankfurt am Main (u.a.) 2007.

Lamy, Pascal, Stepping Stones or Stumbling Blocks? The EU's Approach Towards the Problem of Multilateralism vs Regionalism in Trade Policy. In: The World Economy 2002, S. 1399 ff.

Langhammer, Rolf J., Die Europäische Gemeinschaft in der Entwicklung und in den Perspektiven des Welthandels zur Jahrhundertwende. In: Müller-Graff, Peter-Christian (Hrsg.), Die Europäische Gemeinschaft in der Welthandelsorganisation. Globalisierung und Weltmarktrecht als Herausforderung für Europa. Baden-Baden 2000, S. 19 ff.

Lankosz, Kazimierz, Die Partnerschaftsabkommen mit osteuropäischen Nachbarstaaten. In: Lankosz, Kazimierz / Müller-Graff, Peter-Christian / Fink, Udo (Hrsg.), Osteuropäische Nachbarschaft der Europäischen Union. Baden-Baden 2009, S. 15 ff.

Ders. / Müller-Graff, Peter-Christian / Fink, Udo (Hrsg.), Osteuropäische Nachbarschaft der Europäischen Union. Baden-Baden 2009.

Leal-Arcas, Rafael, The European Community and Mixed Agreements. In: EFARev. 2001, S. 483 ff.

Leiße, Olaf (Hrsg.), Die Europäische Union nach dem Vertrag von Lissabon. Wiesbaden 2010.

Lenz, Carl Otto / Borchardt, Klaus-Dieter (Hrsg.), EU-Verträge. Kommentar nach dem Vertrag von Lissabon. 5. Aufl. Köln 2010.

Lippert, Barbara, Erweiterungsfragen und Nachbarschaftspolitik der Europäischen Union, insbesondere die Türkeifrage und ihre Implikationen. In:

Müller-Graff, Peter-Christian (Hrsg.), Die Rolle der erweiterten Europäischen Union in der Welt. Baden-Baden 2006, S. 175 ff.

Lukaschek, Anita / Weidel, Birgit, Exclusive External Competence of the European Community. In: Griller, Stefan / Weidel, Birgit (Hrsg.), External Economic Relations and Foreign Policy in the European Union. Wien 2002, S. 113 ff.

Macrory, Patrick F. J. / Appleton, Arthur E. / Plummer, Michael G. (Hrsg.), The World Trade Organization. Legal, Economic and Political Analysis. Volume II. Berlin 2005.

Marceau, Gabrielle / Reiman, Cornelis, When and How is a Regional Trade Agreement compatible with the WTO? In: LIEI 2001, S. 297 ff.

Marchetti, Andreas / Demesmay, Claire (Hrsg.), Der Vertrag von Lissabon. Analyse und Bewertung. Baden-Baden 2010.

Ders. / Demesmay, Claire, Der Vertrag von Lissabon: Welche Grundlagen für Europa? In: Marchetti, Andreas / Demesmay, Claire (Hrsg.), Der Vertrag von Lissabon. Analyse und Bewertung. Baden-Baden 2010, S. 21 ff.

Maresceau, Marc / Montaguti, Elisabetta, The Relations between the European Union and Central and Eastern Europe: A legal Appraisal. In: CMLRev. 1995, S. 1327 ff.

Martenczuk, Bernd, Cooperation with Developing and Other Third Countries. Elements of a Community Foreign Policy. In: Griller, Stefan / Weidel, Birgit (Hrsg.), External Economic Relations and Foreign Policy in the European Union. Wien 2002, S. 385 ff.

Ders., Die Kooperation der Europäischen Union mit Entwicklungsländern und Drittstaaten und der Vertrag von Lissabon. In: Bartelt, Sandra / Dann, Philipp (Hrsg.), Entwicklungszusammenarbeit im Recht der Europäischen Union. The Law of EU Development Cooperation. EuR Beiheft 2/2008. Baden-Baden 2008, S. 36 ff.

Martin, Denis, Association Agreements with Mediterranean and with Eastern Countries. Similarities and Differences. In: Antalovsky, Eugen / König, Karin / Perchinig, Bernhard / et al. (Hrsg.), Assoziierungsabkommen der EU mit Drittstaaten. Wien 1998, S. 29 ff.

Mayer, Franz C., Der Vertrag von Lissabon und die Grundrechte. In: Schwarze, Jürgen / Hatje, Armin (Hrsg.), Der Reformvertrag von Lissabon. EuR Beiheft 1/2009. Baden-Baden 2009, S. 87 ff.

Mazrreku, Avni, European Integration and the Western Balkans. Zugl.: Bremen, Univ., Diss., 2009. Berlin 2009.

Meade, J. E., The Theory of Customs Unions. Amsterdam 1955.

Menzel, Claudia, Die rechtliche Gestaltung der Außenbeziehungen der Europäischen Gemeinschaft am Beispiel der Mittelmeerpolitik und der Sonderbeziehungen zu Israel. Zugl.: Bielefeld, Univ., Diss., 2007. Frankfurt am Main (u.a.) 2007.

Merli, Franz, EU-Erweiterung und Nachbarschaftspolitik. In: Fastenrath, Ulrich / Nowak, Carsten (Hrsg.), Der Lissabonner Reformvertrag. Änderungsimpulse in einzelnen Rechts- und Politikbereichen. Berlin 2009, S. 259 ff.

Metz, Andreas, Die Außenbeziehungen der Europäischen Union nach dem Vertrag über eine Verfassung für Europa. Eine Untersuchung aus kompetenzrechtlicher Sicht - mit Erläuterungen zu den Außenkompetenzen nach dem Vertrag von Nizza. Zugl.: Kiel, Univ., Diss., 2005. Berlin 2007.

Monar, Jörg, Die Gemeinsame Handelspolitik der Europäischen Union im EU-Verfassungsvertrag: Fortschritte mit einigen neuen Fragezeichen. In: Außenwirtschaft 2005, S. 99 ff.

Müller-Graff, Peter-Christian (Hrsg.), East Central Europe and the European Union. From Europe Agreements to a Member Status. Baden-Baden 1997.

Ders., General Report. In: Müller-Graff, Peter-Christian (Hrsg.), East Central Europe and the European Union. From Europe Agreements to a Member Status. Baden-Baden 1997, S. 9 ff.

Ders. (Hrsg.), Die Europäische Gemeinschaft in der Welthandelsorganisation. Globalisierung und Weltmarktrecht als Herausforderung für Europa. Baden-Baden 2000.

Ders. (Hrsg.), Die Rolle der erweiterten Europäischen Union in der Welt. Baden-Baden 2006.

Ders., The Common Commercial Policy enhanced by the Reform Treaty of Lisbon? In: Dashwood, Alan / Maresceau, Marc (Hrsg.), Law and Practice of EU External Relations. Salient Features of a Changing Landscape. Cambridge 2008, S. 188 ff.

Ders. / Schwarze, Jürgen (Hrsg.), XXII. Fide-Kongress. Vom 1. bis 4. November in Limassol. Die deutschen Landesberichte. EuR Beiheft 3/2007. Baden-Baden 2008.

Nettesheim, Martin, Kompetenzen. In: Bogdandy, Armin von / Bast, Jürgen (Hrsg.), Europäisches Verfassungsrecht. Theoretische und dogmatische Grundzüge. 2. Aufl. Berlin (u.a.) 2009, S. 389 ff.

Neumann, Hans Adolf / Welge, Gerhard-Hannes, Die Gemeinsame Handelspolitik und ihre Instrumente. In: Röttinger, Moritz / Weyringer, Claudia (Hrsg.), Handbuch der europäischen Integration. Strategie - Struktur - Politik der Europäischen Union. 2. Aufl. Wien 1996, S. 624 ff.

Niedrist, Gerhard, Präferenzabkommen im Europarecht und im Welthandelsrecht. Zugl.: Salzburg, Univ., Diss., 2006. Berlin 2009.

Nowak, Carsten, Binnenmarktziel und Wirtschaftsverfassung der Europäischen Union vor und nach dem Reformvertrag von Lissabon. In: Schwarze, Jürgen / Hatje, Armin (Hrsg.), Der Reformvertrag von Lissabon. EuR Beiheft 1/2009. Baden-Baden 2009, S. 129 ff.

Ders., Multilaterale und bilaterale Elemente der EU-Assoziations-, Partnerschafts- und Nachbarschaftspolitik. In: EuR 2010, S. 746 ff.

Ders., Europarecht nach Lissabon. Baden-Baden 2011.

Ohr, Renate / Gruber, Torsten, Zur Theorie regionaler Integration. In: Ohr, Renate / Theurl, Theresia (Hrsg.), Kompendium Europäische Wirtschaftspolitik. München 2001.

Dies. / Theurl, Theresia (Hrsg.), Kompendium Europäische Wirtschaftspolitik. München 2001.

Oppermann, Thomas / Classen, Claus Dieter / Nettesheim, Martin, Europarecht. 4. Aufl. 2009.

Pache, Eckhard / Rösch, Franziska, Der Vertrag von Lissabon. In: NVwZ 2008, S. 473 ff.

Ders. / Schorkopf, Frank (Hrsg.), Die Europäische Union nach Lissabon. Beiträge zu Organisation, Außenbeziehungen und Stellung im Welthandelsrecht. Kolloquium aus Anlass des 70. Geburtstages von Professor Dr. Meinhard Hilf. Baden-Baden 2009.

Paic, Hrvoje, Kroatien - Das Bollwerk Europas? In: Kohl, Christine von / Dzihic, Vedran / Paic, Hrvoje (Hrsg.), Kroatien und die EU. Fakten und Perspektiven. Balkan Diskurs 3. Wien (u.a.) 2005, S. 96 ff.

Panagariya, Arvind, EU Preferential Trade Agreements and Devoloping Countries. In: The World Economy 2002, S. 1415 ff.

Pernice, Ingolf / Hindelang, Steffen, Potenziale europäischer Politik nach Lissabon - Europapolitische Perspektiven für Deutschland, seine Institutionen, seine Wirtschaft und seine Bürger. In: EuZW 2010, S. 407 ff.

Petersmann, Ernst-Ulrich, Time for a United Nations 'Global Compact' for Integrating Human Rights into the Law of Worldwide Organisations: Lessons from European Integration. In: EJIL 2002, S. 621 ff.

Pethke, Ralph, Die Nordamerikanische Freihandelszone im Vergleich mit dem Europäischen Wirtschaftsraum. Integrationstheorie - Präferenzrecht - Institutionen - Streitbeilegung - Ursprungsregeln - Ausblick. Heidelberg 2004.

Phinnemore, David, Stabilisation and Association Agreements: Europe Agreements for the Western Balkans? In: EFARev. 2003, S. 77 ff.

Piehl, Ernst, Europäische Nachbarschaftspolitik. Genesis, Bestandsaufnahme und Perspektiven. In: Leiße, Olaf (Hrsg.), Die Europäische Union nach dem Vertrag von Lissabon. Wiesbaden 2010, S. 333 ff.

Pintaric, Tomislav, Das Stabilisierungs- und Assoziierungsabkommen zwischen Kroatien und der EU. In: JOR 2003, S. 361 ff.

Pippan, Christian, The Rocky Road to Europe: The EU's Stabilisation and Association Process for the Western Balkans and the Principle of Conditionality. In: EFARev. 2004, S. 219 ff.

Pisulinski, Jerzy, Angleichung an das Recht der EG in Polen im Wettbewerb mit amerikanischen Modellen. In: Lankosz, Kazimierz / Müller-Graff, Peter-Christian / Fink, Udo (Hrsg.), Osteuropäische Nachbarschaft der Europäischen Union. Baden-Baden 2009, S. 81 ff.

Pitschas, Christian, Allgemeines Übereinkommen über den Handel mit Dienstleistungen (GATS). In: Prieß, Hans-Joachim / Berrisch, Georg M. (Hrsg.), WTO-Handbuch. München 2003, S. 495 ff.

Priebe, Reinhard, Beitrittsperspektive und Verfassungsreformen in den Ländern des Westlichen Balkans. In: EuR 2008, S. 301 ff.

Prieß, Hans-Joachim / Berrisch, Georg M. (Hrsg.), WTO-Handbuch. München 2003.

Rack, Reinhard / Lausegger, Stefan, The Role of the European Parliament: Past and Future. In: Alston, Philip (Hrsg.), The EU and human rights. Oxford (u.a.) 1999, S. 801 ff.

Richter, Stefan, Die Assoziierung osteuropäischer Staaten durch die Europäischen Gemeinschaften. Eine Untersuchung der rechtlichen Grundlagen der Vertragsgestaltung zwischen den Europäischen Gemeinschaften und Polen, Ungarn und der Tschechoslowakei. Recht der Europäischen Gemeinschaften und GATT. Zugl.: Heidelberg, Univ., Diss., 1991/92. Berlin 1993.

Riedel, Eibe / Will, Martin, Human Rights Clauses in External Agreements of the EC. In: Alston, Philip (Hrsg.), The EU and human rights. Oxford (u.a.) 1999, S. 723 ff.

Rode, Reinhard, Die Rolle der Europäischen Union in der politischen Dimension der wirtschaftlichen Globalisierung. Globalisierung und Regionalisierung. In: Müller-Graff, Peter-Christian (Hrsg.), Die Europäische Gemeinschaft in der Welthandelsorganisation. Globalisierung und Weltmarktrecht als Herausforderung für Europa. Baden-Baden 2000, S. 47 ff.

Röttinger, Moritz / Weyringer, Claudia (Hrsg.), Handbuch der europäischen Integration. Strategie - Struktur - Politik der Europäischen Union. 2. Aufl. Wien 1996.

Ruffert, Matthias, Schlüsselfragen der Europäischen Verfassung der Zukunft. Grundrechte - Institutionen - Kompetenzen - Ratifizierung. In: EuR 2004, S. 165 ff.

Sapir, André, EC Regionalism at the Turn of the Millennium: Toward a New Paradigm? In: The World Economy 2000, S. 1135 ff.

Sattler, Sven, Gemischte Abkommen und gemischte Mitgliedschaften der EG und ihrer Mitgliedstaaten. Unter besonderer Berücksichtigung der WTO. Zugl.: Mainz, Univ., Diss., 2006. Berlin 2007.

Schirm, Stefan A., Transnationale Globalisierung und regionale Kooperation. Ein politik-ökonomischer Ansatz zur Erklärung internationaler Zusammenarbeit in Europa und den Amerikas. In: ZIB 1997, S. 69 ff.

Schiwy, Peter / Schütz, Walter J. / Dörr, Dieter (Hrsg.), Medienrecht. Lexikon für Praxis und Wissenschaft. 5. Aufl. Köln 2010.

Schläppi, Erika, Menschenrechte in der bilateralen Entwicklungszusammenarbeit. Chancen und Grenzen aus völkerrechtlicher Sicht. Zugl.: Bern, Univ., Diss., 1997. Baden-Baden 1998.

Schmidt, Siegmar, Fortschritte und neue Herausforderungen in der Europäischen Außen- und Sicherheitspolitik. In: Leiße, Olaf (Hrsg.), Die Europäische Union nach dem Vertrag von Lissabon. Wiesbaden 2010, S. 195 ff.

Schollendorf, Kai, Die Auslegung völkerrechtlicher Verträge in der Spruchpraxis des Appellate Body der Welthandelsorganisation (WTO). Zugl.: Mainz, Univ., Diss., 2003. Berlin 2005.

Schön, Cordula, Der rechtliche Rahmen für Assoziierungen der Europäischen Gemeinschaft. Vor dem aktuellen Hintergrund der Annäherungs- und Mitgliedschaftswünsche der mittel- und osteuropäischen Staaten. Zugl.: Freiburg (Breisgau), Univ., Diss., 1993. Frankfurt am Main (u.a.) 1994.

Schulze, Reiner / Zuleeg, Manfred / Kadelbach, Stefan (Hrsg.), Europarecht. Handbuch für die deutsche Rechtspraxis. 2. Aufl. Baden-Baden 2010.

Schwartmann, Rolf, Private im Wirtschaftsvölkerrecht. Zugl.: Mainz, Univ., Habil-Schr., 2004. Tübingen 2005.

Schwarze, Jürgen, Ein pragmatischer Verfassungsentwurf. Analyse und Bewertung des vom Europäischen Verfassungskonvent vorgelegten Entwurfs eines Vertrags über eine Verfassung für Europa. In: EuR 2003, S. 535 ff.

Ders. (Hrsg.), Der Verfassungsentwurf des Europäischen Konvents. Verfassungsrechtliche Grundstrukturen und wirtschaftsverfassungsrechtliches Konzept. Baden-Baden 2004.

Ders., Der Reformvertrag von Lissabon - Wesentliche Elemente des Reformvertrages. In: Schwarze, Jürgen / Hatje, Armin (Hrsg.), Der Reformvertrag von Lissabon. EuR Beiheft 1/2009. Baden-Baden 2009, S. 9 ff.

Ders. / Hatje, Armin (Hrsg.), Der Reformvertrag von Lissabon. EuR Beiheft 1/2009. Baden-Baden 2009.

Ders. (Hrsg.), EU-Kommentar. 2. Aufl. Baden-Baden 2009.

Schweitzer, Michael, Staatsrecht III. Staatsrecht, Völkerrecht, Europarecht. 10. Aufl. Heidelberg (u.a.) 2010.

Selchow, Ulla / Hutter, Franz-Josef (Hrsg.), Menschenrechte und Entwicklungszusammenarbeit. Anspruch und politische Wirklichkeit. Wiesbaden 2004.

Sell, Axel, Einführung in die internationalen Wirtschaftsbeziehungen. 2. Aufl. München 2003.

Senti, Richard, Die Welthandelsordnung im Spannungsfeld der regionalen Integration. In: Forstmoser, Peter / Crone, Hans Caspar von der / Weber, Rolf H. / et al. (Hrsg.), Der Einfluss des europäischen Rechts auf die Schweiz. Festschrift für Professor Roger Zäch zum 60. Geburtstag. Zürich 1999, S. 115 ff.

Siebold, Dagmar I., Die Welthandelsorganisation und die Europäische Gemeinschaft. Ein Beitrag zur globalen wirtschaftlichen Integration. Zugl.: Erlangen, Nürnberg, Univ., Diss., 2001. Berlin 2003.

Simma, Bruno / Aschenbrenner, Jo Beatrix / Schulte, Constanze, Human Rights Considerations in the Development Co-operation Activities of the EC. In: Alston, Philip (Hrsg.), The EU and human rights. Oxford (u.a.) 1999, S. 571 ff.

Snape, Richard H., History and economics of GATT's Article XXIV. In: Anderson, Kym / Blackhurst, Richard (Hrsg.), Regional integration and the global trading system. New York (u.a.) 1993, S. 273 ff.

Stein, Klaus D., Der gemischte Vertrag im Recht der Außenbeziehungen der Europäischen Wirtschaftsgemeinschaft. Zugl.: Trier, Univ., Diss., 1985/86. Berlin 1986.

Steinberger, Helmut, GATT und regionale Wirtschaftszusammenschlüsse. Eine Untersuchung der Rechtsgrundsätze des Allgemeinen Zoll- und Handelsabkommens vom 30. Oktober 1947 (GATT) über die Bildung regionaler Wirtschaftszusammenschlüsse. Köln (u.a.) 1963.

Stoll, Peter-Tobias / Schorkopf, Frank, WTO. World Economic Order, World Trade Law. Leiden 2006.

Streinz, Rudolf, Europarecht. 8. Aufl. Heidelberg (u.a.) 2008.

Ders. / Ohler, Christoph / Herrmann, Christoph, Der Vertrag von Lissabon zur Reform der EU. Einführung mit Synopse. 3. Aufl. München 2010.

Ders. (Hrsg.), EUV/AEUV. Vertrag über die Europäische Union und Vertrag über die Arbeitsweise der Europäischen Union. München 2012.

Streit, Arnold, Das Abkommen über den Europäischen Wirtschaftsraum. In: NJW 1994, S. 555 ff.

Taraschka, Klaus, Die Kompetenzen der Europäischen Gemeinschaft im Bereich der Handelspolitik. Zugl.: Passau, Univ., Diss., 2001. Frankfurt am Main (u.a.) 2002.

Then de Lammerskötter, Rosario, WTO und regional trade agreements (RTAs). Artikel XXIV und die enabling clause im Lichte eines idealen Regulierungssystems. Zugl.: Hamburg, Univ., Diss., 2004. Münster 2004.

Thym, Daniel, Auswärtige Gewalt. In: Bogdandy, Armin von / Bast, Jürgen (Hrsg.), Europäisches Verfassungsrecht. Theoretische und dogmatische Grundzüge. 2. Aufl. Berlin (u.a.) 2009, S. 441 ff.

Tietje, Christian, Die institutionelle Ordnung der WTO. In: Prieß, Hans-Joachim / Berrisch, Georg M. (Hrsg.), WTO-Handbuch. München 2003, S. 39 ff.

Ders., Das Ende der parallelen Mitgliedschaft von EU und Mitgliedstaaten in der WTO? In: Herrmann, Christoph / Krenzler, Horst Günter / Streinz, Rudolf (Hrsg.), Die Außenwirtschaftspolitik der Europäischen Union nach dem Verfassungsvertrag. Baden-Baden 2006, S. 161 ff.

Ders., Außenwirtschaftsrechtliche Dimensionen der europäischen Wirtschaftsverfassung. In: Fastenrath, Ulrich / Nowak, Carsten (Hrsg.), Der Lissabonner Reformvertrag. Änderungsimpulse in einzelnen Rechts- und Politikbereichen. Berlin 2009, S. 237 ff.

Ders., Die Gemeinsame Handelspolitik der EU im System des Welthandelsrechts. Ein Spannungsverhältnis zwischen fortschreitender Liberalisierung und zunehmendem Protektionismus. In: Pache, Eckhard / Schorkopf, Frank (Hrsg.), Die Europäische Union nach Lissabon. Beiträge zu Organisation, Außenbeziehungen und Stellung im Welthandelsrecht. Kolloquium aus Anlass des 70. Geburtstages von Professor Dr. Meinhard Hilf. Baden-Baden 2009, S. 33 ff.

Ders. (Hrsg.), Internationales Wirtschaftsrecht. Berlin 2009.

Trüe, Christiane, Das System der EU-Kompetenzen vor und nach dem Entwurf eines Europäischen Verfassungsvertrags. In: ZaöRV 2004, S. 391 ff.

Vedder, Christoph, Ziele der Gemeinsamen Handelspolitik und Ziele des auswärtigen Handelns. In: Herrmann, Christoph / Krenzler, Horst Günter / Streinz, Rudolf (Hrsg.), Die Außenwirtschaftspolitik der Europäischen Union nach dem Verfassungsvertrag. Baden-Baden 2006, S. 43 ff.

Ders., Die Außenbeziehungen der EU und die Mitgliedstaaten. Kompetenzen, gemischte Abkommen, völkerrechtliche Verantwortlichkeit und Wirkungen des Völkerrechts. In: Müller-Graff, Peter-Christian / Schwarze, Jürgen (Hrsg.), XXII. Fide-Kongress. Vom 1. bis 4. November in Limassol. Die deutschen Landesberichte. EuR Beiheft 3/2007. Baden-Baden 2008, S. 57 ff.

Ders., Außenbeziehungen und Außenvertretung. In: Hummer, Waldemar / Obwexer, Walter (Hrsg.), Der Vertrag von Lissabon. Baden-Baden 2009, S. 267 ff.

Ders. / Heintschel von Heinegg, Wolff (Hrsg.), Europäisches Unionsrecht. EUV, AEUV, Grundrechte-Charta. Handkommentar. Baden-Baden 2012.

Verny, Arsène, Außenhandelsrecht, K. IV. Europa-Abkommen. In: Dauses, Manfred A. (Hrsg.), Handbuch des EU-Wirtschaftsrechts. 29. Ergänzungslieferung. München 2011.

Viner, Jacob, The Customs Union Issue. New York (u.a.) 1950.

Weidenfeld, Werner, Der Vertrag von Lissabon als historischer Schritt der Integration Europas. Aufbruch aus der Krise. In: Weidenfeld, Werner (Hrsg.), Lissabon in der Analyse. Der Reformvertrag der Europäischen Union. Baden-Baden 2008, S. 13 ff.

Ders. (Hrsg.), Lissabon in der Analyse. Der Reformvertrag der Europäischen Union. Baden-Baden 2008.

Weiler, J. H. H. / Fries, Sybilla C., A Human Rights Policy for the European Community and Union. The Question of Competences. In: Alston, Philip (Hrsg.), The EU and human rights. Oxford (u.a.) 1999, S. 147 ff.

Weiss, Friedl, Internationaler Dienstleistungshandel. In: Tietje, Christian (Hrsg.), Internationales Wirtschaftsrecht. Berlin 2009, S. 215 ff.

Weiß, Norman, Kompetenzlehre internationaler Organisationen. Berlin 2009.

Wieczorek-Zeul, Heidemarie, Probleme und Perspektiven einer menschenrechtsorientierten Entwicklungszusammenarbeit. Ein Vorwort. In: Selchow, Ulla / Hutter, Franz-Josef (Hrsg.), Menschenrechte und Entwicklungszusammenarbeit. Anspruch und politische Wirklichkeit. Wiesbaden 2004, S. 27 ff.

Winters, L. Alan, The European Community: a case of successful integration? In: De Melo, Jaime / Panagariya, Arvind (Hrsg.), New dimensions in regional integration. Cambridge 1993, S. 202 ff.

Wludyka, Tadeusz, Die Europäische Nachbarschaftspolitik - Bemerkungen aus polnischer Sicht. In: Lankosz, Kazimierz / Müller-Graff, Peter-Christian / Fink, Udo (Hrsg.), Osteuropäische Nachbarschaft der Europäischen Union. Baden-Baden 2009, S. 13 ff.

Wolf, Joachim, Die Haltung der Europäischen Union im Kosovo-Konflikt. Eine europarechtliche und völkerrechtliche Analyse. In: Dörr, Dieter / Fink, Udo / Hillgruber, Christian / et al. (Hrsg.), Die Macht des Geistes. Festschrift für Hartmut Schiedermair. Heidelberg 2001, S. 841 ff.

Wolfrum, Rüdiger / Stoll, Peter-Tobias / Feinäugle, Clemens (Hrsg.), WTO. Trade in Services. Max Planck Commentaries on World Trade Law. Leiden 2008.

Ders. / Stoll, Peter-Tobias / Hestermeyer, Holger P. (Hrsg.), WTO. Trade in Goods. Max Planck Commentaries on World Trade Law. Leiden 2011.

Wuermeling, Joachim, Kalamität Kompetenz: Zur Abgrenzung der Zuständigkeiten in dem Verfassungsentwurf des EU-Konvents. In: EuR 2004, S. 216 ff.

Yüksel, Ali Sait, GATT/WTO-Welthandelssystem. Unter besonderer Berücksichtigung der Außenwirtschaftsbeziehungen der Europäischen Union. Frankfurt am Main (u.a.) 1996.

Ziemske, Burkhardt / Langheid, Theo / Wilms, Heinrich / et al. (Hrsg.), Staatsphilosophie und Rechtspolitik. Festschrift für Martin Kriele zum 65. Geburtstag. München 1997.

Zimmermann, Andreas, Gemeinschaftliche Entwicklungspolitik im Entwurf des Vertrages über eine Verfassung für Europa. In: RIW 2004, S. 324 ff.

Ders., Die neuen Wirtschaftspartnerschaftsabkommen der EU: WTO-Konformität versus Entwicklungsorientierung? In: EuZW 2009, S. 1 ff.

Zimmermann, Ralf, Regionale Integration und multilaterale Handelsordnung. Köln 1999.

Zippel, Wulfdiether, Die Politik der Assoziationsabkommen. Materielle Grundlagen und globale Struktur. In: Müller-Graff, Peter-Christian (Hrsg.), Die Rolle der erweiterten Europäischen Union in der Welt. Baden-Baden 2006, S. 205 ff.

Verzeichnis der zitierten Gerichtsentscheidungen

Bundesverfassungsgericht

BVerfGE 5, 85, *KPD-Verbot.*

BVerfGE 36, 1, *Grundlagenvertrag.*

BVerfGE 77, 137, *Teso.*

BVerfGE 123, 267, *Lissabon.*

BVerfG, 2 BvR 987/10, 2 BvR 1485/10, 2 BvR 1099/10 vom 07.09.2011, *Griechenland-Hilfe/ Euro-Rettungsschirm.*

Europäischer Gerichtshof

EuGH, Rs. 22/70, Slg. 1971, 263, *AETR.*

EuGH, verbundene Rs. 21-24/72, Slg. 1972, 1219, *International Fruit Company.*

EuGH, Rs. 181/73, Slg. 1974, 449, *Haegeman.*

EuGH, Gutachten 1/75, Slg. 1975, 1355, *Lokale Kosten.*

EuGH, Rs. 87/75, Slg. 1976, 129, *Bresciani.*

EuGH, verbundene Rs. 3/76, 4/76 und 6/76, Slg. 1976, 1279, *Kramer.*

EuGH, Gutachten 1/76, Slg. 1977, 741, *Stilllegungsfonds.*

EuGH, Gutachten 1/78, Slg. 1979, 2871, *Internationales Naturkautschuk-Übereinkommen.*

EuGH, Rs. 104/81, Slg. 1982, 3641, *Kupferberg.*

EuGH, Rs. 45/86, Slg. 1987, 1493, *Allgemeines Präferenzsystem.*

EuGH, Rs. 12/86, Slg. 1987, 3719, *Demirel.*

EuGH, Rs. C-192/89, Slg. 1990, I-3461, *Sevince.*

EuGH, Gutachten 1/91, Slg. 1991, I-6079, *EWR I.*

EuGH, Gutachten 1/92, Slg. 1992, I-2821, *EWR II.*

EuGH, Gutachten 2/91, Slg. 1993, I-1061, *ILO-Übereinkommen.*

EuGH, Gutachten 1/94, Slg. 1994, I-5267, *WTO.*

EuGH, Gutachten 2/92, Slg. 1995, I-521, *OECD-Beschluss.*

EuGH, Rs. C-25/94, Slg. 1996, I-1469, *FAO.*

EuGH, Gutachten 2/94, Slg. 1996, I-1759, *EMRK.*

EuGH, Rs. C-268/94, Slg. 1996, I-6177, *Portugal/Rat.*

EuGH, Rs. C-53/96, Slg. 1998, I-3603, *Hermès.*

EuGH, Gutachten 2/00, Slg. 2001, I-9713, *Protokoll von Cartagena.*

EuGH, Rs. C-13/00, Slg. 2002, I-2943, *Kommission/Irland.*

EuGH, Rs. C-476/98, Slg. 2002, I-9855, *Open Skies (Kommission/Deutschland).*

EuGH, Rs. C-211/01, Slg. 2003, I-8913, *Kommission/Rat.*

EuGH, Rs. C-176/03, Slg. 2005, I-7879, *Kommission/Rat.*

EuGH, Rs. C-94/03, Slg. 2006, I-1, *Kommission/Rat.*

EuGH, Rs. C-344/04, Slg. 2006, I-403, *International Air Transport Association.*

EuGH, Gutachten 1/03, Slg. 2006, I-1145, *Lugano-Übereinkommen.*

EuGH, Rs. C-459/03, Slg. 2006, I-4635, *MOX Plant.*

EuGH, Rs. C-97/05, Slg. 2006, I-11917, *Gattoussi.*

EuGH, Rs. C-402/05, Slg. 2008, I-6351, *Kadi.*

EuGH, Rs. C-155/07, Slg. 2008, I-8103, *Parlament/Rat.*

EuGH, Rs. C-386/08, Slg. 2010, I-1289, *Brita.*

WTO-Streitbeilegung

Appellate Body, Turkey – Restrictions on Imports of Textile and Clothing Products, WT/DS34/AB/R.

Panel, Argentina – Safeguard Measures on Imports of Footwear, WT/DS121/R.

Öffentliches und Internationales Recht

Herausgegeben von Udo Fink, Dieter Dörr und Rolf Schwartmann

Band 1 Tim Schönborn: Die Causa Austria. Zur Zulässigkeit bilateraler Sanktionen zwischen den Mitgliedstaaten der Europäischen Union. 2005.

Band 2 Marc Torsten Hausmann: Das Cotonou-Handelsregime und das Recht der WTO. 2006.

Band 3 Hortense Ute Demme: Hegemonialstellungen im Völkerrecht: Der ständige Sitz im Sicherheitsrat der Vereinten Nationen. 2006.

Band 4 Theofaneia Rizou: Zugang zu Gerichten im Umweltrecht. Eine vergleichende Studie des deutschen und griechischen Rechts. 2006.

Band 5 Matthias Meyer: Die Bewertung parafiskalischer Abgaben aus der Sicht des europäischen Beihilferechts. 2007.

Band 6 Moritz Maus: Der grundrechtliche Schutz des Privaten im europäischen Recht. 2007.

Band 7 Roman Ringwald: Daseinsvorsorge als Rechtsbegriff. Forsthoff, Grundgesetz und Grundversorgung. 2008.

Band 8 Christine Heer-Reißmann: Die Letztentscheidungskompetenz des Europäischen Gerichtshofes für Menschenrechte in Europa. Eine Untersuchung zum Verhältnis von EGMR und EuGH in Menschenrechtsfragen unter Berücksichtigung des Verhältnisses des BVerfG zum EuGH. 2008.

Band 9 Caroline Volkmann: Die Strafverfolgung des Völkermordes nach dem Weltrechtsprinzip im internationalen Strafrecht und im Völkerstrafrecht. Untersucht am Beispiel der deutschen Rechtsordnung. 2009.

Band 10 Tobias O. Keber: Der Begriff des Terrorismus im Völkerrecht. Entwicklungslinien im Vertrags- und Gewohnheitsrecht unter besonderer Berücksichtigung der Arbeiten zu einem „Umfassenden Übereinkommen zur Bekämpfung des Terrorismus“. 2009.

Band 11 Michael Kühn: Unilaterale präventive Gewaltanwendung. Eine Untersuchung zur „präventiven Selbstverteidigung" im Völkerrecht. 2009.

Band 12 Axel Groth: Die Dienstleistungskonzession im europäischen Vergabe- und Beihilfenrecht. 2010.

Band 13 Jürgen Bröhmer (ed.): The German Constitution Turns 60. Basic Law and Commonwealth Constitution. German and Australian Perspectives. 2011.

Band 14 Christine Kulwicki: Verfassungswandel. Die Wechselwirkung zwischen Grundrechten und informationstechnischen Ermittlungsmethoden. 2011.

Band 15 Dieter Dörr / Udo Fink / Russel Weaver / Tobias Keber (eds.): Brandeis meets Gutenberg. German-American Conversations on Law, 1991-2011. 2012.

Band 16 Daniel Eckstein: Die Vereinbarkeit der De-Facto-Annexion mit dem Völkerrecht. Dargestellt am Beispiel der israelischen Sperranlage. Zugleich eine Analyse des IGH-Gutachtens vom 9. Juli 2004. 2012.

Band 17 Tobias Wagner: Regionale wirtschaftliche Integration und die Europäische Union. Eine Untersuchung unter besonderer Berücksichtigung der Stabilisierungs- und Assoziierungsabkommen mit den Staaten des westlichen Balkans. 2013.

www.ingramcontent.com/pod-product-compliance
Ingram Content Group UK Ltd.
Pitfield, Milton Keynes, MK11 3LW, UK
UKHW021837290926
8980IPUK00004B/509

9 783631 640685